CI/CD de Arquitecturas .NET, despliegue en Azure

De Docker a Kubernetes en Azure

Ramón Serrano Valero

Miguel Ángel Núñez Sabín

Acceda a www.marcombo.info
para descargar gratis
el contenido adicional
complemento imprescindible de este libro

Código: NET25

CI/CD de Arquitecturas .NET, despliegue en Azure

De Docker a Kubernetes en Azure

Ramón Serrano Valero

Miguel Ángel Núñez Sabín

CI/CD de Arquitecturas .NET, despliegue en Azure

© 2025 Ramón Serrano Valero y Miguel Ángel Núñez Sabín

Primera edición, 2025

© 2025 MARCOMBO, S. L. www.marcombo.com
Gran Via de les Corts Catalanes 594, 08007 Barcelona
Contacto: info@marcombo.com

Ilustración de cubierta: Jotaká
Maquetación: Reverté, S.L.
Corrección: Nuria Barroso
Directora de producción: M.ª Rosa Castillo

ISBN: 978-84-267-4015-1
D.L.: B 8379-2025

Impreso en Servicepoint
Printed in Spain

Libro ecológico
Impreso con papel procedente de bosques gestionados
de manera eficiente, libre de cloro.

Miguel Ángel

A mis padres y hermanos, por su cariño incondicional y por ser las raíces firmes que sustentan mis convicciones y valores.

A mi mujer, Tina, por tu paciencia infinita, por estar siempre a mi lado, en lo bueno y en lo malo, y por todo lo que compartimos, mi refugio.

Y, por supuesto, a mis *pekes*, Iker y Hugo, la razón de mi existencia, mi mayor motivación y el secreto de mi felicidad. Todo lo que hago lo hago pensando en vosotros.

Ramón

A mi madre Carmen; aunque los recuerdos se difuminen, lo bien que lo hiciste como madre permanecerá intacto, con cada enseñanza, en lo que somos gracias a ti.

A mi mujer Sara, por estar siempre ahí, por demostrarme que los sueños son más fáciles de alcanzar cuando caminas con la persona adecuada; gracias por ser tan increíble.

A mi hija Emma. Tienes una luz única. Nunca dejes que nada ni nadie apague esa chispa. Siempre contarás con tu madre y conmigo para apoyarte en cada sueño que persigas.

Antes de comenzar a leer este libro

En este libro se utiliza la tipografía `Courier` en los casos en los que se hace referencia a código o acciones por realizar en el ordenador, ya sea en un ejemplo o cuando se refiere a alguna función mencionada en el texto. También se usa para indicar menús de programas, teclas, URL, grupos de noticias o direcciones de correos electrónicos.

Los términos y definiciones que se utilizan mayormente en lengua inglesa se mantienen en este libro en dicho idioma, y en cursiva.

El código fuente de los ejemplos, así como todos los recursos didácticos y de programación que se utilizan en este libro podrán descargarse a medida que se avanza en la lectura.

Estos recursos están disponibles en www.marcombo.info con el código **NET25**.

Contenido

1 Introducción

1.1 Acerca del libro

En la última década, la forma en que las organizaciones desarrollan, implementa y gestionan el software ha cambiado radicalmente. El ritmo acelerado de la innovación tecnológica y las crecientes expectativas de los usuarios han obligado a las empresas a transformar sus procesos de desarrollo, adoptando prácticas modernas como integración continua (CI) y despliegue continuo (CD).

Este libro está diseñado para servir como una guía exhaustiva para arquitectos, desarrolladores y equipos técnicos que buscan optimizar sus procesos de desarrollo y despliegue, especialmente en arquitecturas basadas en tecnologías .NET y Azure. A través de una estructura progresiva, se exploran los fundamentos, herramientas, arquitecturas y casos prácticos que permitirán a los lectores transformar sus proyectos en soluciones ágiles, escalables y confiables.

Estructura del libro

- Fundamentos de CI/CD: En el capítulo inicial, se detallan los conceptos fundamentales de CI/CD, explicando su origen, beneficios y los principios clave que impulsan estas prácticas. También se abordan las herramientas y metodologías esenciales para su implementación.

- Exploración de Docker y Kubernetes: Los capítulos intermedios se centran en herramientas como Docker y Kubernetes, que han revolucionado la forma en que se gestionan aplicaciones modernas. Se incluye una guía práctica sobre cómo construir y gestionar contenedores, además de desplegarlos en entornos como Azure Kubernetes Service (AKS).

- Implementación de la arquitectura: Uno de los pilares del libro es el diseño e implementación de arquitecturas modernas. Desde la creación de soluciones basadas en microservicios hasta la integración de herramientas como RabbitMQ y bases de datos como PostgreSQL y MongoDB. También se explora cómo combinar estas tecnologías con patrones de diseño y principios como arquitecturas limpias y verticales.

- Despliegues en Azure: Se realiza el despliegue de la arquitectura anterior sobre la nube de Azure, abarcando estrategias como el uso de Docker Hub para el almacenamiento de los repositorios de las imágenes, desplegando manual y automáticamente sobre Azure Container Apps. El despliegue automático se realiza haciendo uso de las GitHub Actions, que definen un flujo de trabajo (workflow), que automatiza la compilación del código, ejecución de pruebas y finalmente realice el despliegue.

- Despliegue sobre Kubernetes local: Preparamos la arquitectura anterior, para ser desplegada sobre un orquestador de contenedores como Kubernetes.

- Despliegue en AKS: En capítulos avanzados, se guía al lector en la configuración de clústeres en AKS, el uso de Azure Container Registry (ACR) para gestionar imágenes y el despliegue manual sobre AKS.

- Automatización de despliegue usando Azure DevOps: Una sección completa está dedicada a Azure DevOps, explorando la creación de pipelines, integración con repositorios como GitHub, que nos permitan desplegar nuestra arquitectura basada en contenedores, sobre AKS de forma automática, tras ejecutarse una pipeline que reacciona a un cambio producido en el código.

- Casos prácticos y mejores prácticas: Finalmente, el libro presenta casos reales y consejos prácticos para superar desafíos comunes, optimizar pipelines y garantizar la seguridad en los despliegues.

¿Por qué este libro es importante?

En un mundo donde el tiempo de entrega y la calidad del software son críticos, CI/CD se ha convertido en un estándar indispensable. Este libro no solo le proporciona el conocimiento técnico necesario, sino también las estrategias arquitectónicas y metodológicas para implementar estas prácticas de manera efectiva.

Ya sea que esté modernizando aplicaciones monolíticas, diseñando microservicios desde cero o implementando soluciones en Azure, este libro le guiará a través de cada paso del proceso, asegurando que sus sistemas sean más ágiles, seguros y escalables.

Acompáñenos en este recorrido para descubrir cómo CI/CD y las herramientas de Azure pueden transformar su forma de trabajar, brindándole una ventaja competitiva en el desarrollo de software moderno.

1.2 Acerca de los autores

Ambos formamos parte del departamento de arquitectura de Sopra Steria, siendo Miguel Ángel la persona que lidera el departamento de arquitectura de Levante.

Miguel Ángel tiene más de 25 años de experiencia en el mundo de la consultoría especializado en arquitectura de soluciones, mientras que Ramón posee más de 15 años de experiencia en el desarrollo de arquitecturas basadas en .NET y actualmente como arquitecto de soluciones como Miguel Ángel.

Ambos trabajamos juntos en múltiples proyectos y sabemos trabajar en equipo, ya que nos entendemos a la perfección, de modo que cuando Ramón le contó que anteriormente había realizado un libro sobre diseño de arquitecturas .NET orientadas a microservicios y tenía ganas de continuar el libro dando un paso más, ya no hablando tanto sobre desarrollo de microservicios, sino enfocado al despliegue continuo sobre Azure, a Miguel Ángel le encantó la idea. Siempre había querido plasmar sus conocimientos en un libro y que mejor forma de iniciarse en el mundo de la escritura que escribiendo con un amigo.

En ese momento, nos pusimos a realizar el hilo conductor de todo el libro como alguien que no hubiera realizado nunca un despliegue continuo y pudiera aprender conocimientos básicos sobre contenedores, orquestadores y los servicios proporcionados por Azure, de tal forma que fuera adquiriendo poco a poco las habilidades precisas primero en entornos locales, luego preparar el entorno a Kubernetes y finalmente desplegar sobre Azure AKS mediante pipelines.

Tras esto nos pusimos manos a la obra. Pensamos en qué más podría aportar valor al lector, de modo que surgió la idea de crear pequeños consejos le que ayudasen en su orientación como arquitecto.

Tras muchas madrugadas trabajando en el libro, finalmente nos sentimos orgullosos de haber aportado nuestro granito de arena a esta comunidad.

Por lo que, si le ha gustado el libro o simplemente quiere colaborar con nosotros, ampliemos nuestra red:

- Ramón Serrano Valero: https://www.linkedin.com/in/ramon-serrano-valero-2154113b
- Miguel Ángel Nuñez Sabín: https://www.linkedin.com/in/miguel-angel-nu%C3%B1ez-sabin-6028b693

Estaremos encantados de compartir impresiones sobre el libro y otros temas de arquitectura.

1.3 Motivación

En la actualidad, el desarrollo de software enfrenta una presión constante para entregar nuevas funcionalidades a un ritmo más rápido y con mayor calidad. La transformación digital ha llevado a las organizaciones a adoptar prácticas modernas como DevOps y CI/CD (integración y despliegue continuos) para mantenerse competitivas en un mercado que exige agilidad y precisión.

Los enfoques tradicionales, caracterizados por ciclos de desarrollo largos y procesos manuales de despliegue, han demostrado ser insuficientes frente a las demandas modernas. Estas metodologías no solo retrasan la entrega de valor al cliente, sino que también incrementan los riesgos de errores en producción.

Adoptar CI/CD no es solo una tendencia tecnológica, sino una necesidad estratégica. Según un estudio reciente de DORA (DevOps Research and Assessment), las organizaciones que implementan prácticas avanzadas de CI/CD realizan despliegues 46 veces más frecuentes, reduciendo un 96% el tiempo medio de recuperación ante fallos.

Además, la implementación de arquitecturas modernas, como microservicios, ha revolucionado la forma en que se diseñan y operan las aplicaciones. Estas arquitecturas complementan perfectamente las prácticas de CI/CD al permitir que los equipos trabajen de manera autónoma y desplieguen componentes de forma independiente, maximizando la escalabilidad y reduciendo la complejidad.

Este libro tiene como objetivo proporcionar a arquitectos y desarrolladores una guía clara para implementar CI/CD en arquitecturas modernas sobre Azure. A través de casos prácticos, herramientas y principios fundamentales, los lectores podrán transformar sus procesos de desarrollo y despliegue para alcanzar niveles de productividad y calidad nunca vistos.

1.4 Arquitectura IT

La arquitectura define los cimientos sobre los cuales se construyen las aplicaciones modernas. En el contexto de CI/CD, la arquitectura juega un papel crucial para garantizar que los sistemas sean escalables, modulares y fáciles de desplegar. Las arquitecturas modernas, como microservicios, han transformado la forma en que los equipos desarrollan, prueban y despliegan aplicaciones.

El éxito de la implementación de CI/CD depende en gran medida de la colaboración entre diferentes roles de arquitectos dentro de un equipo, roles que se describen en el siguiente punto.

1.4.1 Roles de arquitectos IT

En el mundo IT (tecnologías de la información), generalmente profesionales con el perfil de ingenieros en Informática, tras alcanzar un alto grado de experiencia en el campo de las tecnologías de la información, suelen poseer muy buen conocimiento técnico y de negocio, que acostumbra a ir ligado a la participación en multitud de proyectos, de diverso tamaño y complejidad.

Estos profesionales poseen la capacidad de realizar diseños y planificación de sistemas complejos, asegurando la interoperabilidad de los diferentes componentes dentro del sistema, estos profesionales son arquitectos IT.

Dependiendo de la responsabilidad de estos arquitectos IT, existen diversos tipos de arquitectos [*Ilustración 1*]:

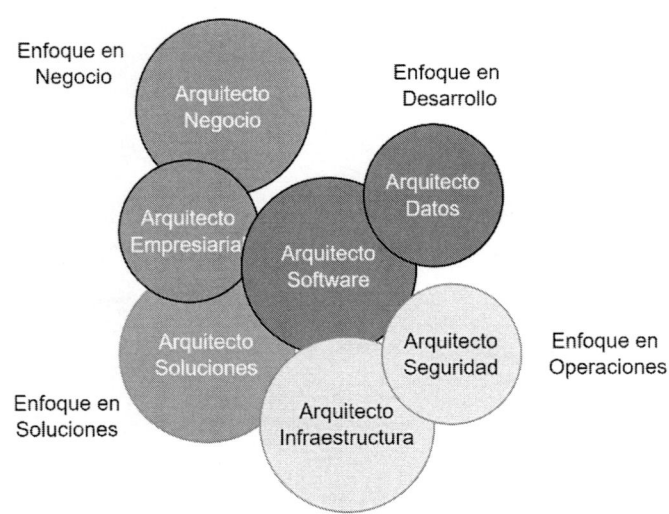

Ilustración 1. Roles.

- **Arquitecto empresarial:**
  - Dentro del campo de tecnologías de información, el arquitecto empresarial tiene un rol estratégico dentro de la organización. Actúa como un intermediario entre la visión empresarial y las capacidades tecnológicas de la misma, estableciendo estándares que aseguren soluciones escalables y actualizables.
  - Responsabilidad en CI/CD: Asegurar que las prácticas de integración y despliegue se alineen con la estrategia tecnológica global y sean sostenibles a largo plazo.

- **Arquitecto de negocio:**
  - Tiene como foco principal comprender las necesidades organizativas y traducirlas en requerimientos funcionales. Este rol requiere un conocimiento profundo de los procesos empresariales y su interacción con la tecnología.
  - Responsabilidad en CI/CD: Garantizar que los sistemas desarrollados resuelvan problemas reales del negocio y que las soluciones técnicas estén alineadas con los objetivos organizativos.

- **Arquitecto de soluciones:**
  - A menudo considerado el diseñador del sistema, transforma los requerimientos funcionales en soluciones técnicas integradas.
  - Responsabilidad en CI/CD: Diseñar pipelines y soluciones técnicas que cumplan con los lineamientos definidos por los arquitectos empresarial y de negocio.

- **Arquitecto de software:**
  - Centrado en el diseño detallado y la implementación técnica de los componentes del sistema. Trabaja directamente con los equipos de desarrollo para asegurar modularidad y mantenibilidad.

o Responsabilidad en CI/CD: Diseñar componentes compatibles con pipelines de CI/CD.

o **Arquitecto de datos**:
  o Diseña y gestiona la estructura de datos de la organización, desde modelos conceptuales hasta estrategias de calidad de datos.
  o Responsabilidad en CI/CD: Garantizar que los datos fluyan eficientemente entre sistemas y que estén disponibles de forma segura para los usuarios finales.

o **Arquitecto de infraestructura**:
  o Responsable de diseñar y mantener la infraestructura tecnológica necesaria para soportar las aplicaciones.
  o Responsabilidad en CI/CD: Asegurar que la infraestructura soporte las necesidades de despliegue continuo y sea escalable y resiliente.

o **Arquitecto de seguridad**:
  o Define y supervisa estrategias de protección de la información y los sistemas tecnológicos.
  o Responsabilidad en CI/CD: Integrar la seguridad en cada etapa del proceso, desde el desarrollo hasta el despliegue.

1.5 Proyecto de arquitectura

1.5.1 Cómo comienza un proyecto

Todo empieza cuando nos plantean un problema que debemos resolver, es en ese momento en que el departamento de arquitectura se pone a trabajar. Entre las tareas a las que este equipo puede enfrentarse se encuentran, entre otras:

- **Retro-arquitectura**: El cliente posee una arquitectura actual y no se ha documentado; el equipo de arquitectura analizará y documentará dicha arquitectura.

- **Arquitectura de reemplazo**: El cliente posee una arquitectura y esté o no documentada, el equipo de arquitectura analizará el sistema y cómo se comporta y hará hincapié en el componente a reemplazar. Una vez tenga el conocimiento de que datos de entrada y salida poseen el componente a reemplazar y de su interacción con otros sistemas, extrayendo las funcionalidades y capacidades que posee, debemos hacer un análisis de componentes que pueden servirnos en el mercado para reemplazarlo y que no tenga pérdida de funcionalidades existentes. De esta forma, analizamos una lista de posibles alternativas y, en caso de que alguna funcionalidad no la podamos cubrir, proporcionar el diseño de la implementación de un componente que cubra la funcionalidad necesaria, de tal forma que la interoperabilidad del sistema reemplazado no se vea afectado.

- **Nueva arquitectura**: El cliente no posee una arquitectura o la posee y la quiere modernizar o cambiar de tecnología por completo, por obsolescencia tecnológica o por otros motivos. En este caso, el equipo de arquitectura analizará las nuevas especificaciones y propondrá una o varias alternativas de arquitectura para que el cliente tome la decisión oportuna.

- **Resolución de problemas de arquitectura**: El cliente posee una arquitectura existente y quiere modificarla con el mínimo impacto y coste, pero sabe que es necesario adaptarla, de tal forma que se resuelvan posibles problemas de rendimiento, problemas de comunicación, escasa escalabilidad, entre otros. En este caso, se debe analizar primero los problemas que están encontrando en la arquitectura actual y proponer varias soluciones que puedan solventar dichos problemas a corto, medio y largo plazo, incluyendo el esfuerzo estimado y el impacto, para que el cliente pueda tomar una decisión sobre si abordar o no el problema.

Según las diferentes tareas especificadas anteriormente, se prepara un documento de arquitectura con las siguientes secciones:

- **Arquitectura de negocio**: Incluyendo el alcance del documento y objetivo del sistema a analizar, los diferentes actores que participan en el negocio, las funcionalidades y los casos de uso.

- **Arquitectura de datos**: Incluyendo las entidades que utiliza el sistema, la gobernanza de datos y quienes son los responsables, toda entrada y salida de datos de cada uno de los sistemas que intervengan en la arquitectura y si añadimos un diagrama de flujo de datos, sería genial.

- **Arquitectura de aplicación**: En esta sección se definen cada uno de los sistemas que intervienen en la arquitectura, se relaciona cada sistema con una capacidad de negocio, así como las capacidades técnicas del sistema y sus funcionalidades. Por último, se especifica si se han tomado en consideración alguna decisión de arquitectura en base a algún criterio de negocio o técnico y se prepara el diagrama de aplicaciones.

- **Arquitectura de infraestructura o tecnología**: En este caso, se preparan las consideraciones que se han llevado a cabo en la selección de una u otra infraestructura para alojar los diferentes sistemas, si se ha preparado el sistema para ser escalable y accesible la mayor parte del tiempo, así como también un diagrama de infraestructura, relacionando componentes de infraestructura como servidores y su sistema operativo, con componentes de red y cómo se relacionan con el diagrama de aplicaciones, es decir, que el componente de infraestructura aloja un componente de aplicación, por ejemplo una API.

Por último, cada uno de estos diagramas de negocio, aplicación e infraestructura se presentarán en un único diagrama para ver cómo está todo relacionado.

De este modo, representemos mediante un lenguaje de modelado llamado ArchiMate, utilizado por arquitectos empresariales, para analizar y visualizar relaciones entre distintos dominios arquitectónicos, un diagrama con la arquitectura que se implementará en próximos capítulos [*Ilustración 2*]. Las tres capas representadas son:

- **Capa de negocio**: Es la **business layer**; será aquí donde identifiquemos los roles y actores, las funciones y/o procesos que el negocio debe realizar.

- **Capa de aplicación**: Es la **application layer**; se definen las aplicaciones que soportan la capa de negocio, por ejemplo, componentes software como frontales o API o sistemas ERP, son ejemplos de estos componentes, así como servicios que las aplicaciones proporcionan a otros componentes.

- **Capa de tecnología**: Es la **technology layer**; se describe la infraestructura tecnológica que soporta la capa de las aplicaciones. Aquí se incluyen sistemas operativos, máquinas virtuales, balanceadores, recursos de red, bases de datos y cómo soportan a las aplicaciones.

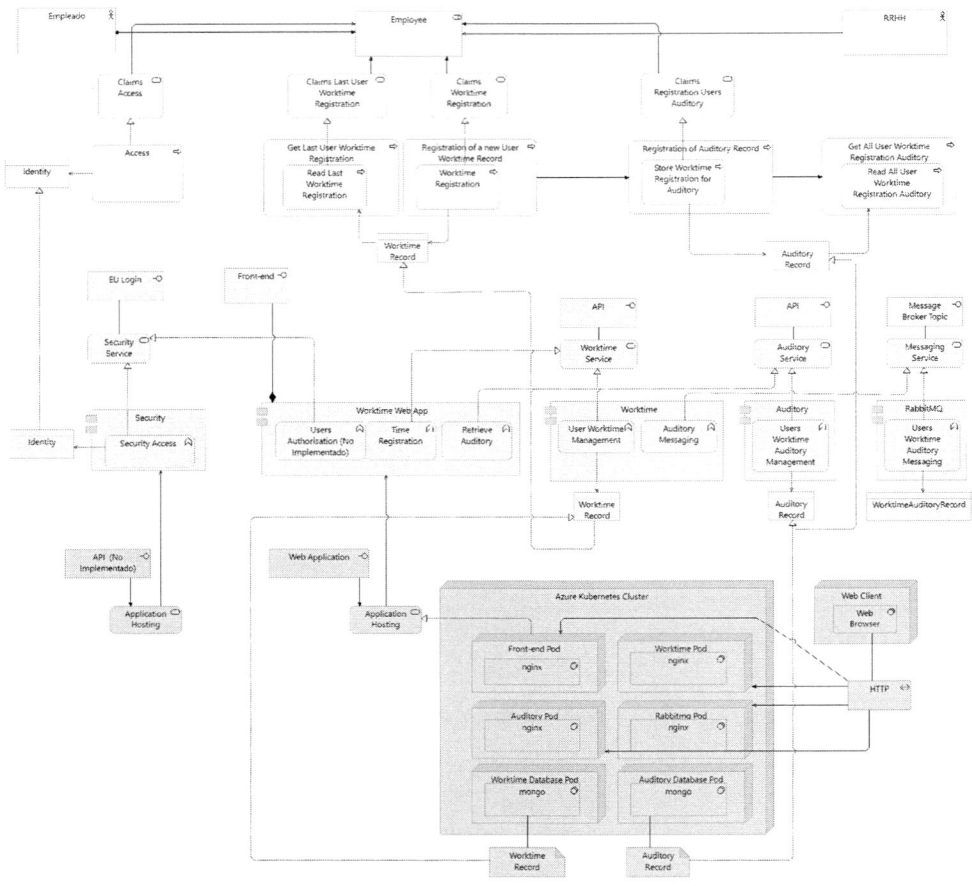

Ilustración 2. Modelado de arquitectura con Archimate.

La estructura puede cambiar, pero, por lo general, todo documento de arquitectura debería poseer estas secciones. Por ejemplo, en el caso de evaluar un componente de reemplazo, además incorporará una sección con la evaluación de alternativas y cobertura de las funcionalidades o en el caso de la mejora de problemas de arquitectura, incluirá una sección con listado de problemas que enfrenta la arquitectura actual y cada posible acción que se puede realizar para tratar de solventar el problema.

1.5.2 El rol del arquitecto de soluciones

Empezando por el diseño de alto nivel de la solución, que incluye diagramas en las tres capas, visto anteriormente con la herramienta ArchiMate, o con otros tipos de diagramas para representar los componentes del sistema o mediante el modelo C4.

Aunque no es el objeto de este libro detallar estos modelos, el **modelo C4**, es interesante utilizarlos cuando queremos representar diferentes niveles de detalle de una arquitectura desde los sistemas hasta las clases que los implementan. Se divide en 4 niveles:

- **C1**: Alto nivel de interacción de todos los sistemas de la arquitectura.

- **C2**: Se hace zoom a uno de estos sistemas y se detalla cada uno de los contenedores que componen dicho sistema, por ejemplo, un contenedor puede ser un front-end o una API.

- **C3**: Se hace zoom en uno de estos contenedores y se puede ver los componentes que contienen el contenedor a analizar y la interacción con el resto de los contenedores. Un ejemplo de componente es un controlador de una API.

- **C4**: Se hace zoom en uno de estos componentes y podemos detallar a nivel de clases e interfaces, tipo UML para ver cómo se debe implementar el componente. Aunque bajar hasta este nivel no suele ser lo habitual.

El arquitecto de soluciones trabaja junto al arquitecto de negocio, ya que conoce aquellas funcionalidades que a nivel de negocio el sistema cubre o debería cubrir, relacionando estas necesidades con los diferentes sistemas, su tecnología, la infraestructura y cómo todo el sistema se comunica entre sí.

El arquitecto de soluciones también deberá definir las estrategias de integración y despliegue continuo, dado que cada componente, se implemente con la tecnología que se implemente, deberá de desplegarse automáticamente por diferentes entornos, desde desarrollo, pasando por preproducción, hasta llegar a entornos productivos. Este documento de despliegue será utilizado, por un lado, por el equipo de desarrollo para preparar los repositorios de código fuente y por parte del equipo de DevOps, para crear las pipelines y que todo se despliega como se espera.

1.5.3   El rol del arquitecto software

El arquitecto software es el profesional encargado de transformar los objetivos funcionales y técnicos en un diseño concreto que guíe el desarrollo del sistema. Este rol se centra en la definición y estructuración de los componentes que forman parte de la solución tecnológica, garantizando que se adhieran a principios de diseño como modularidad, cohesión y desacoplamiento. Su responsabilidad va más allá de escribir código; establece los fundamentos que aseguran la mantenibilidad, escalabilidad y extensibilidad del sistema.

En el contexto de CI/CD sobre Azure, el arquitecto software juega un papel esencial al diseñar sistemas que se integren sin fricciones con las herramientas y servicios de la nube. Por ejemplo, al implementar una arquitectura basada en microservicios, debe diseñar API bien definidas y asegurar que los servicios puedan desplegarse de manera independiente utilizando pipelines automatizados en Azure DevOps. Además, selecciona los frameworks más adecuados, como ASP.NET Core para backends o Blazor para front-ends, optimizando cada decisión tecnológica según las capacidades del equipo y las necesidades del proyecto.

Otro aspecto clave del rol es la definición de patrones y normas que guiarán al equipo de desarrollo. Esto incluye la elección de patrones de diseño como CQRS para segmentar comandos y consultas, o Mediator para gestionar flujos de trabajo complejos. También establece directrices para la gestión de dependencias entre capas, favoreciendo la implementación de principios SOLID y el uso de interfaces para fomentar la flexibilidad.

El arquitecto software trabaja en estrecha colaboración con el equipo de DevOps para definir y optimizar los pipelines de CI/CD. Esto implica integrar pruebas automatizadas, desde pruebas unitarias hasta pruebas de integración y performance, asegurando que los despliegues sean consistentes y libres de errores. Además, supervisa la creación de entornos replicables en Azure, como entornos staging en App Services o clústeres AKS dedicados para pruebas.

Durante el ciclo de vida del proyecto, el arquitecto software desempeña un rol activo, revisando la calidad del código y asegurándose de que las decisiones técnicas iniciales continúen alineadas con los objetivos del negocio y la arquitectura. Su visión estratégica y técnica garantiza que el sistema no solo cumpla con los requisitos actuales, sino que esté preparado para evolucionar frente a nuevas necesidades.

1.5.4   El rol de DevOps

El rol de DevOps es fundamental en la implementación y operación de soluciones CI/CD sobre Azure. DevOps no solo conecta los equipos de desarrollo y operaciones, sino que también impulsa una cultura de colaboración y automatización que acelera los ciclos de entrega y mejora la calidad del software. En este contexto, DevOps actúa como un facilitador clave para implementar prácticas de integración y despliegue continuos en entornos dinámicos.

Uno de los principales objetivos de DevOps es diseñar pipelines de CI/CD que automaticen cada etapa del desarrollo, desde la integración del código hasta su despliegue en producción. Utilizando herramientas como Azure DevOps o

GitHub Actions, los equipos pueden construir, probar y desplegar aplicaciones de manera eficiente. Por ejemplo, un pipeline típico incluiría tareas como la ejecución de pruebas unitarias con xUnit, la construcción de contenedores Docker y su despliegue en AKS.

DevOps también se encarga de configurar y gestionar la infraestructura como código (IaC), permitiendo que los entornos en Azure sean creados y replicados de forma automática. Esto incluye el uso de herramientas como Terraform o ARM Templates para definir recursos como App Services, bases de datos o redes virtuales. Al adoptar IaC, DevOps garantiza consistencia en todos los entornos, desde desarrollo hasta producción.

Otro aspecto crítico es la monitorización continua del sistema. Utilizando herramientas como Azure Monitor y Application Insights, el equipo de DevOps recopila métricas y logs para identificar y resolver problemas antes de que impacten al usuario final. También configura alertas automáticas para notificar eventos críticos, como caídas de rendimiento o errores en los despliegues.

La seguridad es una prioridad en el trabajo de DevOps. Integrar DevSecOps en los pipelines asegura que cada etapa incluya validaciones de seguridad, como análisis de vulnerabilidades en contenedores y escaneos de código estático. Además, herramientas como Azure Security Center permiten a DevOps identificar configuraciones inseguras y aplicar correcciones proactivas.

El rol de DevOps no se limita a implementar tecnología; también fomenta una cultura de mejora continua, eliminando silos entre equipos y acelerando la entrega de valor al negocio. En un entorno como Azure, donde los servicios se adaptan dinámicamente a las necesidades del proyecto, DevOps es el pilar que asegura que la tecnología y las operaciones trabajen en perfecta armonía.

1.5.5 Implementación de arquitecturas limpias

Una vez el arquitecto de soluciones ha definido la interoperabilidad del sistema, los componentes del sistema y la infraestructura a utilizar, es el momento en que el arquitecto software plantea el diseño y la implementación de los diferentes componentes.

Tomando de la mano estas premisas, comienza el proceso de diseño estructural del sistema que queremos implementar, siempre pensando en que, posiblemente, nuestro sistema puede evolucionar el día de mañana y debería ser abierto a extensión y lo más escalable posible.

Una parte importante de la arquitectura es el momento en que definimos en nuestro equipo la forma en que debemos implementar cada módulo, la elección del framework empleado para la persistencia de datos, la comunicación entre capas, la nomenclatura a seguir, el uso unificado de patrones en el sistema, en definitiva, la serie de normas que establecemos y que todo el equipo debe seguir.

De hecho, si cada desarrollador empleara sus propias maneras de definir las clases, de intercomunicar entre capas o utilizase múltiples patrones para resolver cada caso de uso, sería un caos para el core del equipo. Está claro que cada persona tiene su forma de desarrollar, sobre todo porque nunca todos los componentes del equipo tienen la misma experiencia, o han trabajado en equipos distintos y no conocen los mismos patrones de diseño o arquitecturas similares.

No existe una misma arquitectura que solucione todo, incluso dependiendo del nivel de experiencia del equipo es posible que haya que replantearse la manera de diseñar el software que queremos o incluso una vez implementada, realizar algunos ajustes. La arquitectura suele estar viva en el tiempo de desarrollo de la solución.

Y es que hacer que nuestra arquitectura sea flexible a cambios y no dependiente entre capas o incluso entre concreciones, puede permitirnos trabajar de manera desacoplada y desarrollarla en un entorno tolerante a modificaciones. No deberíamos depender en nuestra arquitectura de implementaciones concretas, sino de abstracciones, que nos permitan utilizar la inyección de dependencias para servirse de la concreción pertinente en el momento que lo requiera.

Hay que huir en la medida de lo posible de que como está de moda realizar todo el software orientado a microservicios, siempre, enfocarlo en cada aplicación hacia este mismo punto.

Si piensa que su aplicación de 5 años ha quedado obsoleta y es inmantenible, pero desea migrarla a microservicios... Cuidado... Si la aplicación ya es inmantenible en una arquitectura monolítica, es muy probable que también lo sea en microservicios, dado que la orientación a los microservicios implica una complejidad adicional al sistema, sobre todo en cuanto a la intercomunicación entre estos.

Volviendo al tema de las arquitecturas, hay una norma básica que debemos cumplir en el diseño de arquitecturas, necesitamos que nuestro software deje de estar acoplado u orientado a un framework y que nuestras capas no dependan ni conozcan el framework utilizado; esto nos permitiría que, si un día cambiamos el framework o simplemente la versión de este, no se vean afectadas cada una de las capas superiores.

Un ejemplo de este uso tan acoplado al framework es la arquitectura por capas [*Ilustración 3*], donde en el núcleo de la aplicación se encuentra el dominio donde se encapsula además el framework de acceso a datos y tiene una dependencia de la capa de acceso a datos; el resto de las capas conocen las entidades de este framework, el tipo de base de datos empleada y su implementación, de modo que cualquier cambio en el framework afectaría de forma considerable al resto de capas. En definitiva, el núcleo de la aplicación no debería conocer el framework empleado, ya que puede cambiar con el tiempo.

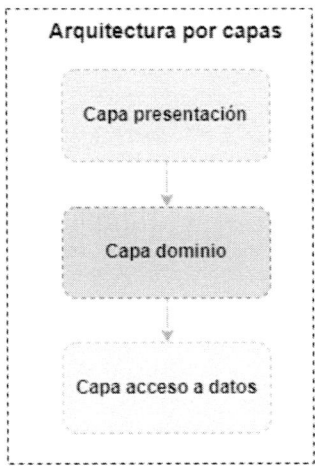

Ilustración 3. Arquitectura por capas.

Claro está que puede ser resuelta esta dependencia en el modelo por capas tradicional, simplemente haciendo uso de interfaces declaradas en la capa de dominio y del principio SOLID de inversión de control.

Para ayudar con la problemática mencionada, Uncle Bob propuso un esquema a seguir para cambiar la dependencia de estas capas; él lo define como arquitecturas limpias o clean architectures.

La denominación de arquitectura limpia tiene como origen un artículo escrito por Robert C. Martin, también conocido como Uncle Bob. Este ingeniero de software americano es autor de otro libro que lleva por título *Clean Code* y en el que se reflexiona acerca de buenas prácticas y estudio de patrones a la hora de escribir software.

Entendamos por arquitectura limpia aquella que pretende conseguir estructuras modulares bien separadas, de fácil lectura, con código limpio y que puedan realizarse test con facilidad.

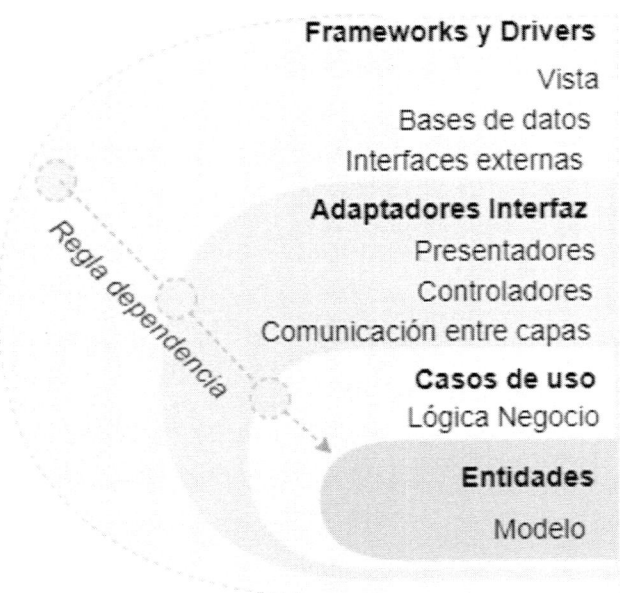

Ilustración 4. Clean architecture.

Si observamos la figura [*Ilustración 4*], nuestro modelo o lógica de negocio está en el interior, en el corazón del diagrama y por encima de esta capa tenemos la capa de casos de uso, la de lógica de negocio de la aplicación, la de controlador y, finalmente, la capa correspondiente a la vista, base de datos, interfaces externas; en definitiva, librerías que no pertenezcan al sistema y acceso externo.

Además de las diferentes capas, quedémonos con la flecha que vemos atravesar cada capa; se denomina regla de dependencia y nos la propone Uncle Bob. Nos indica que existe un único sentido para atravesarlas, deben apuntar desde el extremo de la figura hacia su núcleo y no a la inversa. Con esta separación, si comparamos dos capas, la capa interior no debe conocer nada de las capas exteriores a ella.

De esta forma conseguimos que nuestra lógica de negocio o casos de uso sean independientes y no empleen ningún elemento de cualquier otra capa externa.

Los diferentes elementos que vemos en la figura [*Ilustración 4*] serían:

• **Entidades**: Objetos de negocio de nuestra aplicación, que poseen propiedades y métodos, deben ser reutilizables y con una estructura que varíe escasamente.

• **Casos de uso**: Son acciones que implementan las reglas de negocio de la aplicación, orquestando el flujo de datos desde y hacia las entidades.

• **Adaptadores de interfaz:** Transforman los datos desde el formato más conveniente para los casos de uso y entidades, hasta transformarlos en el formato que mejor convenga a "Base de datos" o "Interfaz de usuario". Los objetos transferidos son objetos DTO (*data transfer objects*), son simples, sin lógica de negocio, de tal forma que su formato pueda ser transformado por los adaptadores de interfaz al formato que más convenga al resto de capas.

• *Frameworks y drivers*: Es la capa más externa que debe comunicarse hacia las capas interiores y hacia el exterior del sistema, aquí encontramos el acceso a datos o la publicación de eventos.

Lo que propone es realmente interesante. Se basa en la dirección de la dependencia entre capas, las capas de nivel superior dependen de las capas de nivel inferior, pero no a la inversa. Ello implica un cambio brutal a lo que habíamos aplicado hasta el momento, ahora podíamos cambiar cualquier capa superior, sin que las internas se vieran afectadas por el cambio realizado.

Ahora bien, dentro de las arquitecturas limpias, está la arquitectura hexagonal [*Ilustración 5*], también conocida como puertos y adaptadores, que ayuda a los desarrolladores a orientar el software hacia el dominio de la aplicación, la organización de código y desacoplamiento entre capas.

Esta arquitectura resuelve el problema de acoplamiento entre proyectos de N-capas y pone en el núcleo del sistema toda la lógica del dominio, definiendo puertos primarios para interacción desde el exterior como son las interfaces de usuario, puertos secundarios de acceso a base de datos o de comunicación con sistemas o servicios externos, haciendo uso de unos adaptadores especializados en implementar dicha funcionalidad, bien sean controladores, acceso a base de datos o envío de emails, etc.

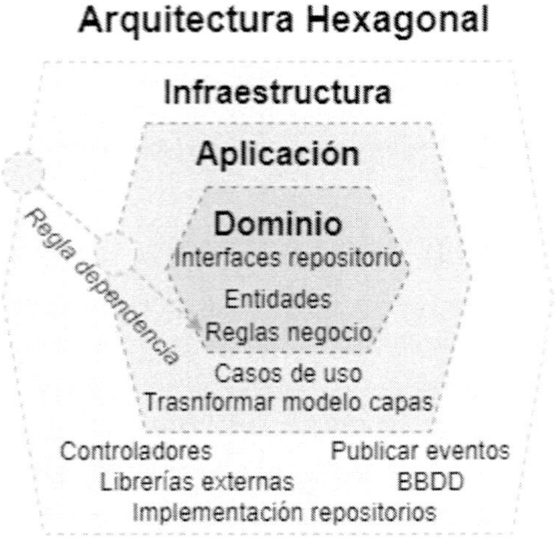

Arquitectura Hexagonal

Infraestructura

Aplicación

Dominio

Interfaces repositorio

Entidades

Reglas negocio

Casos de uso

Trasnformar modelo capas

Regla dependencia

Controladores · · · · · · · · · · Publicar eventos

Librerías externas · · · · · · · · · · BBDD

Implementación repositorios

Ilustración 5. Arquitectura hexagonal.

En la figura [*Ilustración 5*] podemos observar cada una de las capas:

• **Dominio**: Capa más interna del sistema; no debe depender de ninguna otra capa. Podemos encontrar las entidades, interfaces, usadas en inversión de dependencias, que implementa la capa de infraestructura y la lógica de negocio que nosotros mismos consideremos el core de nuestra aplicación.

Otro de los recursos a tener en cuenta en esta capa podría ser el de objetos de valor o value objects, clases sencillas, que representan un valor y que pueden contener su propia lógica de negocio, como propia validación. En el momento que hacemos uso de estos recursos, estamos reemplazando, por ejemplo, en lugar de trabajar con un parámetro string como un identificador de usuario, trabajar con un UserId que representa internamente un código hash que lleva implícito que no pueda ser nulo, además de otras posibles validaciones como longitud fija del código, etc. Además, nos aporta legibilidad al código, ya que no es lo mismo indicar *string* UserId que UserId UserId o en caso de ser un string que sería algo más genérico, y por tanto podría enviarse cualquier cosa, sin embargo, al ver que es de tipo de dominio personalizado UserId, vemos que dicho string tendrá unas características específicas.

Cabe destacar que podemos definir validaciones a nivel de dominio, como hemos visto con los value objects, sobre tipos de objetos, longitud de atributos, validación de lógica de negocio, etc.

Otro de los elementos que encontraremos en esta capa será el registro de eventos de dominio, a través de los métodos de los modelos de dominio.

En definitiva, los servicios que contienen la implementación de la lógica de negocio definida por nosotros se definirán en esta capa, aunque únicamente debemos definir la lógica en estos servicios si se va a reutilizar por otros servicios de aplicación o casos de uso.

• **Aplicación:** Capa que depende de la capa de dominio de la aplicación, y por tanto puede hacer uso de las entidades definidas en la capa de dominio, así como los contratos o interfaces definidas en dicha capa. Aquí se originan todas las entradas a nuestro sistema; podemos encontrar, además, los casos de uso, es decir, acciones que nuestro sistema realiza; el conjunto de estas acciones compone el funcional de la aplicación.

Incluimos en esta capa los servicios de aplicación, responsables de invocar otros servicios de la capa de dominio, reutilizables por la capa de aplicación, además de gestionar las transacciones o publicar eventos de dominio.

Debemos, además, considerar que un servicio de aplicación deberá hacer uso de las interfaces definidas en la capa de dominio, para poder invocar a la implementación de repositorios que se encuentran en la capa de infraestructura, haciendo uso de la inversión de control (principio SOLID).

• **infraestructura:** Esta capa depende de la capa de dominio, es aquí donde incluiremos todo aquello que ejecute cambios hacia el exterior del sistema. Como, por ejemplo, la implementación de acceso a datos, el envío de eventos hacia otros sistemas, o el uso de paquetes externos a nuestro sistema que implementamos fuera del dominio de la aplicación; de esta forma, no intoxicaremos nuestro dominio y nos desacoplamos de esta capa.

Por este motivo, aquí encontraremos la implementación de los repositorios, que serán accesibles por otras capas, haciendo uso de interfaces definidas en la capa de dominio, para que, en caso de que un día modifiquemos dicha implementación, el resto de las capas no se vean afectadas por dicho cambio, como versiones de bases de datos o incluso cambio de persistencia de base de datos.

Observemos, pues, que la regla de la dependencia sigue activa al tratar como arquitectura limpia; la dependencia sería desde la capa más externa, infraestructura, pasando por la de aplicación y acabando en el dominio del sistema. O, lo que es lo mismo, la regla de fuera hacia dentro.

Esto implica que no deberíamos encontrar en la capa dominio ninguna referencia que no sea a sí misma, ni la capa de aplicación debería tener referencias distintas de la capa de dominio.

Y ¿de qué forma el dominio o lógica de negocio puede conocer la capa externa de infraestructura? Realmente no la conoce; simplemente, al tener definida la interfaz que implementa la infraestructura, la capa de aplicación o las reglas de negocio del dominio pueden llegar a invocar a los repositorios de acceso a datos y, por tanto, ejecutar su implementación. Para ello hace uso de la inyección de dependencias, para resolver la interfaz por una implementación concreta, y de la inversión de dependencias de los principios SOLID.

De hecho, si no definiéramos esta interfaz en el dominio, cada capa debería invocar a la concreción, creando dependencias entre capas, y, por tanto, no solo rompería la regla de dependencia, sino que cualquier cambio en la implementación afectaría al resto de capas.

Como hemos visto, la arquitectura hexagonal es solo un ejemplo de arquitectura limpia, pero podríamos introducir más o menos capas, siempre que cumplamos la regla de la dependencia y que las capas internas no conozcan las capas externas y siempre que el dominio lo respetemos, podremos variar este modelo.

Alternativamente a esta arquitectura, tenemos las arquitecturas de corte verticales o *vertical slice architecture*, que la primera vez que escuché hablar de esta arquitectura, fue de su uso por parte de Jimmy Bogard, creador de AutoMapper y la librería de MediatR, muy utilizada para la implementación CQRS en los proyectos de .NET.

A diferencia de las arquitecturas limpias, el código no se estructura separando entre capas, sino que en la arquitectura vertical el código se agrupa por funcionalidad en un mismo fichero toda implementación que se hubiera realizado por capas, desde interfaz de usuario hasta acceso a base de datos.

Al agrupar el código por funcionalidades, cumple el principio de responsabilidad única, además estaría fuertemente acoplado con su propia funcionalidad únicamente y cada segmento vertical o funcionalidad sería independiente y aislada.

Al realizar este agrupamiento, se eliminan las puertas de acoplamiento entre capas y se acopla por funcionalidad, como podemos observar en [*Ilustración 6*].

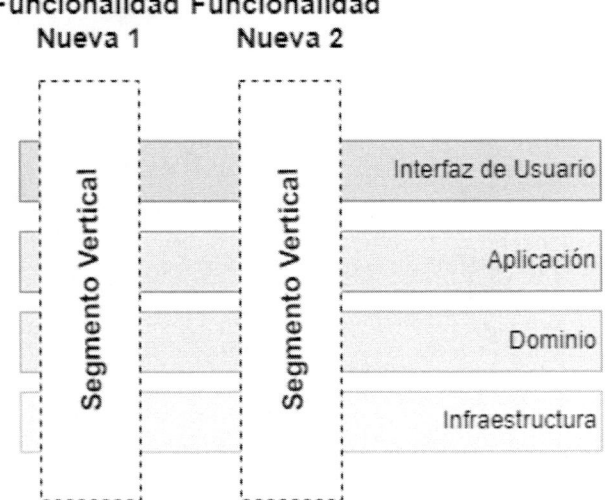

Ilustración 6. Arquitectura vertical.

¿Cuándo decantarnos por una arquitectura vertical o limpia?

Nos decantaremos por la vertical en el caso de disponer de un equipo sin amplia experiencia, dado que cada desarrollador puede trabajar en una funcionalidad, sin impactar en el trabajo del compañero, así como también se reduce el uso de muchos patrones de diseño, mientras que, si el proyecto comienza a ser complejo, en el uso de patrones y buenas prácticas puede ser preferible la arquitectura limpia.

Si tomamos en consideración el tiempo desarrollo, el equipo tardará mayor tiempo en implementar una arquitectura limpia, al tener que separar por clases y capas, que tenerlo por funcionalidad en un único punto.

Una arquitectura limpia simplifica la implementación de pruebas, por lo que sería un factor para considerar, ya que podemos agilizar la implementación de estos.

Otro factor para tener en cuenta sería el tamaño del proyecto, no tiene sentido la macroingeniería que se debe implementar, si el proyecto es pequeño, por lo que, para una implementación pequeña, mejor la vertical.

No obstante, en los proyectos de arquitectura vertical, dado que se repite algo de código, al implementar las funcionalidades aisladas, su mantenibilidad se penaliza, mientras que su escalabilidad aumenta, debido a que podemos incrementar las funcionalidades sin afectar al resto.

Además, vemos que, para el factor de integración continua, tendremos menos conflictos cuando fusionemos código, al estar fusionando funcionalidades en las que por lo general un desarrollador ha trabajado al mismo tiempo, así como si esta funcionalidad se ha desarrollado usando Agile, estará mejor acoplado a una historia de usuario.

Hemos hablado de algunas de las distintas arquitecturas más empleadas hasta el momento, sin mencionar la que está de actualidad, es decir, arquitecturas basadas en microservicios; aunque parezca algo desconocido, en realidad es un conjunto de monolitos que han surgido para dar solución a los megamonolitos que cuando crecen se hacen in-mantenibles y aglutinan en un mismo punto diferentes responsabilidades.

Para dar solución a este problema, surge este tipo de arquitecturas, que nos permiten crear monolitos muy pequeños, que acceden a su propia parcela de base de datos, incluso tienen acotada la responsabilidad y realizan una o escasas funcionalidades con la tecnología y lenguaje que mejor se adapte a resolver el miniproblema.

Hablar de microservicios puede parecer la solución a todos nuestros problemas, pero nada más lejos de la realidad, cuando tratemos con microservicios, debemos saber que para una aplicación básica sin apenas escalabilidad y sin múltiples personas trabajando en el mismo software, quizá no sea la mejor solución.

Podemos pensar que los monolitos han quedado obsoletos, creemos que nuestro monolito funciona de manera inadecuada y pensamos que migrarlo a microservicios resolverá nuestros problemas. La realidad es que no, los microservicios mejoran, ayudan, pero siempre en un contexto que tenga sentido para aplicar esta arquitectura.

Es probable que, si en monolito nuestra solución funcionaba mal, seguramente, en microservicio, nuestra aplicación seguirá funcionando mal. Esto se debe a que introducir microservicios introduce mayor complejidad al sistema del que ya había actualmente, ahora habrá módulos trabajando de forma aislada y la comunicación entre microservicios será un reto para resolver.

No obstante, será una de las arquitecturas que tratemos en este libro, en el diseño e implementación de la arquitectura utilizada para su despliegue continuo.

Para finalizar, cabe destacar que realizar un buen diseño nos permitirá añadir nuevas funcionalidades al sistema, sin que crezca la complejidad de este. No sobrediseñemos añadiendo complejidad al sistema, si la esencia del problema puede ser resuelta por la arquitectura base.

Un error común de introducir complejidad que no necesita nuestro sistema es cuando implementamos un borrador de una funcionalidad y conseguimos que funcione, es probable cometer el error de dejarlo como código bueno, aunque no cumpla las normas establecidas en el sistema, es decir, añadimos complejidad innecesaria, cuando lo que deberíamos hacer es refactorizar y transformar dicho código a la arquitectura, sin introducir elementos que no sean indispensables.

Y como no podía ser de otra forma, toda arquitectura, cuando actuemos como arquitectos de software, deberíamos diseñar en base a una serie de principios, estos son los principios SOLID, así como tener en cuenta la integración continua de nuestro código, que continuamente se irá desplegando en los diferentes entornos.

1.6 Arquitectura en CI/CD

La arquitectura juega un papel crucial en el éxito de CI/CD, ya que define cómo los sistemas están diseñados para permitir una integración y despliegue fluido, eficiente y escalable. Este apartado del capítulo explora cómo las prácticas de CI/CD están intrínsecamente vinculadas con las decisiones arquitectónicas.

1.6.1 Origen de CI/CD y la transición desde monolitos hacia microservicios

La práctica de **integración continua (CI)** se originó a finales de la década de 1990 como una respuesta a los desafíos que enfrentaban los equipos de desarrollo al integrar cambios de código de múltiples desarrolladores. La CI promueve la integración frecuente de pequeños cambios en la rama principal del código fuente, acompañada de pruebas automatizadas para detectar errores de manera temprana. Esta práctica se consolidó como un componente esencial en las metodologías ágiles y DevOps.

Posteriormente, la **entrega continua (CD)** amplió los principios de la CI al automatizar no solo la integración y prueba del código, sino también su despliegue en entornos de producción o preproducción. Esto permitió a los equipos entregar nuevas funcionalidades y correcciones de manera más rápida y confiable.

Antes, con los sistemas monolíticos, integraban todo el código en un solo bloque, hacían que incluso cambios menores requirieran el despliegue completo de toda la aplicación.

Este enfoque presentaba problemas significativos:

- **Riesgo elevado:** Un error en una parte del sistema podía afectar a toda la aplicación.

- **Tiempos de inactividad prolongados:** Las actualizaciones solían requerir la interrupción del servicio para realizar despliegues.

- **Baja agilidad:** Incorporar nuevas funcionalidades o corregir errores era un proceso lento y costoso.

Con el tiempo, se introdujeron prácticas más ágiles y arquitecturas modernas. La adopción de **arquitecturas de microservicios** permitió superar las limitaciones de los sistemas monolíticos. Estas arquitecturas dividen la aplicación en componentes más pequeños y autónomos, cada uno de los cuales puede ser desarrollado, probado y desplegado de manera independiente. Esto permite:

- **Despliegues más rápidos:** Cada microservicio puede actualizarse sin afectar a los demás.

- **Escalabilidad:** Los servicios pueden escalarse según la demanda individual, optimizando el uso de recursos.

- **Mejor aislamiento de fallos:** Un fallo en un microservicio no afecta al sistema completo.

Gracias a estas prácticas y arquitecturas, las organizaciones pudieron reducir significativamente el tiempo de entrega de software, mejorar la calidad de las implementaciones y adaptarse rápidamente a las demandas del mercado [*Ilustración 7*].

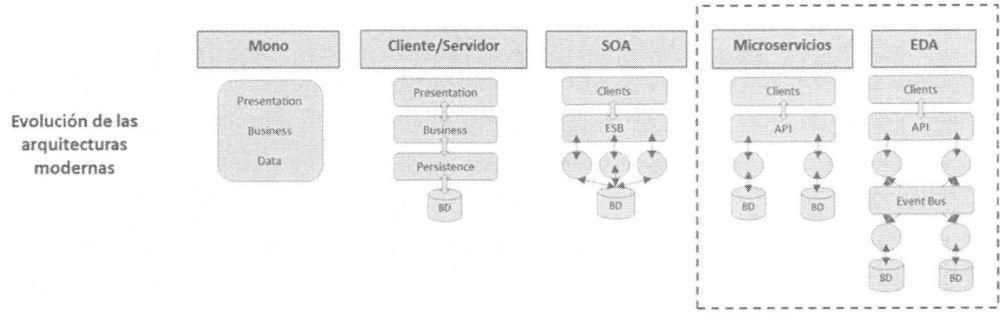

Ilustración 7. Evolución arquitecturas modernas.

Como se ha comentado, CI/CD no surgió directamente como resultado de esta transición de arquitecturas monolíticas a microservicios, pero sí facilitó la adopción de CI/CD al permitir despliegues más granulares e independientes.

1.6.2 Patrones de diseño en arquitectura para CI/CD

En el diseño arquitectónico para CI/CD, los patrones de diseño juegan un papel clave al definir cómo los sistemas deben estructurarse para garantizar escalabilidad, flexibilidad y eficiencia en los procesos de integración y despliegue. Algunos de los patrones más relevantes incluyen:

- **Patrón de orquestación:**
  - Descripción: En este patrón, un sistema centralizado coordina y controla las interacciones entre diferentes microservicios o componentes.
  - Ventaja: Simplifica la implementación y supervisión de pipelines CI/CD, asegurando que todas las partes del sistema estén sincronizadas.
  - Uso en CI/CD: Herramientas como Azure DevOps utilizan este patrón para gestionar tareas como la ejecución de pruebas, la creación de artefactos y los despliegues en producción.

- **Patrón de coreografía:**
  - Descripción: A diferencia de la orquestación, en este patrón, los servicios interactúan de forma autónoma mediante eventos sin necesidad de un coordinador central.
  - Ventaja: Proporciona mayor independencia entre servicios, permitiendo despliegues más flexibles.
  - Uso en CI/CD: Ideal para sistemas distribuidos donde los servicios necesitan reaccionar a eventos, como los disparadores en pipelines basados en eventos (p. ej., cambios en un repositorio Git).

- **Patrón de blue-green deployment:**
  - Descripción: Mantiene dos entornos idénticos (blue y green), donde uno está en producción y el otro se usa para pruebas y actualizaciones.

- Ventaja: Permite realizar despliegues sin interrupción del servicio, con una transición segura y sencilla entre versiones.

- Uso en CI/CD: Herramientas como Kubernetes y AKS implementan este patrón para garantizar despliegues seguros en aplicaciones críticas.

- **Patrón de canary release**:
  - Descripción: Despliega una nueva versión de la aplicación a un subconjunto de usuarios antes de lanzarla completamente.

  - Ventaja: Permite validar la nueva versión en un entorno controlado, reduciendo el impacto de errores.

  - Uso en CI/CD: Azure DevOps permite configurar despliegues canary a través de pipelines escalonados.

- **Patrón de microservicios independientes**:
  - Descripción: Cada microservicio se diseña como una unidad completamente independiente que puede desarrollarse, probarse y desplegarse por separado.

  - Ventaja: Facilita el desarrollo paralelo, el escalado por demanda y la recuperación ante fallos.

  - Uso en CI/CD: Pipelines específicos para cada microservicio, integrados con herramientas como Docker y Kubernetes.

1.6.3 Proyectos "tipo" con colaboración de arquitectura en CI/CD

Los arquitectos enfrentan una amplia variedad de proyectos en los que CI/CD juega un papel central. Estos proyectos varían en alcance y complejidad, y requieren un enfoque estratégico desde el inicio. Algunos de los tipos más comunes incluyen:

- **Proyectos de modernización de aplicaciones**:
  - Descripción: Migrar aplicaciones monolíticas existentes hacia arquitecturas modernas basadas en microservicios.

    ○ Inicio: Comienza con un análisis del sistema actual para identificar componentes críticos, seguido por la definición de un roadmap para descomponer el monolito en servicios independientes.

    ○ Rol del arquitecto: Garantizar que los pipelines CI/CD sean diseñados para facilitar pruebas y despliegues incrementales de los nuevos microservicios.

- **Proyectos de implementación desde cero:**
    - ○ Descripción: Crear una nueva solución tecnológica desde la fase de diseño hasta el despliegue.
    - ○ Inicio: Tiene lugar con reuniones de descubrimiento para recopilar requisitos, definir las tecnologías a utilizar y establecer estándares arquitectónicos.
    - ○ Rol del arquitecto: Diseñar una arquitectura inicial que soporte CI/CD desde el principio, asegurando escalabilidad y flexibilidad.

- **Proyectos de escalabilidad:**
    - ○ Descripción: Optimizar sistemas existentes para manejar mayores volúmenes de tráfico o datos.
    - ○ Inicio: Revisión de los cuellos de botella actuales en la infraestructura y los procesos de despliegue.
    - ○ Rol del arquitecto: Introducir herramientas de orquestación como Kubernetes y ajustar los pipelines CI/CD para soportar despliegues más frecuentes y menos disruptivos.

- **Proyectos de integración de sistemas:**
    - ○ Descripción: Conectar múltiples sistemas o aplicaciones para trabajar de manera conjunta.
    - ○ Inicio: Identificar las interfaces y puntos de integración clave, asegurando que los datos fluyan correctamente entre sistemas.
    - ○ Rol del arquitecto: Diseñar pipelines que incluyan validaciones automáticas para garantizar la integridad de los datos durante las integraciones.

- **Proyectos de cumplimiento y seguridad:**
  - ○ Descripción: Asegurar que los sistemas cumplan con normativas y estándares de seguridad.
  - ○ Inicio: Realizar auditorías iniciales de seguridad y cumplimiento, seguidas de la definición de políticas.
  - ○ Rol del arquitecto: Configurar CI/CD con controles automáticos que verifiquen la seguridad y el cumplimiento en cada etapa del pipeline.

- **Proyectos de migración a la nube:**
  - ○ Descripción: Migrar aplicaciones y datos desde infraestructuras locales hacia entornos cloud como Azure.
  - ○ Inicio: Evaluar la infraestructura actual y priorizar qué componentes migrar primero.
  - ○ Rol del arquitecto: Diseñar pipelines CI/CD que soporten tanto entornos híbridos como completamente en la nube.

Estos proyectos inician con una combinación de análisis estratégico y decisiones arquitectónicas clave. Los arquitectos tienen un rol fundamental para asegurar que los procesos de CI/CD estén alineados con los objetivos del proyecto y las necesidades del negocio.

1.7 Resumen del capítulo

Este capítulo presenta una introducción al libro, estableciendo el contexto y los fundamentos necesarios para comprender los siguientes capítulos. Los temas principales son:

- Acerca de los autores: Se detalla la experiencia y el conocimiento técnico de los autores, lo que refuerza la credibilidad del contenido presentado.

- Motivación: Explica las razones detrás de la creación del libro, enfocándose en la creciente necesidad de implementar prácticas de DevOps, despliegue continuo y arquitecturas modernas para responder a la velocidad del mercado.

- Arquitectura:
  - o El inicio: Describe cómo las organizaciones han evolucionado desde enfoques monolíticos hacia arquitecturas modernas basadas en microservicios.
  - o El papel del arquitecto de soluciones: Este rol se centra en diseñar soluciones globales que cumplan con las necesidades del negocio, garantizando escalabilidad y rendimiento.
  - o El papel del arquitecto software: Se analiza cómo este rol es clave para tomar decisiones técnicas profundas y asegurar la calidad del código.
  - o El papel de DevOps: Se destaca la importancia de esta disciplina para automatizar procesos, gestionar infraestructura como código y habilitar prácticas de integración y despliegue continuo.
  - o Implementación de arquitecturas limpias: Se presenta una breve introducción al concepto de arquitecturas limpias, haciendo énfasis en cómo estas permiten que las aplicaciones sean modulares, mantenibles y fáciles de escalar.

- La importancia del contexto técnico y organizacional: Se refuerza que el éxito de las implementaciones modernas de DevOps y despliegue continuo depende de roles bien definidos y colaborativos.

- Comprensión de los roles clave en la arquitectura de software: Hemos aprendido las responsabilidades de los arquitectos de soluciones, arquitectos de software y especialistas en DevOps, destacando su impacto en el ciclo de vida del software.

- Motivaciones estratégicas para la adopción de DevOps: Se plantea que la integración de prácticas modernas no solo responde a la eficiencia técnica, sino a la necesidad de las empresas de adaptarse rápidamente a los cambios del mercado.

- Introducción a los conceptos de arquitectura limpia: Aunque se menciona brevemente este tema, queda claro que es un principio clave para diseñar aplicaciones sostenibles y eficientes.

2 CI/CD

2.1 Introducción CI/CD

En el desarrollo de software moderno, CI/CD (integración continua y despliegue continuo) es una metodología clave para garantizar la entrega eficiente, estable y automatizada de software. Su objetivo principal es minimizar el tiempo entre la escritura del código y su puesta en producción, asegurando que cada cambio sea probado y desplegado sin intervención manual.

Las organizaciones que implementan CI/CD logran ciclos de desarrollo más ágiles, menos errores en producción y un tiempo de respuesta más rápido ante incidencias. Esta estrategia es especialmente relevante en entornos Cloud y DevOps, donde la rapidez y estabilidad son factores críticos.

¿Qué es CI/CD?

CI/CD se compone de tres procesos fundamentales:

- **Integración continua (CI, *continuous integration*):** Automatiza la validación del código fuente mediante compilaciones y pruebas constantes.

- **Entrega continua (CD, *continuous delivery*):** Garantiza que el software siempre esté listo para su despliegue en entornos productivos.

- **Despliegue continuo (CD, *continuous deployment*):** Automatiza el proceso de despliegue en producción tras superar pruebas automáticas.

2.2 Principios fundamentales de CI/CD

Para lograr una implementación eficiente de CI/CD, se deben seguir una serie de principios fundamentales:

- **Automatización de extremo a extremo**: Desde la integración de código hasta el despliegue, cada paso del pipeline debe ser automatizado.

- **Control de versiones:** Todo el código debe estar en un repositorio de control de versiones como Git, asegurando trazabilidad y *revertibilidad*.

- **Pruebas continuas:** Incorporar pruebas unitarias, de integración y funcionales en el pipeline para garantizar calidad.

- **Despliegue reproducible:** Uso de infraestructura como código (IaC) para garantizar consistencia entre entornos.

- **Rollback automático**: Capacidad de revertir cambios de manera inmediata en caso de fallos en producción.

- **Monitorización y observabilidad:** Implementar herramientas de logging y métricas para detectar problemas en tiempo real.

2.3 Ciclo completo DevOps y CI/CD

El siguiente gráfico representa una etapa que es parte de un proceso continuo para entregar software de alta calidad. A continuación, le explico cada componente en el ciclo y cómo se relaciona con CI/CD [*Ilustración 8*].

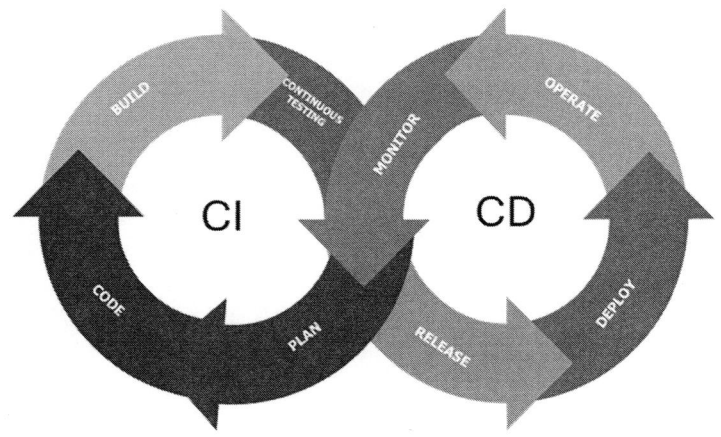

Ilustración 8. CI/CD.

- **CODE** (Código):
    - Es la primera etapa donde los desarrolladores escriben el código fuente.
    - Herramientas como Git permiten gestionar versiones y colaborar.
    - El código fuente es enviado al repositorio para iniciar el proceso de integración continua (CI).
- **PLAN** (Planificación):
    - Aquí se define el alcance del trabajo, las historias de usuario y los objetivos del sprint.
    - Herramientas como Jira, Azure Boards o Trello se usan para la planificación ágil.
- **BUILD** (Construcción):
    - El código es compilado y empaquetado.
    - Se generan artefactos (binarios, imágenes Docker, etc.) listos para pruebas.
    - Herramientas como Jenkins, Azure Pipelines o GitHub Actions automatizan este paso.
- **CONTINUOUS TESTING** (Pruebas Continuas):
    - Se ejecutan pruebas automatizadas, incluyendo pruebas unitarias, de integración y funcionales.
    - Asegura que el software cumpla con los requisitos antes de desplegarse.
    - Herramientas como Selenium, Postman, o JUnit son comunes aquí.
- **RELEASE** (Liberación):
    - La versión aprobada se prepara para ser desplegada en entornos controlados (staging o producción).
    - En esta etapa, se emplean estrategias como Blue/Green Deployment o canary releases.
    - Se documentan los cambios y se genera un pipeline para liberar las versiones.

- **DEPLOY** (Despliegue):
    - El software se despliega automáticamente en el entorno de producción o staging.
    - Esto es gestionado por herramientas como Kubernetes, Docker Swarm o Azure DevOps.
    - El despliegue continuo (CD) asegura que cada cambio pase sin intervención manual si las pruebas son exitosas.
- **OPERATE** (Operación):
    - Se supervisa la aplicación en producción.
    - Incluye la gestión de infraestructura, escalado automático y resolución de incidencias.
    - Herramientas como Prometheus, Grafana o Azure Monitor ayudan a garantizar estabilidad.
- **MONITOR** (Monitorización):
    - Se recopilan métricas en tiempo real para evaluar el rendimiento y la salud del sistema.
    - Se configuran alertas automáticas para detectar y resolver problemas proactivamente.

2.4 Integración continua (CI)

La integración continua (CI) es la primera fase de un pipeline CI/CD y tiene como objetivo principal la validación constante del código. Esto significa que cada cambio realizado en el repositorio principal debe pasar por un conjunto de pasos automatizados que aseguren su calidad y compatibilidad con el sistema existente.

El concepto de CI se basa en el principio de "integrar temprano e integrar con frecuencia". Esto evita acumulación de conflictos entre desarrolladores y permite detectar errores en las primeras etapas del ciclo de desarrollo, ahorrando tiempo y recursos.

2.4.1   Ventajas de la integración continua

- Detección temprana de errores: Cada commit activa un pipeline automatizado que detecta problemas inmediatamente.
- Reducción de conflictos de código: Los desarrolladores integran código constantemente, minimizando los conflictos de versiones.
- Mejora en la colaboración del equipo: Proporciona visibilidad del estado del código en tiempo real para todos los miembros.
- Entrega más rápida: Automatiza tareas repetitivas como compilaciones y pruebas, acelerando el ciclo de desarrollo.

2.4.2   Ejemplo flujo de integración continua

- Un desarrollador realiza un *commit* en el repositorio (GitHub, Azure Repos, GitLab, etc.).
- Un pipeline CI se activa automáticamente.
- Se compila el código y se validan dependencias.
- Se ejecutan pruebas unitarias y de integración.
- Si todas las pruebas pasan, se genera un artefacto listo para el despliegue.

Este flujo permite que el código sea probado y validado continuamente, reduciendo errores en las fases de producción.

2.4.3   Herramientas para CI

- Azure DevOps Pipelines: Plataforma de CI/CD en Azure con integración nativa con repositorios.
- GitHub Actions: Automatización de flujos de trabajo en GitHub.
- Jenkins: Herramienta de automatización de CI/CD open-source.
- CircleCI y TravisCI: Servicios en la nube para CI/CD.

2.5 Despliegue continuo (CD)

El despliegue continuo es uno de los pilares fundamentales en cualquier arquitectura moderna basada en CI/CD. Consiste en automatizar la entrega de nuevas versiones del software a entornos productivos de forma segura, rápida y confiable. En este apartado, exploraremos el concepto, las mejores prácticas y los retos asociados al despliegue continuo en entornos Azure DevOps.

El despliegue continuo amplía la integración continua al incluir la entrega automatizada del código en producción. Esto significa que cada cambio aprobado en el código pasa por un proceso de pruebas exhaustivas antes de desplegarse automáticamente.

Este modelo reduce los tiempos de entrega, mejora la calidad del software y permite una respuesta rápida a los cambios en los requisitos de negocio. Sin embargo, requiere una cultura organizativa orientada a DevOps y un fuerte énfasis en la automatización.

Ejemplo: Un pipeline de despliegue continuo típico en Azure DevOps para una aplicación .NET podría incluir los siguientes pasos [*Ilustración 9*]:

- **Compilación**: Usar dotnet build para generar los artefactos de la aplicación.

- **Pruebas automatizadas**: Ejecutar dotnet test para garantizar la calidad.

- **Publicación**: Empaquetar la aplicación con dotnet publish.

- **Creación de contenedores**: Construir una imagen Docker para la aplicación.

- **Entrega**: Subir la imagen a Azure Container Registry.

- **Despliegue**: Implementar la imagen en Azure Kubernetes Service (AKS).

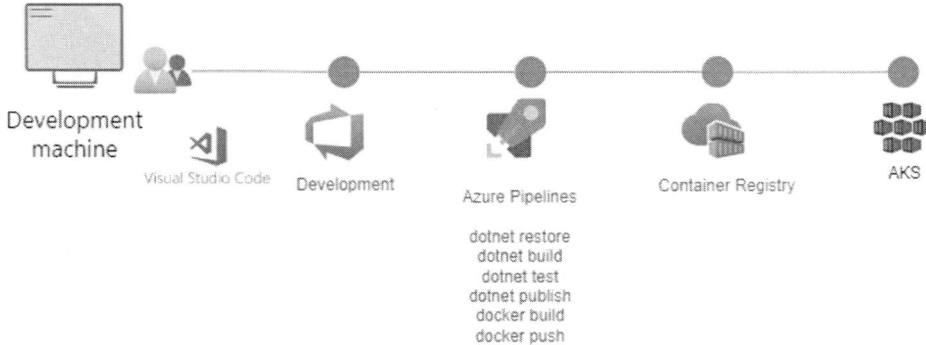

Ilustración 9. Pipeline.

2.5.1 Ventajas del despliegue continuo (CD)

- Reducción del tiempo de entrega: Los cambios pasan rápidamente de desarrollo a producción, mejorando la capacidad de respuesta del negocio.

- Automatización completa: Reduce la necesidad de intervención manual, minimizando errores humanos y mejorando la eficiencia del equipo.

- Feedback constante: Los desarrolladores reciben retroalimentación en tiempo real sobre el rendimiento de los cambios en producción.

- Mayor confianza en los despliegues: Al estar respaldado por pruebas automatizadas y procesos estandarizados, se minimizan los riesgos asociados con los lanzamientos frecuentes.

- Escalabilidad del proceso: Facilita la gestión de despliegues en entornos complejos, como clústeres Kubernetes o sistemas multi-cloud.

- Entrega de valor continuo: Los usuarios finales reciben nuevas funcionalidades y mejoras de manera frecuente, aumentando la satisfacción del cliente.

2.5.2   Ejemplo flujo de despliegue continuo

Un flujo típico de despliegue continuo sería:

1. Un desarrollador ha realizado cambios y se detectan los *commits* en el repositorio que desencadenan el pipeline.
2. Se compila el código y se crean artefactos ejecutables o contenedores Docker.
3. Se realizan las pruebas automatizadas, unitarias, de integración y, opcionalmente, de aceptación.
4. Se publican los artefactos que se envían a registros como Azure Container Registry.
5. Y finalmente se despliega la nueva versión que se implementa en entornos definidos (staging, producción) siguiendo estrategias como blue/green o canary.
6. Se usan herramientas como Azure Monitor para validar la estabilidad.

2.5.3   Herramientas para CD

En este libro utilizamos las siguientes herramientas para despliegue continuo:

- **Azure DevOps Pipelines**: Ofrece un pipeline integrado para despliegues continuos en servicios de Azure, Kubernetes, o entornos personalizados. Soporta configuraciones declarativas con YAML.
- **GitHub Actions**: Proporciona acciones personalizables para desplegar aplicaciones en plataformas como Azure, AWS, o Google Cloud de manera directa desde el repositorio.

Otras herramientas que se podrían llegar a utilizar:
- **Jenkins**: Mediante su integración con plugins como Kubernetes y Docker, Jenkins automatiza los despliegues en servidores, nubes y clústeres de contenedores.

- **AWS CodeDeploy:** Herramienta específica para despliegues en servicios de AWS como EC2, Lambda y ECS. Permite configuraciones detalladas y automatizadas para entornos cloud.
- **Spinnaker:** Una herramienta de código abierto desarrollada por Netflix para orquestar despliegues continuos en entornos multi-cloud como AWS, GCP y Azure.
- **GitLab CI/CD:** Incluye pipelines de integración y despliegue continuo con soporte integrado para Kubernetes, Docker y varias plataformas de despliegue.
- **Argo CD:** Herramienta centrada en Kubernetes que automatiza el despliegue de aplicaciones declarativas, basada en GitOps.
- **Bamboo:** Herramienta de Atlassian que integra CI/CD y facilita despliegues automatizados en múltiples entornos y servicios cloud.

2.5.4   Estrategias de despliegue

El despliegue continuo se apoya en estrategias para minimizar riesgos y garantizar transiciones suaves entre versiones. Algunas de las más usadas son:

Blue/green deployment: [*Ilustración 10*]

- Se mantienen dos entornos (blue y green). El entorno *blue* es el actual en producción, mientras que el entorno green se utiliza para desplegar la nueva versión.
- Una vez validada la nueva versión, se redirige el tráfico al entorno green, minimizando el tiempo de inactividad.
- Ventajas:
    - Reducción del riesgo y capacidad de rollback inmediato.
    - Cambio rápido y seguro entre versiones sin interrupciones.

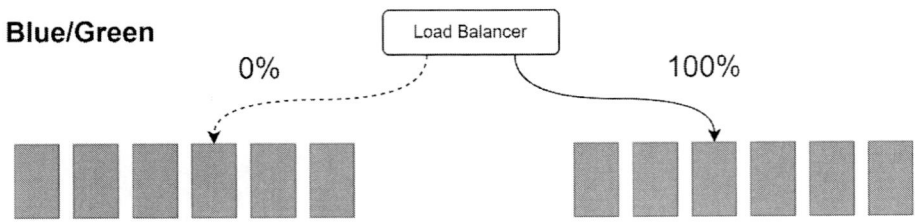

Ilustración 10. Blue/green.

Canary deployment [*Ilustración 11*]

- Se despliega la nueva versión a un pequeño subconjunto de usuarios o nodos. Si no hay problemas, se amplía gradualmente al resto.
- Ventajas: Permite detectar errores en un entorno controlado antes de impactar a todos los usuarios. Minimiza el impacto de fallos, ya que afecta a una pequeña parte de los usuarios.

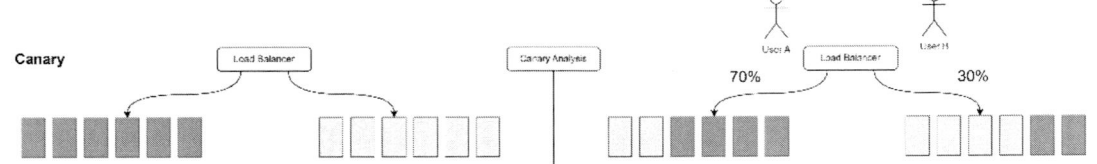

Ilustración 11. Canary.

Rolling updates [*Ilustración 12*]

- Actualiza gradualmente las instancias del servicio, asegurando que siempre haya nodos activos con la versión anterior.
- Ventajas: Ideal para entornos donde el downtime debe ser cero. Evita tiempos de inactividad y permite una migración suave.

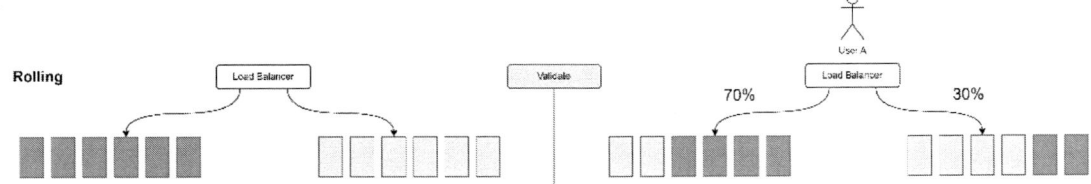

Ilustración 12. Rolling.

Nota: Existe también la estrategia despliegue **Big Bang,** que implica desplegar la nueva versión de la aplicación en su totalidad para todos los usuarios al mismo tiempo. Todo el sistema antiguo se reemplaza de una sola vez por la nueva versión. Pero tiene un alto riesgo de fallo catastrófico en caso de errores, puede requerir largos tiempos de inactividad y es difícil de revertir en entornos complejos. Es menos recomendable.

Consejos para arquitectos:

✓ *Uso de repositorios: Git y GitHub son esenciales para gestionar el código fuente y coordinar cambios con el equipo.*

✓ *Pruebas en producción: Considere pruebas de humo (smoke test) en entornos productivos controlados.*

✓ *Seguridad: Asegúrese de integrar análisis de vulnerabilidades y manejo de secretos con Azure Key Vault o similares.*

✓ *Despliegues graduales: Implementar estrategias como blue/green deployment o canary releases para minimizar riesgos.*

✓ *Automatización completa: Asegúrese de que todos los procesos, incluidas las pruebas de seguridad, estén automatizados.*

✓ *Rollback: Diseñar pipelines con capacidad de revertir a versiones anteriores si se detectan errores.*

✓ *Documentación: Mantenga una documentación clara de los pipelines y estrategias de despliegue.*

2.6 Contenedor e imagen

Antes de comenzar debería conocer bien estos dos conceptos:

- Una **imagen** Docker es una plantilla inmutable que contiene todos los elementos necesarios para ejecutar una aplicación, como el sistema operativo base, dependencias, configuraciones y el propio código de la aplicación. En esencia, es una "fotografía" de un entorno listo para ejecutarse. Las imágenes son el núcleo de la reutilización y consistencia en Docker, ya que permiten que cualquier equipo o entorno reproduzca exactamente el mismo contexto.

- Un **contenedor** es una instancia ejecutable de una imagen. Mientras que la imagen es el plano, el contenedor es el edificio construido a partir de ese plano. Los contenedores son ligeros, efímeros y están diseñados para ser rápidos de iniciar y detener, ideales para entornos de desarrollo y despliegue en CI/CD.

La diferencia clave radica en que una **imagen es estática e inmutable**, mientras que un **contenedor es dinámico y ejecutable**. Un contenedor también puede cambiar durante su ciclo de vida (p. ej., al guardar datos en un volumen), pero esos cambios no afectan a la imagen original [*Ilustración 13*].

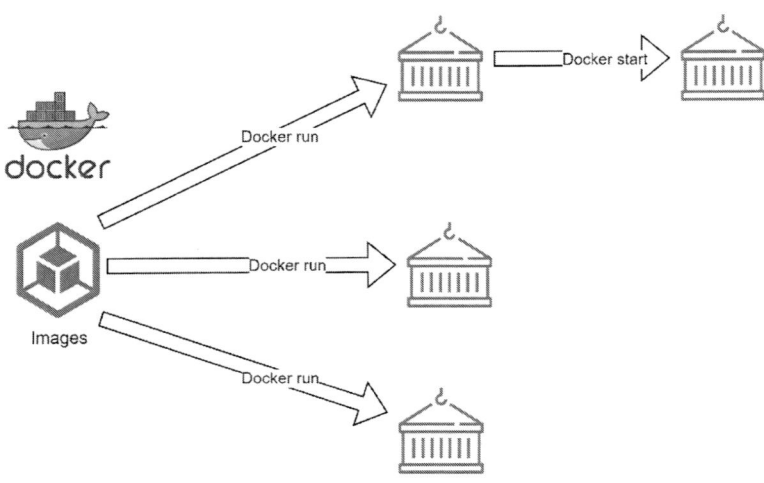

Ilustración 13. Image – Container.

En el contexto de Azure DevOps, estas diferencias son críticas. Las imágenes se utilizan en las fases iniciales del pipeline CI/CD, donde se crean y almacenan en registros como **Azure Container Registry (ACR)**. Posteriormente, estas imágenes se convierten en contenedores desplegados en servicios como Azure Kubernetes Service (AKS) o Azure Container Instances (ACI), adaptándose a las necesidades específicas de cada aplicación o microservicio.

Ahora que los primeros conceptos los conocemos, vayamos directos a Docker.

2.7 Docker

En un entorno moderno, esta práctica (CD) se combina perfectamente con tecnologías como Docker para crear un flujo de trabajo eficiente, consistente y replicable. En este apartado, exploraremos cómo se integran los principios del despliegue continuo con Docker, usando contenedores, imágenes y registros como componentes fundamentales.

Docker es una herramienta revolucionaria que cambió la manera en que las aplicaciones se desarrollan, despliegan y ejecutan. Presentada por primera vez en 2013 por Solomon Hykes, Docker surgió como una solución para resolver un problema recurrente en el desarrollo de software: "en mi máquina funciona" (☺). La necesidad de un entorno que pudiera replicarse de manera confiable en cualquier sistema impulsó la creación de esta tecnología basada en contenedores.

Pero ¿qué es un contenedor? (*docker* en inglés). En términos simples, un contenedor es una unidad ligera y portátil que empaqueta una aplicación junto con todas sus dependencias, configuraciones y el sistema operativo necesario para ejecutarla. Esto asegura que una aplicación que funciona en un entorno de desarrollo también funcione sin problemas en producción, eliminando las discrepancias entre sistemas.

2.7.1   El uso de Docker en CI/CD sobre Azure

En el contexto de CI/CD sobre Azure, Docker desempeña un papel crucial. Su capacidad para empaquetar aplicaciones como contenedores facilita la creación de pipelines eficientes y consistentes. Imagine un sistema compuesto por varios microservicios, cada uno con diferentes requisitos de dependencia. Docker permite que cada microservicio se ejecute de manera aislada en su propio contenedor, garantizando que las actualizaciones o problemas en uno no afecten a los demás.

En Azure, Docker se integra a la perfección con herramientas como Azure DevOps y servicios como Azure Kubernetes Service (AKS) y Azure Container Instances (ACI). Por ejemplo, un pipeline CI/CD típico puede usar Docker para construir imágenes, realizar pruebas automatizadas y desplegar contenedores en un clúster de AKS. Este enfoque reduce tiempos, simplifica el escalado y mejora la confiabilidad de los despliegues.

Docker desbloquea un mundo de posibilidades en Azure. Desde ejecutar aplicaciones individuales en contenedores ligeros hasta gestionar arquitecturas complejas en AKS, su flexibilidad permite a los equipos adaptarse a cualquier caso de uso. Además, su compatibilidad con herramientas como Terraform y GitHub Actions lo convierte en una pieza clave para arquitectos de soluciones que buscan optimizar sus flujos de trabajo.

2.7.2 Arquitectura de Docker

Docker sigue un modelo de arquitectura cliente-servidor. Su arquitectura [*Ilustración 14*] incluye los siguientes componentes principales:

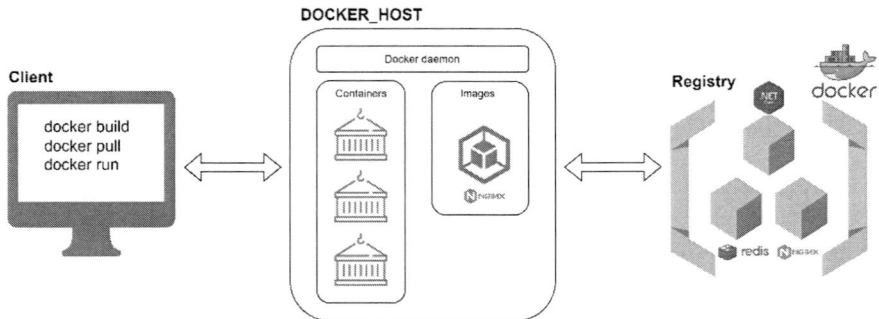

Ilustración 14. Arquitectura Docker.

- **Docker Engine:**
  Es el núcleo de Docker y consta de:
  - Docker Daemon (dockerd): Maneja la construcción, ejecución y gestión de contenedores. Es responsable de gestionar objetos Docker como contenedores, imágenes, volúmenes y redes. Escucha las peticiones de la API Docker del cliente Docker y realiza las acciones solicitadas.
  - Docker CLI: Interfaz de línea de comandos que permite a los usuarios interactuar con Docker. Desde aquí se emiten los comandos que se comunican con el servidor Docker (tareas como la creación de imágenes, la creación de contenedores y la gestión de recursos Docker).
  - API Rest: Permite la comunicación entre el cliente y el daemon.

- **Imágenes Docker:**
  Son plantillas inmutables que contienen el sistema operativo base, bibliotecas y la aplicación que queremos ejecutar. Las imágenes se almacenan en un registro, como Docker Hub o Azure Container Registry. Son estáticas y se utilizan como base para crear contenedores.

  Importante: Las imágenes deben estar optimizadas para incluir solo lo necesario. Una buena práctica es partir de imágenes slim o alpine para reducir el tamaño y mejorar los tiempos de despliegue.

- **Contenedores Docker:**

    Son instancias ejecutables de las imágenes. Cada contenedor es ligero, rápido y efímero, diseñado para iniciarse y detenerse en cuestión de segundos. Cada contenedor contiene un proceso aislado que puede ser un servicio, una aplicación web o cualquier tarea específica.

    Importante: Los contenedores son efímeros, por lo que no se debe almacenar datos importantes dentro de ellos. En su lugar, utiliza volúmenes para persistir datos.

- **Registro Docker:**

    Los registros Docker es el repositorio de imágenes Docker. El Docker Hub (https://hub.docker.com/) es un registro público donde se puede encontrar una amplia colección de imágenes Docker. Las organizaciones suelen crear registros privados para almacenar y distribuir sus imágenes personalizadas de forma segura.

    Importante: Define una estrategia de acceso para garantizar la seguridad en los registros privados y habilita el escaneo automático de vulnerabilidades.

- **Volúmenes Docker:**

    Los volúmenes Docker es donde se gestiona la persistencia de datos en los contenedores. Son independientes del sistema de archivos del contenedor y permite que los datos se compartan entre contenedores y persista incluso cuando un contenedor se detiene o se elimina.

- **Red y almacenamiento:**

    Docker permite conectar contenedores a redes virtuales y definir volúmenes para persistir datos más allá del ciclo de vida del contenedor.

2.7.3 Imagen en Docker y cómo se construye

Las imágenes Docker son el componente base de los contenedores. Una imagen es una plantilla inmutable que contiene todo lo necesario para ejecutar una aplicación: sistema operativo base, bibliotecas, dependencias y el código de la aplicación.

El proceso de creación de imágenes se realiza a través de un archivo llamado Dockerfile. Aquí un ejemplo típico para una aplicación ASP.NET Core:

Dockerfile

```
# Imagen base oficial de Microsoft
FROM mcr.microsoft.com/dotnet/aspnet:6.0 AS base
# Directorio de trabajo dentro del contenedor
WORKDIR /ap
# Copia del archivo ejecutable
COPY bin/Release/net6.0/publish .
# Comando de inicio
ENTRYPOINT ["dotnet", "mi-aplicacion.dll"]
```

Este Dockerfile define:

- FROM: La imagen base, en este caso una de .NET 6.
- WORKDIR: El directorio donde se ejecutará la aplicación.
- COPY: Copia el código publicado al contenedor.
- ENTRYPOINT: Especifica el comando que se ejecutará cuando el contenedor se inicie.

Para construir esta imagen con la etiqueta "mi-aplicación" y la versión de la imagen será "v1", se utiliza el siguiente comando:

shell/cmd

```
docker build -t mi-aplicacion:v1.
```

2.7.4   Proceso subida imagen al registro

A grandes rasgos, los pasos del proceso serían:

- **Creación de una imagen**
  - Un desarrollador crea una imagen a partir de un Dockerfile que define cómo construir esa imagen (base, dependencias, configuración).
  - La imagen se guarda localmente como un archivo persistente.

- **Subida al registro**
  - Una vez creada, la imagen puede subirse a un registro centralizado. En esta etapa, se debe considerar el etiquetado (tags) para identificar versiones o entornos.

- **Distribución desde el registro**
  - Los registros permiten que las imágenes estén disponibles para otros desarrolladores o pipelines de CI/CD.
  - Por ejemplo, un pipeline en Azure DevOps puede recuperar automáticamente la última versión de una imagen desde Azure Container Registry para desplegarla en Kubernetes o App Services.

- **Ejecución de un contenedor**
  - Cuando se necesita ejecutar una aplicación, se instancia un contenedor basado en la imagen seleccionada.
  - La imagen es descargada desde el registro al nodo local donde se ejecutará el contenedor.

Comando ejemplo

El siguiente comando ejecuta un Ubuntu contenedor, se conecta de forma interactiva a su sesión de línea de comandos local y ejecuta "/bin/bash".

shell/cmd

```
docker run --name ubuntu-container -it nginx /bin/bash
```

Cuando ejecuta este comando, sucede lo siguiente:

- Si no tiene la nginx imagen localmente, Docker la extrae de su registro configurado, como si la hubiera ejecutado `docker pull nginx` manualmente.

- Docker crea un nuevo contenedor, como si hubiera ejecutado un `docker container create` comando manualmente.

- Docker asigna un sistema de archivos de lectura y escritura al contenedor, como su capa final. Esto permite que un contenedor en ejecución cree o modifique archivos y directorios en su sistema de archivos local.

- Docker crea una interfaz de red para conectar el contenedor a la red predeterminada, ya que no especificó ninguna opción de red. Esto incluye asignar una dirección IP al contenedor. De manera predeterminada, los contenedores pueden conectarse a redes externas mediante la conexión de red de la máquina host.

- Docker inicia el contenedor y ejecuta "/bin/bash". Debido a que el contenedor se ejecuta de forma interactiva y está conectado a su terminal (gracias a los indicadores -i y -t), puede proporcionar información mediante su teclado mientras la salida se registra en su terminal.

- Cuando escribes **exit** para finalizar el "/bin/bash" comando, el contenedor se detiene, pero no se elimina. Puedes iniciarlo de nuevo o eliminarlo.

Consejos para arquitectos:

✓ *Seguridad; configure autenticación y autorización para sus registros. En registros como Azure Container Registry, habilite roles de acceso para limitar quién puede subir o descargar imágenes.*

✓ *Performance y redundancia; para registros privados, implemente réplicas en múltiples regiones si trabaja en un entorno distribuido. Esto reducirá los tiempos de recuperación de imágenes.*

✓ *Organización y naming convention; use una convención de nombres clara para sus imágenes y etiquetas. Ejemplo: mi-aplicacion:v1.0.0-prod. Esto facilitará la identificación de versiones y entornos.*

✓ *Optimización del ciclo de vida; habilitar políticas de limpieza automática en registros para eliminar imágenes no utilizadas y liberar espacio.*

✓ *Integración con CI/CD; automatice la creación, escaneo y despliegue de imágenes con herramientas como Azure DevOps. Configure pipelines para construir y validar imágenes cada vez que se actualice el código.*

✓ *Multicloud y Vendor Lock-In; si trabaja en un entorno multicloud, utilice herramientas compatibles como Harbor o Quay para manejar imágenes en diferentes plataformas.*

2.7.5 Docker Desktop

Para el siguiente capitulo, para poder practicar con Docker, necesitaremos un entorno de trabajo para Docker, para ello elegimos trabajar con Docker Desktop (https://www.docker.com/products/docker-desktop/).

Docker Desktop es un entorno de desarrollo todo-en-uno que facilita el trabajo con Docker en sistemas operativos como Windows, macOS y Linux. Proporciona una interfaz gráfica intuitiva, herramientas de línea de comandos (CLI) y la posibilidad de integrar Kubernetes como orquestador de contenedores.

Con Docker Desktop podremos construir, probar y desplegar aplicaciones basadas en contenedores de manera eficiente.

Instalación de Docker Desktop

Antes de instalar Docker Desktop, asegúrese de cumplir con los siguientes requisitos:

- **Sistema operativo:**
  - Windows 10/11 Pro o Enterprise (con Hyper-V o WSL2 habilitado).
  - macOS 11 (Big Sur) o superior.
  - Distribuciones de Linux compatibles.
- **Hardware:**
  - Mínimo 4 GB de RAM.
  - Procesador compatible con virtualización.
- **Permisos de administrador:** Necesitará permisos para instalar aplicaciones y configurar componentes del sistema como WSL2 en Windows.

Pasos de instalación

- **Descargar Docker Desktop:** Vaya al sitio oficial de Docker (https://www.docker.com/products/docker-desktop) y descargue la versión adecuada para su sistema operativo.
- **Ejecutar el instalador:**
  - En **Windows:** Siga las instrucciones y seleccione "Usar WSL 2 en lugar de Hyper-V" si desea un mejor rendimiento.
  - En **macOS:** Arrastre Docker Desktop a la carpeta de Aplicaciones.

- **Configurar Docker Desktop**: Una vez instalado, abra Docker Desktop y:
  - Acepte los términos de servicio.
  - Habilite Kubernetes si desea utilizarlo (opcional).
  - Verifique que Docker esté corriendo en su sistema.

Ahora que ya disponemos de un entorno de trabajo [*Ilustración 15*], conozcamos qué podemos hacer con él.

Ilustración 15. Docker Desktop.

2.7.6 Comandos esenciales con Docker

A partir de aquí utilizaremos una terminal o la CLI de Docker Desktop.

¡Primer comando! Conozcamos qué versión tenemos instalada.

shell/cmd

```
docker –version
```

¿Devuelve la versión? Bien, funciona. Veamos los comandos esenciales.

Aunque no es un libro sobre Docker, sí es importante conocer los principales comandos para, *a posteriori*, realizar la parte práctica del libro. A continuación, se presentan los comandos más utilizados en Docker, con explicaciones y ejemplos prácticos para cada caso:

docker build

Este comando construye una imagen a partir de un archivo Dockerfile.

shell/cmd

docker build -t mi-aplicacion:v1.

- -t etiqueta la imagen como "mi-aplicacion" con la versión v1.
- Uso: Empaquetar una aplicación en una imagen lista para ejecutarse.

docker run

Crea y ejecuta un contenedor basado en una imagen.

shell/cmd

docker run -d -p 8080:80 mi-aplicacion:v1

- -d ejecuta el contenedor en modo "detached".
- -p 8080:80 mapea el puerto 8080 del host al puerto 80 del contenedor.

docker ps

Lista los contenedores en ejecución.

shell/cmd

docker ps

- Muestra detalles como el nombre del contenedor, el puerto expuesto y el estado.

docker exec

Ejecuta un comando dentro de un contenedor en ejecución.

shell/cmd

docker exec -it nombre-contenedor bash

- -it habilita la interacción con el contenedor usando una shell bash.

docker stop y docker rm

Detiene y elimina contenedores, respectivamente.

shell/bash

```
docker stop nombre-contenedor
docker rm nombre-contenedor
```

docker push y docker pull

Sube o descarga imágenes desde un registro.

shell/cmd

```
docker push mi-aplicacion:v1
docker pull mi-aplicacion:v1
```

- Uso: Compartir imágenes con el equipo o desplegarlas en entornos productivos.

Pongamos en práctica los comandos...

Crearemos un directorio donde trabajar y luego dentro un fichero HTML sencillo [*Ilustración 16*]:

shell/cmd

```
mkdir nginx-docker-hello-world
cd nginx-docker-hello-world
```

html

[crear un fichero con Notepad un fichero llamado index.hmtl y copiar:]

```
<!DOCTYPE html>
<html lang="en">
<head>
  <meta charset="UTF-8">
  <meta name="viewport" content="width=device-width, initial-scale=1.0">
  <title>Hola Mundo desde Docker y NGINX</title>
</head>
```

```
<body>
    <h1>¡Hola Mundo desde Docker y NGINX! </h1>
</body>
</html>
```

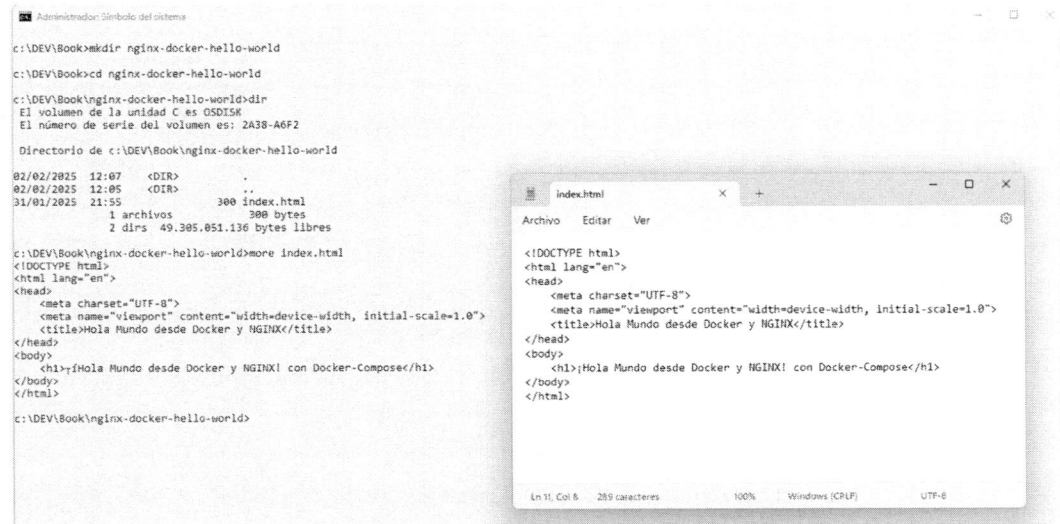

Ilustración 16. Fichero HTML.

Dockerfile

En el mismo directorio, cree un archivo llamado Dockerfile (sin extensión) usando una imagen de Nginx [*Ilustración 17*].

Abra el archivo Dockerfile:

dockerfile

[crear un fichero con Notepad un fichero llamado Dockerfile y copiar:]

Use la imagen oficial de NGINX desde Docker Hub

FROM nginx:latest

Copie el archivo HTML a la carpeta que NGINX usa para servir archivos

COPY index.html /usr/share/nginx/html/

Expone el puerto 80 para que pueda acceder al servidor web

EXPOSE 80

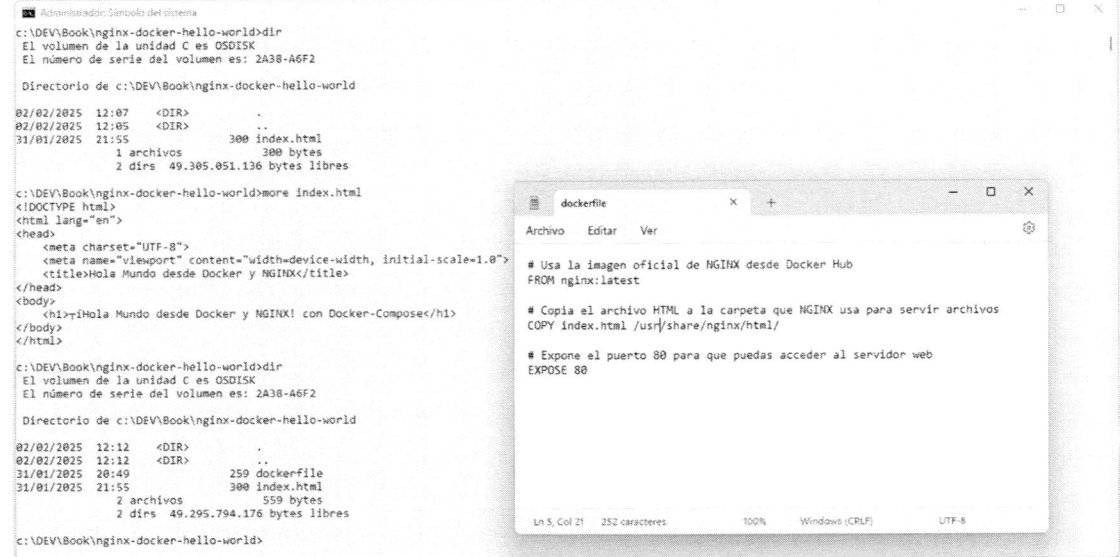

Ilustración 17. Crear NGINX.

Detalle fichero:

- **FROM nginx:latest**: Esto le indica a Docker que use la imagen oficial de NGINX como base.
- **COPY index.html /usr/share/nginx/html/**: Este comando copia su archivo index.html en la carpeta predeterminada donde NGINX busca los archivos para servir.
- **EXPOSE 80**: Expone el puerto 80 para que pueda acceder a NGINX desde su máquina local.

Construir la imagen

Con el siguiente comando crearemos la imagen [*Ilustración 18*]:

shell/cmd

docker build -t nginx-hello-world.

Ilustración 18. Crear Imagen.

Detalle:

- **-t nginx-hello-world:** Etiquete la imagen con el nombre nginx-hello-world.
- El punto **"."** indica que el contexto de construcción es el directorio actual.

Ejecutamos el contenedor

Ahora ejecutaremos el siguiente comando para ejecutar un contenedor con el nombre "nginx-container" y que utilice el puerto externo 8080 y el interno del contendor 80 [*Ilustración 19*].

El contenedor se ejecutará en segundo plano gracias a "-d" y usará la imagen "nginx-hello-world" para levantar el contenedor.

shell/cmd

```
docker run –name nginx-container -p 8080:80 -d nginx-hello-world
```

Ilustración 19. Contenedor.

¡Vaya!, error, creo que el puerto 8080 ya lo tengo ocupado, mejor, así podremos ver que podemos publicar por otro puerto libre, pero antes lo eliminamos.

shell/cmd

docker stop nginx-container

docker rm nginx-container

docker run --name nginx-container -p 8081:80 -d nginx-hello-world

docker ps

Detalle [*Ilustración 20*]:

- **stop**: parada del contenedor.
- **rm**: eliminación del contenedor.
- **ps**: lista los contendores activos y pausados, si añadee "-a" se incluyen los detenidos ("docker ps -a").

Ilustración 20. Comandos.

Abrimos el navegador por el URL "http://localhost:8081/" [*Ilustración 21*]:

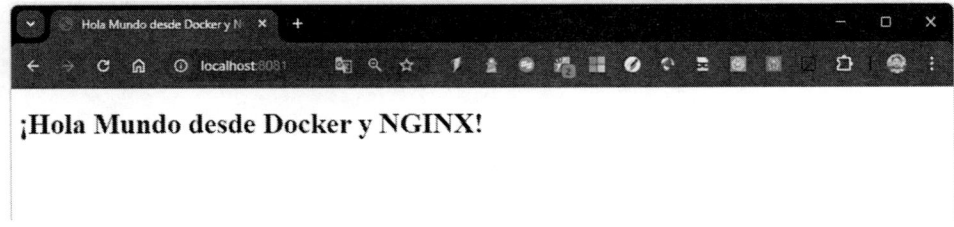

Ilustración 21. Contenedor iniciado.

Ya tenemos nuestro primer contenedor en marcha, ¡bravo!

2.7.7   Docker Compose: Orquestación local

Cuando se trabaja con múltiples contenedores, **Docker Compose** simplifica la gestión. Permite definir y ejecutar entornos completos utilizando un solo archivo YAML.

Ejemplo de docker-compose.yml:

yaml

version: "3.9"

services:

  app:

```
image: mi-aplicacion:v1
ports:
  . "8080:80"
environment:
  . ASPNETCORE_ENVIRONMENT=Production
redis:
  image: redis
```

Ejecutamos el siguiente comando para ejecutar el entorno completo:

shell/cmd

```
docker-compose up -d
```

Docker Compose es útil en CI/CD para replicar entornos de producción en etapas de prueba o desarrollo.

Practiquemos un poco ahora con Docker Compose, crearemos un fichero en el mismo directorio que se llame 'docker-compose.yml' y copiaremos el siguiente código:

yaml

```
version: '3.8'
services:
  nginx:
    build: .
    container_name: nginx-container-docker-compose
    ports:
      . "8084:80"
    volumes:
      . ./index.html:/usr/share/nginx/html/index.html
    restart: always
```

Detalle:

- **version**: '3.8': Especifica la versión de Docker Compose a usar (puede usar una versión más reciente, pero esta es una opción estable).

- **services**: Aquí define todos los servicios que ejecutará Docker Compose. En este caso, solo uno: nginx.
- **nginx**: Nombre del servicio. Es el contenedor que ejecutará NGINX.
- **build: .**: Le dice a Docker Compose que construya la imagen usando el Dockerfile en el directorio actual.
- **container_name: nginx-container-docker-compose**: Nombre que tendrá el contenedor.
- **ports**: Mapea el puerto 8082 de su máquina local al puerto 80 del contenedor (donde NGINX está sirviendo). Recuerde que sea uno libre, el comando 'netstat -ano' le muestra las conexiones y puerto ocupados.
- **volumes**: Mapea el archivo index.html desde su máquina local al contenedor, asegurando que el archivo esté en la ubicación correcta dentro del contenedor para ser servido por NGINX.
- **restart: always**: Asegura que el contenedor se reinicie automáticamente si se detiene.

Y vamos a cambiar el **index.html** [*Ilustración 22*] para que muestre otro texto sobre docker-compose:

html

[crear un fichero con Notepad un fichero llamado index.hmtl y copiar:]

```html
<!DOCTYPE html>
<html lang="en">
<head>
    <meta charset="UTF-8">
    <meta name="viewport" content="width=device-width, initial-scale=1.0">
    <title>Hola Mundo desde Docker y NGINX</title>
</head>
<body>
    <h1>¡Hola Mundo desde Docker y NGINX!, ahora con docker-compose </h1>
</body>
</html>
```

Ilustración 22. HTML sobre docker-compose.

Ejecutamos el entorno mediante el siguiente comando, tras esto podremos visualizar el contenido HTML [**Ilustración 23**].

shell/cmd

docker-compose up –build

(control + c para pararlo desde msdos)

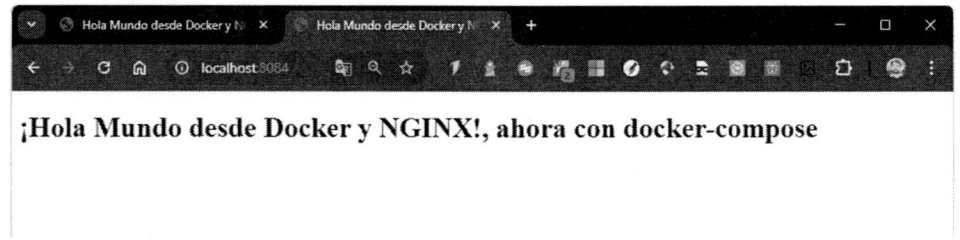

Ilustración 23. Contenedor en ejecución.

Finalmente, paramos [**Ilustración 24**] y eliminamos el contenedor.

shell/cmd

docker-compose down

```
Administrador: Símbolo del sistema                                                                                    ─    □    ✕
[+] Running 2/2
 ✓Network nginx-docker-hello-world_default  Created                                                                        0.1s  |
 ✓Container nginx-container-docker-compose  Created                                                                        0.1s
Attaching to nginx-container-docker-compose
nginx-container-docker-compose  | /docker-entrypoint.sh: /docker-entrypoint.d/ is not empty, will attempt to perform configuration
nginx-container-docker-compose  | /docker-entrypoint.sh: Looking for shell scripts in /docker-entrypoint.d/
nginx-container-docker-compose  | /docker-entrypoint.sh: Launching /docker-entrypoint.d/10-listen-on-ipv6-by-default.sh
nginx-container-docker-compose  | 10-listen-on-ipv6-by-default.sh: info: Getting the checksum of /etc/nginx/conf.d/default.conf
nginx-container-docker-compose  | 10-listen-on-ipv6-by-default.sh: info: Enabled listen on IPv6 in /etc/nginx/conf.d/default.conf
nginx-container-docker-compose  | /docker-entrypoint.sh: Sourcing /docker-entrypoint.d/15-local-resolvers.envsh
nginx-container-docker-compose  | /docker-entrypoint.sh: Launching /docker-entrypoint.d/20-envsubst-on-templates.sh
nginx-container-docker-compose  | /docker-entrypoint.sh: Launching /docker-entrypoint.d/30-tune-worker-processes.sh
nginx-container-docker-compose  | /docker-entrypoint.sh: Configuration complete; ready for start up
nginx-container-docker-compose  | 2025/02/02 11:53:23 [notice] 1#1: using the "epoll" event method
nginx-container-docker-compose  | 2025/02/02 11:53:23 [notice] 1#1: nginx/1.27.3
nginx-container-docker-compose  | 2025/02/02 11:53:23 [notice] 1#1: built by gcc 12.2.0 (Debian 12.2.0-14)
nginx-container-docker-compose  | 2025/02/02 11:53:23 [notice] 1#1: OS: Linux 5.10.102.1-microsoft-standard-WSL2
nginx-container-docker-compose  | 2025/02/02 11:53:23 [notice] 1#1: getrlimit(RLIMIT_NOFILE): 1048576:1048576
nginx-container-docker-compose  | 2025/02/02 11:53:23 [notice] 1#1: start worker processes
nginx-container-docker-compose  | 2025/02/02 11:53:23 [notice] 1#1: start worker process 29
nginx-container-docker-compose  | 2025/02/02 11:53:23 [notice] 1#1: start worker process 30
nginx-container-docker-compose  | 172.21.0.1 - - [02/Feb/2025:11:55:07 +0000] "GET / HTTP/1.1" 200 307 "-" "Mozilla/5.0 (Windows NT 10.0; Win64;
  x64) AppleWebKit/537.36 (KHTML, like Gecko) Chrome/132.0.0.0 Safari/537.36" "-"
nginx-container-docker-compose  | 172.21.0.1 - - [02/Feb/2025:11:55:08 +0000] "GET /favicon.ico HTTP/1.1" 404 555 "http://localhost:8084/" "Mozi
lla/5.0 (Windows NT 10.0; Win64; x64) AppleWebKit/537.36 (KHTML, like Gecko) Chrome/132.0.0.0 Safari/537.36" "-"
nginx-container-docker-compose  | 2025/02/02 11:55:08 [error] 29#29: *1 open() "/usr/share/nginx/html/favicon.ico" failed (2: No such file or di
rectory), client: 172.21.0.1, server: localhost, request: "GET /favicon.ico HTTP/1.1", host: "localhost:8084", referrer: "http://localhost:8084/
"
Gracefully stopping... (press Ctrl+C again to force)
[+] Stopping 1/1
 ✓Container nginx-container-docker-compose  Stopped                                                                        0.5s
canceled

c:\DEV\Book\nginx-docker-hello-world>docker-compose down
[+] Running 2/2
 ✓Container nginx-container-docker-compose  Removed                                                                        0.0s
 ✓Network nginx-docker-hello-world_default  Removed                                                                        0.2s

c:\DEV\Book\nginx-docker-hello-world>
```

Ilustración 24. Detener entorno.

Este libro no trata exclusivamente de Docker, por lo que no me quiero extender mucho más, pero ¿quieres conocer más comandos? Pasemos al siguiente punto.

2.7.8   Otros comandos de Docker

Como bonus, 'jugaremos' un poco con Docker con otros comandos.

Como no hemos eliminado el primer contenedor (y si lo hemos hecho de nuevo lo levantamos), averiguaremos en qué puerto 'emite' los proceso y los logs del contenedor. Debemos conocer su 'CONTAINER ID', por lo que primero listamos contenedores [*Ilustración 25*]:

shell/cmd

docker ps

En mi caso, el id es 62d6f8539d64 (el primer contenedor), en su caso será otro ID, ¡no copie el mismo! 😉

Ilustración 25. Listar contenedores.

Vayamos ejecutando comandos de Docker como [*Ilustración 26*]:

shell/cmd

```
docker port 62d6f8539d64
docker top 62d6f8539d64
docker logs 62d6f8539d64
```

Detalle:

- **port**: conocer por qué puerto sale, en este caso el 8081.
- **top**: ver procesos internos del contenedor, incluyen información del identificador del proceso.
- **logs**: ver los logs del contenedor, para saber si se detecta alguna anomalía que los logs registren.

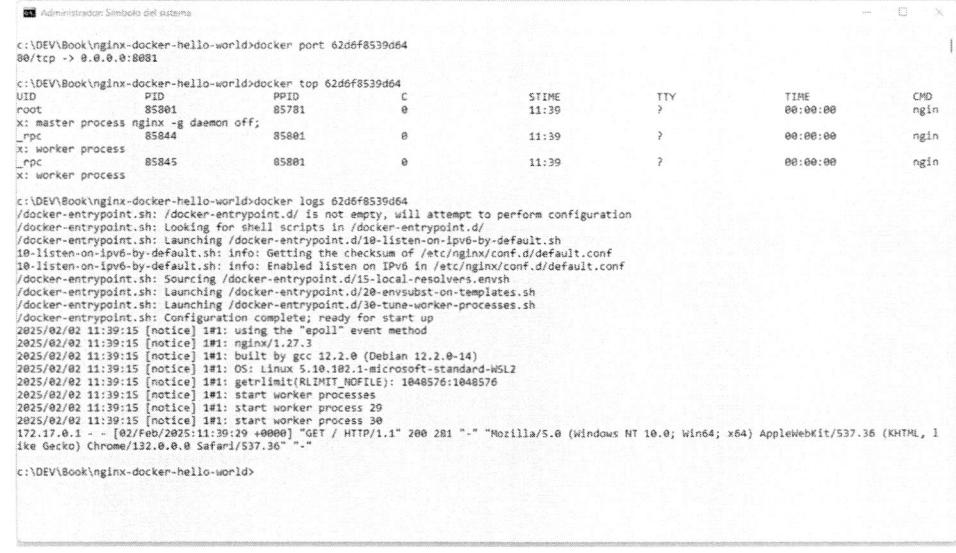

Ilustración 26. Comandos puertos.

Le dejo la lista de los comandos que considero que debe conocer para que práctique un poco:

🗄 Gestión de imágenes

- docker pull <imagen> → Descarga una imagen desde Docker Hub.
- docker images → Lista las imágenes locales.
- docker rmi <imagen> → Elimina una imagen local.

🚀 Gestión de contenedores

- docker run -d --name <nombre> <imagen> → Crea y ejecuta un contenedor en segundo plano.
- docker ps → Lista los contenedores en ejecución.
- docker ps -a → Lista todos los contenedores, incluidos los detenidos.
- docker stop <id-container> → Detiene un contenedor.
- docker start <id-container> → Inicia un contenedor detenido.
- docker restart <id-container> → Reinicia un contenedor.
- docker rm <id-container> → Elimina un contenedor.

🔍 Inspección y logs

- docker logs <id-container> → Muestra los logs del contenedor.
- docker top <id-container> → Muestra los procesos en ejecución dentro del contenedor.
- docker inspect <id-container> → Devuelve información detallada del contenedor o imagen.
- docker stats <id-container> → Muestra el uso de recursos en tiempo real.

🛠 Interacción con contenedores

- docker exec -it <id-container> bash → Accede a la terminal del contenedor.
- docker attach <id-container> → Se conecta a la salida de un contenedor en ejecución.
- docker cp <id-container>:/ruta/origen /ruta/destino → Copia archivos desde el contenedor al host.

📁 Volúmenes y redes

- docker volume ls → Lista los volúmenes.

- docker volume rm <volumen> → Elimina un volumen.
- docker network ls → Lista las redes de Docker.
- docker network create <nombre> → Crea una nueva red en Docker.

Docker Compose

- docker-compose up -d → Levanta los servicios en segundo plano.
- docker-compose down → Detiene y elimina los contenedores de docker-compose.yml.

2.7.9 Bonus: Casos de uso relevantes en Azure

Docker se adapta a una variedad de escenarios, particularmente en Azure. Aquí algunos casos prácticos:

- **Microservicios en AKS:** Cada microservicio puede ejecutarse en su propio contenedor, lo que facilita su despliegue en un clúster de Kubernetes. Docker garantiza que los servicios sean escalables e independientes.
- **Aplicaciones Legacy:** Docker puede encapsular aplicaciones heredadas en contenedores, permitiendo que se ejecuten en entornos modernos de Azure, como App Services o Azure Container Instances.
- **Pruebas automatizadas:** Docker permite crear entornos de prueba consistentes en pipelines CI/CD, asegurando que las pruebas se ejecuten en condiciones idénticas a las de producción.
- **Entornos de desarrollo reproducibles:** Usando Docker Compose, los equipos pueden configurar entornos locales complejos que replican la infraestructura de producción en Azure.

Consejos para arquitectos:

✓ *Estabilidad y consistencia: Siempre trabaje con imágenes versionadas. Esto asegura que cada pipeline use la versión adecuada sin sorpresas.*

✓ *Optimización: Reduzca el tamaño de las imágenes eliminando dependencias innecesarias. Usar bases ligeras como Alpine mejora la velocidad y reduce el consumo de recursos.*

✓ *Escalabilidad: Diseñe imágenes con configuraciones inyectables mediante variables de entorno, permitiendo contenedores altamente configurables en distintos entornos.*

✓ *Seguridad: Use imágenes oficiales y realice escaneos de vulnerabilidades con herramientas como Trivy o Azure Security Center.*

✓ *Optimización de Imágenes: Evite imágenes pesadas usando bases ligeras como Alpine.*

✓ *Estrategias de escalabilidad: Diseñe contenedores que puedan escalar horizontalmente en clústeres AKS.*

✓ *Manejo de eecretos: Integre Docker con Azure Key Vault para evitar exponer credenciales en el código o imágenes. Asegúrese de no incluir secretos en las imágenes y utilice escaneos de seguridad para identificar vulnerabilidades.*

✓ *Persistencia de datos: Los contenedores son efímeros, por lo que es necesario configurar volúmenes para garantizar que los datos importantes no se pierdan.*

✓ *Sobrecarga de imágenes: Las imágenes mal optimizadas pueden ser demasiado grandes, afectando la velocidad de construcción y despliegue.*

✓ *Compatibilidad de versiones: Diferencias entre versiones de Docker Engine en distintos entornos pueden causar problemas.*

2.8 Container Registry

Como se ha mencionado con anterioridad, en el ecosistema de Docker es fundamental comprender la relación entre contenedores, imágenes y registros para gestionar eficazmente aplicaciones contenedorizadas. Nos falta profundizar en el concepto y rol de los registros de contenedores (Container Registries), ya que son elementos esenciales en cualquier arquitectura moderna basada en contenedores.

Un Container Registry es un repositorio diseñado específicamente para almacenar, gestionar y distribuir imágenes de contenedores, como las generadas por Docker. En esencia, actúa como una biblioteca centralizada donde los equipos pueden almacenar versiones de sus aplicaciones encapsuladas en imágenes. Esto simplifica enormemente la colaboración, la portabilidad y el despliegue de aplicaciones en entornos diversos, desde entornos locales hasta plataformas en la nube.

2.8.1 Funciones del Container Registry

Almacenamiento centralizado de imágenes

- Permite a los equipos guardar y gestionar imágenes de contenedores, asegurando que las versiones correctas estén disponibles para los desarrolladores y sistemas de integración.
- Las imágenes se almacenan en un formato inmutable, garantizando coherencia y evitando que cambios accidentales afecten la producción.

Distribución entre equipos y entornos

- Los registros facilitan la transferencia de imágenes entre desarrolladores, equipos de operaciones y entornos de despliegue (desarrollo, pruebas, producción).
- La facilidad para compartir imágenes reduce los errores y asegura que todos trabajen con versiones consistentes.

Control de versiones y trazabilidad

- Cada imagen puede versionarse mediante etiquetas (tags), lo que permite rastrear qué versión de la aplicación se usó en un despliegue específico.
- Esto es esencial para diagnósticos y *rollbacks* en caso de problemas.

Seguridad y control

- Los registros privados ofrecen medidas avanzadas de seguridad, como control de acceso basado en roles (RBAC), autenticación y escaneo de vulnerabilidades.
- Esto resulta crítico cuando se manejan datos sensibles o aplicaciones empresariales.

2.8.2 El papel de los Container Registries en CI/CD

En un flujo de integración y entrega continua (CI/CD), los registros de contenedores son la piedra angular para garantizar despliegues confiables y consistentes. Su papel se divide en las siguientes etapas:

- **Construcción de la imagen**; durante el pipeline de CI, el código fuente se compila y empaca en una imagen de contenedor. Esta imagen incluye todas las dependencias necesarias, el sistema base y las configuraciones de la aplicación.

- **Almacenamiento y versionado**; una vez creada, la imagen se sube al registro con una etiqueta que identifica la versión y el propósito (p. ej., v1.0.0-prod o v1.0.0-*staging*).

- **Distribución automatizada**; los entornos de despliegue (Kubernetes, App Services, etc.) recuperan estas imágenes directamente del registro durante las fases de implementación. Esto asegura que los entornos estén alineados con las versiones correctas.

- **Escaneo de vulnerabilidades**; muchos registros modernos, como Azure Container Registry (ACR), integran herramientas de escaneo automático para identificar vulnerabilidades en las imágenes antes de desplegarlas.

- **Portabilidad**; gracias al estándar de imágenes, las mismas imágenes pueden ser utilizadas en múltiples entornos, como nubes públicas, privadas o en sistemas locales.

2.8.3   Alternativas de Container Registries

Existen diversas opciones para elegir el registro adecuado según las necesidades de su proyecto, en este libro usaremos:

- **Docker Hub**, registro público más conocido y ampliamente utilizado. Ideal para proyectos de código abierto o aplicaciones que no requieren restricciones estrictas de acceso.

- **Azure Container Registry (ACR)**; solución de Microsoft integrada con el ecosistema de Azure. Ofrece autenticación basada en Azure AD, escaneo de vulnerabilidades y opciones para habilitar réplicas regionales. Excelente para arquitecturas que ya están basadas en Azure y que necesitan integrarse con servicios como Kubernetes (AKS).

Aunque existen otras alternativas, que debemos conocer, que en ocasiones serán más recomendables dependiendo de la infraestructura donde se quiera desplegar nuestra solución:

- **AWS Elastic Container Registry (ECR);** registro privado optimizado para el entorno AWS. Permite integraciones nativas con servicios como ECS y Fargate.

- **Google Container Registry (GCR);** ofrece alta disponibilidad y escalabilidad dentro del ecosistema Google Cloud. Compatible con herramientas de CI/CD como Cloud Build.

- **Registros privados locales;** soluciones como Docker Trusted Registry (DTR) o Harbor permiten implementar registros dentro de la infraestructura de una organización. Ideales para entornos donde la seguridad y el control absoluto son prioritarios.

Consejos para arquitectos:

✓ *Uso de registros privados: Siempre considere implementar un registro privado, como Azure Container Registry, si maneja imágenes sensibles o específicas de su organización. Esto no solo mejora la seguridad, sino que también facilita la integración con sus pipelines de CI/CD en Azure DevOps.*

✓ *Versionado de Imágenes: Implemente un sistema de versionado claro para sus imágenes en el registro. Esto facilita la identificación de cambios, retrocesos y pruebas en diferentes entornos, asegurando consistencia y rastreabilidad en el ciclo de vida de su aplicación.*

2.9 Kubernetes

Sigamos con más conceptos y contexto, Kubernetes.

Kubernetes (K8s) es la solución estándar para la orquestación de contenedores, permitiendo gestionar el ciclo de vida completo de las aplicaciones distribuidas. En este apartado, profundizaremos en su arquitectura, la configuración inicial, los flujos de trabajo comunes y las mejores prácticas para su implementación en entornos Azure.

2.9.1 Conceptos básicos

Pods

Los Pods son la unidad fundamental en Kubernetes. Cada nodo puede ejecutar uno o varios Pods, y dentro de cada uno pueden coexistir contenedores, volúmenes o una combinación de ambos. La creación de un Pod suele estar gestionada por un Deployment, que se encarga de su despliegue y administración.

Los Pods residen dentro de los nodos y pueden albergar desde un solo contenedor hasta múltiples instancias con diferentes propósitos. Un ejemplo típico de un Pod con varios contenedores es una aplicación donde un contenedor ejecuta la lógica de la app y otra aloja su base de datos. Cada Pod posee una dirección IP única dentro del clúster, lo que facilita la comunicación entre ellos de manera organizada y predecible.

Nodos

Un nodo representa cada máquina que forma parte del clúster de Kubernetes. Puede ser un servidor físico o virtual. Dentro de un clúster, existe un nodo Master que gestiona el control y la administración, y varios nodos Worker que ejecutan las cargas de trabajo. Todos los nodos Worker tienen una estructura similar y albergan Pods y volúmenes, cada uno con su propia dirección IP. Cada nodo ejecuta un servicio llamado kubelet, que le permite comunicarse con el nodo Master. Además, cuenta con un gestor de contenedores, siendo Docker uno de los más utilizados.

Servicios

Los servicios en Kubernetes son elementos clave que facilitan la comunicación entre los nodos y sus respectivos Pods. Su propósito principal es gestionar y dirigir el tráfico entre Pods, lo que permite que, en caso de que un Pod falle, otro pueda reemplazarlo sin afectar la operatividad de la aplicación. Los servicios permiten la asignación de direcciones IP estables y equilibran la carga entre los Pods, asegurando que la aplicación siga funcionando sin interrupciones.

Clúster

Un clúster en Kubernetes es el conjunto de nodos Worker y el nodo Master que trabajan en conjunto para ejecutar aplicaciones y gestionar recursos. Es la infraestructura esencial sobre la que se despliegan y orquestan los contenedores. El nodo Master es el encargado de gestionar y coordinar la comunicación entre todos los nodos del clúster. Su función es crucial para garantizar el correcto funcionamiento del entorno, y en la sección de arquitectura de Kubernetes se explicará en detalle su funcionamiento.

Despliegue

Un Deployment en Kubernetes es un recurso que proporciona actualizaciones controladas y declarativas para los Pods y sus ReplicaSets.

Cuando define el estado deseado en un Deployment, Kubernetes se encarga de gestionar el cambio progresivo desde el estado actual hasta el deseado. A través de los Deployments, puede escalar, actualizar o eliminar Pods de forma segura y eficiente, garantizando la estabilidad del sistema.

2.9.2 Arquitectura de Kubernetes

La arquitectura de Kubernetes [*Ilustración 27*] está diseñada para ser altamente escalable y resiliente. Cada uno de sus componentes cumple un rol específico dentro del clúster:

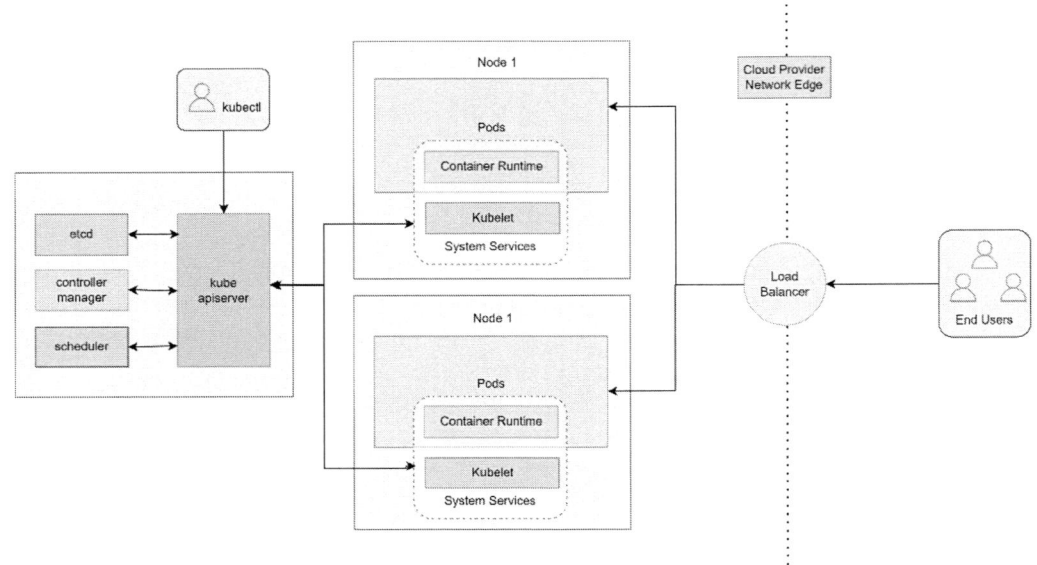

Ilustración 27. Arquitectura Kubernetes.

- **Nodo maestro:** Este es el "cerebro" del clúster. Coordina todas las actividades, incluyendo la programación de Pods, la respuesta a eventos del clúster y la supervisión de su estado. Dentro del nodo maestro encontramos:
  - ○ **API Server:** El punto de entrada principal para todas las interacciones con el clúster. Esto lo hace comunicándose con el kubelet de cada nodo y con el kubectl.
  - ○ **Controller Manager:** Supervisa el estado del clúster y realiza tareas como la creación de réplicas de Pods.
  - ○ **Scheduler:** Decide en qué nodo de trabajo ejecutar un Pod nuevo.
  - ○ **etcd:** Base de datos distribuida que almacena el estado completo del clúster.

- **Nodos de trabajo:** Aquí es donde "vive" su aplicación. Estos nodos ejecutan los Pods que contienen sus contenedores.
    - **Kubelet:** Este componente ejecuta en cada nodo de trabajo y asegura que los contenedores estén en ejecución según lo especificado en los manifiestos.
    - **Pods:** Cada Pod desplegado en el nodo, con sus respectivos contenedores y volúmenes.

- **Otros objetos** de la arquitectura de Kubernetes:
    - **kubectl:** Es una herramienta de línea de comandos que nos permite interactuar con la API de Kubernetes. Es la forma más directa y sencilla de gestionar los recursos y ejecutar operaciones en el clúster de Kubernetes.
    - **LoadBalancer:** Es un tipo de servicio que distribuye las solicitudes entrantes entre varios nodos, asegurando que la carga de trabajo se reparta de manera equilibrada, evitando que algunos nodos se sobrecarguen mientras otros permanecen inactivos.
    - **Controlador de redes (CNI):** Asegura la conectividad entre Pods y servicios dentro del clúster.

2.9.3   Instalación de Kubernetes

Aprovechando que ya disponemos de Docker Desktop, podemos utilizarlo como herramienta ideal para iniciarnos con Kubernetes en un entorno local. Docker Desktop proporciona un clúster funcional con configuración mínima.

Los pasos son los siguientes:

1. Instalar Docker Desktop: (ya realizado en el punto 2.1.6 de este libro). Descárguelo desde su sitio oficial y siga las instrucciones para configurarlo.
2. Habilitar Kubernetes: Vaya a "Settings" en Docker Desktop, active la opción "Enable Kubernetes" y espere a que se inicialice el clúster [*Ilustración 28*].

Ilustración 28. Habilitar Kubernetes.

2.9.4 Primeros pasos con Kubernetes

Al igual que hicimos con Docker, vamos a familiarizarnos un poco con Kubernetes, esto no es un libro solo de Kubernetes ni un curso, pero sí se desea que practique un poco.

Recordemos conceptos fundamentales:

- **Clúster:** Conjunto de nodos (máquinas) donde Kubernetes despliega y gestiona contenedores.
- **Nodo:** Una máquina (física o virtual) que ejecuta aplicaciones en contenedores.
- **Pod:** Unidad básica de Kubernetes que contiene uno o más contenedores.
- **Controlador:** Administra la lógica de replicación y escalado (p. ej., Deployments).
- **Servicio:** Exposición de una aplicación en el clúster hacia otros Pods o el exterior.
- **ConfigMap y Secret:** Recursos para manejar configuraciones y credenciales.

Comencemos, verifiquemos configuración y el estado del clúster:

shell/cmd

kubectl version --client

kubectl get nodes

kubectl cluster-info

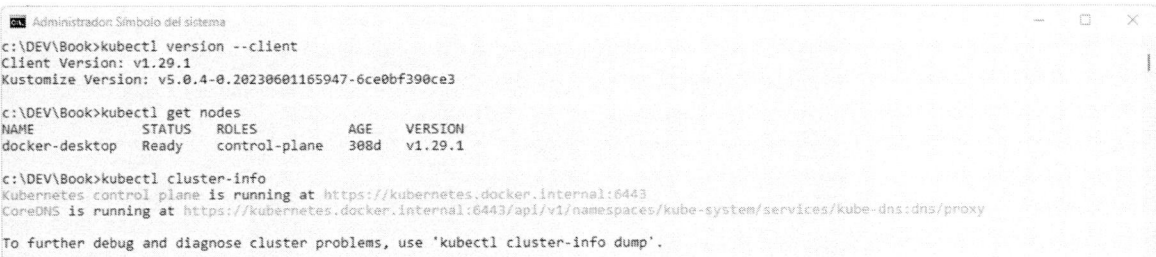

```
c:\DEV\Book>kubectl version --client
Client Version: v1.29.1
Kustomize Version: v5.0.4-0.20230601165947-6ce0bf390ce3

c:\DEV\Book>kubectl get nodes
NAME            STATUS   ROLES          AGE    VERSION
docker-desktop  Ready    control-plane  308d   v1.29.1

c:\DEV\Book>kubectl cluster-info
Kubernetes control plane is running at https://kubernetes.docker.internal:6443
CoreDNS is running at https://kubernetes.docker.internal:6443/api/v1/namespaces/kube-system/services/kube-dns:dns/proxy

To further debug and diagnose cluster problems, use 'kubectl cluster-info dump'.
```

Ilustración 29. Kubernetes Version.

Vemos el nodo de Docker Desktop y que está corriendo [*Ilustración 29*] bien, todo perfecto.

2.9.5 Declarativa vs. imperativa

Kubernetes permite gestionar recursos de dos maneras principales:

- **Imperativa**: Enfocada en comandos directos y cambios manuales. Ejemplo:

shell/cmd

kubectl run nginx --image=nginx

Ventaja: Rápido para pruebas o despliegues únicos.

Desventaja: Difícil de versionar y automatizar.

- **Declarativa**: Utiliza manifiestos YAML para describir el estado deseado del clúster. Ejemplo:

yaml

```
apiVersion: v1
kind: Pod
metadata:
  name: nginx
spec:
  containers:
  . name: nginx
    image: nginx
```

Ventaja: Ideal para entornos productivos por su trazabilidad y repetibilidad.

Desventaja: Requiere conocer YAML y los conceptos Deployment, Service, ConfigMap, Secret, etc.

2.9.6 Comandos esenciales con Kubernetes

Vamos a ver otros comandos, por ejemplo, todos los recursos en el espacio de nombres actual [*Ilustración 30*].

shell/cmd

```
kubectl get all
kubectl get pods
```

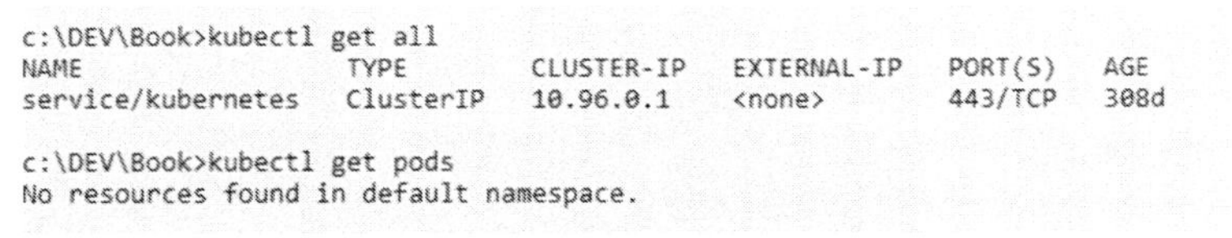

```
c:\DEV\Book>kubectl get all
NAME               TYPE        CLUSTER-IP   EXTERNAL-IP   PORT(S)   AGE
service/kubernetes ClusterIP   10.96.0.1    <none>        443/TCP   308d

c:\DEV\Book>kubectl get pods
No resources found in default namespace.
```

Ilustración 30. Comandos especiales.

Poco tenemos, pues vamos a crear nuestro espacio y subir nuestros Pods.

Primero crearemos un espacio para nuestros Pods [*Ilustración 31*], comprobaremos si está creado y luego nos colocaremos en él.

shell/cmd

kubectl create namespace test

kubectl get namespaces

kubectl config set-context --current --namespace=test

```
c:\DEV\Book>kubectl create namespace test
namespace/test created

c:\DEV\Book>kubectl get namespaces
NAME                      STATUS   AGE
cert-manager              Active   238d
default                   Active   308d
elk                       Active   43d
kube-node-lease           Active   308d
kube-public               Active   308d
kube-system               Active   308d
kubernetes-dashboard      Active   238d
observability             Active   235d
observability-pcs-dev     Active   102d
observability-pcs-pre     Active   102d
test                      Active   7s

c:\DEV\Book>kubectl config set-context --current --namespace=test
Context "docker-desktop" modified.
```

Ilustración 31. Namespace.

2.9.7   Configuración y despliegue con YAML en Kubernetes

Tenemos nuestro namespace vacío, vamos a crear componentes.

Primero recordemos nuestro antiguo "index.html" (lo he cambiado un poco) y lo he copiado a un directorio "C:\DEV\Book\K8".

html

<!DOCTYPE html>

<html lang="en">

<head>

  <meta charset="UTF-8">

  <meta name="viewport" content="width=device-width, initial-scale=1.0">

  <title>Hola Mundo desde Docker y NGINX</title>

</head>

<body>

```
    <h1>¡Hola Mundo desde Docker y NGINX! en Kubernetes</h1>
  </body>
</html>
```

Vamos a crear un fichero llamado nginx-config.yaml con el editor de texto para definir el contenido del HTML.

Configmap

yaml

```
apiVersion: v1
kind: ConfigMap
metadata:
  name: nginx-config       # Nombre del ConfigMap
  namespace: test          # Namespace donde se aplica
data:
  # Definimos el contenido del archivo index.html
  index.html: |
    <!DOCTYPE html>
    <html lang="en">
    <head>
      <meta charset="UTF-8">
      <meta    name="viewport"    content="width=device-width,    initial-scale=1.0">
      <title>Hola Mundo desde Docker y NGINX</title>
    </head>
    <body>
      <h1>¡Hola Mundo desde Docker y NGINX! en K8</h1>
    </body>
    </html>
```

Vamos a crear un fichero llamado nginx-deployment.yaml con el editor de texto para definir el despliegue del contenedor usando la imagen de nginx.

Deployment

yaml

```yaml
apiVersion: apps/v1
kind: Deployment
metadata:
  name: nginx-deployment     # Nombre del Deployment
  namespace: test       # Namespace donde se aplica
spec:
  replicas: 1           # Número de réplicas del Pod
  selector:
    matchLabels:            # Selector para encontrar los Pods que administra este Deployment
      app: nginx
  template:               # Plantilla para los Pods creados
    metadata:
      labels:             # Etiquetas para identificar el Pod
        app: nginx
    spec:
      containers:
      . name: nginx         # Nombre del contenedor
        image: nginx:latest # Imagen de Docker utilizada
        volumeMounts:       # Montaje del ConfigMap como archivo
        . name: html-config
          mountPath: /usr/share/nginx/html/index.html    # Ruta en el contenedor
          subPath: index.html              # Archivo específico del ConfigMap
      volumes:
      . name: html-config    # Definimos el volumen
        configMap:
          name: nginx-config # Nombre del ConfigMap asociado
```

RAMÓN SERRANO VALERO Y MIGUEL ÁNGEL NÚÑEZ SABÍN

Vamos a crear un fichero llamado nginx-service.yaml con el editor de texto para definir el comportamiento de la comunicación del contenedor, puerto que usa para comunicación interna/externa.

Service

yaml

```
apiVersion: v1
kind: Service
metadata:
  name: nginx-service
  namespace: test        # Namespace donde se aplica
spec:
  type: NodePort
  ports:
  . port: 80
    targetPort: 80
    nodePort: 30001
  selector:
    app: nginx
```

Y una vez tengamos lo ficheros [*Ilustración 32*]:

```
    Administrador: Símbolo del sistema

c:\DEV\Book\k8>dir
 El volumen de la unidad C es OSDISK
 El número de serie del volumen es: 2A38-A6F2

 Directorio de c:\DEV\Book\k8

04/02/2025  19:49    <DIR>          .
04/02/2025  19:40    <DIR>          ..
04/02/2025  19:47               565 nginx-configmap.yaml
04/02/2025  19:47             1.095 nginx-deployment.yaml
04/02/2025  19:47               634 nginx-service.yaml
               3 archivos          2.294 bytes
               2 dirs   52.972.158.976 bytes libres
```

Ilustración 32. Ficheros creados.

Comencemos a crear los recursos [*Ilustración 33*] en el namespace test, aunque en los YAML ya tenemos indicado el namespace, es bueno que en el comando se incluya el namespace.

shell/cmd

kubectl apply -f nginx-configmap.yaml -n test

kubectl apply -f nginx-deployment.yaml -n test

kubectl apply -f nginx-service.yaml -n test

Verificamos que los recursos están creados:

shell/cmd

kubectl get pods -n test

kubectl get svc -n test

kubectl get svc nginx-service -n test

```
c:\DEV\Book\k8>kubectl apply -f nginx-configmap.yaml -n test
configmap/nginx-config created

c:\DEV\Book\k8>kubectl apply -f nginx-deployment.yaml -n test
deployment.apps/nginx-deployment created

c:\DEV\Book\k8>kubectl apply -f nginx-service.yaml -n test
service/nginx-service created

c:\DEV\Book\k8>kubectl get pods -n test
NAME                                 READY   STATUS           RESTARTS   AGE
nginx-deployment-747f45b5cd-lnpzg    0/1     ImagePullBackOff 0          58s

c:\DEV\Book\k8>kubectl get svc -n test
NAME            TYPE       CLUSTER-IP      EXTERNAL-IP   PORT(S)        AGE
nginx-service   NodePort   10.100.174.30   <none>        80:30000/TCP   59s

c:\DEV\Book\k8>kubectl get svc nginx-service -n test
NAME            TYPE       CLUSTER-IP      EXTERNAL-IP   PORT(S)        AGE
nginx-service   NodePort   10.100.174.30   <none>        80:30000/TCP   71s
```

Ilustración 33. kubectl apply.

Comprobemos con el navegador si se accede a la página web index.html con http://<Node-IP>:<NodePort> en nuestro caso [*Ilustración 34*]:

http://10.100.174.30:30001/

http://localhost:30001/

¡Hola Mundo desde Docker y NGINX! en K8

Ilustración 34. Verificar despliegue.

¡Todo bien! Vamos a seguir con algunos comandos más de Kubernetes.

shell/cmd

```
kubectl get pods -n test
kubectl describe pod nginx-deployment-69fbddb896-v896t -n test
```

Nota: 'nginx-deployment-69fbddb896-v896t' es el nombre del Pod en mi caso, en el suyo, después del comando 'kubectl get pods -n test', sabrá el nombre de su Pod.

Se ejecuta el comando describe, de tal forma que podamos incluir información detallada sobre un Pod específico en el clúster, en nuestro caso el que contiene el identificador que acabamos de ver.

Con este comando [*Ilustración 35*] seremos capaces de visualizar el estado del Pod, los eventos que ha lanzado y si se puede encontrar algún tipo de anomalía que nos indique si tiene algún error.

```
Administrador: Símbolo del sistema

c:\DEV\Book\k8>kubectl get pods -n test
NAME                                  READY   STATUS    RESTARTS   AGE
nginx-deployment-69fbddb896-v896t     1/1     Running   0          31m

c:\DEV\Book\k8>kubectl describe pod nginx-deployment-69fbddb896-v896t -n test
Name:             nginx-deployment-69fbddb896-v896t
Namespace:        test
Priority:         0
Service Account:  default
Node:             docker-desktop/192.168.65.3
Start Time:       Tue, 04 Feb 2025 20:57:49 +0100
Labels:           app=nginx
                  pod-template-hash=69fbddb896
Annotations:      <none>
Status:           Running
IP:               10.1.5.76
IPs:
  IP:             10.1.5.76
Controlled By:    ReplicaSet/nginx-deployment-69fbddb896
Containers:
  nginx:
    Container ID:   docker://fe78a976f1c6243a01333bf23210f4655b1a9f8cebed852891d7e591d814894a
    Image:          nginx:1.23.3
    Image ID:       docker-pullable://nginx@sha256:f4e3b6489888647ce1834b601c6c06b9f8c03dee6e097e13ed3e28c01ea3ac8c
    Port:           <none>
    Host Port:      <none>
    State:          Running
      Started:      Tue, 04 Feb 2025 20:58:06 +0100
    Ready:          True
    Restart Count:  0
    Environment:    <none>
    Mounts:
      /usr/share/nginx/html/index.html from html-config (rw,path="index.html")
      /var/run/secrets/kubernetes.io/serviceaccount from kube-api-access-wwbrb (ro)
Conditions:
  Type                        Status
  PodReadyToStartContainers   True
  Initialized                 True
  Ready                       True
  ContainersReady             True
  PodScheduled                True
Volumes:
  html-config:
    Type:       ConfigMap (a volume populated by a ConfigMap)
    Name:       nginx-config
    Optional:   false
  kube-api-access-wwbrb:
    Type:                    Projected (a volume that contains injected data from multiple sources)
    TokenExpirationSeconds:  3607
    ConfigMapName:           kube-root-ca.crt
    ConfigMapOptional:       <nil>
    DownwardAPI:             true
QoS Class:                   BestEffort
Node-Selectors:              <none>
Tolerations:                 node.kubernetes.io/not-ready:NoExecute op=Exists for 300s
                             node.kubernetes.io/unreachable:NoExecute op=Exists for 300s
Events:
  Type    Reason     Age   From                Message
  ----    ------     ----  ----                -------
  Normal  Scheduled  32m   default-scheduler   Successfully assigned test/nginx-deployment-69fbddb896-v896t to docker-desktop
  Normal  Pulling    32m   kubelet             Pulling image "nginx:1.23.3"
  Normal  Pulled     31m   kubelet             Successfully pulled image "nginx:1.23.3" in 13.679s (13.679s including waiting)
  Normal  Created    31m   kubelet             Created container nginx
  Normal  Started    31m   kubelet             Started container nginx
```

Ilustración 35. Información detallada del Pod.

Accederemos al Pod y veremos el HTML [***Ilustración 36***] que hemos fijado en el Pod.

shell/cmd

kubectl exec -it nginx-deployment-69fbddb896-v896t -n test -- /bin/sh -c "cat /usr/share/nginx/html/index.html"

```
Seleccionar Administrador: Símbolo del sistema

c:\DEV\Book\k8>kubectl exec -it nginx-deployment-69fbddb896-v896t -n test -- /bin/sh -c "cat /usr/share/nginx/html/index.html"
<!DOCTYPE html>
<html lang="en">
<head>
    <meta charset="UTF-8">
    <meta name="viewport" content="width=device-width, initial-scale=1.0">
    <title>Hola Mundo desde Docker y NGINX</title>
</head>
<body>
    <h1>¡Hola Mundo desde Docker y NGINX! en K8</h1>
</body>
</html>
```

Ilustración 36. Contenido HTML en el Pod.

Por último, vamos a revisar los logs del Pod [***Ilustración 37***].

shell/cmd

```
kubectl logs nginx-deployment-69fbddb896-v896t  -n test
```

```
</html>

c:\DEV\Book\k8>kubectl logs nginx-deployment-69fbddb896-v896t  -n test
/docker-entrypoint.sh: /docker-entrypoint.d/ is not empty, will attempt to perform configuration
/docker-entrypoint.sh: Looking for shell scripts in /docker-entrypoint.d/
/docker-entrypoint.sh: Launching /docker-entrypoint.d/10-listen-on-ipv6-by-default.sh
10-listen-on-ipv6-by-default.sh: info: Getting the checksum of /etc/nginx/conf.d/default.conf
10-listen-on-ipv6-by-default.sh: info: Enabled listen on IPv6 in /etc/nginx/conf.d/default.conf
/docker-entrypoint.sh: Launching /docker-entrypoint.d/20-envsubst-on-templates.sh
/docker-entrypoint.sh: Launching /docker-entrypoint.d/30-tune-worker-processes.sh
/docker-entrypoint.sh: Configuration complete; ready for start up
2025/02/04 19:58:06 [notice] 1#1: using the "epoll" event method
2025/02/04 19:58:06 [notice] 1#1: nginx/1.23.3
2025/02/04 19:58:06 [notice] 1#1: built by gcc 10.2.1 20210110 (Debian 10.2.1-6)
2025/02/04 19:58:06 [notice] 1#1: OS: Linux 5.10.102.1-microsoft-standard-WSL2
2025/02/04 19:58:06 [notice] 1#1: getrlimit(RLIMIT_NOFILE): 1048576:1048576
2025/02/04 19:58:06 [notice] 1#1: start worker processes
2025/02/04 19:58:06 [notice] 1#1: start worker process 30
2025/02/04 19:58:06 [notice] 1#1: start worker process 31
192.168.65.3 - - [04/Feb/2025:20:03:27 +0000] "GET / HTTP/1.1" 200 278 "-" "Mozilla/5.0 (Windows NT 10.0; Win64; x64) AppleWebKit/537.36 (KHTML, like Gecko) Chrome/133.0.0.0 Safari/537.36" "-"
2025/02/04 20:03:27 [error] 30#30: *1 open() "/usr/share/nginx/html/favicon.ico" failed (2: No such file or directory), client: 192.168.65.3, server: localhost, request: "GET /favicon.ico HTTP/1.1", host: "loc
alhost:30001", referrer: "http://localhost:30001/"
192.168.65.3 - - [04/Feb/2025:20:03:27 +0000] "GET /favicon.ico HTTP/1.1" 404 555 "http://localhost:30001/" "Mozilla/5.0 (Windows NT 10.0; Win64; x64) AppleWebKit/537.36 (KHTML, like Gecko) Chrome/133.0.0.0 Sa
fari/537.36" "-"
```

Ilustración 37. Logs.

De donde inferimos que el servidor Nginx dentro del Pod, está funcionando correctamente, además se están registrando peticiones HTTP en los logs, incluyendo solicitudes fallidas a "favicon.ico".

2.9.8 Tipo de servicios en Kubernetes

Antes, en conceptos básicos, hemos nombrado a los servicios, es importante profundizar solo un poco más en este apartado, ya que permiten a los usuarios acceder a los recursos de una aplicación de manera consistente, incluso cuando los Pods que componen esos recursos cambian o se reinician.

A continuación, se definen los tipos de servicios más comunes en Kubernetes, con ejemplos de configuración en YAML:

ClusterIP

El servicio ClusterIP asigna una dirección IP interna al clúster, lo que significa que el servicio solo será accesible dentro del clúster. Este es el tipo de servicio por defecto y se usa comúnmente para la comunicación interna entre los Pods de un clúster. Ejemplo YAML:

yaml

```
apiVersion: v1
kind: Service
metadata:
  name: internal-web-service
spec:
  selector:
    app: web-app
  type: ClusterIP
  ports:
  . name: http
    port: 8080
    targetPort: 8080
    protocol: TCP
```

IP externa de nodo (NodePort)

El servicio NodePort expone el servicio en cada nodo del clúster utilizando una IP de nodo y un puerto específico. Este tipo de servicio permite que el servicio sea accesible desde fuera del clúster al acceder a la IP de un nodo y al puerto asignado. Ejemplo YAML:

yaml

```
apiVersion: v1
kind: Service
metadata:
  name: nodeport-api-service
spec:
  selector:
    app: api-app
  type: NodePort
```

```yaml
  ports:
   . name: http
      port: 8080
      targetPort: 8080
      nodePort: 30050
      protocol: TCP
```

Balanceador de carga (LoadBalancer)

El servicio LoadBalancer expone el servicio de manera externa mediante un balanceador de carga, que puede ser proporcionado por un proveedor de la nube como AWS, Azure o Google Cloud. Kubernetes genera automáticamente un NodePort y un ClusterIP en este tipo de servicio. Es ideal para aplicaciones que necesitan ser accesibles desde Internet. Ejemplo YAML:

yaml

```yaml
apiVersion: extensions/v1beta1
kind: Ingress
metadata:
  name: my-load-balancer-ingress
spec:
  backend:
   serviceName: service-other
   servicePort: 9090
  rules:
   . host: bar.mydomain.com
     http:
      paths:
      . backend:
          serviceName: service-foo
          servicePort: 9090
   . host: example.com
```

```
http:
 paths:
 . path: /xyz/*
   backend:
    serviceName: service-bar
    servicePort: 9090
```

Nombre externo (ExternalName)

El servicio ExternalName mapea el servicio a un nombre DNS externo, redirigiendo el tráfico hacia ese servicio. Es útil cuando desea que los servicios internos de Kubernetes interactúen con servicios externos (como bases de datos o API) sin exponer directamente la infraestructura interna del clúster. Ejemplo YAML:

yaml

```
apiVersion: v1
kind: Service
metadata:
  name: external-api-service
spec:
  type: ExternalName
  externalName: external.api.example.com
```

Enrutador de servicios (Ingress)

Aunque no es un servicio en el sentido tradicional, el Ingress actúa como un enrutador de servicios, dirigiendo el tráfico según las reglas definidas. Los objetos Ingress se utilizan para gestionar el acceso externo a los servicios del clúster, a menudo combinados con un balanceador de carga o un proxy inverso. Permite enrutar el tráfico HTTP(S) a diferentes servicios basándose en el URL y el puerto. Ejemplo YAML:

yaml

```
  apiVersion: extensions/v1beta1
  kind: Ingress
```

```
metadata:
  name: my-router-ingress
spec:
  backend:
   serviceName: service-other
   servicePort: 9090
  rules:
  . host: app.mydomain.com
    http:
     paths:
     . backend:
        serviceName: app-frontend
        servicePort: 9090
  . host: mywebsite.com
    http:
     paths:
     . path: /products/*
       backend:
        serviceName: app-backend
        servicePort: 9090
```

En resumen, en Kubernetes los tipos de servicios son:

- **ClusterIP**: Servicio accesible solo dentro del clúster.
- **NodePort**: Expone el servicio a cada nodo del clúster.
- **LoadBalancer**: Exposición externa mediante un balanceador de carga.
- **ExternalName**: Mapea el servicio a un nombre DNS externo.
- **Ingress**: Enrutador de servicios HTTP(S) basado en reglas definidas.

Cada tipo de servicio tiene casos de uso específicos, y su elección dependerá de las necesidades de acceso, la arquitectura de la red y la seguridad de su aplicación dentro de Kubernetes.

2.9.9   Dashboard de Kubernetes

El Dashboard de Kubernetes es una herramienta web que proporciona una interfaz gráfica para interactuar con un clúster de Kubernetes. Desde esta interfaz, puede realizar tareas de administración como la gestión de Pods, servicios y configuraciones de recursos, así como visualizar los logs y eventos de los Pods de manera sencilla. En este capítulo, aprenderemos cómo instalar y configurar el Dashboard de Kubernetes en un entorno de Docker Desktop.

Requisitos previos

Para poder instalar y configurar el Dashboard de Kubernetes en Docker Desktop, necesitas cumplir con los siguientes requisitos:

* Docker Desktop: Debe tener Docker Desktop instalado en su máquina local con el backend de Kubernetes habilitado. Esto le permitirá ejecutar un clúster de Kubernetes de manera local sin la necesidad de un entorno de nube o un clúster de producción.

* Kubernetes en Docker Desktop: Asegúrese de que la opción de Kubernetes esté habilitada en Docker Desktop. Esto le proporcionará un clúster de Kubernetes local, accesible a través de kubectl.

Instalación del Kubernetes Dashboard

Antes de comenzar con la instalación del Dashboard, es importante verificar que Kubernetes está funcionando correctamente en Docker Desktop. Abra una terminal y ejecute el siguiente comando para comprobar el estado del clúster:

shell/cmd

```
kubectl cluster-info
```

Una vez que su clúster de Kubernetes está activo, puede proceder con la instalación del Dashboard. Kubernetes proporciona un manifiesto YAML oficial para instalar el Dashboard. Utilice el siguiente comando para aplicar dicho manifiesto:

shell/cmd

```
kubectl apply -f
https://raw.githubusercontent.com/kubernetes/dashboard/v3.6.0/aio/depl
oy/recommended.yaml
```

Este comando descargará y aplicará la configuración necesaria para instalar el Dashboard de Kubernetes en su clúster. Una vez que el comando haya terminado, Kubernetes habrá desplegado el Dashboard como un conjunto de recursos en el clúster, incluyendo un Deployment, Service y otros objetos necesarios.

Acceder al Dashboard

Por razones de seguridad, el Dashboard de Kubernetes no es accesible por defecto desde el exterior del clúster. Para acceder a él, necesitamos crear un túnel seguro utilizando kubectl proxy. Ejecute el siguiente comando en su terminal:

shell/cmd

```
kubectl proxy
```

Nota: Mostrará un mensaje similar a: "Starting to serve on 127.0.0.1:8001"

Este comando abrirá un túnel HTTP en su máquina local que le permitirá acceder al Dashboard a través de su navegador.

El Dashboard estará disponible en el siguiente URL [*Ilustración 38*]:

http://localhost:8001/api/v1/namespaces/kubernetes-dashboard/services/http:kubernetes-dashboard:/proxy/

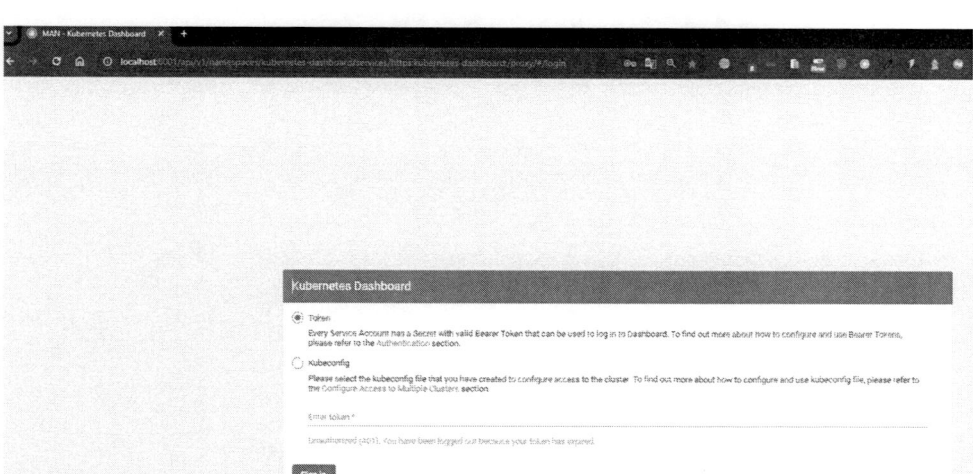

Ilustración 38. Kubernetes Admin Dashboard.

Obtener las credenciales para acceder al Dashboard

El Dashboard requiere autenticación para acceder a los recursos de Kubernetes. Para autenticarse, puede usar un kubectl token o un kubeconfig. Si prefiere usar un token, siga estos pasos para crear un ServiceAccount con los permisos necesarios.

Cree un archivo YAML llamado **dashboard-adminuser.yaml** con el siguiente contenido:

```yaml
apiVersion: v1
kind: ServiceAccount
metadata:
  name: admin-user
  namespace: kubernetes-dashboard
---
apiVersion: rbac.authorization.k8s.io/v1
kind: ClusterRoleBinding
metadata:
  name: admin-user
subjects:
- kind: ServiceAccount
```

```
name: admin-user
namespace: kubernetes-dashboard
roleRef:
kind: ClusterRole
name: cluster-admin
apiGroup: rbac.authorization.k8s.io
```

Aplique el archivo para crear el **ServiceAccount** y el **ClusterRoleBinding**:

shell/cmd

```
kubectl apply -f dashboard-adminuser.yaml
```

Ahora, obtenga el token para el usuario administrador recién creado:

shell/cmd

```
kubectl -n kubernetes-dashboard create token admin-user
```

Este comando devolverá un token que puede usar para autenticarse en el Dashboard.

Iniciar sesión en el Dashboard

Cuando acceda al Dashboard en su navegador, seleccione "Token" como método de autenticación e introduzca el token generado en el paso anterior. Esto le proporcionará acceso completo al clúster de Kubernetes a través del Dashboard.

Uso del Dashboard

Una vez dentro del Dashboard [*Ilustración 39*], podrá realizar las siguientes tareas comunes de administración de Kubernetes:

- Ver y gestionar los Pods: Puede ver el estado de todos los Pods en su clúster, así como reiniciarlos, eliminarlos o desplegar nuevos.

- Gestionar servicios y Deployments: Puede crear, actualizar y eliminar servicios, Deployments, y otros objetos de Kubernetes de manera visual.

- Ver logs de los contenedores: Acceda a los logs de cualquier contenedor en el clúster para hacer troubleshooting y depuración de errores.

- Configurar recursos: Puede crear y modificar recursos como ConfigMaps, Secrets, y PersistentVolumeClaims (PVC).

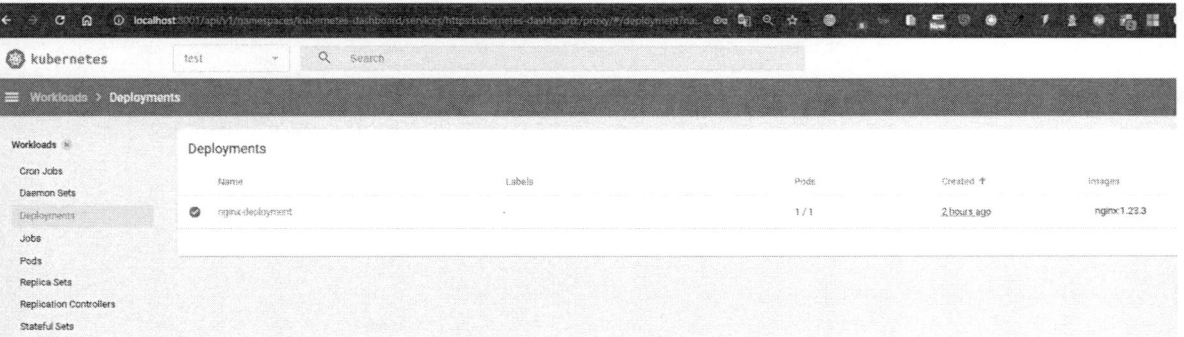

Ilustración 39. Deployment en Dashboard.

Aunque es útil tener acceso al Dashboard mientras trabaja en el clúster, es recomendable que cierre el proxy cuando haya terminado por razones de seguridad. Simplemente presione Ctrl + C en la terminal donde ejecutó kubectl proxy para cerrar el túnel.

El Dashboard de Kubernetes es una excelente herramienta para gestionar y supervisar su clúster de Kubernetes en Docker Desktop de forma visual. Aunque la interfaz de línea de comandos (kubectl) es potente y versátil, el Dashboard proporciona una forma más accesible de interactuar con el clúster, especialmente para aquellos que prefieren una interfaz gráfica. Ahora que has aprendido a instalar y acceder al Dashboard, puede aprovechar al máximo esta herramienta para gestionar sus aplicaciones y recursos en Kubernetes de manera más eficiente.

2.9.10 Bonus: Instalación en Azure Kubernetes Service (AKS)

AKS es el servicio gestionado de Kubernetes en Azure y facilita la implementación de clústeres escalables en la nube.

Veamos un poco algunos comandos que pueden ser útil, aunque se describirán en el capítulo de despliegue sobre AKS en el que interactuamos con Azure, ACR Y AKS.

Crear un grupo de recursos:

shell/cmd

az group create --name myResourceGroup --location eastus

Implementar un clúster AKS:

shell/cmd

az aks create --resource-group myResourceGroup --name myAKSCluster --node-count 2 --enable-addons monitoring --generate-ssh-keys

Conectar al clúster:

shell/cmd

az aks get-credentials --resource-group myResourceGroup --name myAKSCluster

---

Consejos para arquitectos:
- ✓ *Planifique la escalabilidad desde el inicio: Diseñe sus clústeres para escalar horizontal y verticalmente. Esto incluye configurar autoescaladores y usar herramientas como Azure Monitor para anticipar cuellos de botella.*
- ✓ *Establezca estándares de etiquetado: Utilice etiquetas consistentes en todos los recursos (Pods, servicios, namespaces) para facilitar la administración y el monitorización.*
- ✓ *Implemente CI/CD con Kubernetes: Integre sus pipelines de CI/CD con herramientas como Helm para gestionar despliegues declarativos.*
- ✓ *Proteja los accesos al clúster: Configure RBAC (Role-Based Access Control) y utilice certificados para garantizar la seguridad de los accesos.*
- ✓ *Simule fallos regularmente: Realice simulaciones de fallos para probar la resiliencia de sus aplicaciones y asegurarse de que los mecanismos de recuperación funcionan adecuadamente.*
- ✓ *Gestión segura de secretos: Use herramientas como Azure Key Vault o Kubernetes Secrets.*
- ✓ *Monitorización continua: Implemente Prometheus para métricas y Fluentd para logs.*
- ✓ *Autoescalado: Configure Horizontal Pod Autoscaler (HPA) para responder a la demanda de tráfico.*

2.10   Bonus: Herramientas y tecnologías en Azure DevOps

Azure DevOps proporciona herramientas robustas para implementar despliegue continuo. Algunas claves son:

- **Azure Pipelines:** Automatiza la construcción, pruebas y despliegue.
- **Azure Repos:** Almacena el código fuente y permite integración con pipelines.
- **Azure Container Registry (ACR):** Gestiona las imágenes Docker necesarias para el despliegue.

Además, existen herramientas como Jenkins, GitHub Actions y GitLab CI/CD, que también pueden integrarse con Azure para crear pipelines robustos.

2.11   Resumen del capítulo

En este capítulo se aborda los fundamentos del CI/CD (integración continua y despliegue continuo), destacando su importancia en el desarrollo moderno de software para automatizar la entrega y despliegue de aplicaciones. Hemos aprovechado para trabajar un poco con Docker y Kubernetes, lo cual ayuda a entender los conceptos.

Puntos clave:

Concepto de CI/CD:

- CI/CD es una práctica esencial que automatiza la validación, prueba y despliegue del código fuente.
- Se divide en tres fases fundamentales:
    - integración continua (CI): Automatiza pruebas y validaciones en cada cambio de código.
    - entrega continua (CD, *continuous delivery*): Garantiza que el código esté siempre listo para su despliegue.
    - despliegue continuo (CD, *continuous deployment*): Automatiza el despliegue final en producción

Principios fundamentales de CI/CD:

- Automatización total: Desde la integración del código hasta el despliegue.
- Control de versiones: Uso de Git para trazabilidad y gestión de cambios.
- Pruebas continuas: Validación con pruebas unitarias, de integración y funcionales.
- Despliegue reproducible: Uso de infraestructura como código (IaC).
- Rollback automatizado: Capacidad de revertir cambios en caso de fallos.
- Monitorización y observabilidad: Herramientas para detectar problemas en tiempo real.

¿Qué hemos aprendido?

- La base teórica y práctica del CI/CD.
- La importancia de adoptar CI/CD para mejorar la calidad del software, reducir errores y acelerar la entrega.
- Cómo las herramientas de CI/CD y contenedores agilizan los flujos de trabajo (Docker).
- Comandos principales de Docker y Kubernetes.
- Integración inicial de Docker y Kubernetes para soportar el CI/CD.
- La integración de herramientas como Docker, Kubernetes y Container Registries permite una ejecución fluida y automatizada de los procesos de desarrollo y despliegue en entornos.

3 Implementación de la arquitectura

Aunque el objetivo de este libro no es detallar con exactitud el desarrollo de los diferentes componentes de la arquitectura, sino orientarlo al despliegue, es importante abordar los diferentes proyectos siguiendo un desarrollo lo más limpio posible.

El planteamiento de la solución del mundo real que se pretende realizar es el de una aplicación de registro horario para empresa, compuesto por:

Cliente

- **Front-end**: Una aplicación web de tipo SPA (*single page application*) desarrollada en Vue 3, con dos responsabilidades:

    o El empleado será capaz de registrar la hora de entrada y salida.

    o Se podrán listar todos los registros horarios de un empleado.

API de registro horario

- **Backend**: Una API realizada en .NET 8 que permite registrar en una base de datos de SQL Server cada uno de los registros horarios para el empleado.

API de auditoría

- **Backend**: API responsable de consumir eventos de la cola de mensajería, registrando en una base de datos no relacional de MongoDB cada uno de estos registros para ser tratado posteriormente.

Bróker de mensajería

- **Cola de mensajería**: Establece la comunicación entre los dos microservicios, el microservicio de registro produce eventos de nuevo registro horario de empleado, mediante una cola de RabbitMQ. Mientras que el microservicio de auditoría consume estos eventos para almacenarlo en la base de datos de auditoría, suscribiéndose a dicha cola de mensajería.

Intentaremos simular una aplicación del mundo real, compuesta por el siguiente stack tecnológico [*Ilustración 40*]:

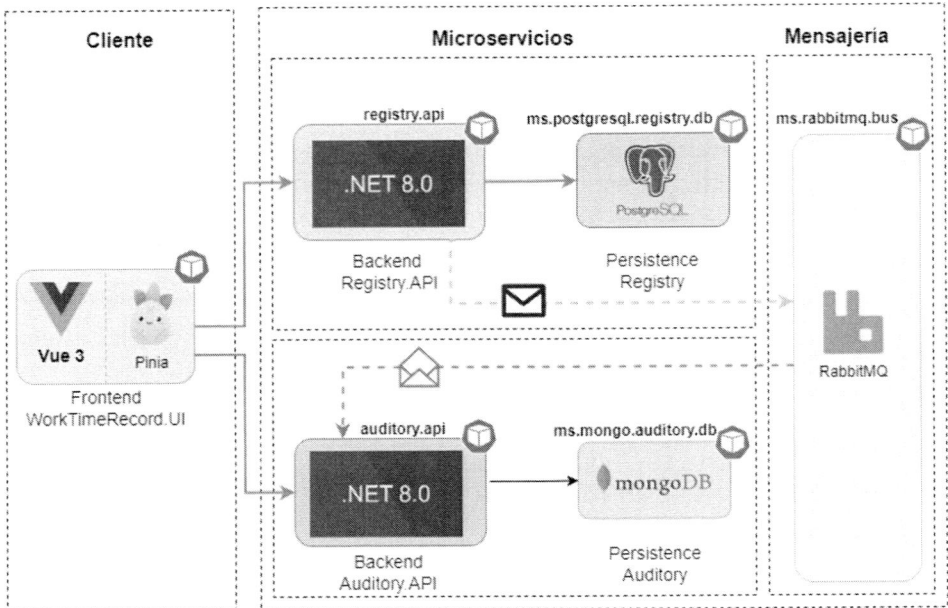

Ilustración 40. Stack tecnológico.

La arquitectura planteada será evolucionada a distintas maneras de despliegue, partiendo de la base en local apoyándonos en Docker, hasta el despliegue en la nube de la mano de Azure.

Como práctica de desarrollo en la que incorporamos múltiples proyectos en una solución, seleccionamos la opción de **monorepo**, almacenando en un único repositorio de control de versiones toda la solución del proyecto.

3.1 Crear solución de la arquitectura

Se hace uso del entorno de desarrollo integrado o IDE, Visual Studio Community 2022.

Creamos una solución vacía con Visual Studio, que nos permita ir incorporando los diferentes proyectos, para ello, seleccionamos la opción de "Crear nuevo proyecto" [*Ilustración 41*] y de tipo "Solución en blanco" [*Ilustración 42*].

Ilustración 41. Creando nuevo proyecto.

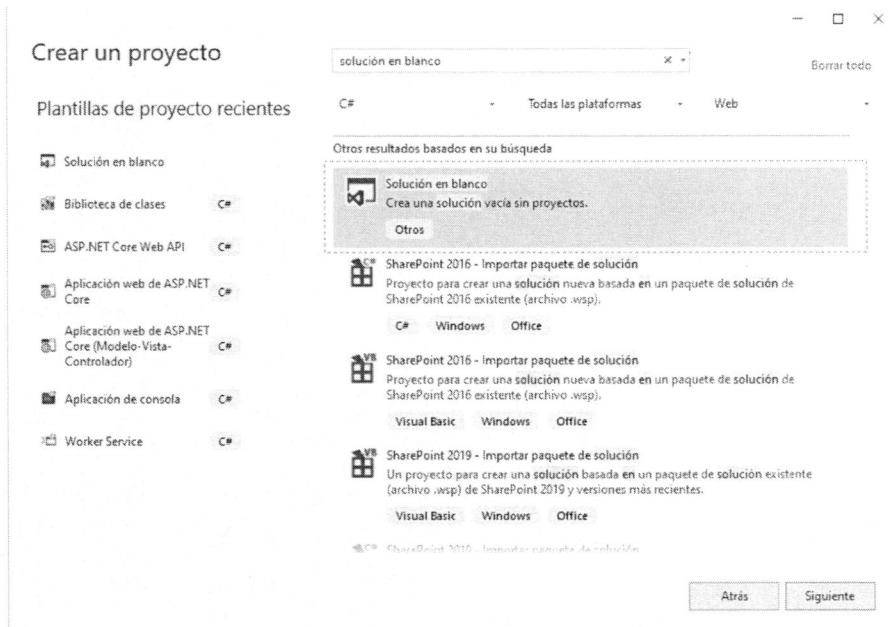

Ilustración 42. Creando solución en blanco.

El siguiente paso es configurar el proyecto, dándole un nombre a la solución, en nuestro casi lo llamaremos *WorkTimeRecord.Solution* [***Ilustración 43***]:

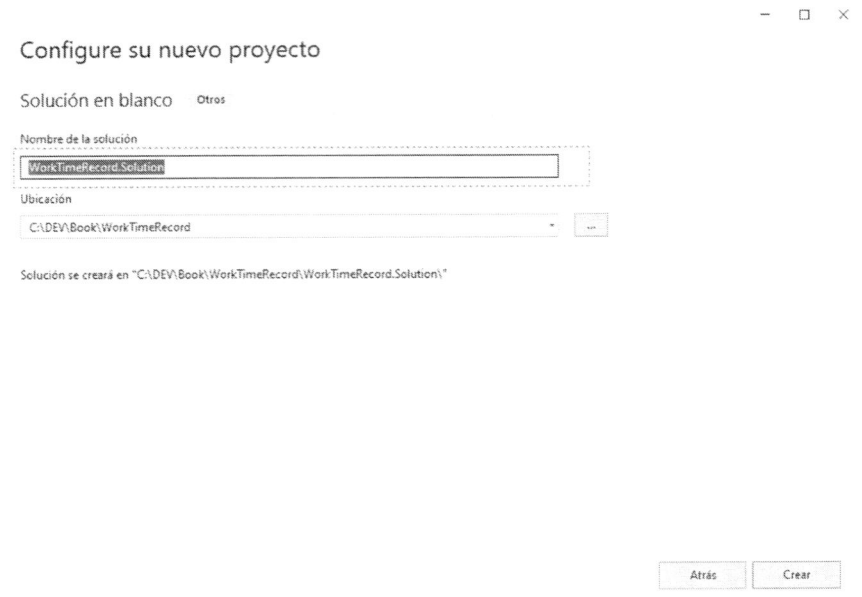

Ilustración 43. Configurando solución.

La solución vacía aparecerá creada en nuestro Visual Studio [*Ilustración 44*].

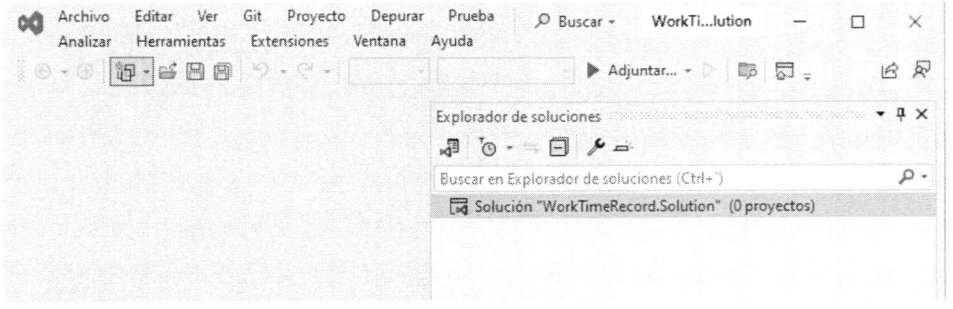

Ilustración 44. Solución vacía creada.

Estamos preparados para ir incorporando diferentes proyectos a la solución.

3.2 Crear proyecto front-end

El primero de los proyectos se trata de una aplicación SPA realizada en Vue 3, responsable de dotar a nuestra arquitectura de una interfaz gráfica, será utilizada por el empleado para listar sus registros horarios, así como registrar nuevos accesos.

3.2.1 Prerrequisitos de herramientas

Para facilitar el desarrollo del proyecto front-end *WorkTimeRecord*, debemos de instalar una serie de herramientas, que detallamos a continuación.

Visual Studio Code

El entorno de desarrollo integrado o IDE código abierto de Microsoft será utilizado para el desarrollo front-end.

Dado que vamos a utilizar Vue, nos vendrá muy bien instalar una extensión llamada *Vue Extension Box* [**Ilustración 45**] que se encuentra en el buscador de extensiones del Visual Studio Code. Este paquete incluye:

- **Path Intellisense:** Extensión que permite al IDE autocompletar rutas de nombres de archivos y carpetas, mientras estamos escribiendo el path.

- **Auto Close tag:** Extensión que añade automáticamente un cierre de etiqueta HTML, para cerrar la etiqueta.

- **Auto Rename tag:** Extensión que cuando se cambia el nombre de la etiqueta de cierre o apertura, actualiza el nombre de la etiqueta de cierre correspondiente para que coincida.

- **Sass:** Extensión que permite extender la sintaxis de hojas de estilos CSS, incorporando variables, anidamiento, verificación de errores, facilitando la escritura y mantenimiento de hojas de estilos complejas.

- **SCSS Formatter:** Extensión que sirve para formatear automáticamente código de Sass.

- **Prettier – Code Formatter:** Extensión que permite formatear automáticamente el código de diferentes lenguajes de programación entre ellos JavaScript.

- **ESLint:** Es una herramienta de código estático para JavaScript que ayuda a identificar y solucionar problemas en la codificación.

- **Vue – Official:** Herramienta que mejora la experiencia de desarrollar aplicaciones para Vue en el IDE de Visual Studio Code, resaltando la sintaxis de Vue, lo cual mejora la legibilidad del código y comprensión, incorpora fragmentos de código predefinidos de Vue, para reutilizarlos, así como plantillas de Vue.

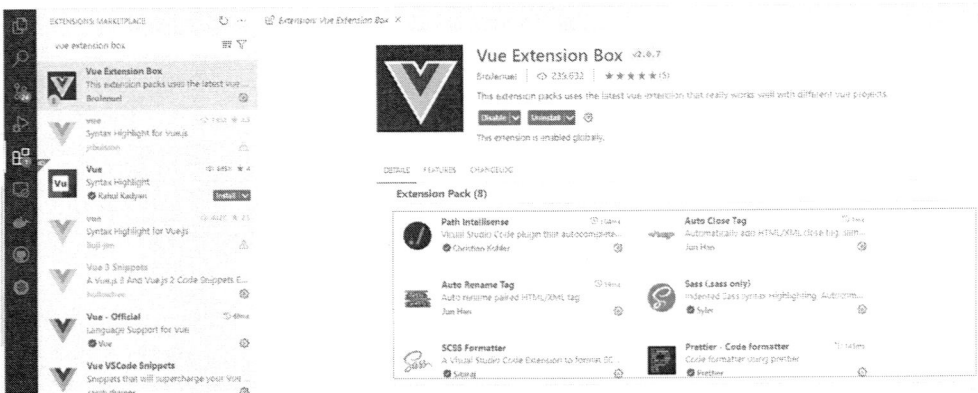

Ilustración 45. Extensión Vue.

Otra extensión interesante para instalar en Visual Studio Code es "Vue VSCode Snippets" [***Ilustración 46***], un plugin muy útil que nos proporciona una serie de fragmentos de código autogenerados tras introducir un atajo y tabular.

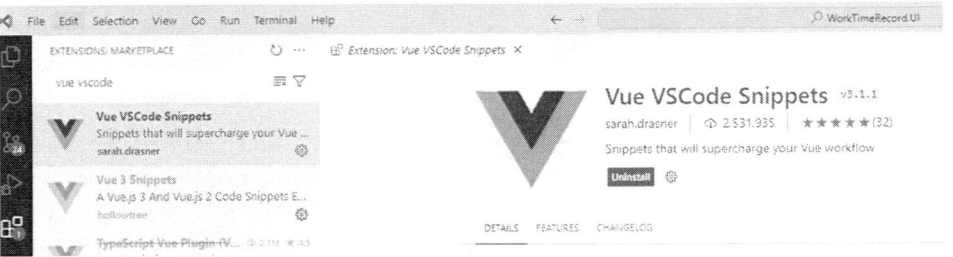

Ilustración 46. Vue VSCode Snippets.

Node

Requerimos del entorno de ejecución de JavaScript de código abierto, que nos permitirá ejecutar nuestras aplicaciones de Vue, además incorpora un ecosistema de paquetes llamado *node package manager*, NPM, que contiene librerías que podremos incorporar en nuestros proyectos.

De tal forma que se facilite el desarrollo de aplicaciones Vue, se puede emplear tanto Vue CLI (*command line interface*), siendo Vue CLI enfocado a proporcionar configuraciones predefinidas para proyectos Vue, mientras que Vite está pensada para desarrollar las aplicaciones de Vue, de forma muy rápida y menos pesada que Vue CLI.

Vite es más rápido porque en lugar de recargar toda la aplicación como sucedía con Webpack, únicamente reemplaza el módulo que ha sufrido el cambio y por tanto se gana mucha experiencia de desarrollo.

En nuestro caso emplearemos Vite, en concreto Vite versión 4 y requiere la versión de Node 16+. Por este motivo vamos a instalar la versión última de Node desde la página:

https://nodejs.org/en

Tras descargar la versión de Node para nuestro sistema operativo [*Ilustración 47*], aceptamos todo por defecto e instalamos.

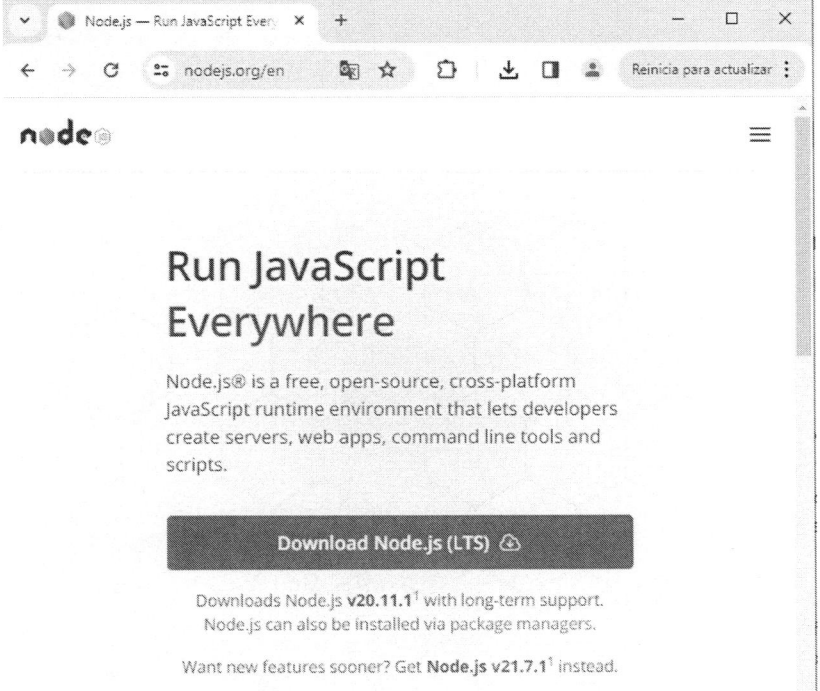

Ilustración 47. Instalación Node 20.

Una vez instalado Node, comprobamos la versión instalada ejecutando el siguiente comando en la consola de comandos:

shell/cmd

```
node -v
```

Si todo ha ido bien, debería aparecer la versión de Node instalada [*Ilustración 48*].

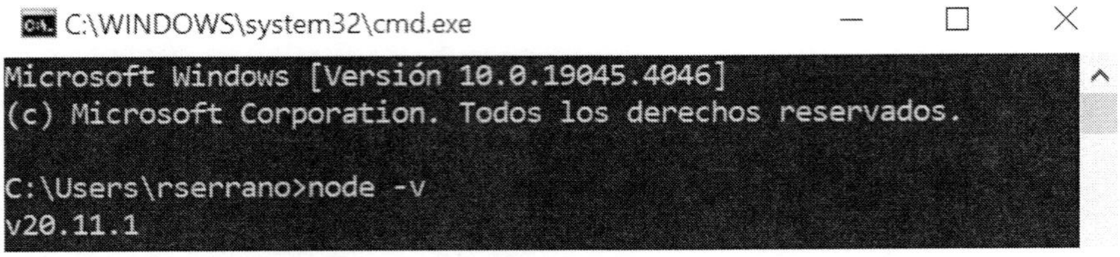

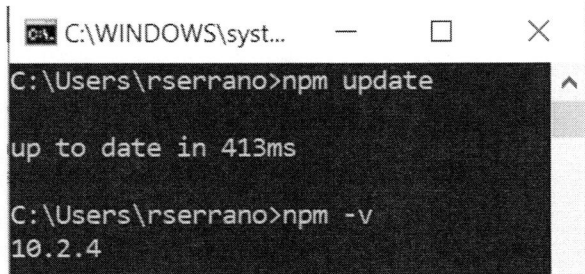

Ilustración 48. Versión Node instalada.

Una vez tenemos Node instalado, debemos asegurarnos de que disponemos de la última actualización de paquetes que ofrece el Node Package Manager (NPM), para esto, ejecutemos el siguiente comando:

shell/cmd

```
npm update
```

Tras esto podemos verificar la versión de NPM ejecutando el siguiente comando:

shell/cmd

```
npm -v
```

Si todo ha ido bien, debería aparecer la última versión de NPM actualizada, en nuestro caso como instalamos la última versión de Node, ya incorpora el NPM actualizado [*Ilustración 49*].

Ilustración 49. Versión NPM creando proyecto front-end base.

Desde Visual Studio Code, nos ubicamos en la solución *WorkTimeRecord* y creamos una nueva carpeta para incorporar el proyecto front-end, con el nombre *WorkTimeRecord.UI*, ya que representa la interfaz de usuario del proyecto.

En el proyecto front-end de Visual Studio Code, abrimos nueva ventana de terminal y ejecutamos el siguiente comando para crear un proyecto desde plantilla Vite para Vue 3:

shell/cmd

```
npm init vue@latest
```

Nos solicitará:

- Nombre del proyecto: Asignamos el nombre de la aplicación Vue 3 que se creará, con el valor *worktime-record-app.*

- Typescript: No añadiremos Typescript al proyecto, por hacerlo más sencillo.

- Soporte JSX: No añadiremos soporte JSX, ya que no es necesario.

- Vue Router: Añadimos el router para desarrollar una aplicación Single Page Application (SPA).

- Gestor de estados Pinia: Añadimos este gestor de estados para los componentes.

- Vitest: No lo agregamos, ya que es para pruebas unitarias, que no implementaremos en este libro.

- End-to-End Testing: No agregamos pruebas de inicio a fin de una funcionalidad, ya que no lo implementaremos en este libro.

- ESLint: Lo añadiremos para que mejore la calidad de nuestro código, observando nuestra sintaxis.

- Prettier: Lo añadimos para que mejore el formato de nuestro código y mejore la legibilidad.

Tras ejecutar el comando [*Ilustración 50*], nos crea la aplicación usando la plantilla que acabamos de parametrizar, sobre el proyecto Vue 3 completo.

```
Scaffolding

PS C:\DEV\Book\WorkTimeRecord\WorkTimeRecord.UI> npm init vue@latest
Need to install the following packages:
create-vue@3.10.4
Ok to proceed? (y) y

Vue.js - The Progressive JavaScript Framework

√ Project name: ... worktime-record-app
√ Add TypeScript? ... No / Yes
√ Add JSX Support? ... No / Yes
√ Add Vue Router for Single Page Application development? ... No / Yes
√ Add Pinia for state management? ... No / Yes
√ Add Vitest for Unit Testing? ... No / Yes
√ Add an End-to-End Testing Solution? » No
√ Add ESLint for code quality? ... No / Yes
√ Add Prettier for code formatting? ... No / Yes
√ Add Vue DevTools 7 extension for debugging? (experimental) ... No / Yes

Scaffolding project in C:\DEV\Book\WorkTimeRecord\WorkTimeRecord.UI\worktime-record-app...

Done. Now run:

cd worktime-record-app
npm install
npm run format
npm run dev
```

Ilustración 50. Crear Proyecto Vue 3 con Vite.

Como podemos observar, se ha creado la estructura de un proyecto base de Vue 3 [***Ilustración 51***] con todo lo que necesitamos para empezar a desarrollar en Vue.

- Index.html: Página que contiene embebida nuestra aplicación web de Vue, dentro del elemento div con el *id="app"*.

- App.vue: Punto de entrada de nuestra aplicación.

- Main.js: Script que ejecuta el punto de entrada de nuestra aplicación, para realizar la creación de la aplicación de Vue y enlazar las rutas. Una vez todo esté preparado, montarlo en el div que contiene el identificador de la aplicación.

- Package.json: Fichero donde configuramos los scripts que podremos usar en Node, el nombre de la aplicación, así como las librerías de nuestro proyecto.

- Vite.config.js: Fichero de configuración de Vite, donde podemos configurar:

  - Plugins: Define el tipo de proyecto que se está ejecutando, en nuestro caso Vue.

  - Server: Define la configuración de puerto usado, entre otras.

  - Alias: Define los path como "@" para que hagan referencia a la raíz del proyecto en lugar de emplear "../".

- Public: Contiene los assets o recursos estáticos.

- Node_modules: Ubicación donde se encuentran las librerías de Node, instaladas en nuestra aplicación.

- Assets: Recursos estáticos, como hojas de estilos o imágenes.

- Components: Componentes reutilizables que creamos en nuestra aplicación para reutilizarlo en las vistas.

- Router: Ubicación donde configuramos el enrutado de páginas de nuestra aplicación.

- Stores: Ubicación donde configuramos cada uno de los gestores de estados de nuestros componentes, mediante el uso de Pinia.

- Views: Vistas o páginas que contienen nuestros componentes.

Ilustración 51. Estructura del proyecto.

Si ahora abrimos el fichero packages.json [***Ilustración 52***] que se encuentra en la raíz del proyecto, veremos ciertas propiedades como:

- Nombre del proyecto.

- Versión.

- Aplicación privada que no será subida a NPM.

- Scripts que son diferentes atajos de comandos que ejecutar, como por ejemplo la compilación del proyecto.

  o dev: ejecutar la aplicación en desarrollo.

  o build: para construir la aplicación y posteriormente publicarla.

  o preview: simula la aplicación como se vería desplegada en producción.

  o format: se asegura de que cada fichero tenga el formato correcto.

- Dependencias de librerías del proyecto, donde encontramos:

  o Pinia

  o Vue 3

  o Vue Router

- Otras dependencias como:

  o ESLint

  o Vite

  o Prettier

```
{} package.json U  ×      vite.config.js U      AboutView.vue U        HomeView.vue U  ●      App.vue U

worktime-record-app > {} package.json > ...
  1   {
  2       "name": "worktime-record-app",
  3       "version": "0.0.0",
  4       "private": true,
  5       "type": "module",
        ▷ Debug
  6       "scripts": {
  7           "dev": "vite",
  8           "build": "vite build",
  9           "preview": "vite preview",
 10           "lint": "eslint . --ext .vue,.js,.jsx,.cjs,.mjs --fix --ignore-path .gitignore",
 11           "format": "prettier --write src/"
 12       },
 13       "dependencies": {
 14           "pinia": "^2.1.7",
 15           "vue": "^3.4.21",
 16           "vue-router": "^4.3.0"
 17       },
 18       "devDependencies": {
 19           "@rushstack/eslint-patch": "^1.8.0",
 20           "@vitejs/plugin-vue": "^5.0.4",
 21           "@vue/eslint-config-prettier": "^9.0.0",
 22           "eslint": "^8.57.0",
 23           "eslint-plugin-vue": "^9.23.0",
 24           "prettier": "^3.2.5",
 25           "vite": "^5.2.8"
 26       }
 27   }
```

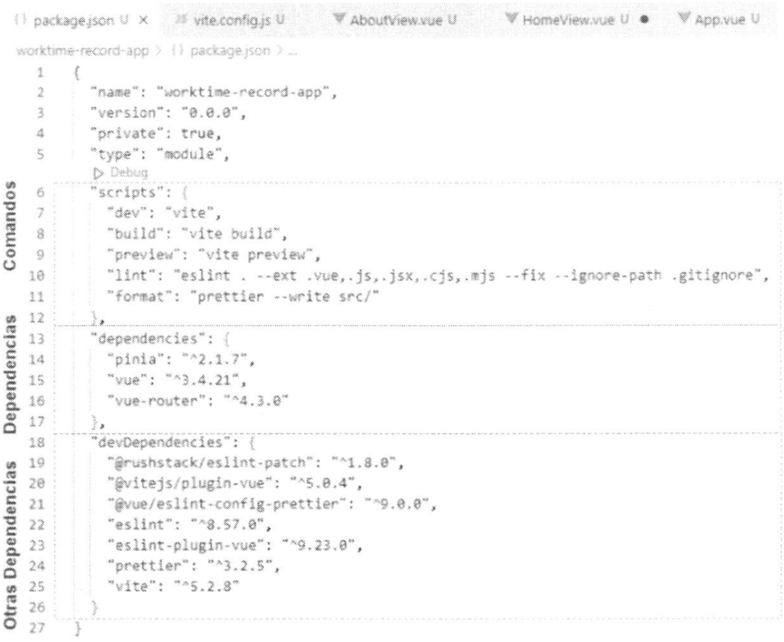

Ilustración 52. Packages.json.

En este momento, podemos ubicarnos desde el terminal en el nuevo directorio de aplicación que acabamos de crear desde plantilla, mediante el comando:

shell/cmd

```
cd .\worktime-record-app\
```

Procedemos a realizar la instalación de los paquetes que se encuentran en el fichero *package.json*, instalando la dependencia de Vue 3 al proyecto. Para ello ejecutamos el siguiente comando [*Ilustración 53*]:

shell/cmd

```
npm install
```

```
PS C:\DEV\Book\WorkTimeRecord\WorkTimeRecord.UI> cd .\worktime-record-app\
PS C:\DEV\Book\WorkTimeRecord\WorkTimeRecord.UI\worktime-record-app> npm install
npm WARN deprecated inflight@1.0.6: This module is not supported, and leaks memory. Do not use it.
rful.
npm WARN deprecated @humanwhocodes/config-array@0.11.14: Use @eslint/config-array instead
npm WARN deprecated rimraf@3.0.2: Rimraf versions prior to v4 are no longer supported
npm WARN deprecated glob@7.2.3: Glob versions prior to v9 are no longer supported
npm WARN deprecated @humanwhocodes/object-schema@2.0.3: Use @eslint/object-schema instead

added 150 packages, and audited 151 packages in 28s

36 packages are looking for funding
  run `npm fund` for details

found 0 vulnerabilities
```

Ilustración 53. Instalación de paquetes.

Al instalar los paquetes, aparece una nueva carpeta llamada *node_modules*, donde se encuentran los paquetes instalados de los que depende el proyecto.

Definamos el puerto que queremos que nuestra web tenga cuando se despliegue, en nuestro caso por ejemplo definiremos el puerto *5100* como el puerto deseado para desplegar la aplicación web.

Este cambio puede realizarse en el fichero raíz *vite.config.js* [*Ilustración 54*] añadiendo el siguiente fragmento al *defineConfig*:

```
server: {    port: 5100,    },
```

```
{} package.json U        JS vite.config.js U  ×      ♥ AboutView.vue U        ♥ Home\

worktime-record-app > JS vite.config.js > ...
 1    import { fileURLToPath, URL } from 'node:url'
 2
 3    import { defineConfig } from 'vite'
 4    import vue from '@vitejs/plugin-vue'
 5
 6    // https://vitejs.dev/config/
 7    export default defineConfig({
 8      plugins: [
 9        vue(),
10      ],
11      server: {
12        port: 5100,
13      },
14      resolve: {
15        alias: {
16          '@': fileURLToPath(new URL('./src', import.meta.url))
17        }
18      }
19    })
```

Ilustración 54. Cambio de Puerto para aplicación web.

En este momento, estamos preparados para ejecutar la aplicación sobre Node. Ejecutemos el siguiente comando:

shell/cmd

```
npm run dev
```

Si todo va bien, debería aparecernos en consola que la aplicación web base del proyecto de Vue 3 [*Ilustración 55*] está desplegado localmente en el puerto 5173.

```
PS C:\DEV\Book\WorkTimeRecord\WorkTimeRecord.UI\worktime-record-app> npm run dev

> worktime-record-app@0.0.0 dev
> vite


  VITE v5.3.1  ready in 1971 ms

  →  Local:   http://localhost:5100/
  →  Network: use --host to expose
  →  press h + enter to show help
```

Ilustración 55. Ejecutar comando despliegue aplicación local.

Y por tanto al abrir el URL que aparece en consola con el puerto 5100 [*Ilustración 56*] podremos observar la página web en ejecución.

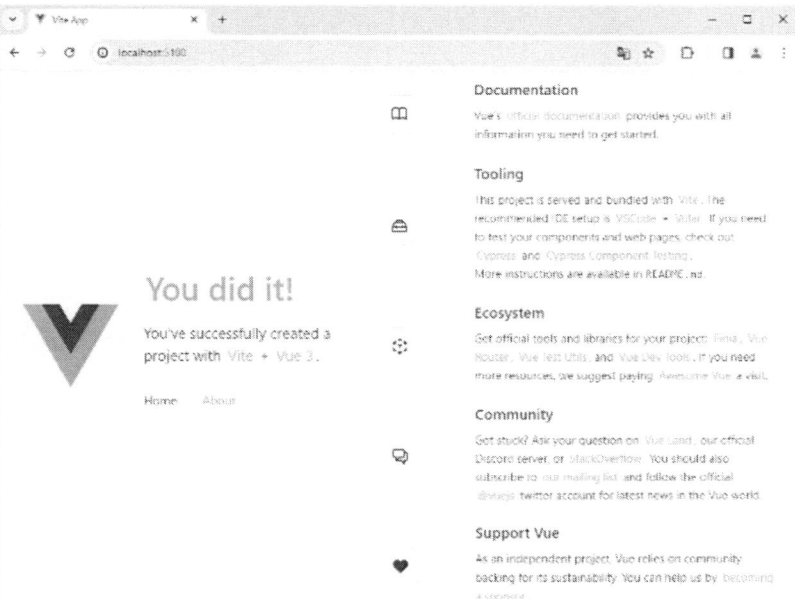

Ilustración 56. Aplicación en ejecución.

Limpiamos el proyecto base, eliminando los componentes definidos en el proyecto base, contenidos en la carpeta "Components" [***Ilustración 57***] para de esta forma definir los nuestros propios.

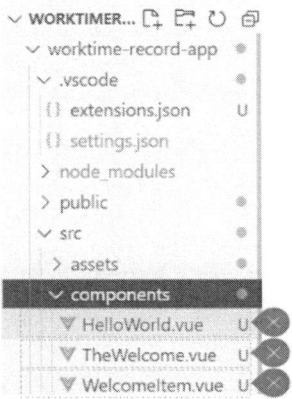

Ilustración 57. Estructura del proyecto.

Eliminamos las referencias a estos componentes [***Ilustración 58***] en las vistas, eliminando la importación de estos componentes y su uso en la vista.

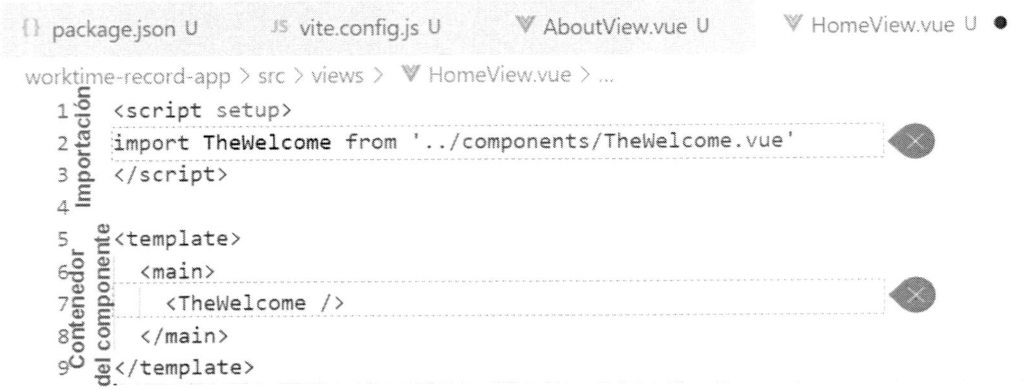

```
{} package.json U          JS vite.config.js U          ⩔ AboutView.vue U          ⩔ HomeView.vue U  ●

worktime-record-app > src > views > ⩔ HomeView.vue > ...
1    <script setup>
2    import TheWelcome from '../components/TheWelcome.vue'
3    </script>
4
5    <template>
6      <main>
7        <TheWelcome />
8      </main>
9    </template>
```

Ilustración 58. Limpieza de referencias a componentes en vista.

Eliminamos en App.vue [*Ilustración 59*] toda referencia a componentes que acabamos de eliminar, como por ejemplo la importación del componente HelloWorld y su uso en la vista.

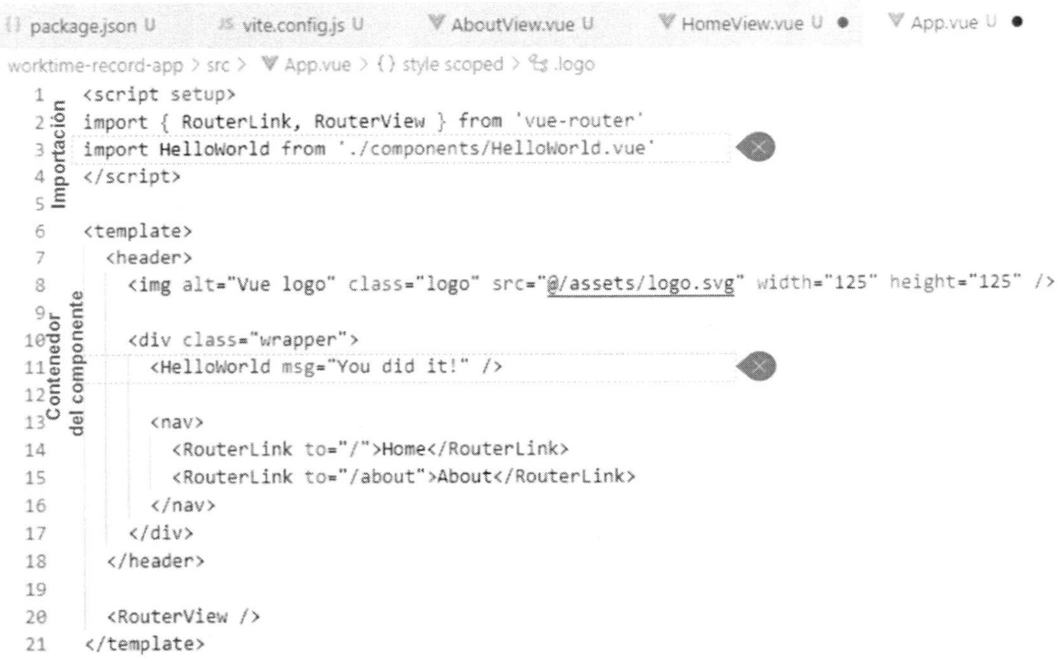

```
{} package.json U          JS vite.config.js U          ⩔ AboutView.vue U          ⩔ HomeView.vue U  ●          ⩔ App.vue U  ●

worktime-record-app > src > ⩔ App.vue > {} style scoped > ⩒ .logo
1    <script setup>
2    import { RouterLink, RouterView } from 'vue-router'
3    import HelloWorld from './components/HelloWorld.vue'
4    </script>
5
6    <template>
7      <header>
8        <img alt="Vue logo" class="logo" src="@/assets/logo.svg" width="125" height="125" />
9
10       <div class="wrapper">
11         <HelloWorld msg="You did it!" />
12
13         <nav>
14           <RouterLink to="/">Home</RouterLink>
15           <RouterLink to="/about">About</RouterLink>
16         </nav>
17       </div>
18     </header>
19
20     <RouterView />
21   </template>
```

Ilustración 59. Limpieza de referencias a componentes en App.vue.

Una vez limpiado el proyecto, la apariencia debería ser como [*Ilustración 60*]:

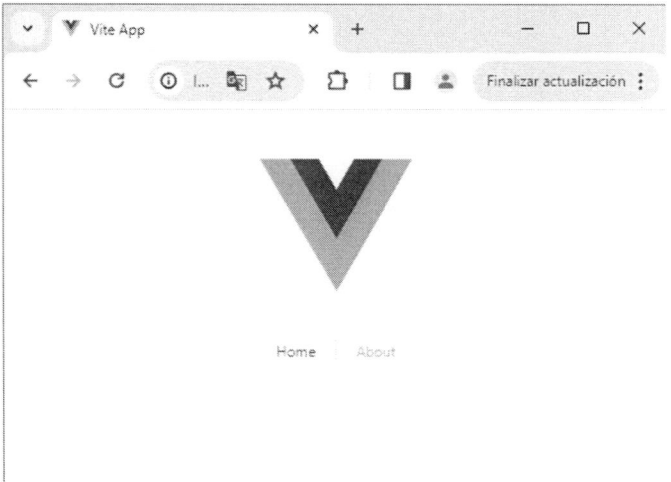

Ilustración 60. Apariencia web tras limpieza.

Con estos últimos pasos ya tenemos completada la aplicación base, es el momento de preparar la aplicación para nuestros casos de uso.

3.2.2 Personalizando proyecto front-end

La arquitectura de nuestra aplicación web [***Ilustración 61***] dispondrá de:

- Un gestor de rutas central (Vue-Router).

- Un gestor de estados de los componentes central (Pinia).

- Un Menú de navegación central.

- Diversas vistas para representar la lógica de la capa de presentación.

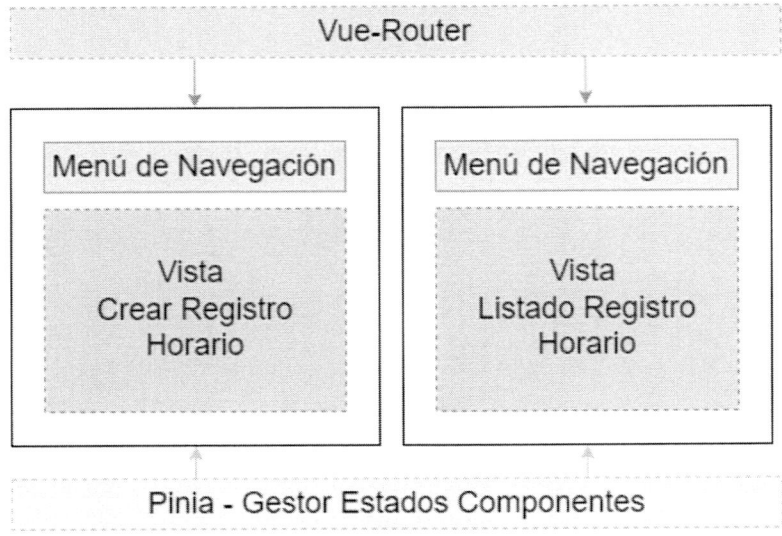

Ilustración 61. Arquitectura interfaz web.

Cuando nos embarcamos en el desarrollo de nuevos componentes en Vue 3, para implementar la lógica de un componente, disponemos de varias opciones:

- Seguir empleando la **Options API**, como hasta ahora se hacía con Vue 2.

- Utilizar la nueva **Composition API**, nueva en Vue 3.

- O emplear la forma abreviada de la Composition API, mediante **script setup**.

En nuestro caso emplearemos la versión abreviada **script setup**.

La barra de navegación será el primer componente que crearemos, ya que es común en la aplicación para todas las vistas. La apariencia de barra de navegador ya existía en el App.vue, pero queremos llevarlo a componente, por lo que copiaremos su apariencia y estilos, que veremos a continuación.

Procedamos con la creación del nuevo componente con el nombre *NavigationBar.vue*, situémonos en la carpeta "src/components".

Este componente, inicialmente creado su contenido vacío, vamos a definir su comportamiento y apariencia. Para ello escribimos el comando de atajo "vbase-3-setup" [*Ilustración 62*].

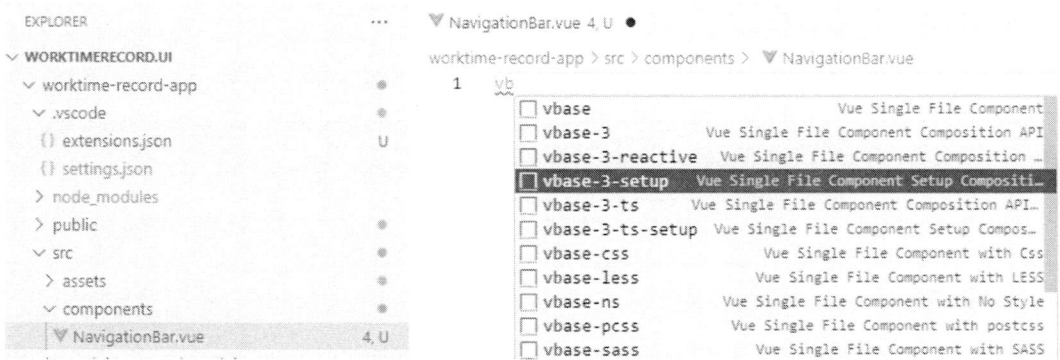

Ilustración 62. Utilizar atajo para crear plantilla.

Tabulamos el comando de atajo anterior y nos debería aparecer la plantilla vacía de un componente Vue 3 con script setup [*Ilustración 63*].

```
▼ NavigationBar.vue U ●

worktime-record-app > src > components > ▼ NavigationBar.vue > {} style scoped
1    <template>
2        <div>
3
4        </div>
5    </template>
6
7    <script setup>
8
9    </script>
10
11   <style lang="scss" scoped>
12
13   </style>
```

Ilustración 63. Template creado vacío.

Abrimos el componente que acabamos de crear [*Ilustración 64*] y agregamos en la sección <template>, una imagen y dos rutas que hacen referencias a vistas de Vue a través del *vue-router*.

Para introducir un enlace a una ruta, empleamos el tag "RouterLink", y a través del parámetro "to", indicaremos el destino o vista a abrir. Estas dos rutas serán:

- *"/home_record"*: Nuestra pantalla principal abrirá la vista del registro horario, que permitirá crear nuevos registros.

- *"/records"*: Nuestra pantalla principal abrirá la vista del todos los registros horarios que el usuario ha registrado.

Además, añadimos en la sección <style>, unos estilos que hacen referencia a la etiqueta *nav,* que han sido copiados de la sección de estilos de App.vue y que podemos reutilizar, ya que darán un estilo u otro dependiendo de si la ruta está activa o no.

```
NavigationBar.vue  U  ×
worktime-record-app > src > components > ▼ NavigationBar.vue > ...
 1    <template>
 2      <nav>
 3        <img alt="Vue logo" class="logo" src="@/assets/logo.svg" width="25" height="25" />
 4        <RouterLink to="/home_record">Registro Horario</RouterLink>
 5        <RouterLink to="/records">Mis Registros Horarios</RouterLink>
 6        <RouterLink to="/about">Acerca de</RouterLink>
 7      </nav>
 8    </template>
 9
10    <script setup>
11
12    </script>
13
14    <style scoped>
15
16    nav {
17      width: 100%;
18      font-size: 12px;
19      text-align: left;
20    }
21
22    nav a.router-link-exact-active {
23      color: var(--color-text);
24    }
25
26    nav a.router-link-exact-active:hover {
27      background-color: transparent;
28    }
29
30    nav a {
31      display: inline-block;
32      padding: 0 1rem;
33      border-left: 1px solid var(--color-border);
34    }
35
36    nav a:first-of-type {
37      border: 0;
38    }
39
40    </style>
```

Ilustración 64. Creando componente barra de navegación.

De este modo, estamos transformando un fragmento de código de App.vue a un componente, delegando la apariencia y comportamiento de la barra de navegación en el componente barra de navegación. Y podemos eliminar el fragmento HTML copiado de App.vue [*Ilustración 65*] y sus estilos, ya que los tenemos en el componente.

```
     NavigationBar.vue  U  ✕        AboutView.vue  U           App.vue  U  ●

worktime-record-app > src > components > ▼ NavigationBar.vue > ...
     1    <template>
     2      <nav>
     3        <h1>
     4          <img alt="Vue logo" class="logo" src="@/assets/logo.svg" width="25" height="25" />
     5
     6        </h1>
     7        <p>
     8          <RouterLink to="/home_record">Registro Horario</RouterLink>
     9          <RouterLink to="/records">Mis Registros Horarios</RouterLink>
    10        </p>
    11      </nav>
    12    </template>
    13
    14    <script setup>
    15
    16    </script>
    17
    18    <style scoped>
    19
    20    nav {
    21      width: 100%;
    22      font-size: 12px;
    23      text-align: left;
    24    }
    25
    26    nav a.router-link-exact-active {
    27      color: var(--color-text);
    28    }
    29
    30    nav a.router-link-exact-active:hover {
    31      background-color: transparent;
    32    }
    33
    34    nav a {
    35      display: inline-block;
    36      padding: 0 1rem;
    37      border-left: 1px solid var(--color-border);
    38    }
    39
    40    nav a:first-of-type {
    41      border: 0;
    42    }
    43
    44    </style>
```

Ilustración 65. Borrar de App.vue código de barra de navegación.

Una vez limpiado el código de App.vue, podemos añadir la referencia del componente barra de navegación *NavigatotBar.vue* [**Ilustración 66**].

```
▽ NavigationBar.vue U  ✕      ▽ App.vue U  ●

worktime-record-app > src > ▽ App.vue > ...
  1    <script setup>
  2    import { RouterView } from 'vue-router'
  3    import NavigationBar from '@/components/NavigationBar.vue';
  4    </script>
  5
  6    <template>
  7      <header>
  8        <NavigationBar></NavigationBar>
  9      </header>
 10
 11      <RouterView />
 12    </template>
 13
 14    <style scoped>
 15    header {
 16      line-height: 1.5;
 17      max-height: 100vh;
 18    }
 19    </style>
```

Ilustración 66. Referenciar NavigatorBar.

La plantilla base de la aplicación construida en el scaffolding de Vue incluye un estilo que hace que los elementos queden en centro de pantalla cuando la ventana del navegador supera el estándar de 1024. Ajustemos un pequeño cambio en el fichero *"/src/assets/main.css"*, para que salga siempre en la misma posición la barra de navegación.

Para ello, eliminamos el centrado de elementos en el body, así como también agregamos en el DOM de la aplicación, cierto margen [*Ilustración 67*].

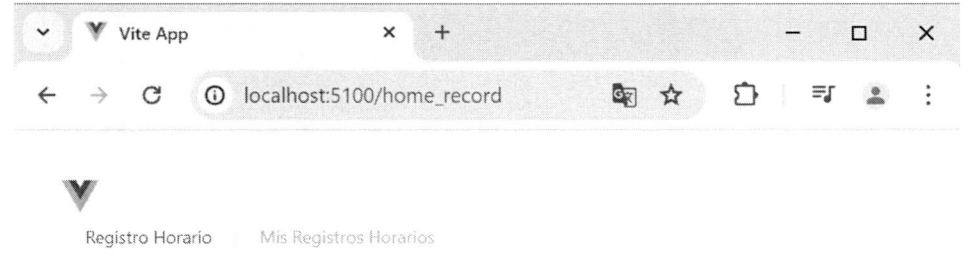

```
# main.css U ×

src > assets > # main.css > ...
    ~~     }
 23
 24    @media (min-width: 1024px) {
 25      /*body {
 26        display: flex;
 27        place-items: center;
 28      }*/
 29
 30      #app {
 31        /*display: grid;*/
 32        grid-template-columns: 1fr 1fr;
 33        padding: 2rem;
 34        margin: 0;
 35      }
 36    }
```

Ilustración 67. Ajustar estilo de main.css.

Tras realizar este cambio, la interfaz de la aplicación debería tener una apariencia similar a [***Ilustración 68***]:

Ilustración 68. Apariencia web con barra.

Hemos creado el componente *NavigationBar.vue*; vamos a dotarle de una propiedad título al componente, para representarlo en la vista del componente barra de navegación.

Declaremos dentro de la sección del script setup del componente *NavigationBar.vue*, el helper de Vue **defineProps**, asignando una propiedad de tipo texto.

script

```
<script setup>
defineProps({ title: String })
</script>
```

Esta propiedad *title*, será utilizada en la sección template del componente para representar su valor declarando la propiedad entre llaves.

script

```
<template>…
<span>{{ title }}</span>
</template>
```

El componente quedaría de con la siguiente configuración [*Ilustración 69*].

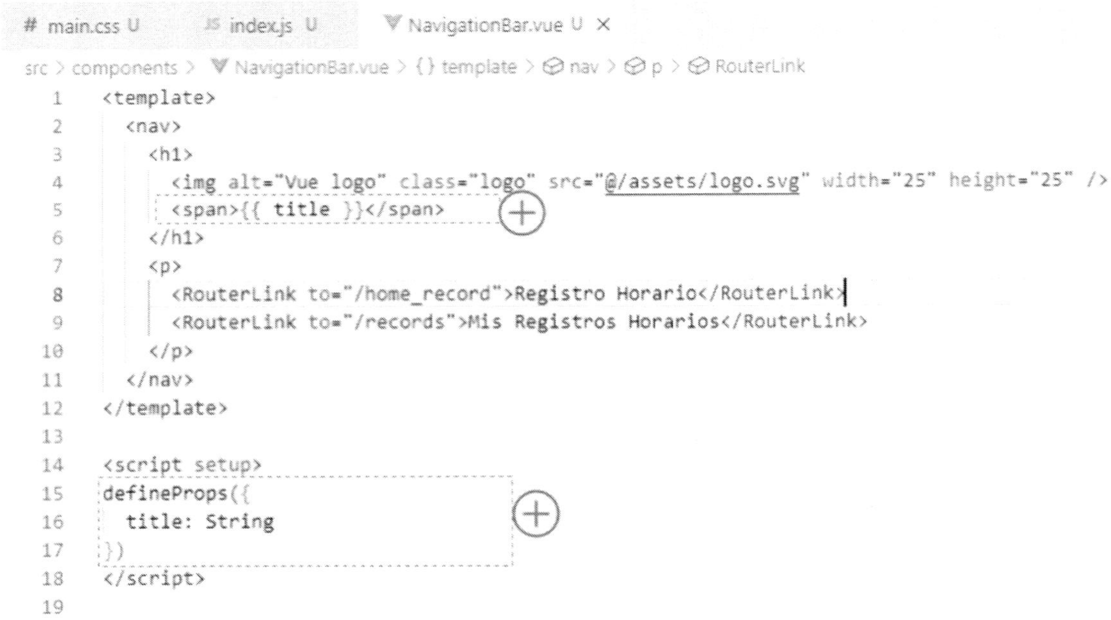

```
1   <template>
2     <nav>
3       <h1>
4         <img alt="Vue logo" class="logo" src="@/assets/logo.svg" width="25" height="25" />
5         <span>{{ title }}</span>
6       </h1>
7       <p>
8         <RouterLink to="/home_record">Registro Horario</RouterLink>
9         <RouterLink to="/records">Mis Registros Horarios</RouterLink>
10      </p>
11    </nav>
12  </template>
13
14  <script setup>
15  defineProps({
16    title: String
17  })
18  </script>
19
```

Ilustración 69. DefineProps NavigationBar.

Ya podemos utilizar esta propiedad desde la vista App.vue, en el componente *NavigationBar*, declarando únicamente esta propiedad *title* y asignándole un valor al título [*Ilustración 70*].

```
▼ NavigationBar.vue U        ▼ App.vue U ✕

src > ▼ App.vue > ...
   1   <script setup>
 ● 2   import { RouterView } from 'vue-router'
   3   import NavigationBar from '@/components/NavigationBar.vue'
   4   </script>
   5
   6   <template>
   7     <header>
   8       <NavigationBar title="App Registro Horario"></NavigationBar>
   9     </header>
  10
  11     <RouterView />
  12   </template>
```

Ilustración 70. Uso de propiedad en componente.

Ahora la apariencia de nuestra web cambia, y contiene un título [*Ilustración 71*].

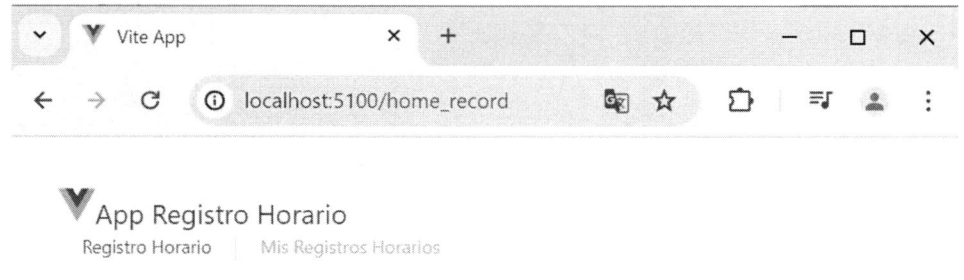

Ilustración 71. Aplicación con título.

Una vez tenemos la aplicación con la apariencia anterior, ya podemos centrarnos en la definición de las vistas que contendrá nuestra aplicación.

Cada una de estas vistas será específica a un módulo concreto de la aplicación y por tanto puede ser que contenga sus propios componentes, rutas hijas o almacenes de estados. Es por este motivo que cada vista la incluiremos dentro de un módulo.

Para ello, creemos en la raíz de la aplicación un directorio "modules", en el que definiremos nuestros dos módulos:

- **workRegistration**: Módulo que contiene todo lo relativo a la vista de registro horario.

- **workRegistrationTable:** Módulo que contiene todo lo relativo a la vista de tabla histórica de registros horarios.

Cada uno de estos módulos contendrá la siguiente estructura de carpetas:

- **components:** Componentes creados únicamente para la vista del módulo.

- **router:** Definición de rutas hijas de la vista.

- **stores:** Definición de los almacenes de estados de los componentes del módulo.

- **views:** Vista del módulo.

Siendo la estructura que acabamos de definir como [*Ilustración 72*].

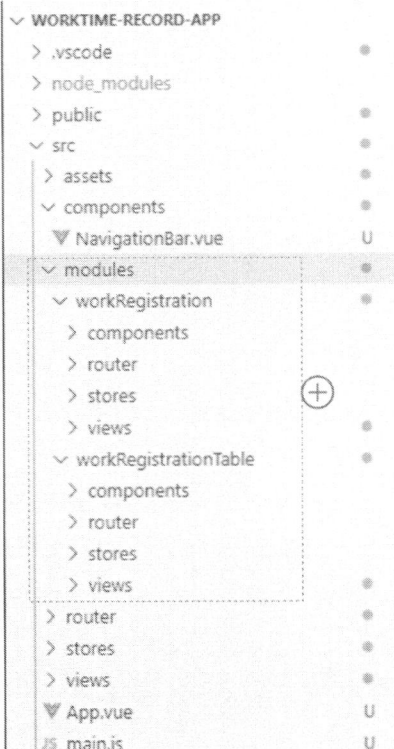

Ilustración 72. Estructura módulos vistas.

Empecemos por definir la gestión de estados de los componentes, estos estados permiten que nuestros componentes se subscriban para recibir cambios en su valor y refrescar la vista del componente.

3.2.3   Gestión de estados en componentes – Pinia

La gestión de los estados en los componentes surge como necesidad de disponer de forma centralizada de almacenes de estados. De esta manera, cuando un componente se nutre de un valor compartido por múltiples componentes, en lugar de ir comunicándose los componentes entre sí, por medio de **props** y **emits** leen su valor de estos almacenes de estados.

El gestor de estados que mejor se adapta a la *Composition API* es *Pinia*, el sustituto de *Vuex*.

Pues bien, si analizamos cómo funciona la gestión de estados con Pinia [*Ilustración 73*]:

1. Los componentes realizan llamadas a acciones.
2. Las acciones pueden invocar a llamadas a API, de forma síncrona o asíncrona.
3. Una acción puede alterar el estado.
4. Cuando el valor de un estado modifica su valor, el componente Vue es notificado y refresca su valor.

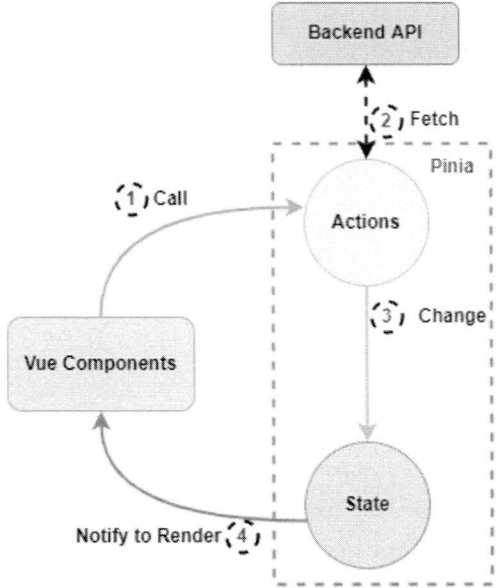

Ilustración 73. Gestor de estados Pinia.

Se estructuran en almacenes de estados o stores. Y retornan la misma estructura de Pinia vista con anterioridad:

1. **State:** Retorna el valor del estado inicial.
2. **Getters:** Son equivalentes a las *computed properties*, reciben por parámetro el estado sobre el cual aplicar una determinada función de transformación, cálculo o formato.
3. **Actions:** Son equivalentes a los métodos definidos en los componentes y se utilizan para definir lógica de negocio, para invocar a API o incluso llamar a otras acciones aun siendo de otro store.

Nuestra aplicación contendrá dos almacenes de estados, uno por cada módulo, centralizando toda acción y estado que vaya a utilizar las vistas y componentes de un módulo sobre el mismo almacén.

3.2.4   Módulo de registro de actividad. WorkRegistration

Store

El primer almacén de estados será para el módulo de *workRegistration*, donde crearemos dentro del directorio *"/store"*, el fichero *"activityStore.js"* [*Ilustración 74*].

Ilustración 74. Creación del store ActivityStore.

Cuando definimos un nuevo almacén de estados [*Ilustración 75*], se utiliza *"defineStore"*, denominando un nombre al store como primer parámetro y se exporta para que pueda ser reutilizado por los componentes.

En este almacén declaramos dos variables de estado que la vista empleará, estas son:

- *lastRecordDate*: Representa el estado de la última fecha que el usuario ha registrado en el sistema.
- *lastMode*: Representa el estado de la última acción registrada por el usuario en el sistema (Entrada/Salida).

Posteriormente declaramos un formateador de fecha llamado *"formatDateTime"*, definiendo un formato para la fecha con el nombre de la semana, el día del mes, el nombre del mes y el año. Para el formato de hora, representaremos horas y minutos.

Dado que aún no disponemos de una API que nos pueda retornar un valor, simularemos una con el nombre *FakeAPI*, utilizando promesas de JavaScript, que incluyen un temporizador de medio segundo para retornar un valor.

Además, incluiremos 3 métodos de API en esta API falseada:

- **fetchGetLastActivity**: Simula la obtención de que el último registro fue la fecha actual y la última acción fue entrada del empleado.

- **fetchRegisterEntry**: Simula haber enviado una solicitud de registro de entrada a la API, obteniendo como último registro la fecha actual y como última acción, la entrada del empleado.

- **fetchRegisterExit**: Simula haber enviado una solicitud de registro de salida a la API, obteniendo como último registro la fecha actual y como última acción, la salida del empleado.

Y estos métodos de API falseados son invocados por 3 acciones:

- **getCurrentUserActivity**: Acción que invoca al método *fetchGetLastActivity* de la API para obtener la última acción registrada por el usuario en el sistema.

- **registerEntry**: Acción que invoca al método *fetchRegisterEntry* de la API para registrar una nueva entrada del usuario en el sistema.

- **registerExit**: Acción que invoca al método *fetchRegisterExit* de la API para registrar una nueva salida del usuario en el sistema.

Finalmente, este almacén retorna las dos variables de estado y las tres acciones.

```
JS activityStore.js U ●
src > modules > workRegistration > stores > JS activityStore.js > ...
 1   import { defineStore } from 'pinia'
 2   import { ref } from 'vue'
 3
 4   export const useActivityStore = defineStore('activity', () => {
 5     const lastRecordDate = ref()
 6     const lastMode = ref()
 7
 8     const formatDateTime = (datetime) => {
 9       const dateOptions = { weekday: 'long', year: 'numeric', month: 'long', day: 'numeric' }
10       const timeOptions = { hour: '2-digit', minute: '2-digit' }
11       const localeDate = datetime.toLocaleDateString('es-ES', dateOptions)
12       const localeTime = datetime.toLocaleTimeString('es-ES', timeOptions)
13       return { date: localeDate, time: localeTime }
14     }
15     const FakeAPI = {
16       async fetchGetLastActivity() {
17         return new Promise((resolve) => { setTimeout(() => { resolve({ recordDate: new Date(), lastMode: 'Entrada' }) }, 500) })
18       async fetchRegisterEntry() {
19         return new Promise((resolve) => { setTimeout(() => { resolve({ recordDate: new Date(), lastMode: 'Entrada' }) }, 500) })
20       async fetchRegisterExit() {
21         return new Promise((resolve) => { setTimeout(() => { resolve({ recordDate: new Date(), lastMode: 'Salida' }) }, 500) })
22     }
23     function getCurrentUserActivity() {
24       FakeAPI.fetchGetLastActivity().then((result) => {
25         lastMode.value = result.lastMode
26         lastRecordDate.value = formatDateTime(result.recordDate)
27       }) }
28     function registerEntry() {
29       FakeAPI.fetchRegisterEntry().then((result) => {
30         lastMode.value = result.lastMode
31         lastRecordDate.value = formatDateTime(result.recordDate)
32       }) }
33     function registerExit() {
34       FakeAPI.fetchRegisterExit().then((result) => {
35         lastMode.value = result.lastMode
36         lastRecordDate.value = formatDateTime(result.recordDate)
37       }) }
38
39     return {
40       //State
41       lastRecordDate, lastMode,
42       //Getters
43       //Actions
44       getCurrentUserActivity, registerEntry, registerExit
45     }
46   })
```

Ilustración 75. Definición de ActivityStore.

View

Con el almacén definido, podemos crear la vista para el módulo de *workRegistration*, donde, dentro del directorio "*/views*", crearemos el fichero "*WorkRegistrationView.vue*" para representar el registro de entrada y salida del empleado.

La vista en Vue 3, se compone de tres secciones:

- **template**: Representa la plantilla HTML de la vista.
- **script**: Representa la lógica de negocio de la vista.
- **style**: Representa los estilos de la vista.

La plantilla HTML [*Ilustración 76*] de la vista que pretendemos representar se compone de la fecha y hora actual, dos botones para registrar entrada/salida y un label para representar cuándo se realizó el último registro, utilizando variables de estado de Pinia.

El registro mediante estos botones se produce gracias a la definición de la propiedad @*click* del botón, que invoca a un método definido en la sección del script.

La línea 13, contiene 3 variables de estado que se rellenan tras conocer su valor por parte del estado del store, estos estados son: última acción "lastMode", ultima hora "lastRecordDate.time" y última fecha del registro "lastRecordDate.date".

```
WorkRegistrationView.vue U ●

src > modules > workRegistration > views >  WorkRegistrationView.vue > {} style scoped >  .date
 1    <template>
 2      <div class="work-registration">
 3        <div class="date-time">
 4          <p> <label class="date">{{ currentDate }}</label> </p>
 5          <p> <label class="time">{{ currentTime }}</label> </p>
 6        </div>
 7        <div class="buttons">
 8          <button class="register-button" @click="registerEntryClick" :disabled="lastMode == 'Entrada'">
 9            Registrar Entrada </button>
10          <button class="close-button" @click="registerExitClick" :disabled="lastMode == 'Salida'">
11            Registrar Salida  </button>
12        </div>
13        <p> Último Registro: {{ lastMode }} - {{ lastRecordDate?.time }} - {{ lastRecordDate?.date }} </p>
14      </div>
15    </template>
16
```

Ilustración 76. Template de la vista WorkRegistrationView.vue.

Implementemos ahora la lógica de negocio de la vista en la sección de script [*Ilustración 77*].

Lo primero es instanciar el store useActivityStore, línea 23, mapear las variables de estado del almacén, línea 24, mapear las acciones del almacén de estados, línea 25.

Posteriormente, invocamos por el método de ciclo de vida del componente OnMounted, para que nada más la vista se haya representado para interactuar con el DOM, invoque a obtener la última acción del empleado, línea 27.

Por último, dos métodos que los botones de registro de entrada y salida invocan, para lanzar una acción de registro de entrada o de salida, sobre el store.

```
▽ WorkRegistrationView.vue U  ●

src > modules > workRegistration > views > ▽ WorkRegistrationView.vue > {} style scoped > ⅗ .date

17    <script setup>
18    // PINIA - Gestor Estados
19    import { storeToRefs } from 'pinia'
20    import { useActivityStore } from '../stores/activityStore'
21    import { onMounted } from 'vue'
22
23    const activityStore = useActivityStore()                              // Definición del Store
24    const { lastRecordDate, lastMode } = storeToRefs(activityStore)       // Variables de estado
25    const { getCurrentUserActivity, registerEntry, registerExit } = activityStore // Métodos
26
27    onMounted(() => {  getCurrentUserActivity()// Inicializar llamada del Store
28    })
29
30    // getCurrentDateTime : Función que exporta fecha y hora actual.
31    const getCurrentDateTime = () => {
32      const now = new Date()
33      const dateOptions = { weekday: 'long', year: 'numeric', month: 'long', day: 'numeric' }
34      const timeOptions = { hour: '2-digit', minute: '2-digit' }
35      const currentDate = now.toLocaleDateString('es-ES', dateOptions)
36      const currentTime = now.toLocaleTimeString('es-ES', timeOptions)
37      return { currentDate, currentTime }
38    }
39    // Declaración de propiedades reactivas para fecha y hora actual
40    const { currentDate, currentTime } = getCurrentDateTime()
41    // registerEntry: Función para registrar entrada del empleado
42    const registerEntryClick = () => {   registerEntry() }
43    // registerExit: Función para registrar salida del em.pleado
44    const registerExitClick = () => {   registerExit() }
45    </script>
```

Ilustración 77. Script de la vista WorkRegistrationView.vue.

La última sección se corresponde con los estilos de esta vista, que se definen en el style [***Ilustración 78***]. Donde definimos el estilo de la caja de fecha y hora actual, de los botones de registro y que su apariencia cambie cuando nos situamos encima de estos botones o estén deshabilitados.

```
▼ WorkRegistrationView.vue U  ●

src > modules > workRegistration > views > ▼ WorkRegistrationView.vue > ...
   47    <style scoped>
   48    .date-time {
   49      margin-top: 2rem;
   50      text-align: center;
   51      box-shadow: 0px 1px 1px ■#888;
   52      padding: 2rem;
   53      border-radius: 15px;
   54      display: inline-block;
   55    }
   56    .work-registration { text-align: center; margin: 50px auto; }
   57    .date { font-size: 20px; }
   58    .time { font-size: 40px; font-weight: bold; }
   59    .buttons { margin-top: 20px; }
   60    button {
   61      margin: 0 10px;
   62      padding: 10px 20px;
   63      font-size: 16px;
   64      border: none;
   65      cursor: pointer;
   66      border-radius: 5px;
   67      transition: background-color 0.3s ease;
   68    }
   69    .register-button { background-color: ■green; color: □white; }
   70    .close-button { background-color: ■red; color: □white; }
   71    button:hover { filter: brightness(1.2); }
   72    button:disabled {
   73      background-color: ■gray;
   74      cursor: not-allowed;
   75      opacity: 0.5;
   76    }
   77    </style>
```

Ilustración 78. Style de la vista WorkRegistrationView.vue.

3.2.5   Módulo de histórico de actividad. WorkRegistrationTable

El último almacén de estados será para el módulo de *workRegistrationTable*, donde crearemos dentro del directorio *"/store"*, el fichero *"recordsAuditStore.js"* [*Ilustración 79*].

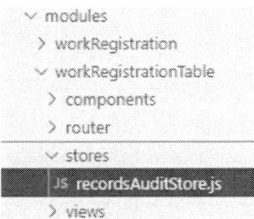

```
∨ modules
  > workRegistration
  ∨ workRegistrationTable
    > components
    > router
    ∨ stores
      JS recordsAuditStore.js
    > views
```

Ilustración 79. Creación de recordsAuditStore.

La estructura del almacén de estados [*Ilustración 80*], es idéntica al del anterior módulo. Empleamos *"defineStore"*, denominando un nombre al store como primer parámetro y se exporta para que pueda ser reutilizado por los componentes.

En este almacén declaramos una variable de estado que la vista empleará:

- *records*: Representa el estado de listado del histórico de registros del usuario a lo largo del tiempo.

Adicionalmente, al no disponer de una API, por el momento, declaramos una variable con un valor "mockeado", llamada *mockedItems*, para representar en la tabla.

Al igual que en el store anterior, simularemos una API con el nombre *FakeAPI*, utilizando promesas de JavaScript, que incluyen un temporizador de segundo y medio para retornar la lista de valores "mockeados".

Además, incluiremos 1 métodos de API en esta API falseada:

- *fetch*: Simula la obtención de listado de actividad del usuario, por ahora con su valor mockeado.

Y este método de API falseado es invocado por la acción:

- *getRecords*: Acción que invoca al método *fetch* de la API para obtener el listado de acciones registradas por el usuario en el sistema.

Finalmente, este almacén retorna la variable de estado y la acción.

```
JS recordsAuditStore.js U ●

src > modules > workRegistrationTable > stores > JS recordsAuditStore.js > ...
 1 ∨  import { defineStore } from 'pinia'
 2    import { ref } from 'vue'
 3
 4    export const useRecordsAuditStore = defineStore('recordsAudit', () => {
 5      const records = ref([])
 6      const mockedItems = [ { userName: 'rserrano', firstName: 'Ramón', lastName: 'Serrano Valero'
 7                            , lastRecord: new Date('2024-05-01T08:00:00').toLocaleString(), mode: 'Entrada' } ]
 8      const FakeAPI = {
 9        async fetch() {
10          return new Promise((resolve) => {
11            setTimeout(() => { resolve({ items: mockedItems }) }, 1500)
12          })
13        }
14      }
15      async function getRecords() {
16        const result = await FakeAPI.fetch()
17        records.value = result.items
18      }
19 ∨    return {
20        //State
21        records,
22        //Getters
23        //Actions
24        getRecords
25      }
26    })
```

Ilustración 80. Definición de store recordsAuditStore.

View

Con el almacén definido, podemos crear la vista para el módulo de *workRegistrationTable*, donde dentro del directorio *"/views"*, crearemos el fichero *"WorkRegistrationTableView.vue"* para representar el registro histórico de entradas y salidas del empleado a través de una tabla.

Dado que vamos a representar una tabla, por facilidad, incorporaremos el framework de componentes de Vuetify a la solución, de esta forma, podemos incorporar componentes ya implementados ágilmente.

Lo primero es ubicarnos en la consola del proyecto y ejecutar el siguiente comando [*Ilustración 81*]:

```
npm install vuetify@next
```

```
PS C:\DEV\Book\docker-hub-az-webapp\WorkTimeRecord\WorkTimeRecord.UI\worktime-record-app> npm install vuetify@next
added 1 package, and audited 154 packages in 8s

37 packages are looking for funding
  run `npm fund` for details

found 0 vulnerabilities
```

Ilustración 81. Instalar Vuetify.

Una vez instalado el framework de componentes Vuetify, debemos definir en el raíz de la aplicación, una carpeta *"plugins"* y dentro crearemos un fichero llamado *"vuetify.js"* [*Ilustración 82*], donde importamos los estilos de Vuetify para asegurarnos que se aplican correctamente; línea 2.

Creamos una instancia de Vuetify; línea 3. Importamos los componentes y directivas de Vuetify, líneas 4 y 5, que nos permitirá registrar todos los componentes y directivas de Vuetify de una vez.

Finalmente asignamos a la instancia de Vuetify estos componentes y directivas importados; líneas 7 a 10.

```
JS vuetify.js  U  ×

src > plugins > JS vuetify.js > ...
    1    // Vuetify
    2    import 'vuetify/styles'
    3    import { createVuetify } from 'vuetify'
    4    import * as components from 'vuetify/components'
    5    import * as directives from 'vuetify/directives'
    6
    7    const vuetify = createVuetify({{
    8      components,
    9      directives
   10    }})
   11
   12    export default vuetify
```

Ilustración 82. Configuración Vuetify.

El último paso para poder usar Vuetify en la aplicación es asignar la instancia de Vuetify en la fase de creación de la aplicación Vue, en el fichero *main.js* [*Ilustración 83*]. Donde importamos este fichero de configuración de Vuetify que hemos declarado en el paso anterior, línea 9, y asignamos la instancia de Vuetify en la fase de creación de la aplicación Vue; línea 15.

```
JS main.js  U  ×

src > JS main.js > ...
    1    import './assets/main.css'
    2
    3    import { createApp } from 'vue'
    4    import { createPinia } from 'pinia'
    5
    6    import App from './App.vue'
    7    import router from './router'
    8
    9    import vuetify from './plugins/vuetify' // Import Vuetify
   10
   11    const app = createApp(App)
   12
   13    app.use(createPinia())
   14    app.use(router)
   15    app.use(vuetify)
   16    app.mount('#app')
```

Ilustración 83. Asignar Vuetify a la aplicación en main.js.

Volviendo a la vista que estábamos construyendo, la plantilla HTML [*Ilustración 84*] de la vista que pretendemos representar, consta de un componente tabla de Vuetify, donde le pasamos las siguientes propiedades:

- headers: La definición de las columnas de la tabla; línea 3.

- items: Variable de estado compuesta por la lista de registros a representar en la tabla.

- @update:options: Cada vez que tenga que cargar el contenido de la tabla, se invocará dicho método definido en la sección script.

- loading: Variable que muestra u oculta una barra de carga, para indicar al usuario que se está cargando una petición HTTP.

```
WorkRegistrationTable.vue  U  ×

src > modules > workRegistrationTable > views > WorkRegistrationTable.vue > ...
1   <template>
2     <v-data-table
3       :headers="headers"
4       :items="records"
5       @update:options="loadItems"
6       :loading="loading"
7     ></v-data-table>
8   </template>
```

Ilustración 84. Template de la vista WorkRegistrationView.vue.

Implementemos ahora la lógica de negocio de la vista en la sección de script [*Ilustración 85*].

Lo primero es instanciar el store useRecordsAuditStore, línea 17, mapear la variable de estado del almacén, línea 18, mapear la acción del almacén de estados, línea 19.

Posteriormente, el componente Vuetify, cuando requiera carga de datos, al iniciarse la vista, invocará al método *loadItems*, línea 30, para invocar la acción que obtiene el histórico de registros del empleado; línea 32.

```
   WorkRegistrationTable.vue  U  ×

src > modules > workRegistrationTable > views > WorkRegistrationTable.vue > ...
10    <script setup>
11    import { ref } from 'vue'
12    // PINIA - Gestor Estados
13    import { storeToRefs } from 'pinia'
14    import { useRecordsAuditStore } from '../stores/recordsAuditStore'
15
16    // Definición del Store
17    const recordsAuditStore = useRecordsAuditStore()
18    const { records } = storeToRefs(recordsAuditStore) // Variables de estado
19    const { getRecords } = recordsAuditStore // Métodos
20
21    const loading = ref(true)
22    const headers = [
23      { title: 'Usuario', align: 'start', sortable: false, key: 'userName' },
24      { title: 'Nombre', key: 'firstName', align: 'end', sortable: false },
25      { title: 'Apellidos', key: 'lastName', align: 'end', sortable: false },
26      { title: 'Último Registro', key: 'lastRecord', align: 'end', sortable: true },
27      { title: 'Modo', key: 'mode', align: 'end', sortable: false }
28    ]
29
30    const loadItems = async () => {
31      loading.value = true //La barra de carga se inicia
32      await getRecords()
33      loading.value = false //Cuando termina la llamada asíncrona, se detiene la barra.
34    }
35    </script>
36
37    <style scoped></style>
```

Ilustración 85. Script de la vista WorkRegistrationTableView.vue.

3.2.6   Router

Teniendo los módulos, estados y vistas definidos, es necesario modificar las rutas del router de Vue, que se encuentran en la raíz del proyecto en *"router/index.js"* [*Ilustración 86*].

Las rutas que necesitamos definir son:

- /:pathMatch(.*)*: Es la ruta que se representa en pantalla en caso de no encontrar una ruta definida en el router; línea 16.
- /home_record: Es la ruta que representa la vista Registro de Actividad, WorkRegistrationView.vue.
- /records: Es la ruta que representa el histórico de registros del empleado, WorkRegistrationTableView.vue.

Al importar en estas rutas el componente cuando la ruta es invocada, líneas 9 y 14, optimiza el consumo de ancho de banda, al no requerir importar el componente, hasta que la ruta sea invocada.

```
JS index.js  U  ✕

src > router > JS index.js > ...
   1    import { createRouter, createWebHistory } from 'vue-router'
   2
   3    const router = createRouter({
   4      history: createWebHistory(import.meta.env.BASE_URL),
   5      routes: [
   6        {
   7          path: '/home_record',
   8          name: 'home_record',
   9          component: () => import('@/modules/workRegistration/views/WorkRegistrationView.vue')
  10        },
  11        {
  12          path: '/records',
  13          name: 'records',
  14          component: () => import('@/modules/workRegistrationTable/views/WorkRegistrationTable.vue')
  15        },
  16        { path: '/:pathMatch(.*)*', redirect: '/home_record' }
  17      ]
  18    })
  19
  20    export default router
```

Ilustración 86. Definir las rutas en router.

Con las rutas activas, si todo ha ido bien, debería poder abrirse por defecto la ruta "/home_record" [***Ilustración 87***]. Invoca una acción tras montar la vista, para obtener cuál fue la última acción registrada en el sistema.

Tras dicha invocación, se representa la información de la última acción, así como se deshabilita el botón de la acción que coincide con la del último registro. El motivo es, que, si la última acción registrada en el sistema es la de Entrada, sería lógico que la acción pendiente de registrar es la Salida.

Ilustración 87. Ruta /home_record.

Si ahora cambiamos de ruta en la barra de navegación, pulsando "Mis Registros Horarios", debería cargar la ruta *"/records"*, y representar una tabla con el listado de registros [***Ilustración 88***].

Esta ruta carga la vista *WorkRegistrationTableView.vue*, e invoca la acción de *getRecords()* del almacén de estados, obteniendo un listado de elementos mockeados del histórico de registros empleado, utilizando la variable del estado que dicha petición ha cargado, para representar los valores en la tabla.

Ilustración 88. Ruta /records.

3.2.7 Variables de entorno

Todo desarrollo software debe estar preparado para poder ser desplegado en diferentes entornos. Cuando hablamos de entornos, nos referimos a:

- Entorno **local** del propio desarrollador, suele ser el ordenador propio del desarrollador, probando localmente su desarrollo.
- Entorno de **staging** o preproducción, empleado para validar que un desarrollo puede pasar a un entorno productivo. Por lo que contendrá infraestructura y configuración similar al de producción.
- Entorno de **producción**, es el utilizado por los usuarios de la aplicación real.

Puede haber muchos otros entornos, tantos, como queramos, por ejemplo, podríamos tener un entorno de desarrollo antes de pasar a preproducción o staging, para validar una característica concreta, o podríamos tener un entorno de QA, para que el equipo de QA pueda realizar pruebas sobre el desarrollo realizado. Pero mínimo debemos tener estas (local, staging y producción).

Por esta razón, cuando nuestra solución es desplegada en múltiples entornos, es muy probable que se usen configuraciones específicas que varíen entre entornos.

Cuando utilizamos Vue en combinación con Vite, las variables de entorno se definen en diferentes ficheros específicos y emplea **dotenv**, un módulo que carga variables de entornos desde ficheros ".env".

Los ficheros que podemos crear para definir estas variables de entorno son:

- **.env**: Se carga siempre, independientemente del modo en que se construya la solución. Es un fichero genérico en el que podemos definir las variables comunes a todos los entornos, por no repetirlas en cada fichero de entorno.
- **.env.local**: Se utiliza cuando el desarrollo ejecuta en modo desarrollo la aplicación y se ignora por parte de Git, para no sobrescribir posibles configuraciones que otros desarrollos estén probando en su desarrollo local cuando compartan su código con un repositorio de código fuente.
- **.env.[mode]**: Se utiliza únicamente cuando se compila la aplicación en dicho modo, por ejemplo staging o production. Toda variable del

fichero ".env", que coincida con una de un fichero ".env.[mode]", prevalecerá la del fichero del modo específico.

Estos ficheros ".env" son cargados al iniciarse Vite, podemos añadir en estos archivo variables con prefijo "VITE_". Siempre que contengan dicho prefijo, estas variables serán expuestas e interpretadas por Vite, excluyendo toda variable que no contenga dicho prefijo, no siendo capaz de extraer su valor el código fuente. Por tanto, no debemos incluir información confidencial en las variables "VITE".

Estas variables pueden ser interpretadas por el código fuente, haciendo uso de "import.meta.env.[VITE_MI_VARIABLE]".

Sin entrar más en detalle de las variables de entorno, procedamos a definir las que utilizaremos en nuestro proyecto front. No es más que dos variables, una para el endpoint de la API de WorkTimeRecord y otra para la API de Auditory.

Definimos 4 ficheros en la raíz de nuestro proyecto [*Ilustración 89*]:

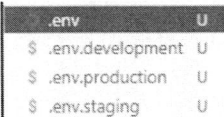

Ilustración 89. Ficheros env del proyecto.

- **.env**: En este fichero, no vamos a hacer uso de variables comunes a todos los entornos.

- **.env.development**: En este fichero [*Ilustración 90*] definiremos dos variables con el valor de los endpoint de las dos API mencionadas con anterioridad, que apuntan a los puertos *5200* y *5300* del entorno de desarrollo de estas dos API, que implementaremos posteriormente. Además de una serie de variables que incluyen el nombre de usuario, nombre y apellidos, que usaremos simulando que nos hemos autenticado en la aplicación con dichos datos.

```
$ .env.development
1   # .env.development
2   VITE_API_WORK_TIME_URL=http://localhost:5200
3   VITE_API_AUDITORY_URL=http://localhost:5300
4   VITE_USER_NAME=rserrano
5   VITE_FIRST_NAME=Ramón
6   VITE_LAST_NAME=Serrano Valero
```

Ilustración 90. .env.development.

- **.env.staging**: En este fichero, definiremos las mismas dos variables [*Ilustración 91*] pero con diferente valor, ya que apuntarán a un entorno de staging que desplegaremos en capítulos posteriores.

```
$ .env.staging
1    # .env.staging
2    VITE_API_WORK_TIME_URL=https://api.work.time.staging.com
3    VITE_API_AUDITORY_URL=https://api.auditory.staging.com
4    VITE_USER_NAME=rserrano
5    VITE_FIRST_NAME=Ramón
6    VITE LAST NAME=Serrano Valero
```

Ilustración 91. .env.staging.

- **.env.production**: En este fichero, definiremos las mismas dos variables [*Ilustración 92*] pero con diferente valor, ya que apuntarán a un entorno de producción que en este libro no desplegaremos, pero si dejaremos preparado por si queremos reutilizar el código.

```
$ .env.production
1    # .env.production
2    VITE_API_WORK_TIME_URL=https://api.work.time.production.com
3    VITE_API_AUDITORY_URL=https://api.auditory.production.com
4    VITE_USER_NAME=rserrano
5    VITE_FIRST_NAME=Ramón
6    VITE LAST NAME=Serrano Valero
```

Ilustración 92. .env.production.

Hagamos una prueba para consumir estas variables desde el proyecto, para ello en el fichero *main.js* añadamos mostrar por consola el valor de estas dos variables de los URL, así como el del perfil del usuario [*Ilustración 93*].

Extraer valor Variables de entorno

```
src > JS main.js > ...
   1    import './assets/main.css'
   2
   3    import { createApp } from 'vue'
   4    import { createPinia } from 'pinia'
   5
   6    import App from './App.vue'
   7    import router from './router'
   8
   9    import vuetify from './plugins/vuetify' // Import Vuetify
  10
  11    const app = createApp(App)
  12
  13    console.log('VITE_API_WORK_TIME_URL:' + import.meta.env.VITE_API_WORK_TIME_URL) // API WorkTime
  14    console.log('VITE_API_AUDITORY_URL:' + import.meta.env.VITE_API_AUDITORY_URL) // API Auditory
  15    console.log('VITE_USER_NAME:' + import.meta.env.VITE_USER_NAME) // UserName
  16    console.log('VITE_FIRST_NAME:' + import.meta.env.VITE_FIRST_NAME) // FirstName
  17    console.log('VITE_LAST_NAME:' + import.meta.env.VITE_LAST_NAME) // LastName
  18
  19    app.use(createPinia())
  20    app.use(router)
  21    app.use(vuetify)
  22    app.mount('#app')
```

Ilustración 93. Mostrar valor de variables de entorno.

Si ahora ejecutamos el proyecto en modo desarrollo mediante el comando:

shell/cmd

```
npm run dev
```

Abrimos un navegador por el puerto 5100, donde tenemos en ejecución el proyecto en desarrollo y si inspeccionamos la consola del navegador, podremos visualizar los valores del fichero ".env.development" [*Ilustración 94*]. Esto se debe a que en modo este es el fichero de entorno, leído en modo desarrollo.

Ilustración 94. Mostrar variables de entorno por consola.

Consejos para arquitectos:

✓ *Configurabilidad y seguridad: Evitar codificar credenciales o configuraciones sensibles en el código fuente. Utilizar archivos de configuración seguros para manejar variables de entorno de forma centralizada y segura.*

3.3 Crear solución backend

En la sección de backend existen dos proyectos que proporcionan las funcionalidades de registro horario llamado **Registry.API** y la de histórico de registros de usuarios llamado **Auditory.API**, que se comunican entre sí por medio de un bróker de mensajería de RabbitMQ.

Las dos soluciones que vamos a implementar serán desarrolladas en tecnología .NET 8. Comencemos por abrir la solución **WorkTimeRecord.Solution** desde Visual Studio, agregando dos nuevas carpetas de soluciones [*Ilustración 95*], una para cada solución.

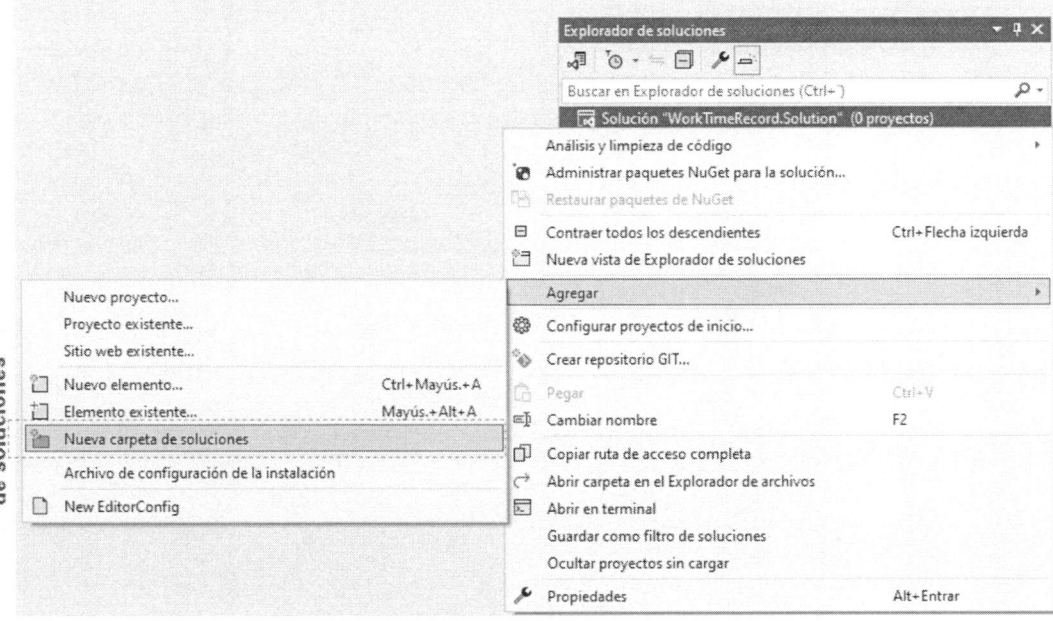

Ilustración 95. Crear carpeta de soluciones.

A la primera carpeta de soluciones, le daremos el nombre de "Registry" y a la segunda "Auditory" [*Ilustración 96*].

Ilustración 96. Estructura carpeta soluciones.

3.3.1 Prerrequisitos de herramientas

Para facilitar el desarrollo del proyecto backend, debemos de instalar el Visual Studio en nuestro caso Visual Studio 2022.

3.3.2 Librería – Minimal API

En el desarrollo de estas dos API, utilizaremos el paquete nuget "Carter", para modularizar nuestras API, sin la necesidad de definir controladores, creando rápidamente diferentes endpoints para cada una de las features a implementar en nuestra arquitectura vertical.

Como podemos ver [*Ilustración 97*], dejamos de usar la definición de los controladores que incluyen múltiples rutas, definiendo a través de Minimal API aquella ruta que nuestra feature necesite, simplificando la codificación.

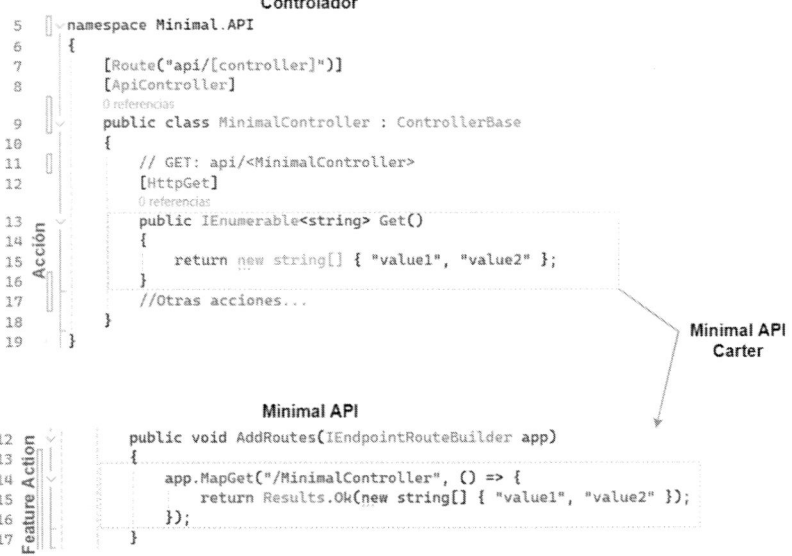

Ilustración 97. De controller a Minimal API.

Gracias a Minimal API, podemos crear endpoints completamente funcionales de API Rest, con la mínima codificación. La definición de estos endpoints se basa en declarar rutas y acciones que serán interpretados por "Carter".

Esta librería emplea el enrutador de .NET **IEndpointRouteBuilder** y sus extensiones **IEndpointConventionBuilder**; un ejemplo nativo en .NET de esta definición de ruta sería:

Código

```
app.MapGet("/", () => "Hola Acción de endpoint
").RequireAuthorization();
```

Con Carter podremos definir estas mismas rutas, incluyendo además rutas dinámicas con parámetros de ruta.

Código

```
    app.MapGet("/MiEndPoint/{id}", (int id) =>
"Hola        Acción        de        endpoint
{id}").RequireAuthorization();
```

La definición de este tipo de rutas se compone de:

- "Map" + verbo (Get, Post, Put, Delete, Patch) que identifica la acción.

- Primer parámetro es la ruta que identifica el endpoint.

- Segundo parámetro es el handler o manejador que se ejecuta cuando la ruta es invocada.

De modo que será este el enfoque a utilizar en la definición de rutas para nuestras API.

3.4 Arquitectura transversal – comunicación

En esta sección vamos a crear un componente de arquitectura que será utilizado por el resto de los microservicios, para la comunicación asíncrona.

Este componente transversal utiliza el paquete nuget **MassTransit**, que nos permite abstraernos de la implementación del bróker de mensajería de RabbitMQ.

La comunicación de estos microservicios será asíncrona, realizando la publicación o consumo de eventos por un canal de comunicación. Utilizando el protocolo AMQP (*advanced message queuing protocol*), soportado por RabbitMQ.

La representación de estos componentes se puede representar como [*Ilustración 98*]:

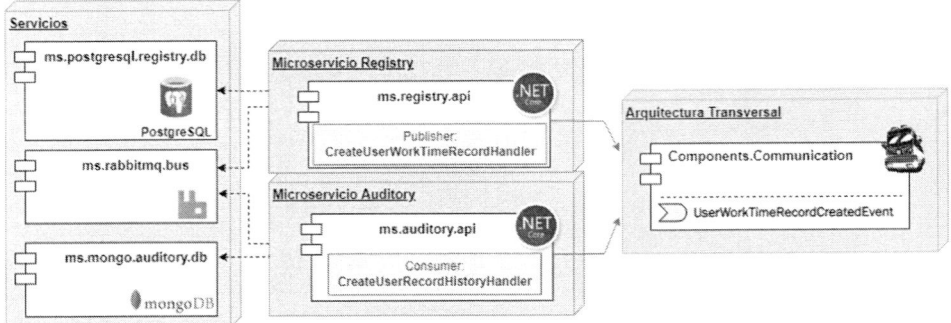

Ilustración 98. Representación diagrama componentes.

Creamos una nueva carpeta de soluciones, y la nombramos "Components" [*Ilustración 99*].

Ilustración 99. Carpeta de soluciones Components.

Ahora creamos dentro de esta carpeta de soluciones un nuevo proyecto, de tipo biblioteca de clases, que contendrá el componente de arquitectura de comunicación asíncrona [*Ilustración 100*].

Ilustración 100. Biblioteca clases components.

Le asignamos el nombre "Components.Communication" [*Ilustración 101*].

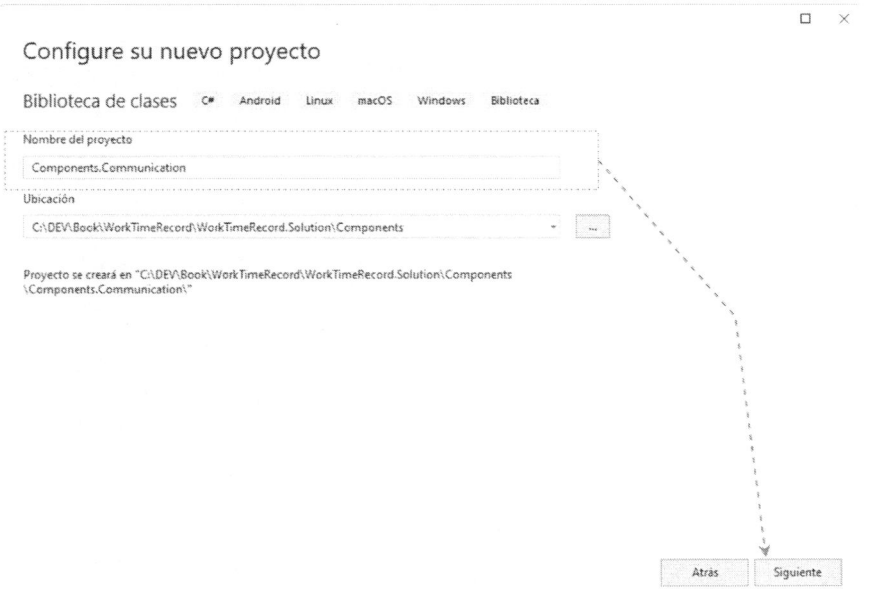

Ilustración 101. Nombre proyecto Components.Communication.

Finalmente asignamos el framework .NET 8 al proyecto [*Ilustración 102*].

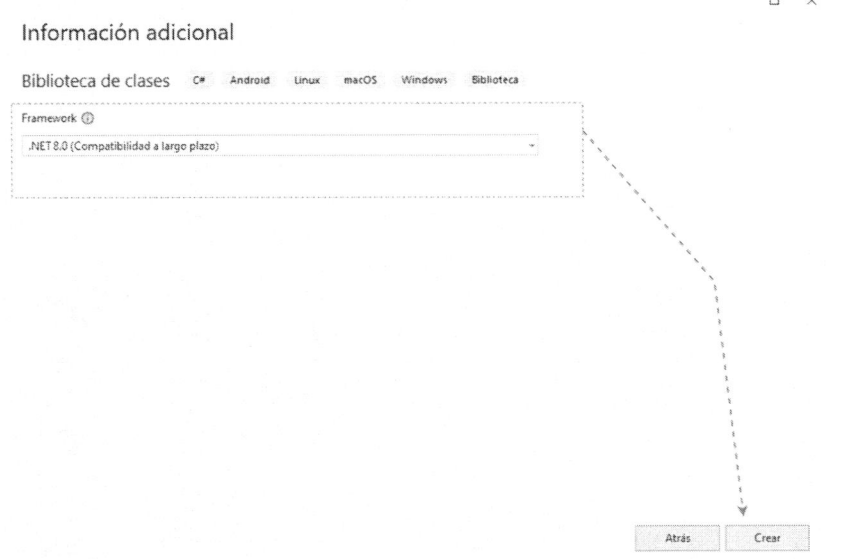

Ilustración 102. Framework .NET 8.

Ya tenemos el proyecto creado, ahora necesitaremos incorporar dos librerías nuget al proyecto; por un lado, MassTransit.RabbitMQ, para abstraernos de la implementación del bróker de mensajería [*Ilustración 103*]. De esta forma, no tendremos que instalar en cada microservicio que haga uso de esta comunicación, de la librería de RabbitMQ, sino que lo tenemos centralizado en este componente de arquitectura.

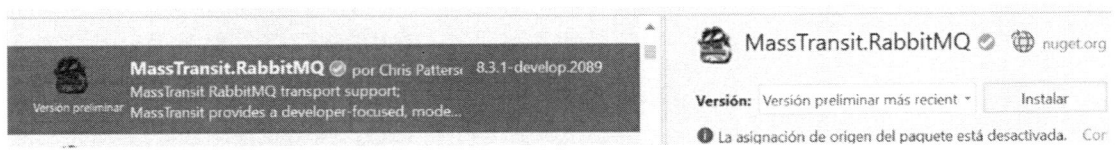

Ilustración 103. MasTransit Nuget.

Por otro, Microsoft.Extensions.Options.ConfigurationExtensions [*Ilustración 104*], que será útil para mapear configuraciones del appsettings.json a una clase de configuración definida en el proyecto próximamente.

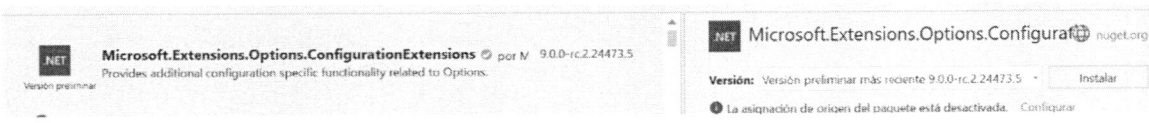

Ilustración 104. Microsoft.Extensions.Options.ConfigurationExtensions Nuget.

Con estas dependencias ya instaladas en el proyecto, procedemos a crear la clase base **BaseEvent** [*Ilustración 105*] que todo evento heredará, que para mejorar la serialización será de tipo **record** en lugar de class. Esta clase la creamos dentro de la carpeta "Events" y contendrá 3 atributos comunes para todos los eventos:

- **Id**: Es un identificador Guid único autogenerado para identificar un evento.

- **CreationDate**: Es la fecha y hora actual, generada al crear la instancia del evento.

- **EventType**: Proporciona el nombre completo del tipo, incluyendo el namespace.

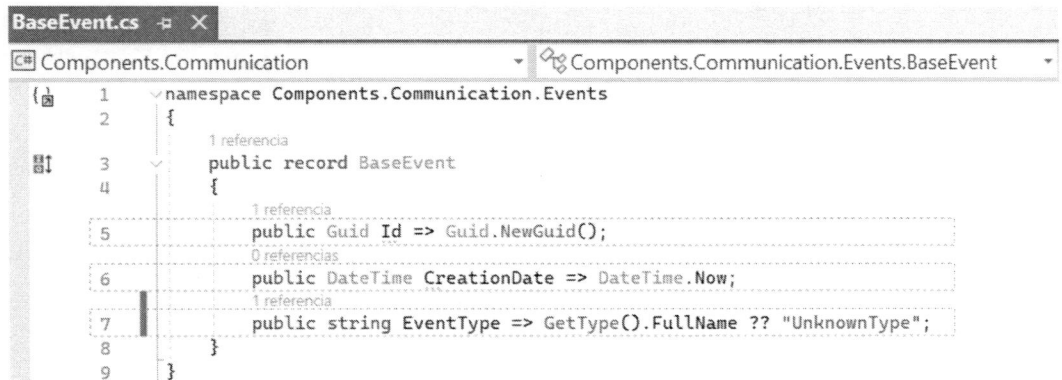

Ilustración 105. BaseEvent.

Este evento base será utilizado por un nuevo evento **UserWorkTimeRecordCreatedEvent**, creado en esta misma carpeta "Events", que se utilizará para publicar o consumir en ambos microservicios [*Ilustración 106*]. Incluye propiedades que serán enviadas desde el microservicio de registro hasta el de auditoría.

Ilustración 106. UserWorkTimeRecordCreatedEvent.

Una vez tenemos preparado el evento, creamos en la raíz del proyecto una carpeta "MessageBroker/Configuration", de clase **RabbitMqHostOptions** [*Ilustración 107*]. Esta clase contiene las opciones de configuración de RabbitMQ, que son el host, userName y password. Nos permite en el mapeo de configuración del appsettings utilizar esta clase.

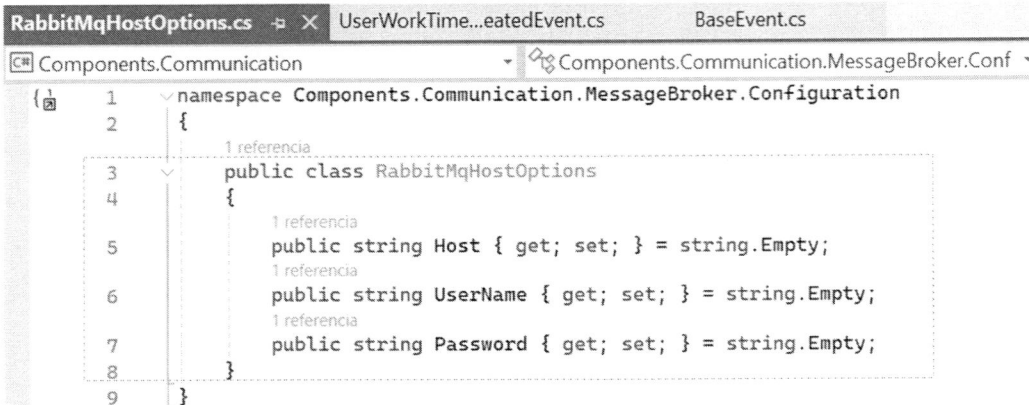

```
RabbitMqHostOptions.cs  ⇄  ✕   UserWorkTime...eatedEvent.cs        BaseEvent.cs

C# Components.Communication                      ▾  ⌗ Components.Communication.MessageBroker.Conf ▾
   1    ⌄namespace Components.Communication.MessageBroker.Configuration
   2     {
              1 referencia
   3     ⌄     public class RabbitMqHostOptions
   4           {
                  1 referencia
   5               public string Host { get; set; } = string.Empty;
                  1 referencia
   6               public string UserName { get; set; } = string.Empty;
                  1 referencia
   7               public string Password { get; set; } = string.Empty;
   8           }
   9     }
```

Ilustración 107. RabbitMqHostOptions.

El último paso es crear el método de extensión **AddMessageBroker** [*Ilustración 108*] para configurar y registrar un Message Broker basado en RabbitMQ haciendo uso de MassTransit.

Este método de extensión contiene los siguientes parámetros (línea 11):

- **services**: Agrega configuración al contenedor de dependencias. Este colector es donde se registran los servicios utilizados en la inyección de dependencias.

- **configuration**: Inyectamos la configuración *appsettings.json* del microservicio que invoque a este método de extensión para obtener los parámetros de configuración de RabbitMQ.

- **assembly**: Para incluir componentes que se encuentran definidos en el ensamblado del microservicio que utiliza el método de extensión. Por ejemplo, para localizar los consumidores que un microservicio tiene definidos.

Ilustración 108. AddMessageBroker.

Dentro de este método de extensión, debemos mapear la configuración de conexión de RabbitMQ. Esta configuración se encuentra en las appsetting.json en la sección "MessageBroker", que será mapeada a la clase RabbitMqHostOption, clase que representa la configuración del host de RabbitMQ (líneas 15-16).

El siguiente paso es configurar **MassTransit**, para ello registramos en los servicios este framework manejador de mensajes (línea 18).

Para la definición de los nombres de las colas de mensajes en el sistema RabbitMQ, por defecto son los nombres de los consumidores; por este motivo, se utiliza un conversor de nomenclatura a formato *kebap-case*, para que en lugar de nombrarse el consumidor *"CreateUserRecordHistoryHandler"* se llame *"create-user-record-history-handler"*. Esta configuración se establece en la línea 20.

Los consumidores que hay definidos a nivel de ensamblado del microservicio que registra este componente serán localizados haciendo uso del **Assembly**. Estos consumidores implementan la interfaz **IConsumer**, y son registrados automáticamente mediante **AddConsumers** (líneas 22-23). De esta forma, en lugar de registrar uno a uno cada consumidor, se autodetectan y registran automáticamente.

Se configura MassTransit para utilizar RabbitMQ (línea 25). Configuramos el host, con el URL del bróker de mensajería y se especifican las credenciales de usuario y contraseña (líneas 26-30).

Finalmente, por cada consumidor, se le asocia una cola para que puedan conectarse a dicha cola y estar a la escucha de eventos (línea 31).

La estructura del proyecto transversal de comunicación debería estar estructurado de la siguiente forma [*Ilustración 109*].

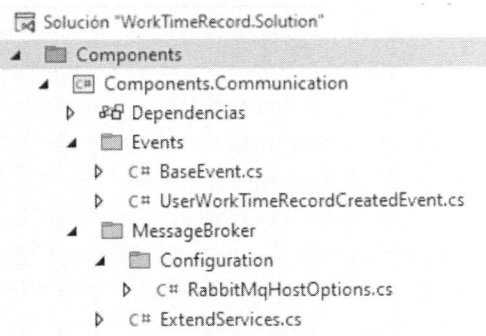

Ilustración 109. Estructura clases arquitectura comunicaciones.

Pasamos a implementar cada uno de los microservicios de la solución.

Consejos para arquitectos:

✓ *Simplicidad y rendimiento: Minimal APIs en .NET son ideales para microservicios ligeros. Evitar sobrecargar el diseño con controladores innecesarios y utilizar Dependency Injection para mantener la separación de responsabilidades.*

3.5 Arquitectura vertical – microservicio Registry

El microservicio Registry [*Ilustración 110*] es un proyecto .NET 8 orientado a arquitectura vertical. Posee dos funcionalidades, obtener y registrar el último registro del empleado.

Este microservicio realizará la persistencia en una base de datos de PostgreSQL y se comunicará con el microservicio de auditoría mediante eventos asíncronos que emitirá en una cola de mensajería en un bróker de mensajería de RabbitMQ.

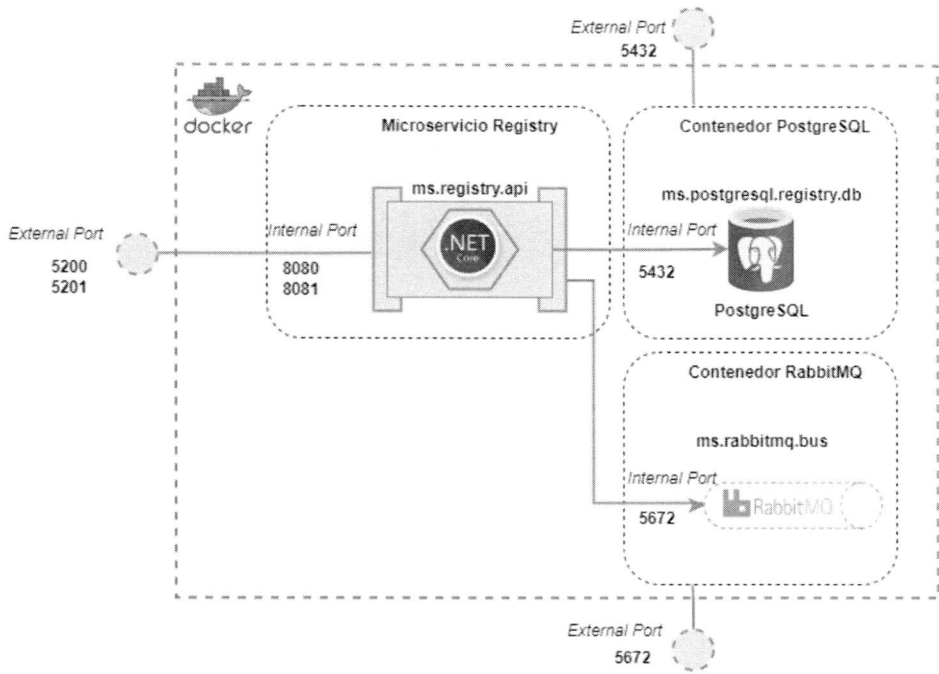

Ilustración 110. Arquitectura microservicio Registry.

En el desarrollo de este microservicio aplicaremos arquitectura vertical, simplemente por ver la agilidad de desarrollo que aporta aplicar este tipo de arquitecturas en proyectos básicos con pocas funcionalidades y que no crecerá mucho.

En la carpeta de soluciones que tenemos creada "Registry", agregamos un nuevo proyecto usando la plantilla de "ASP.NET Core vacío", que es una plantilla que no incluye contenido y podemos crear desde cero [*Ilustración 111*].

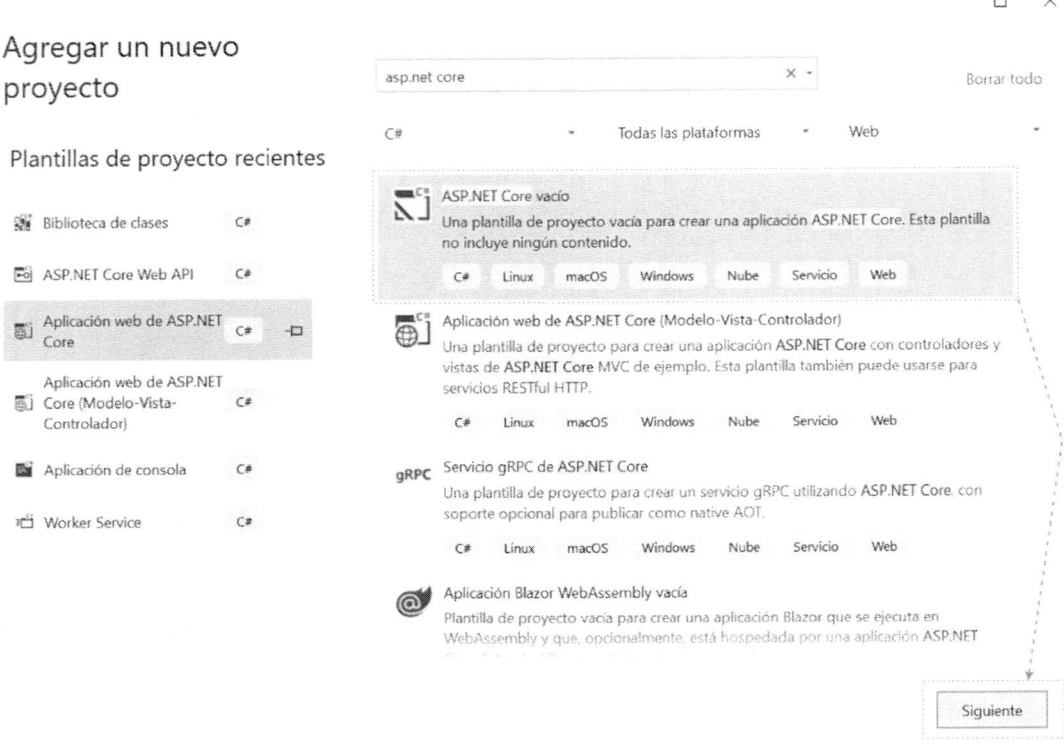

Ilustración 111. Proyecto vacío Registry.

El próximo paso es crear el proyecto de Registry, asignándole el nombre "Registry.API" [*Ilustración 112*]. Como este proyecto forma parte de una carpeta de soluciones, para que respete la misma ruta debemos modificar la ubicación, agregando el nombre de la carpeta de soluciones.

Ilustración 112. Asignar nombre de proyecto Registry.

El último paso es el de selección de framework del proyecto [*Ilustración 113*], en nuestro caso .NET 8 y dejamos marcadas HTTPS y Docker para que configure el proyecto para ambos.

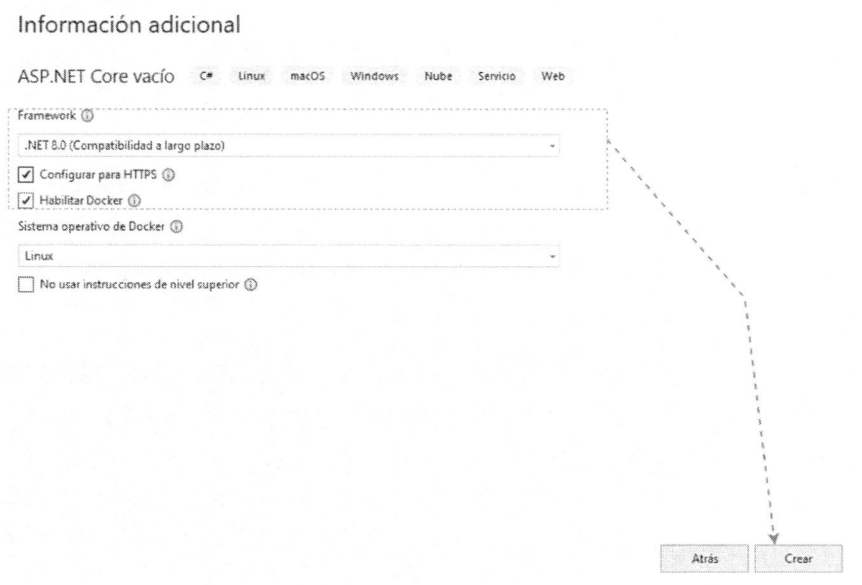

Ilustración 113. Seleccionar Framework .NET 8.

Si hemos seguido estos pasos, tendremos una estructura de proyecto similar a [*Ilustración 114*]:

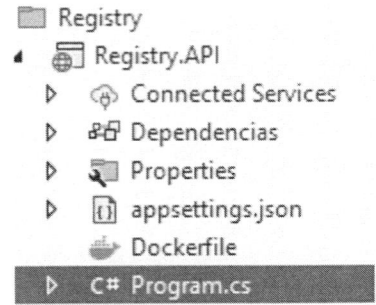

Ilustración 114. Estructura proyecto Registry.

3.5.1 Configuración perfil ejecución

Si ejecutásemos el proyecto con el perfil "**http**", veríamos que aparece un texto de "*Hello World*", esto se debe a que el fichero Program.cs, tras construir la aplicación después de builder.Build(), mapea que cuando se invoque la ruta "/", aparecerá un texto [*Ilustración 115*].

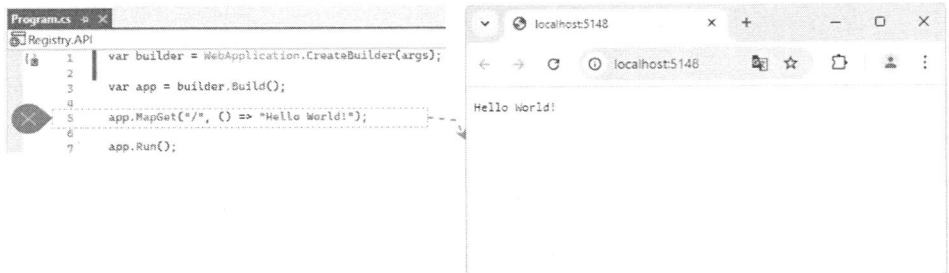

Ilustración 115. Ejecutar proyecto Registry.

Para no utilizar este mapeador por defecto, ya que crearemos nuestras propias operaciones, eliminaremos la línea 5 de la anterior imagen.

Al ejecutar el proyecto localmente, ha utilizado el puerto 5148; este puerto es asignado aleatoriamente. Para que todo el equipo de desarrollo utilice los mismos puertos de forma organizada, vamos a cambiarlo por el puerto por el 5200, dado que el proyecto front local lo teníamos en el 5100.

La configuración del puerto se debe realizar en el fichero **launchSettings.json** ubicado dentro de la carpeta **Properties** del proyecto. Este fichero contiene diferentes perfiles de ejecución del proyecto y, dependiendo del modo en que lo ejecutamos, utilizará una configuración u otra, incluido el puerto.

Este fichero define una serie de configuraciones que vamos a utilizar cuando ejecutemos nuestra aplicación, únicamente empleado en tiempo de desarrollo.

Entre las configuraciones se encuentra "iisSettings", usada para ejecutar IIS Express, que es la versión reducida de IIS, para ejecutar nuestra aplicación.

También encontramos otros perfiles definidos como http o https, que contienen varias propiedades como:

- **launchBrowser**: Establece si debe abrir el navegador cuando se ejecute este perfil.

- **launcUrl**: Establece el endpoint que abrirá el navegador cuando se inicie la aplicación.

- **applicationUrl**: Define el dominio y puerto a abrir en caso de https y de http.

- **environmentVariables**: Define valores de entorno que usará nuestra aplicación.

Cambiemos el perfil de **http** para que haga uso del puerto **5200** y el perfil **https** para que utilice el puerto **5201** [*Ilustración 116*].

Ilustración 116. Cambiar puertos.

Estamos preparados para empezar el desarrollo de este microservicio siguiendo un diseño de arquitectura de corte vertical.

La arquitectura de corte vertical se basa en entrega de funcionalidades completas, de modo que nuestro proyecto se estructura en carpetas de funcionalidades o features, encapsulando todo el código de la funcionalidad, en un solo fichero de tipo ".cs".

El motivo de utilizar este tipo de arquitectura se debe a que se implementarán muy pocos casos de uso, el código irá organizado en torno a las features, permitiendo incluso un desarrollo basado en historias de usuario Agile en el que un desarrollador podrá estar implementando la funcionalidad, sin verse afectado por conflictos en la historia de usuario que está implementando.

Implementemos cada sección de la estructura del proyecto.

3.5.2 Configuración Minimal API

El primer paso es instalar en el proyecto Registry.API el paquete Nuget **Carter** [*Ilustración 117*], de esta forma podremos hacer uso del enrutado de enpoints mediante Minimal API.

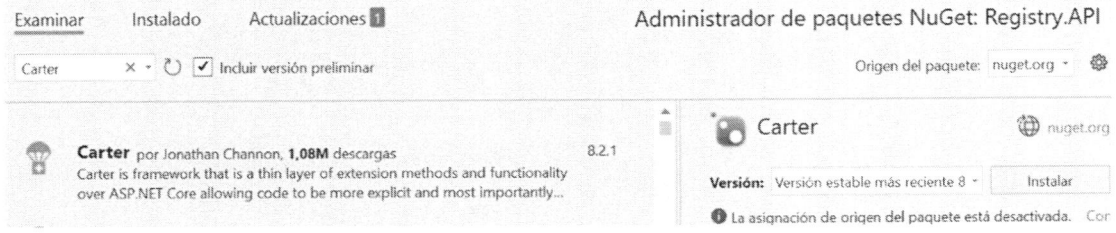

Ilustración 117. Instalar paquete Nuget Carter.

Una vez disponemos del paquete en el proyecto, procedemos a configurarlo [*Ilustración 118*], para ello abrimos la clase **Program.cs**, donde debemos de inicializar una instancia de WebApplication (línea 3).

Posteriormente debemos de añadir los servicios y deberán ser inyectados en el inyector de dependencias.

En este caso registramos el servicio Carter en el contenedor de servicios de la aplicación, agregando los servicios que necesita esta librería y cargando cada módulo que sea detectado en el proyecto (línea 5).

Una vez definidos los servicios, deberemos construir la aplicación invocando el método **Build** que utilizará toda la configuración establecida con anterioridad y que empezará a aceptar peticiones HTTP (línea 7).

En el momento que se aceptan peticiones, podemos definir los middlewares para manejar las peticiones y respuestas, incluyendo en esta sección las rutas.

Hacemos uso de MapCarter donde cada uno de los módulos que ha sido detectado en el proyecto, detectable por Carter, obtenga todas las rutas que hayan definido, para que las peticiones puedan manejarse sin necesitar controladores explícitos (línea 9).

Finalmente, mediante el método **Run**, se inicia la aplicación web y está lista para escuchar peticiones Http (línea 11).

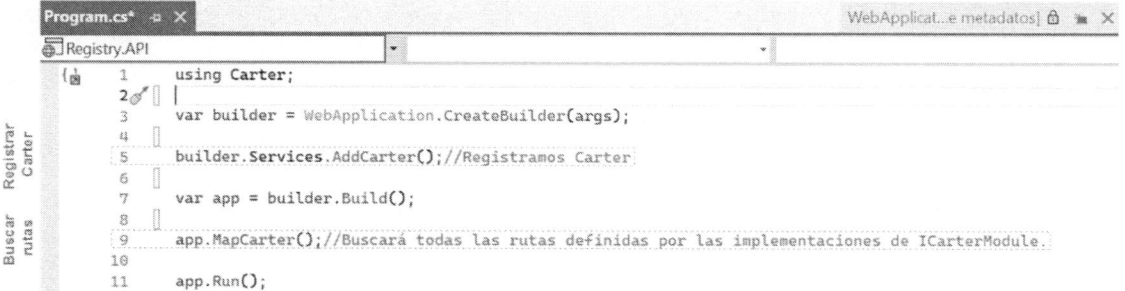

```
Program.cs*                                                    WebApplicat...e metadatos]
Registry.API
     1    using Carter;
     2
     3    var builder = WebApplication.CreateBuilder(args);
     4
     5    builder.Services.AddCarter();//Registramos Carter
     6
     7    var app = builder.Build();
     8
     9    app.MapCarter();//Buscará todas las rutas definidas por las implementaciones de ICarterModule.
    10
    11    app.Run();
```

Ilustración 118. Configurar Carter.

A partir de esta configuración, cualquier módulo endpoint que definamos en las features de tipo **ICarterModule** será detectado como módulo de Minimal API y sus rutas serán mapeadas.

3.5.3 Configurar microservicio para usar Docker Compose

Toda la solución estará contenida dentro de contenedores, por este motivo, debemos asegurarnos de que tenemos el proyecto Registry.API configurado como contenedor, simplemente debemos establecer el proyecto compatible con el orquestador de contenedores [*Ilustración 119*].

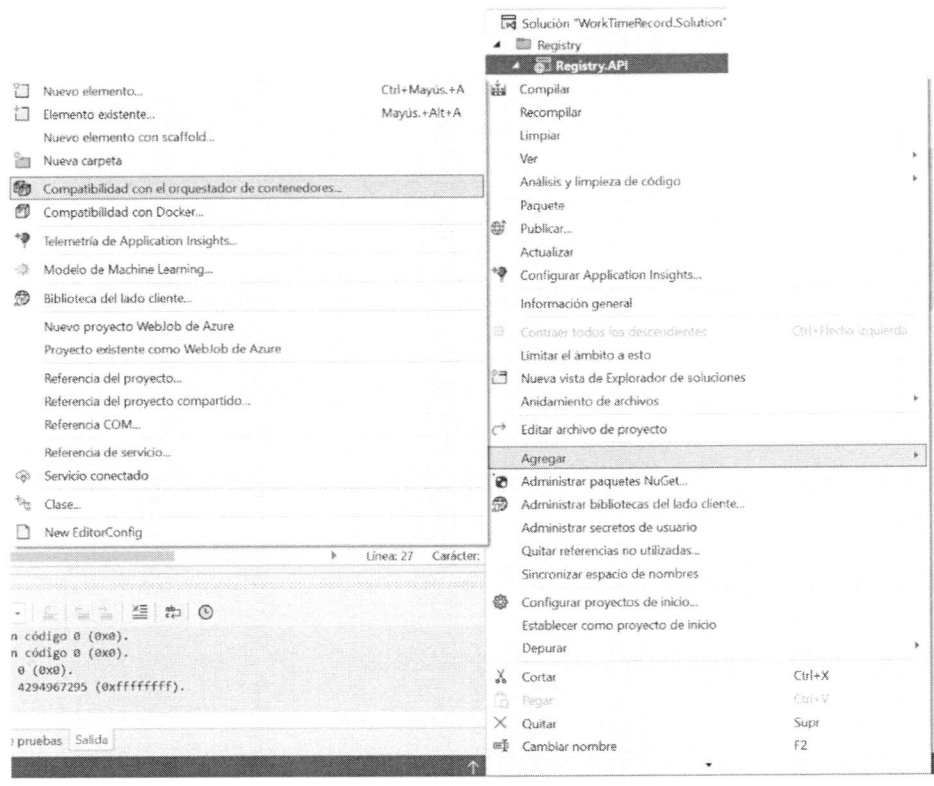

Ilustración 119. Docker-Compose configuración proyecto.

Una vez seleccionada dicha compatibilidad, nos solicita seleccionar el orquestador de contenedores deseado, en este caso "Docker Compose" [*Ilustración 120*] con soporte base Linux y generará en una sección de la solución global, un grupo llamado "docker-compose".

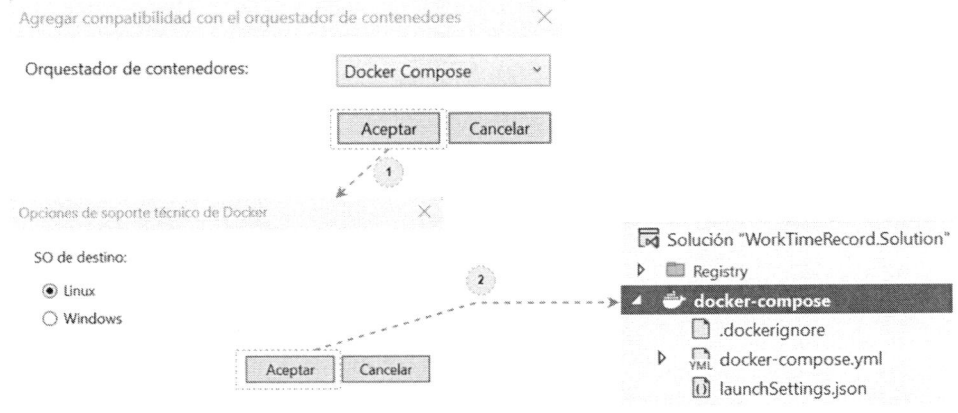

Ilustración 120. Selección de orquestador.

Esta sección está compuesta por:

- **docker-compose.yml**: Fichero principal empleado por Docker Compose, donde definimos servicios, imágenes que utilizan, redes y variables de entorno.
- **docker-compose.override.yml**: Fichero opcional que permite sobrescribir el fichero docker-compose.yml. Suele sobrescribir los puertos, volúmenes, variables de entorno y dependencias.

La configuración de este microservicio en el fichero docker-file [*Ilustración 121*] contiene:

- **registry.api**: Nombre del servicio, que identifica al contenedor, usado también como identificador que otros contenedores pueden usar para referirse a este servicio (línea 4).
- **image**: Especifica el nombre de la imagen que se utilizará para crear el contenedor, si la variable de entorno DOCKER_REGISTRY está definida, se usa y concatena al nombre de "registryapi" (línea 5).
- **build**: Al definir el build, estamos indicando que, en lugar de descargar la imagen del repositorio, debemos usar un fichero Dockerfile que se encuentra en:
  - **context**: "." Contexto a utilizar para buscar cualquier archivo necesario para construir la imagen, en este caso ubicación actual donde está el docker-compose (línea 7).
  - **Dockerfile**: Ruta del Dockerfile dentro del contexto definido (línea 8).

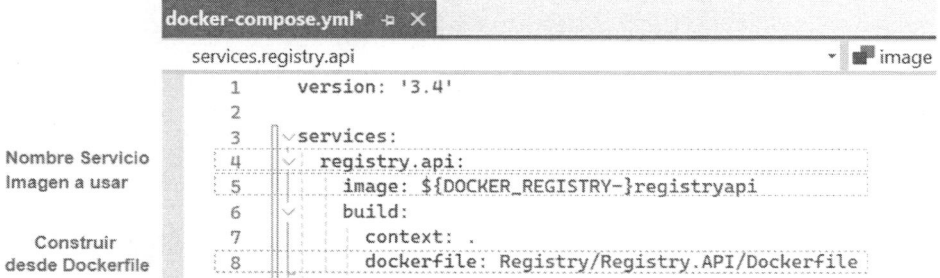

Ilustración 121. Configuración docker-compose registry.api.

Ahora sobrescribimos el fichero docker-compose.override.yml con la siguiente configuración [*Ilustración 122*]:

- **registry.api**: Nombre del servicio, que debe de coincidir con el definido en docker-compose.yml (línea 5).
- **container_name**: Asigna un nombre al contenedor para localizar mejor el servicio (línea 6).
- **environment**: Especifica variables de entorno, en este caso:
  - **ASPNETCORE_ENVIRONMENT**: El contenedor se ejecutará en entorno Development (línea 8).
  - **ASPNETCORE_HTTP_PORTS**: Puerto interno del contenedor, usado para HTTP (línea 9).
  - **ASPNETCORE_HTTP_PORTS**: Puerto interno del contenedor, usado para HTTPS (línea 10).
- **ports**: Establece el mapeado de puertos entre el host y el contenedor. El puerto 5200 de la máquina que hospeda el contenedor es el puerto 8080 interno del contenedor para el caso de HTTP.
- **volumes**: Monta directorios del host en el contenedor.
  - **UserSecrets**: Monta en modo lectura "ro" la carpeta local donde se encuentran los secretos del usuario (línea 15):

    ```
    C:\Users\rserrano\AppData\Roaming\Microsof
    t\UserSecrets
    ```

    Como unidad del contenedor:

    ```
    /home/app/.microsoft/usersecrets:ro
    ```

  - **Https**: Monta la carpeta Https local donde se encuentran los certificados locales en el contenedor (línea 16).

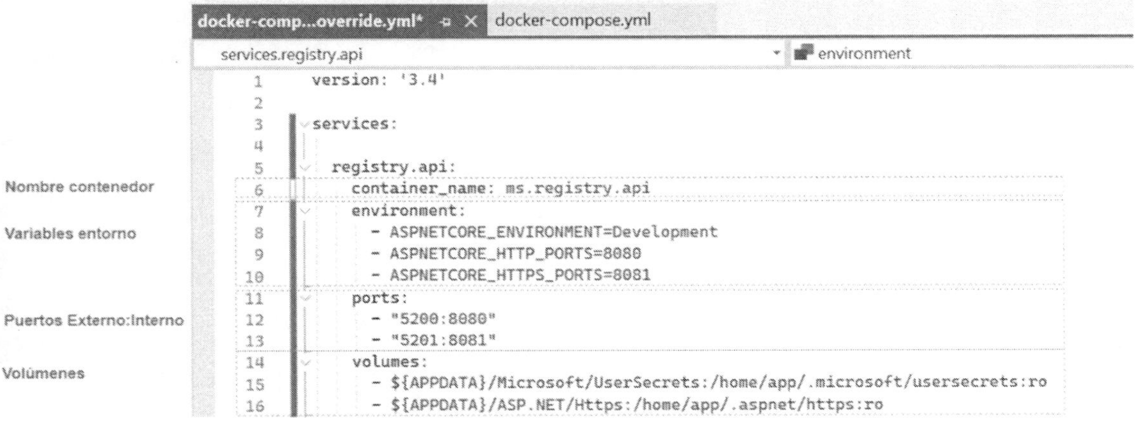

Nombre contenedor

Variables entorno

Puertos Externo:Interno

Volúmenes

```
docker-comp...override.yml*   ⇄  ✕   docker-compose.yml

services.registry.api                                    ▾  🔧 environment

 1        version: '3.4'
 2
 3     ∨ services:
 4
 5     ∨   registry.api:
 6            container_name: ms.registry.api
 7     ∨      environment:
 8              - ASPNETCORE_ENVIRONMENT=Development
 9              - ASPNETCORE_HTTP_PORTS=8080
10              - ASPNETCORE_HTTPS_PORTS=8081
11     ∨      ports:
12              - "5200:8080"
13              - "5201:8081"
14     ∨      volumes:
15              - ${APPDATA}/Microsoft/UserSecrets:/home/app/.microsoft/usersecrets:ro
16              - ${APPDATA}/ASP.NET/Https:/home/app/.aspnet/https:ro
```

Ilustración 122. docker-compose.override.yml registry.api.

Con este último paso habríamos configurado nuestro microservicio para ser desplegado como contenedor haciendo uso de docker-compose.

Consejos para arquitectos:

✓ *Composición eficiente: Defina correctamente las dependencias entre contenedores en docker-compose.yml. Use depends_on para gestionar el orden de inicio y asegure la persistencia de datos con volúmenes adecuados.*

3.5.4   Configurar contenedor PostgreSQL

Este microservicio persiste los datos en una base de datos PostgreSQL, cuya base de datos únicamente contiene la tabla "user_worktime_record".

Necesitamos configurar Docker para que PostgreSQL inicialice la base de datos y configurar el contenedor. Para ello creamos una nueva carpeta en la solución, a la altura de docker-compose con el nombre "ms.postgresql.registry.db" [*Ilustración 123*].

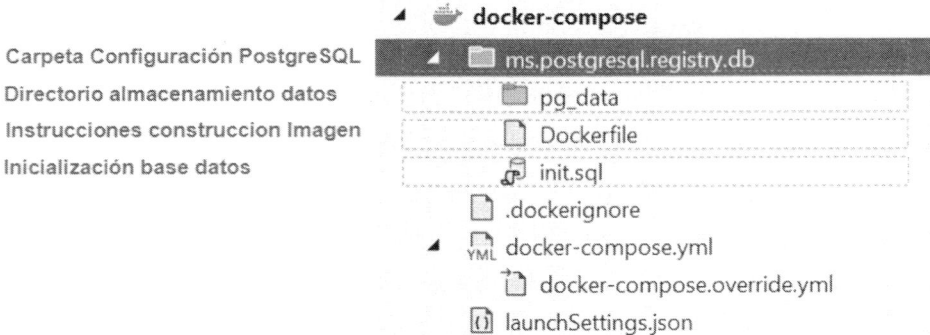

Carpeta Configuración PostgreSQL
Directorio almacenamiento datos
Instrucciones construccion Imagen
Inicialización base datos

Ilustración 123. Configuración PostgreSQL.

Dentro crearemos una carpeta vacía, llamada **pg_data**, que es el directorio donde se almacena la base de datos de PostgreSQL, y que utilizaremos posteriormente para montar un volumen en el contenedor, para que conserve los datos incluso si el contenedor es eliminado o reiniciado. De esta forma evitaremos pérdida de datos.

También creamos un fichero Dockerfile, que contiene las instrucciones para construir la imagen de Docker, en nuestro caso, únicamente contendrá el nombre de la imagen que debe utilizar "postgres:latest" para construir el contenedor [*Ilustración 124*].

Ilustración 124. Dockerfile Postgresql.

El último fichero que necesitamos configurar es el **init.sql**, que contendrá una serie de instrucciones sql para crear una tabla en base de datos y agregar un registro inicial [*Ilustración 125*].

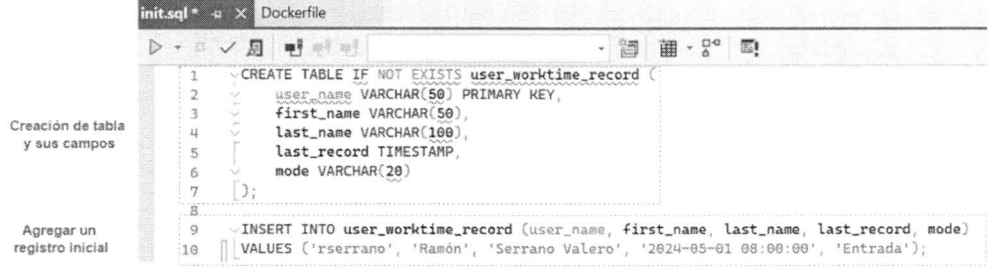

Creación de tabla y sus campos

Agregar un registro inicial

Ilustración 125. Inicializar base datos postgresql.

La tabla creada es user_worktime_record, que si no existe la tabla se creará en la base de datos (línea 1).

Esta tabla contiene las siguientes columnas:

- user_name: Es la clave primaria de la tabla y contiene el nombre de usuario.
- first_name: Almacena el nombre del empleado.
- last_name: Almacena el apellido del empleado.
- last_record: Almacena fecha y hora del último registro del empleado.
- mode: Almacena si el registro del empleado es de Entrada/Salida.

Finalmente inserta un registro en base de datos, para inicializarla con un valor por defecto (línea 9).

Una vez tenemos preparada la configuración del contenedor de persistencia PostgreSQL para el microservicio, debemos definirlo en el fichero **docker-compose.yml** [*Ilustración 126*].

```
1    version: '3.4'
2
3    services:
4      registry.api:
5        image: ${DOCKER_REGISTRY-}registryapi
6        build:
7          context: .
8          dockerfile: Registry/Registry.API/Dockerfile
9
10     ms.postgresql.registry.db:
11        image: postgres:latest
12        build:
13          context: .
14          dockerfile: ms.postgresql.registry.db/Dockerfile
15        volumes:
16          - ./ms.postgresql.registry.db/pg_data:/var/lib/postgresql/data
17          - ./ms.postgresql.registry.db/init.sql:/docker-entrypoint-initdb.d/init.sql
```

Imagen
Fichero Dockerfile
Volumen Persistir datos
Volumen Inicilizar BBDD

Ilustración 126. Docker-compose Postgresql.

Este fichero docker-compose.yml, contiene:

- image: El nombre de la imagen a construir con el contenedor (línea 11).
- Dockerfile: El directorio donde se encuentra el fichero de instrucciones de configuración de la imagen del contenedor (línea 14).
- pg_data: El volumen a usar para montar la base de datos de PostgreSQL y conservar los datos (línea 16). Se monta en **/var/lilb/postgresql/data**, donde PostgreSQL almacena los datos.

- init.sql: El volumen usado por PostgreSQL para inicializar la base de datos. En concreto, todo fichero sql que se encuentre en **/docker-entrypoint-initdb.b**, será ejecutado al iniciar el contenedor por primera vez (línea 17).

Agregamos al docker-compose.override.yml la configuración específica del contenedor PostgreSQL que Docker Compose aplicará al contenedor [*Ilustración 127*].

Ilustración 127. docker-compose.override.yml postgresql.

Primero indicamos en el servicio "**registry.api**" que el microservicio no puede inicializarse antes de que el servicio de PostgreSQL esté iniciado, para ello configuramos con un "**depends_on**" y el nombre del servicio que requerimos esté iniciado antes que nuestra API (líneas 7, 8).

Preparamos la configuración de PostgreSQL:

- Asignamos un nombre al contenedor (línea 21).
- Configuramos el reinicio automático en caso de que el contenedor falle (línea 22).
- Exponemos el puerto de nuestro host (5432) con el 5432 del contenedor (línea 24).

- Definimos las variables de entorno de la base de datos y el usuario administrador (líneas 26-28):
  - POSTGRES_USER: nombre del usuario administrador.
  - POSTGRES_PASSWORD: contraseña del usuario.
  - POSTGRES_DB: nombre de la base de datos **registrydb**.

Tendríamos ahora mismo preparado el contenedor de PostgreSQL para que se inicializase con la base de datos, una tabla y un registro y, por otro lado, el microservicio de Registry.API, tendría configurado que no se inicie hasta que el contenedor de PostgreSQL se haya iniciado.

Consejos para arquitectos:

✔ *Optimización de Base de Datos: Habilitar connection pooling en PostgreSQL y definir estrategias de vacuum y autovacuum para evitar fragmentación y degradación del rendimiento a largo plazo.*

3.5.5 Configurar contenedor RabbitMQ

Dado que este microservicio de registro se comunicará con el bróker de mensajería RabbitMQ, vamos a configurar su contenedor.

Definimos dentro del fichero docker-compose.yml la configuración básica del contenedor [*Ilustración 128*].

Configuración RabbitMQ

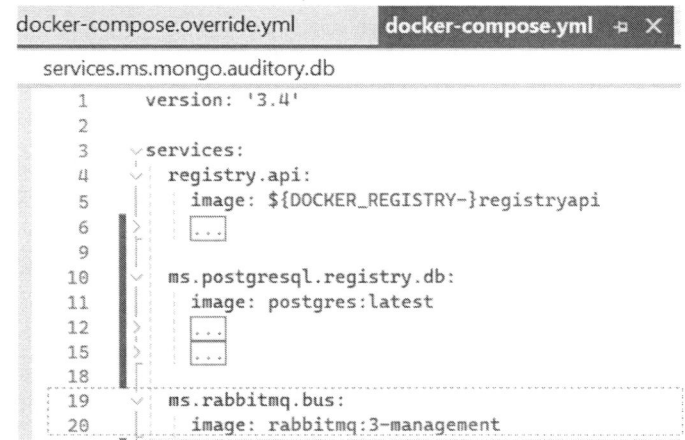

Ilustración 128. docker-compose.yml RabbitMQ.

Creamos el nuevo servicio "ms.rabbitmq.bus", para el contenedor del bróker de mensajería (línea 19).

Especificamos la imagen que nuestro contenedor utilizará para configurar y construir el contenedor de RabbitMQ (línea 20). Esta imagen de **rabbitmq:3.management** incluye una imagen de rabbitMQ, junto a una interfaz de web de administración, por el puerto 15672.

Una vez definido el servicio y su imagen, procedemos a configurar el fichero docker-compose.override.yml [*Ilustración 129*].

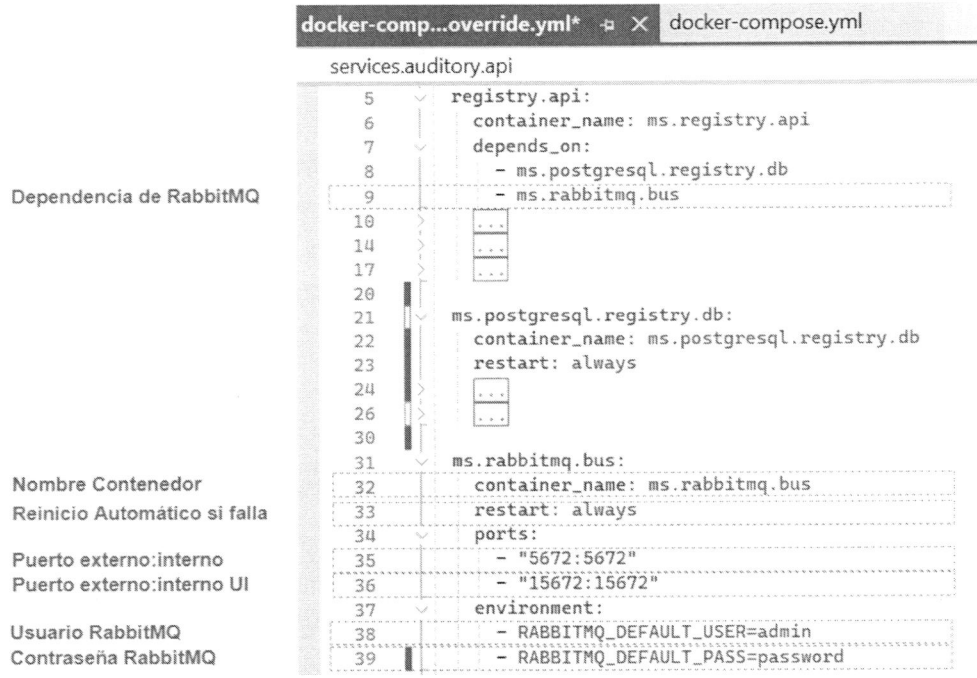

Ilustración 129. docker-compose.override.yml rabbitmq.

Primero indicamos en el servicio "**registry.api**", que el microservicio no puede inicializarse antes de que el servicio de RabbitMQ esté iniciado, para ello configuramos con un "**depends_on**" y el nombre del servicio que requerimos esté iniciado antes que nuestra API (línea 9).

Preparamos la configuración de RabbitMQ:

- Asignamos un nombre al contenedor (línea 32).

- Configuramos el reinicio automático en caso de que el contenedor falle (línea 33).

- Exponemos el puerto de comunicación estándar de RabbitMQ para que las aplicaciones se conecten por el puerto de nuestro host (5672) con el mismo del contenedor (línea 35).

- Exponemos el puerto de la interfaz web de administración de RabbitMQ por el puerto de nuestro host (15672) con el mismo puerto del contenedor, accediendo posteriormente a esta interfaz por *http://localhost:15672* (línea 36).

- Definimos las variables de entorno de RabbitMQ con el usuario de acceso (líneas 28-39):
  - RABBITMQ_DEFAULT_USER: nombre del usuario administrador.
  - RABBITMQ_DEFAULT_PASS: contraseña del usuario.

Tendríamos ahora mismo preparados el contenedor de RabbitMQ para que se inicializase el bróker de mensajería y, por otro lado, el microservicio de Registry.API, no se iniciaría hasta que el contenedor de RabbitMQ se haya iniciado.

Consejos para arquitectos:

✓ *Mensajería eficiente en CI/CD: Configurar quórum queues en RabbitMQ para garantizar alta disponibilidad en entornos distribuidos. Usar políticas de reintento y confirmaciones (ack) para evitar la pérdida de mensajes en pipelines de integración continua.*

3.5.6 Implementación dominio

El microservicio de registry.api, contiene una entidad en el dominio, llamada **UserWorkTimeRecord,** que representa los atributos del empleado, que creamos dentro de la carpeta "Domain" en la raíz del proyecto [*Ilustración 130*].

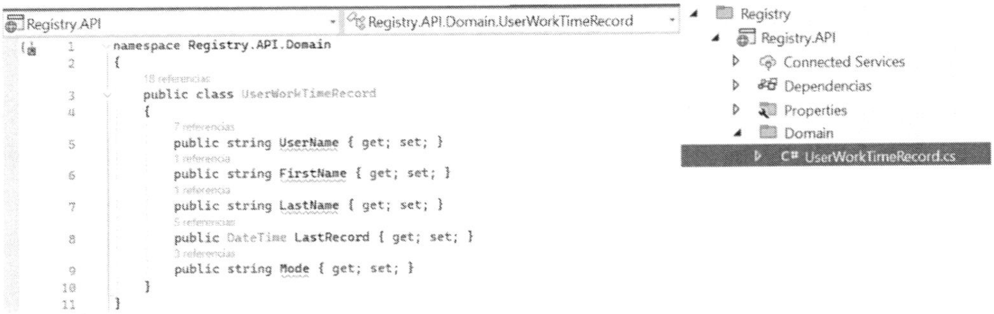

```
Registry.API                              Registry.API.Domain.UserWorkTimeRecord
 1    namespace Registry.API.Domain
 2    {
          18 referencias
 3        public class UserWorkTimeRecord
 4        {
              7 referencias
 5            public string UserName { get; set; }
              1 referencia
 6            public string FirstName { get; set; }
              3 referencia
 7            public string LastName { get; set; }
              5 referencias
 8            public DateTime LastRecord { get; set; }
              3 referencias
 9            public string Mode { get; set; }
10        }
11    }
```

Ilustración 130. Domain UserWorkTimeRecord.

Estamos siguiendo una arquitectura vertical; el dominio es reutilizado por todas las features, para ello, se define en un directorio separado "Domain" estas entidades, garantizando que las features puedan acceder al dominio, evitando duplicidad de entidades y desacoplamiento de una feature concreta.

Siguiendo esta premisa, conseguiremos que las features hagan uso de entidades comunes, que en este caso son las entidades del dominio de nuestra aplicación.

3.5.7   Implementación acceso a datos

La persistencia de este microservicio se realizará en la base de datos PostgreSQL que hemos definido con anterioridad en el contenedor ms.postgresql.registry.db y para interactuar con la base de datos necesitamos instalar el paquete **Npgsql.EntityFrameworkCore.PostgreSQL** [*Ilustración 131*], que es un proveedor de Entity Framework Core para PostgreSQL.

Ilustración 131. Nuget PostgreSQL.

Gracias a este proveedor de EF Core para PostgreSQL, existe un mapeo entre clases de .NET y las tablas de la base de datos, permitiéndonos utilizar este ORM (*object-relational mapping*) para interactuar con la base de datos.

Definimos en una carpeta llamada "**Data**" en la raíz de nuestro proyecto la interfaz **IRegistryContext**, empleada para el contexto de datos [*Ilustración 132*].

Ilustración 132. IRegistryContext contexto bbdd registry.api.

Esta interfaz permite que clases puedan implementar esta interfaz y trabajar con inyección de dependencias.

Contiene una propiedad para definir la entidad usada por la base de datos, mediante **DbSet**, sobre la entidad definida en nuestro dominio, utilizada como colección de registros de base de datos (línea 8).

Gracias a DbSet, clase que pertenece a Entity Framework, seremos capaces de trabajar sobre una colección, realizando consultas y modificaciones dentro de la base de datos.

Por último, hemos definido el método **SaveChangesAsync**, que es un método utilizado por Entity Framework, para que una vez realicemos cambios sobre un objeto, sincronizar la base de datos en el contexto abierto (línea 9).

Este método retorna un número con los registros de base de datos que se han modificado. Al declararlo como asíncrono, cuando esté realizando el guardado de cambios sobre base de datos, el hilo principal de la aplicación, no se bloqueará mientras persisten los datos.

Otro motivo para definir este método en la interfaz se debe a que, al inyectar la interfaz, cuando hacemos uso del inyector de dependencias, al no heredar de DbContext, no se pueden acceder a los métodos que EF Core expone para operar con la base de datos.

Una vez tenemos esta interfaz de definición de contexto, debemos crear la clase concreta **RegistryPostgresContext** que implementa la inicialización del contexto [*Ilustración 133*].

```
1   using Microsoft.EntityFrameworkCore;
2   using Registry.API.Domain;
3
4   namespace Registry.API.Data.Context
5   {
        4 referencias
6       public class RegistryPostgresContext : DbContext, IRegistryContext
7       {
            0 referencias
8           public RegistryPostgresContext(DbContextOptions<RegistryPostgresContext> options) : base(options) { }
9
            4 referencias
10          public DbSet<UserWorkTimeRecord> UserWorkTimeRecords { get; set; }
            0 referencias
11          protected override void OnModelCreating(ModelBuilder modelBuilder)
12          {
13              modelBuilder.Entity<UserWorkTimeRecord>().ToTable("user_worktime_record");
14
15              modelBuilder.Entity<UserWorkTimeRecord>().HasKey(u => u.UserName);
16
17              modelBuilder.Entity<UserWorkTimeRecord>().Property(u => u.UserName).HasColumnName("user_name");
18              modelBuilder.Entity<UserWorkTimeRecord>().Property(u => u.FirstName).HasColumnName("first_name");
19              modelBuilder.Entity<UserWorkTimeRecord>().Property(u => u.LastName).HasColumnName("last_name");
20              modelBuilder.Entity<UserWorkTimeRecord>().Property(u => u.LastRecord).HasColumnName("last_record")
21              .HasConversion(
22                  v => v.ToUniversalTime(),              // Persistir en formato UTC
23                  v => DateTime.SpecifyKind(v, DateTimeKind.Utc) // Leer en formato UTC
24              );
25              modelBuilder.Entity<UserWorkTimeRecord>().Property(u => u.Mode).HasColumnName("mode");
26          }
27      }
28  }
```

Ilustración 133. Implementación del contexto.

Para que Entity Framework reconozca esta clase como el contexto de la base de datos a construir, requiere heredar de **DbContext** (línea 6), además de implementar la interfaz del contexto.

Para recibir opciones de configuración del contexto de EF Core, es necesario que el constructor de la clase incorpore las **DbContextOptions**, de esta forma podremos inyectar y configurar correctamente el contexto (línea 8).

Mediante estas opciones, puede recibir la configuración de cadena de conexión, entre otras opciones como por ejemplo el proveedor utilizado para la base de datos, sin tener que declararlas dentro del contexto explícitamente.

Será necesario no eliminar estas opciones del constructor, ya que el inyector de dependencias no podría pasarle las opciones de configuración al contexto.

Definimos una propiedad DbSet que representa la tabla de base de datos de PostgreSQL y que es mapeada por la entidad del dominio UserWorkTimeRecord (línea 10).

Además, necesitamos configurar el modelo mediante el método **OnModelCreating** (línea 11), para configurar el mapeado entre entidad del dominio con la tabla "user_worktime_record" de la base de datos de PostgreSQL (línea 13).

Establecemos como clave primaria la propiedad UserName, mediante **HasKey,** para no tener que definir estas etiquetas en la entidad del dominio y desacoplarla del modelo de base de datos utilizado (línea 15).

De igual manera mapeamos las propiedades de la entidad UserWorkTimeRecord, por los nombres de las columnas definidas en base de datos, mediante **Property(…).HasColumnName(…)**; de lo contrario, no sabría resolver una propiedad de la entidad con una propiedad de tabla, al utilizar diferente nomenclatura (líneas 17-25).

En estas propiedades, existe una conversión a formato UTC para el caso de la fecha, que tanto el valor que se persiste como el obtenido de base de datos se realiza en UTC (líneas 21-24).

Una vez definido el contexto de nuestra aplicación, debemos crear la cadena de conexión que se utilizará para inicializar la conexión a base de datos [*Ilustración 134*].

```
appsettings.json
Esquema: https://json.schemastore.org/appsettings.json
  1   {
  2       "ConnectionStrings": {
  3           "UserRecord": "Host=ms.postgresql.registry.db;Port=5432;Database=registrydb;Username=admin;Password=admin123"
  4       },
```

Ilustración 134. appsettings.json Connection String.

Esta cadena de conexión apunta al host que tiene el nombre de servicio definido en docker-compose **ms.postgresql.registry.db**, así como el puerto que se usa para comunicarse con la base de datos PostgreSQL (línea 3).

Además, se establece el nombre de la base de datos **registrydb** así como el nombre de usuario y contraseña para establecer correctamente la conexión con la base de datos.

Finalmente configuramos "Program.cs" [*Ilustración 135*] para registrar el servicio del contexto con un ciclo de vida, cuya instancia se crea nueva por cada solicitud nueva, de tal forma que la clase que se inyecta es la implementación concreta de contexto de PostgreSQL (línea 8).

```
Program.cs*        appsettings.json
Registry.API
  1   using Carter;
  2   using Microsoft.EntityFrameworkCore;
  3   using Registry.API.Data.Context;
  4
  5   var builder = WebApplication.CreateBuilder(args);
  6
  7   builder.Services.AddCarter();//Registramos Carter
  8   builder.Services.AddScoped(typeof(IRegistryContext), typeof(RegistryPostgresContext));
  9
 10   builder.Services.AddDbContext<RegistryPostgresContext>(options =>
 11       options.UseNpgsql(builder.Configuration.GetConnectionString("UserRecord")));
 12
 13   var app = builder.Build();
```
Registro servicio — Configurar contexto

Ilustración 135. Configurar Program para acceso a datos.

Por último establecemos el contexto de la base de datos, mediante EF Core y PostgreSQL, agregando la clase que implementa el contexto, así como establecemos el proveedor de PostgreSQL usado por EF Core mediante **UseNpgsql** (línea 11), al que le pasamos la cadena de conexión de las appsettings.json.

Esta configuración es la que se inyecta en las **DbContextOptions** que recibe la clase RegistryPostgresContext por su constructor, de modo que podrá inicializar la conexión cada vez que requiera iniciar el contexto.

Con esta última configuración, ya tendríamos preparada nuestra aplicación para inicializar correctamente el contexto de base de datos.

3.5.8   Implementación Features

Implementemos la arquitectura vertical del microservicio, definiendo una serie de features, que nuestro microservicio debe proporcionar.

Para cada feature, existirá un fichero que contendrá todas las clases necesarias para un caso de uso.

Además, expondremos en cada feature una API mínima, mediante el uso del patrón **REPR**, que a través de la definición de Request-endpoint-Response, es capaz de organizar nuestras API alrededor de endpoints. Esto es posible gracias al paquete nuget **Carter**, definiendo únicamente la ruta para alcanzar la lógica de nuestro caso de uso.

Hemos utilizado el patrón **CQRS** (*command query responsibility segregation*) para dividir las responsabilidades de acciones de escritura, de las de lectura.

El endpoint que vamos a exponer mediante Minimal API, para cada feature, será el responsable de capturar una solicitud o request; tras interceptar esta petición, podrá invocar un comando (command) o una consulta (query).

También hemos usado el patrón **MediatR**, este patrón contiene un elemento central "mediador", que no cambia y es conocido por todos los módulos que quieran comunicarse con otros módulos, y actúa de mediador en la comunicación entre módulos.

Este elemento contiene la relación uno a uno entre una solicitud o request de un módulo y el manejador o handler. Esta request será una query en el caso de las lecturas y un command en el caso de las escrituras.

Las features de nuestro microservicio [*Ilustración 136*], seguirán el siguiente flujo:

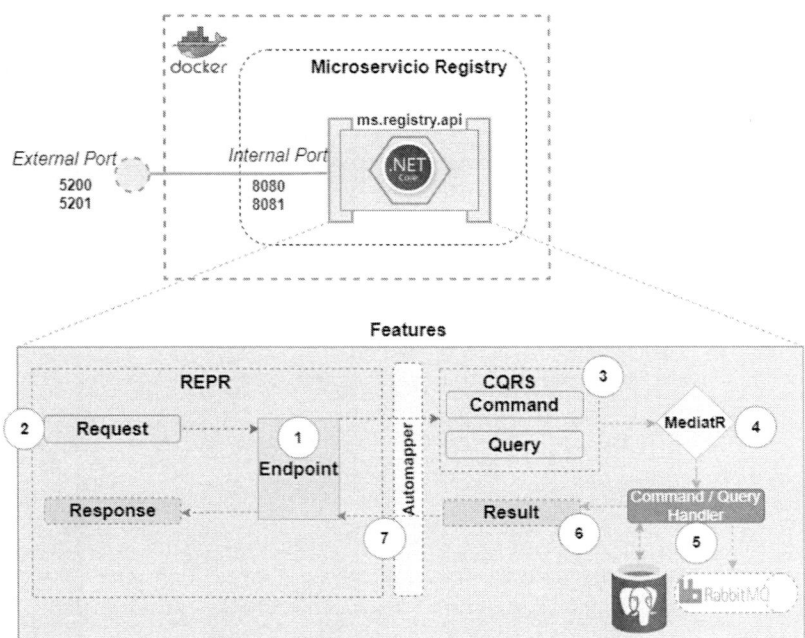

Ilustración 136. Features Microservicio Registry.

1. Cada feature tiene su endpoint o ruta definida.

2. El cliente realiza una solicitud o Request alcanzando una ruta, y esta retornará una Response como respuesta.

3. Cuando invocamos la ruta, se crea un command o una query, dependiendo de si es una acción de escritura o de lectura.

4. Este comando o consulta es emitido por el bus del mediador y este encontrará un manejador o handler capaz de interpretarlo.

5. El Handler invocará a la base de datos o al bróker de mensajería.

6. El manejador retorna un resultado o Result.

7. AutoMapper convierte el resultado a response y se le retorna la respuesta al cliente.

Instalamos las dependencias del proyecto que necesitamos. La primera dependencia es **AutoMapper** [*Ilustración 137*] capaz de convertir el tipo de un objeto a otro automáticamente, para simplificar la conversión de datos entre estructuras dentro del microservicio.

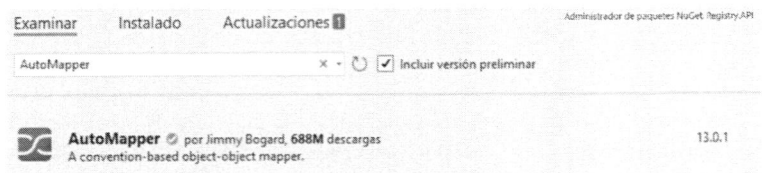

Ilustración 137. Paquete Nuget AutoMapper.

Otra de las dependencias es MediatR [*Ilustración 138*] biblioteca que implementa el patrón mediator para manejar la comunicación entre diferentes componentes de forma descentralizada.

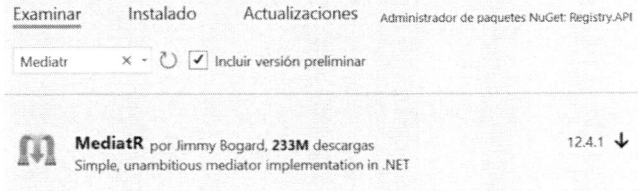

Ilustración 138. Nuget MediatR.

La última dependencia que necesitamos para nuestras features es agregar el componente transversal de mensajería "Components.Communication" [*Ilustración 139*] que será utilizado para la comunicación hacia la cola de mensajería.

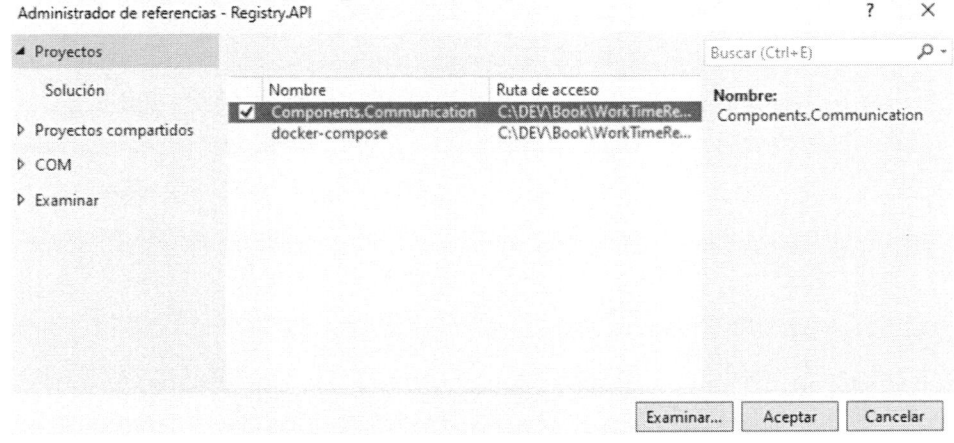

Ilustración 139. Dependencias proyecto.

Todas las features las incluiremos dentro de la carpeta "**Features**" en la raíz del proyecto. Pasamos a implementar cada funcionalidad.

Consejos para arquitectos:

✓ *Modularidad y despliegue escalable: Implementar feature flags en sus microservicios para habilitar/deshabilitar funcionalidades sin necesidad de re-deploy. Esto mejora la flexibilidad en despliegues progresivos y pruebas en producción.*

3.5.8.1 Feature CreateUserWorkTimeRecord

La primera funcionalidad por implementar [***Ilustración 140***] es la de crear o actualizar el último registro del empleado en la base de datos de PostgreSQL y, una vez persistido, se publicará un evento en la cola de mensajería, para llevar ese registro a histórico de datos en la base de datos de auditoría.

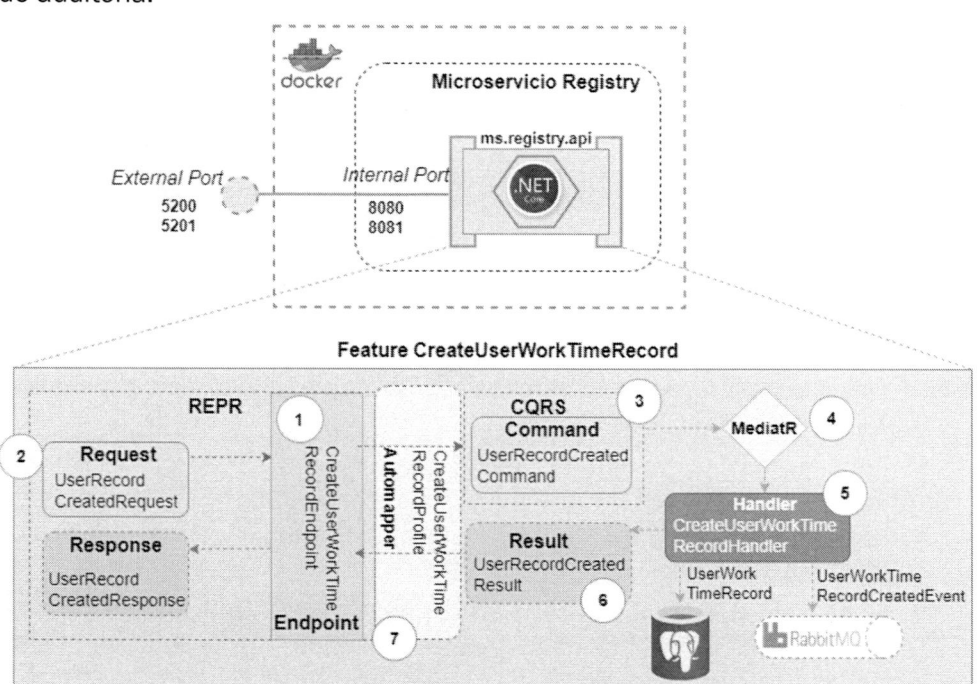

Ilustración 140. Feature CreateUserWorkTimeRecord.

Esta feature pertenece al dominio UserWorkTimeRecord, por este motivo, dentro de la carpeta "Features", incluimos un subdirectorio con el nombre "**UserWorkTimeRecords**", para indicar todas las features que pertenecen a dicho dominio.

Ahora dentro de este subdirectorio, creamos la carpeta "**CreateUserWorkTimeRecord**" que contendrá nuestra funcionalidad.

Se compone de dos ficheros, el primero es **CreateUserWorkTimeRecordEndpoint.cs** [*Ilustración 141*] que define el endpoint mediante Carter.

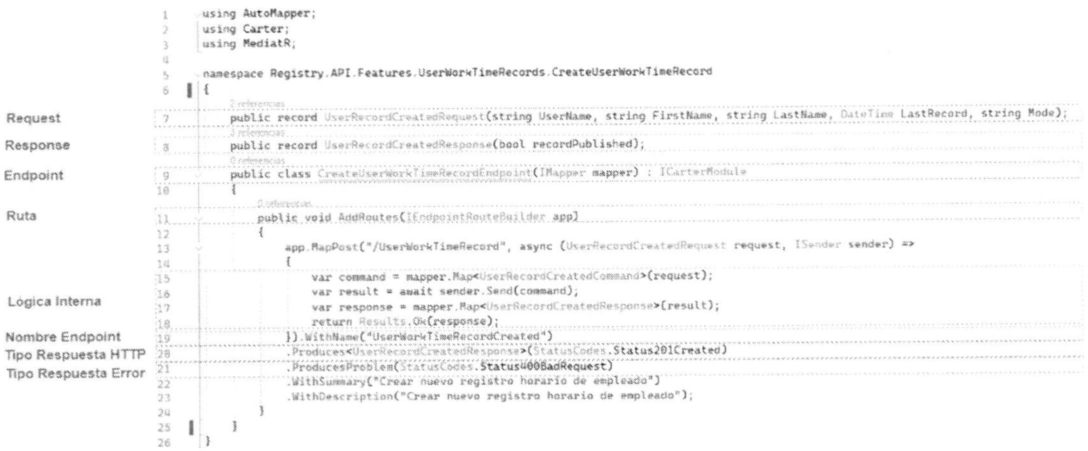


```
1  using AutoMapper;
2  using Carter;
3  using MediatR;
4
5  namespace Registry.API.Features.UserWorkTimeRecords.CreateUserWorkTimeRecord
6  {
7      public record UserRecordCreatedRequest(string UserName, string FirstName, string LastName, DateTime LastRecord, string Mode);
8      public record UserRecordCreatedResponse(bool recordPublished);
9      public class CreateUserWorkTimeRecordEndpoint(IMapper mapper) : ICarterModule
10     {
11         public void AddRoutes(IEndpointRouteBuilder app)
12         {
13             app.MapPost("/UserWorkTimeRecord", async (UserRecordCreatedRequest request, ISender sender) =>
14             {
15                 var command = mapper.Map<UserRecordCreatedCommand>(request);
16                 var result = await sender.Send(command);
17                 var response = mapper.Map<UserRecordCreatedResponse>(result);
18                 return Results.Ok(response);
19             }).WithName("UserWorkTimeRecordCreated")
20             .Produces<UserRecordCreatedResponse>(StatusCodes.Status201Created)
21             .ProducesProblem(StatusCodes.Status400BadRequest)
22             .WithSummary("Crear nuevo registro horario de empleado")
23             .WithDescription("Crear nuevo registro horario de empleado");
24         }
25     }
26 }
```

Ilustración 141. endpoint CreateUserWorkTimeRecordEndpoint.

Este endpoint se compone de dos elementos principales, la solicitud **UserRecordCreatedRequest** y la respuesta **UserRecordCreatedResponse**.

La solicitud se utiliza como datos de entrada que recibe la ruta "*/UserWorkTimeRecord*", en la petición POST e incluye información relativa al registro horario del empleado (línea 7).

La respuesta representa el resultado de este endpoint cuando finalice el tratamiento de la solicitud (línea 8).

Para que este endpoint sea reconocido como una ruta por la librería Carter, implementamos el módulo **ICarterModule**. Adicionalmente, inyectamos en el constructor de la clase AutoMapper, para realizar la conversión de objetos.

El método por implementar de este módulo es **AddRoutes**, que nos permite registrar rutas haciendo uso de **IEndpointRouteBuilder**, objeto usado por .NET para registro de rutas y configuración de solicitudes HTTP (línea 11).

En este método, definimos la ruta en la aplicación, agregando el verbo HTTP asociado, en este caso POST. Es una ruta que usa una función asíncrona como manejador de la solicitud y recibe por primer parámetro los datos de entrada y por segundo parámetro inyectamos el mediador para enviar comandos a los manejadores correspondientes (línea 13).

La lógica del manejador de la solicitud contiene los siguientes pasos:

- Conversión de la solicitud al tipo **UserRecordCreatedCommand**, que es el comando que enviaremos por CQRS usando el mediador (línea 15).
- Enviamos el comando por el mediador, para ser recibido por el manejador adecuado para procesar este comando.
- La respuesta que nos devuelva el manejador que procesó el comando es convertido a **UserRecordCreatedResponse** (línea 17).
- Devolvemos la respuesta como una solicitud HTTP 200 (línea 18).

Tras implementar la lógica de la solicitud, terminamos de configurar el endpoint.

Asignamos un nombre al endpoint, usado para documentar (línea 19), a través de "WithName".

Especificamos el tipo devuelto por resultado en caso de éxito con el código HTTP 201, mediante "Produces<TipoRespuesta>" (línea 20).

En caso de error, retornamos una respuesta con el código HTTP 400, "ProducesProblem" (línea 21).

Finalmente agregamos metadatos usando dos métodos de extensión usados por Swagger para documentar el endpoint, agregando una breve descripción del endpoint (WithSummary), así como una más detallada (WithDescription) (líneas 22-23).

Una vez tenemos la ruta definida, debemos implementar siguiendo el enfoque de arquitectura vertical, la feature CreateUserWorkTimeRecord [*Ilustración 142*].

Ilustración 142. CreateUserWorkTimeRecordHandler.

Se compone del comando **UserRecordCreatedCommand** usado por CQRS, que representa la acción de actualizar o crear un registro horario, heredado de **IRequest**, que utiliza el patrón mediador para indicar el resultado del comando, que en este caso es de tipo **UserRecordCreatedResult**, siendo este resultado un booleano que indica si se ha publicado correctamente el evento (líneas 10-12).

Otro de los bloques es el del manejador del comando, **CreateUserWorkTimeRecordHandler**, que tiene las siguientes dependencias inyectadas (líneas 13-14):

- **IMapper**: Para realizar transformación de objetos desde o hacia dominio.

- **IRegistryContext**: Representa el contexto de base de datos PostgreSQL, necesario para el acceso a datos.

- **IPublishEndpoint**: Interfaz de MassTransit, empleada para la publicación de eventos.

- **ILogger**: Registro de logs en consola.

Este manejador de comando implementa **IRequestHandler**, recibiendo por primer parámetro el tipo de comando que maneja y por segundo parámetro el resultado que retorna tras procesar el comando (línea 15).

Dentro de esta clase manejadora de comandos, implementamos el método **Handle** [*Ilustración 143*] que posee dos parámetros, el primero es el comando que maneja y el segundo la estructura **CancellationToken** empleada para propagar evento de cancelación tras tareas asíncronas, de forma controlada y para que los recursos se liberen (líneas 17-18).

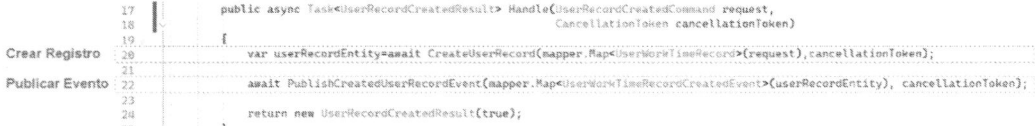

Ilustración 143. Método Handle.

La primera acción de este manejador es crear el registro en base de datos a través del método que definiremos a continuación **CreateUserRecord**, que recibe por parámetro la entidad del dominio que necesita persistir, pero como el objeto comando no es de tipo entidad de dominio **UserWorkTimeRecord**, utilizamos AutoMapper, para realizar la conversión (línea 20).

La segunda acción es publicar el evento hacia el microservicio de auditoría. Una vez persistido el registro en base de datos invocará de forma asíncrona al método **PublishCreatedUserRecordEvent**, que definiremos a continuación; recibe por primer parámetro el evento a propagar **UserWorkTimeRecordCreatedEvent**; por tanto, convertimos la entidad de dominio a esta clase evento (línea 22).

Si todo ha ido bien, este manejador retorna una respuesta booleana de tipo **UserRecordCreatedResult**, utilizado por el manejador (línea 24).

Ahora declaramos el método **CreateUserRecord** [*Ilustración 144*] para persistir el registro, que retorna la entidad del dominio tras persistir.

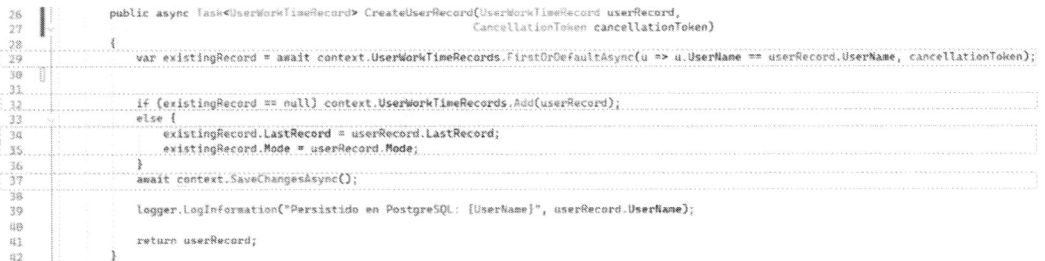

Ilustración 144. CreateUserRecord.

Únicamente vamos a almacenar el último acceso de cada empleado; por este motivo, la clave primaria es el nombre de usuario y tendrá un solo registro.

Primero verificamos si existe ya un registro para este usuario en base de datos, utilizamos del contexto abierto de PostgreSQL, la colección UserWorkTimeRecords, y filtramos (línea 29).

Si no existe el registro en base de datos, creamos uno nuevo al contexto mediante el método de exensión **Add**, de Entity Framework Core (línea 32).

En caso contrario, reutilizamos el registro y lo modificamos con la nueva fecha y el modo *Entrada/Salida* (líneas 33-36).

Finalmente aplicamos los cambios en el contexto abierto por EF **SaveChangesAsync** (línea 37).

Una vez persistido en base de datos, procedemos a definir el método PublishCreatedUserRecordEvent, capaz de publicar eventos en el bus de mensajería [*Ilustración 145*].

```
43    public async Task<bool> PublishCreatedUserRecordEvent(UserWorkTimeRecordCreatedEvent userWorkTimeRecordCreatedEvent
44                                                          CancellationToken cancellationToken) {
45        await publishEndpoint.Publish(userWorkTimeRecordCreatedEvent, cancellationToken);
46
47        return true;
48    }
```

Ilustración 145. PublishCreatedUserRecordEvent.

Recibe por primer parámetro el evento **UserWorkTimeRecordCreatedEvent** que se publicará en la cola de mensajería (línea 45).

El funcionamiento interno de la cola de mensajería es el siguiente [*Ilustración 146*]. Disponemos del tipo de evento **UserWorkTimeRecordCreatedEvent** que va a viajar por el bus de comunicaciones, implementado por MassTransit del proyecto transversal Components.Communication, usando el IPublishEndpoint de MassTransit, y publicamos este evento.

Este evento necesita disponer de un componente llamado **exchange** capaz de recibir mensajes de los productores, para poder distribuirlos a una determinada cola.

En caso de que no exista un **exchange** capaz de manejar este tipo de evento enviado, MassTransit lo creará.

Cuando este evento es enviado al bróker, lo recibe el exchange responsable del evento, **Components.Communication.Events:UserWorkTimeRecordCreatedEvent.**

Si tuviéramos un consumidor definido, MassTransit automáticamente hubiera creado un exchange para la cola y la cola para dicho consumidor, pero todavía no hemos llegado a esta fase de implementación, que será definido en el microservicio de auditoría.

Por este motivo, ahora mismo el publicador de eventos únicamente llegaría al exchange del evento y el mensaje sería descartado, al no tener un consumidor ni cola destinataria.

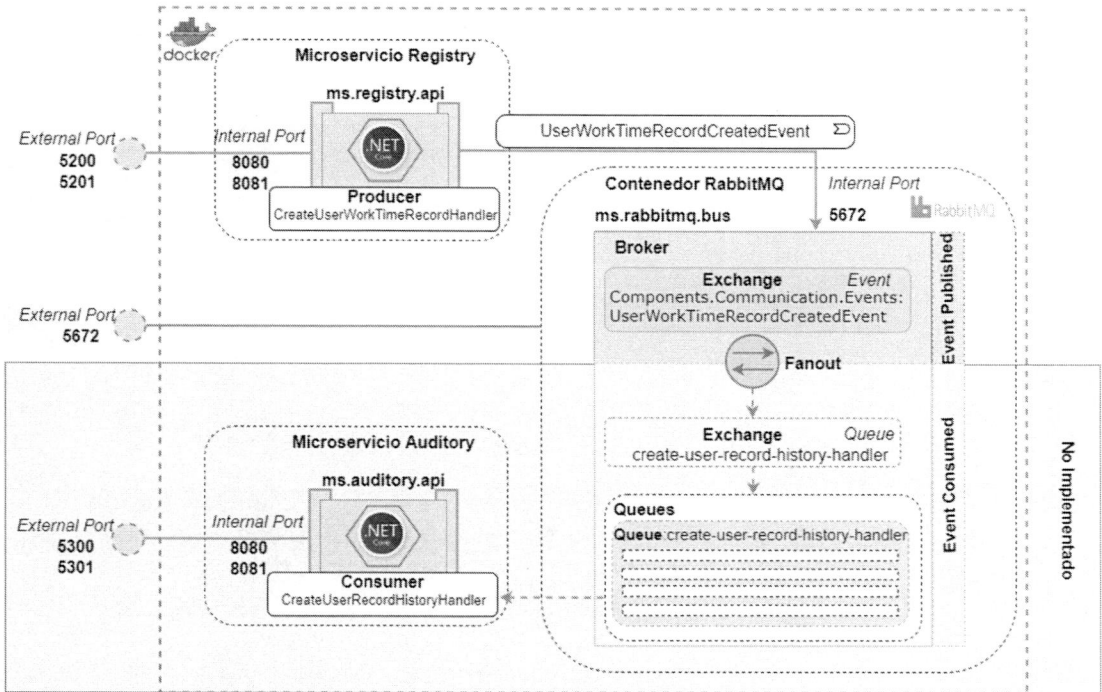

Ilustración 146. Broker Flow.

Con esto tendríamos definido el método de publicación de evento, finalizamos la implementación de la feature, definiendo los conversores entre tipos de objetos [*Ilustración 147*]; estas conversiones son:

- Comando a dominio
- Request a comando
- Dominio a evento
- Result y response

```
50      public class CreateUserWorkTimeRecordProfile : Profile
51      {
           0 referencias
52          public CreateUserWorkTimeRecordProfile()
53          {
54              //Mapear de Command a entidad del dominio
55              CreateMap<UserRecordCreatedCommand, UserWorkTimeRecord>();
56              //Mapear de request a command
57              CreateMap<UserRecordCreatedRequest, UserRecordCreatedCommand>().ReverseMap();
58              //Mapear de Dominio a Evento
59              CreateMap<UserWorkTimeRecord, UserWorkTimeRecordCreatedEvent>();
60              // Mapeo entre result de la API hacia cliente y response de base de datos
61              CreateMap<UserRecordCreatedResult, UserRecordCreatedResponse>().ReverseMap();
62          }
63      }
64  }
```

Ilustración 147. Mappers CreateUserWorkTimeRecordProfile.

Una vez definido nuestra feature, debemos crear la configuración de conexión hacia RabbitMQ, que se utilizará para inicializar la conexión con el bróker de mensajería [*Ilustración 148*]. Contiene el nombre del host, en este caso el nombre del contenedor **ms.rabbitmq.bus** definido en Docker, usuario y contraseña.

Configuración Message Broker

```
appsettings.json  ⊞ ✕   CreateUserRec...toryHandler.cs        Program.cs*
Esquema: https://json.schemastore.org/appsettings.json
    1      {
    2        "ConnectionStrings": [],
    5        "MessageBroker": {
    6          "Host": "amqp://ms.rabbitmq.bus",
    7          "UserName": "admin",
    8          "Password": "password"
    9        },
   10        "Logging": {
   11          "LogLevel": {
   12            "Default": "Information",
   13            "Microsoft.AspNetCore": "Warning"
   14          }
   15        },
   16        "AllowedHosts": "*"
   17      }
```

Ilustración 148. Message Broker appsettings.json.

Finalmente, editamos el fichero Program.cs [*Ilustración 149*] para configurar **AutoMapper** e inyectar todos los perfiles "Profile" definidos en el ensamblado, sin tener que declararlos uno a uno (línea 7).

```
 1    using Carter;
 2    using Components.Communication.MessageBroker;
 3    using Microsoft.EntityFrameworkCore;
 4    using Registry.API.Data.Context;
 5
 6    var builder = WebApplication.CreateBuilder(args);
 7    builder.Services.AddAutoMapper(AppDomain.CurrentDomain.GetAssemblies());
 8
 9    builder.Services.AddCarter();//Registramos Carter
10    builder.Services.AddMediatR(configuration => { configuration.RegisterServicesFromAssembly(typeof(Program).Assembly); });
11    builder.Services.AddScoped(typeof(IRegistryContext), typeof(RegistryPostgresContext));
12
13    builder.Services.AddMessageBroker(builder.Configuration);
14
15    builder.Services.AddDbContext<RegistryPostgresContext>(options =>
16        options.UseNpgsql(builder.Configuration.GetConnectionString("UserRecord")));
17
18    var app = builder.Build();
19
20    app.MapCarter();
21
22    app.Run();
```

AutoMapper → línea 7

MediatR → líneas 10–11

Broker → línea 13

Ilustración 149. Inyectar AutoMapper y MediatR.

Además, para que la implementación de CQRS mediante el patrón **MediatR** funcione, registramos automáticamente todos los manejadores de comandos y queries que encuentre dentro del ensamblado (línea 10). De esta forma, se registran automáticamente en la colección de servicios de inyección de dependencias.

Además, al haber referenciado el proyecto de componentes de mensajería, podemos hacer uso de este, para utilizar su método de extensión **AddMessageBroker** (línea 13), al que le pasamos por parámetro la configuración de las appsettings.

3.5.8.2 Feature GetUserWorkTimeRecord

Implementamos la última funcionalidad de este microservicio [*Ilustración 150*] que es la de obtener el último registro horario empleado de la base de datos de PostgreSQL, filtrando por el campo userName, clave primaria.

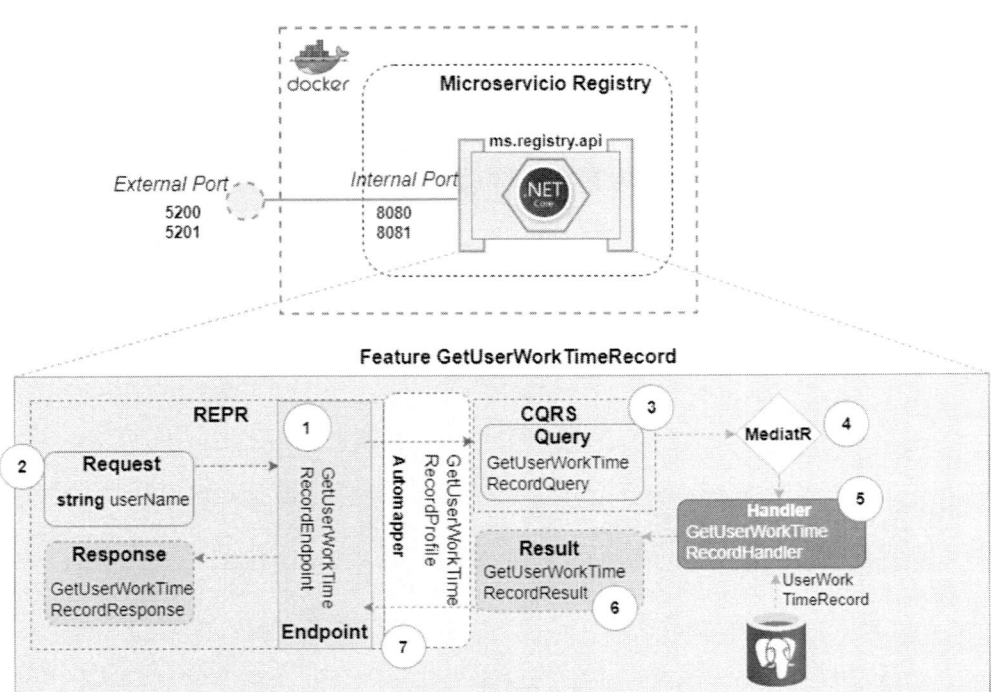

Ilustración 150. Feature GetUserWorkTimeRecord.

Esta feature pertenece al dominio UserWorkTimeRecord; por este motivo, seguimos dentro de la carpeta "Features", en el subdirectorio "**UserWorkTimeRecords**".

Dentro de este subdirectorio, creamos la carpeta "**GetUserWorkTimeRecord**" que contendrá nuestra funcionalidad.

Se compone de tres ficheros, el primero es **GetUserWorkTimeRecordEndpoint.cs** [*Ilustración 151*] que define el endpoint mediante Carter.

```
1   using AutoMapper;
2   using Carter;
3   using MediatR;
4
5   namespace Registry.API.Features.UserWorkTimeRecords.GetUserWorkTimeRecord
6   {
        1 referencias
7       public record GetUserWorkTimeRecordResponse(UserWorkTimeRecordResponse UserWorkTimeRecord);
        1 referencia
8       public class GetUserWorkTimeRecordEndpoint(IMapper mapper, ILogger<GetUserWorkTimeRecordEndpoint> logger) : ICarterModule
9       {
            0 referencias
10          public void AddRoutes(IEndpointRouteBuilder app)
11          {
12              app.MapGet("/UserWorkTimeRecord/{userName}", async (string userName, ISender sender) =>
13              {
14                  logger.LogInformation("Obtener registro horario del empleado:  {userName}", userName);
15
16                  var query = new GetUserWorkTimeRecordQuery(userName);
17                  var result = await sender.Send(query);
18
19                  logger.LogInformation("Obtenidos {UserWorkTimeRecord} registros horarios", result.UserWorkTimeRecord);
20
21                  var response = mapper.Map<GetUserWorkTimeRecordResponse>(result);
22
23                  return Results.Ok(response.UserWorkTimeRecord);
24              }).WithName("GetUserWorkTimeRecordByUserName")
25              .Produces<GetUserWorkTimeRecordResponse>(StatusCodes.Status200OK)
26              .ProducesProblem(StatusCodes.Status400BadRequest)
27              .WithSummary("Registro horario del empleado")
28              .WithDescription("Obtener el último registro horario del empleado");
29          }
30      }
31  }
```

Ilustración 151. endpoint GetUserWorkTimeRecordEndpoint.

La request de esta ruta es una cadena que contiene el nombre de usuario, mientras que la respuesta es **GetUserWorkTimeRecordResponse**.

Esta respuesta contiene un *data transfer object* (DTO) asociado **UserWorkTimeRecordResponse**, que representa la respuesta que el cliente web de Vue espera recibir [*Ilustración 152*].

```
1   namespace Registry.API.Features.UserWorkTimeRecords.GetUserWorkTimeRecord
2   {
        2 referencias
3       public class UserWorkTimeRecordResponse
4       {
            0 referencias
5           public string userName { get; set; }
            0 referencias
6           public string firstName { get; set; }
            0 referencias
7           public string lastName { get; set; }
            0 referencias
8           public DateTime lastRecord { get; set; }
            0 referencias
9           public string mode { get; set; }
10      }
11  }
```

Ilustración 152. UserWorkTimeRecordResponse.

La respuesta representa el resultado de este endpoint cuando finalice el tratamiento de la solicitud (línea 7).

El nombre de usuario se utiliza como parámetro de entrada que recibe la ruta "*/UserWorkTimeRecord/{userName}*" en la petición GET (línea 12).

Para que este endpoint sea reconocido como una ruta por la librería Carter, implementamos el módulo **ICarterModule**.

El método por implementar de este módulo es **AddRoutes**, que nos permite registrar rutas haciendo uso de **IEndpointRouteBuilder**, objeto usado por .NET para registro de rutas y configuración de solicitudes HTTP (línea 10).

En este método, definimos la ruta en la aplicación, agregando el verbo HTTP asociado, en este caso GET. Es una ruta que usa una función asíncrona como manejador de la solicitud y recibe por primer parámetro los datos de entrada y por segundo parámetro inyectamos el mediador para enviar queries a los manejadores correspondientes (línea 12).

La lógica del manejador de la solicitud contiene los siguientes pasos:

- Creamos la query utilizando el nombre de usuario (línea 16).

- Enviamos la query por el mediador, para ser recibido por el manejador adecuado para procesar esta consulta (línea 17).

- La respuesta que nos devuelva el manejador que procesó la query es convertido a **GetUserWorkTimeRecordResponse** (línea 21).

- Devolvemos la respuesta como una solicitud HTTP 200 (línea 23).

Tras implementar la lógica de la solicitud, terminamos de configurar el endpoint.

Asignamos un nombre al endpoint, usado para documentar (línea 24), a través de "**WithName**".

Especificamos el tipo devuelto por resultado en caso de éxito con el código HTTP 201, mediante "**Produces<TipoRespuesta>**" (línea 25).

En caso de error, retornamos una respuesta con el código HTTP 400, "**ProducesProblem**" (línea 26).

Finalmente agregamos metadatos usando dos métodos de extensión usados por Swagger para documentar el endpoint, agregando una breve descripción del endpoint (**WithSummary**), así como una más detallada (**WithDescription**) (líneas 27-28).

Una vez tenemos la ruta definida, debemos implementar siguiendo el enfoque de arquitectura vertical, la feature GetUserWorkTimeRecord [*Ilustración 153*].

```
 1   using AutoMapper;
 2   using MediatR;
 3   using Microsoft.EntityFrameworkCore;
 4   using Registry.API.Data.Context;
 5   using Registry.API.Domain;
 6   using System.Text.Json;
 7
 8   namespace Registry.API.Features.UserWorkTimeRecords.GetUserWorkTimeRecord
 9   {
          1 referencia
10       public record GetUserWorkTimeRecordQuery(string UserName) : IRequest<GetUserWorkTimeRecordResult>;
          1 referencia
11       public record GetUserWorkTimeRecordResult(UserWorkTimeRecord UserWorkTimeRecord);
          1 referencia
12       public class GetUserWorkTimeRecordHandler(IRegistryContext context, ILogger<GetUserWorkTimeRecordHandler> logger)
13                                  : IRequestHandler<GetUserWorkTimeRecordQuery, GetUserWorkTimeRecordResult>
14       {
             0 referencias
15           public async Task<GetUserWorkTimeRecordResult> Handle(GetUserWorkTimeRecordQuery request, CancellationToken cancellationToken)
             1 referencia
28           public async Task<UserWorkTimeRecord> GetUserWorkTimeRecord(string userName, CancellationToken cancellationToken)
39       }
             1 referencia
40       public class GetUserWorkTimeRecordProfile : Profile
41       {
             0 referencias
42           public GetUserWorkTimeRecordProfile()
50       }
51   }
```

Ilustración 153. GetUserWorkTimeRecordHandler.

Se compone de la consulta **GetUserWorkTimeRecordQuery** usada por CQRS, que representa la acción de obtener el último registro horario del empleado filtrado, heredado de **IRequest**, que utiliza el patrón mediador para indicar el resultado de la query, que en este caso es de tipo **GetUserWorkTimeRecordResult**, siendo este resultado la entidad del dominio **UserWorkTimeRecord** que contiene toda la información del registro del usuario (líneas 10-11).

Otro de los bloques es el del manejador de la query, **GetUserWorkTimeRecordHandler**, que tiene las siguientes dependencias inyectadas (líneas 12-13):

- **IRegistryContext**: Representa el contexto de base de datos PostgreSQL, necesario para el acceso a datos.
- **ILogger**: Registro de logs en consola.

Este manejador implementa **IRequestHandler**, recibiendo por primer parámetro el tipo de query que maneja y por segundo parámetro el resultado que retorna tras procesarla (línea 13).

Dentro de esta clase manejadora de queries, implementamos el método **Handle [*Ilustración 154*]**, que posee dos parámetros; el primero es la query que maneja y el segundo la estructura **CancellationToken** empleada para propagar evento de cancelación tras tareas asíncronas, de forma controlada y para que los recursos se liberen (líneas 15-19).

```
15       public async Task<GetUserWorkTimeRecordResult> Handle(GetUserWorkTimeRecordQuery request, CancellationToken cancellationToken)
16       {
17           var userWorkTimeRecord = await GetUserWorkTimeRecord(request.UserName, cancellationToken);
18           return new GetUserWorkTimeRecordResult(userWorkTimeRecord);
19       }
```

Ilustración 154. Handle.

La primera acción de este manejador es obtener el último registro del empleado filtrado, de la base de datos a través del método que definiremos a continuación **GetUserWorkTimeRecord**, que recibe por parámetro el nombre de usuario a filtrar (línea 17).

Si todo ha ido bien, este manejador retorna una respuesta **GetUserWorkTimeRecordResult** que contiene la entidad del dominio obtenida de la base de datos por el manejador (línea 18).

Ahora declaramos el método **GetUserWorkTimeRecord** [*Ilustración 155*] para obtener el registro.

```
20    public async Task<UserWorkTimeRecord> GetUserWorkTimeRecord(string userName, CancellationToken cancellationToken)
21    {
22        logger.LogInformation("Buscar en Postgresql último registro horario del empleado: {userName}", userName);
23
24        var userWorkTimeRecord = await context.UserWorkTimeRecords.FirstOrDefaultAsync(u => u.UserName == userName, cancellationToken);
25        var serializedResult = JsonSerializer.Serialize(userWorkTimeRecord, new JsonSerializerOptions
26        {
27            WriteIndented = true,
28            Encoder = System.Text.Encodings.Web.JavaScriptEncoder.UnsafeRelaxedJsonEscaping
29        });
30        if (userWorkTimeRecord == null) {
31            logger.LogInformation("No existe el registro en PostgreSQL: {UserName}", userName);
32            userWorkTimeRecord = new UserWorkTimeRecord();
33        }
34        else
35            logger.LogInformation("Obtenido de PostgreSQL {UserName}: \n {serializedResult}", userWorkTimeRecord.UserName, serializedResult);
36
37        return userWorkTimeRecord;
38    }
```

Ilustración 155. GetUserWorkTimeRecord.

En caso de que exista el usuario en base de datos, únicamente tendrá un registro, por ello utilizamos del contexto abierto de PostgreSQL, la colección UserWorkTimeRecords, y filtramos por nombre de usuario para obtener el primer registro (línea 24).

Serializamos el objeto obtenido para que el log facilite la lectura de este objeto, usando saltos de línea (líneas 25-29).

Si no existe el registro en base de datos, retornamos una entidad vacía, para así evitar retornar un objeto nulo (líneas 30-33).

Con esto tendríamos definido el método de obtención de registro desde la base de datos, finalizamos la implementación de la feature, definiendo los conversores entre tipos de objetos [*Ilustración 156*]; estas conversiones son:

- Entidad del dominio a respuesta esperada por el cliente.
- Result a response.

```
40   ∨   public class GetUserWorkTimeRecordProfile : Profile
41   │   {
             0 referencias
42   │ ∨     public GetUserWorkTimeRecordProfile()
43   │       {
44   │           // Mapeo entre modelo y respuesta esperada por el cliente
45   │           CreateMap<UserWorkTimeRecord, UserWorkTimeRecordResponse>();
46   │
47   │           // Mapeo entre result de la API hacia cliente y response de base de datos
48   │           CreateMap<GetUserWorkTimeRecordResult, GetUserWorkTimeRecordResponse>();
49   │       }
50   │   }
```

Ilustración 156. GetUserWorkTimeRecordProfile.

Ya tenemos implementada esta feature, la estructura del proyecto debería haber quedado de la siguiente manera [*Ilustración 157*].

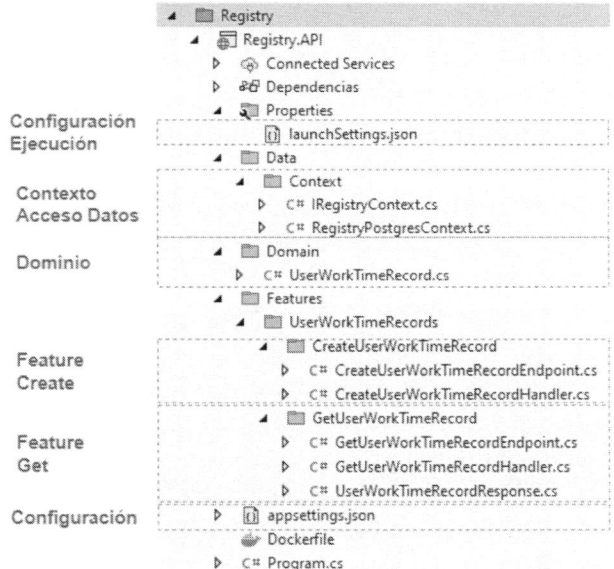

Ilustración 157. Estructura microservicio.

3.5.9 Verificar microservicio

Para poder verificar que el microservicio se ejecuta correctamente, vamos a instalar el paquete de Swagger "**Swashbuckle.AspNetCore**", que nos permitirá descubrir los métodos de este microservicio.

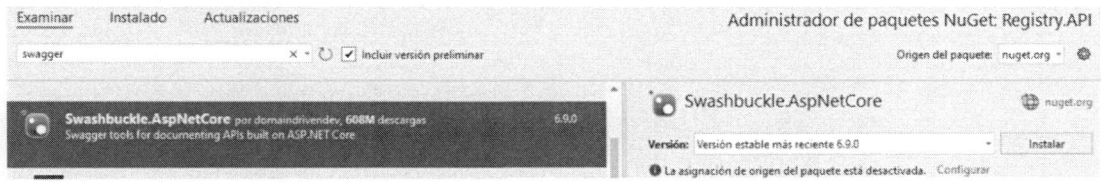

Ilustración 158. Nuget Paquete Swagger.

Finalmente, editamos el fichero Program.cs [*Ilustración 159*] para configurar Swagger en nuestro microservicio e inyectar la documentación.

```
1    using Carter;
2    using Components.Communication.MessageBroker;
3    using Microsoft.EntityFrameworkCore;
4    using Registry.API.Data.Context;
5
6    var builder = WebApplication.CreateBuilder(args);
7    builder.Services.AddAutoMapper(AppDomain.CurrentDomain.GetAssemblies());
8
9    builder.Services.AddEndpointsApiExplorer();                                    Documentación Swagger MinimalAPI
10   builder.Services.AddSwaggerGen(swagger =>
11   {
12       swagger.SwaggerDoc("v1", new Microsoft.OpenApi.Models.OpenApiInfo
13       {
14           Title = "Registry Api",                                               Generador de Documentación Swagger
15           Description = "API de último registro horario de cada empleado",
16           Version = "v1"
17       });
18   });
19
20   builder.Services.AddCarter();
21   builder.Services.AddMediatR(configuration => { configuration.RegisterServicesFromAssembly(typeof(Program).Assembly); });
22   builder.Services.AddScoped(typeof(IRegistryContext), typeof(RegistryPostgresContext));
23
24   builder.Services.AddMessageBroker(builder.Configuration);
25
26   builder.Services.AddDbContext<RegistryPostgresContext>(options =>
27       options.UseNpgsql(builder.Configuration.GetConnectionString("UserRecord")));
28
29   var app = builder.Build();
30
31   app.UseSwagger();                                                              Habilita Swagger
32   app.UseSwaggerUI(c => c.SwaggerEndpoint("/swagger/v1/swagger.json", "Registry V1"));   Habilita UI de Swagger
33
34   app.MapCarter();
35
36   app.Run();
```

Ilustración 159. Configuración Swagger.

En la configuración de los servicios necesarios para construir la aplicación, agregamos:

- **AddEndpointsApiExplorer**: Permite a Swagger generar documentación basada en endpoints en lugar de controladores (línea 9).

- **AddSwaggerGen**: Permite añadir el generador de documentación de Swagger en la aplicación, asociándole un título y descripción (líneas 10-18).

Una vez la aplicación ha sido construida, definimos el comportamiento de la aplicación ante una solicitud, agregamos:

- **UseSwagger**: Agrega el middleware generador de documentación Swagger (línea 31).

- **UseSwaggerUI**: Agrega la interfaz de usuario para representar la documentación Swagger, así como interactuar con la API (línea 32).

Si ejecutamos el proyecto desde Visual Studio con el perfil de ejecución de Docker Compose, veremos en Docker Desktop que los 3 contenedores de nuestra solución están en ejecución [*Ilustración 160*].

Ilustración 160. Microservicio en ejecución.

Los tres contenedores que tenemos son:

- **ms.registry.api**: contenedor que expone un API para el microservicio de registros.
- **ms.postgresql.registry.db**: contenedor que se inicializa con la base de datos de PostgreSQL y un registro.
- **ms.rabbitmq.bus**: contenedor de RabbitMQ, usado como bróker de mensajería.

Estos contenedores se encuentran dentro del docker-compose como vemos en la imagen anterior.

Al ejecutar el proyecto, podemos acceder a la API del microservicio, donde se exponen los dos endpoints del microservicio [*Ilustración 161*].

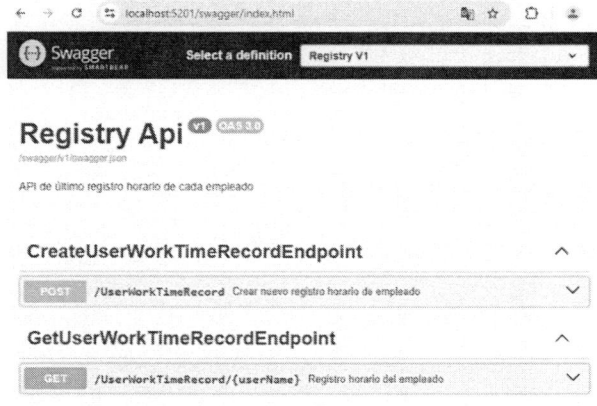

Ilustración 161. Swagger ejecutado.

Si ahora ejecutamos el endpoint **GetUserWorkTimeRecordEndpoint**, pasándole el nombre de usuario, deberíamos obtener el último registro de empleado, es decir, el único que posee la base de datos tras inicializarse [*Ilustración 162*].

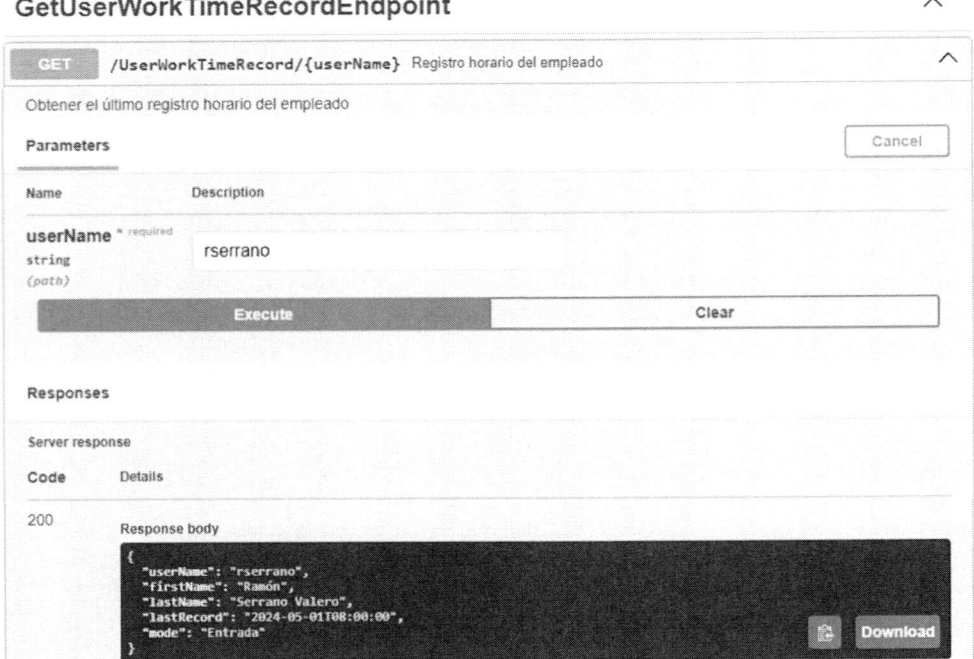

Ilustración 162. Ejecutado endpoint Get.

Si ahora ejecutamos el endpoint **CreateUserWorkTimeRecordEndpoint**, pasándole un registro de modo "Salida", se debería registrar en PostrgreSQL y emitir el evento en RabbitMQ. Solo se publicará, porque aún no tenemos un consumidor asociado [*Ilustración 163*].

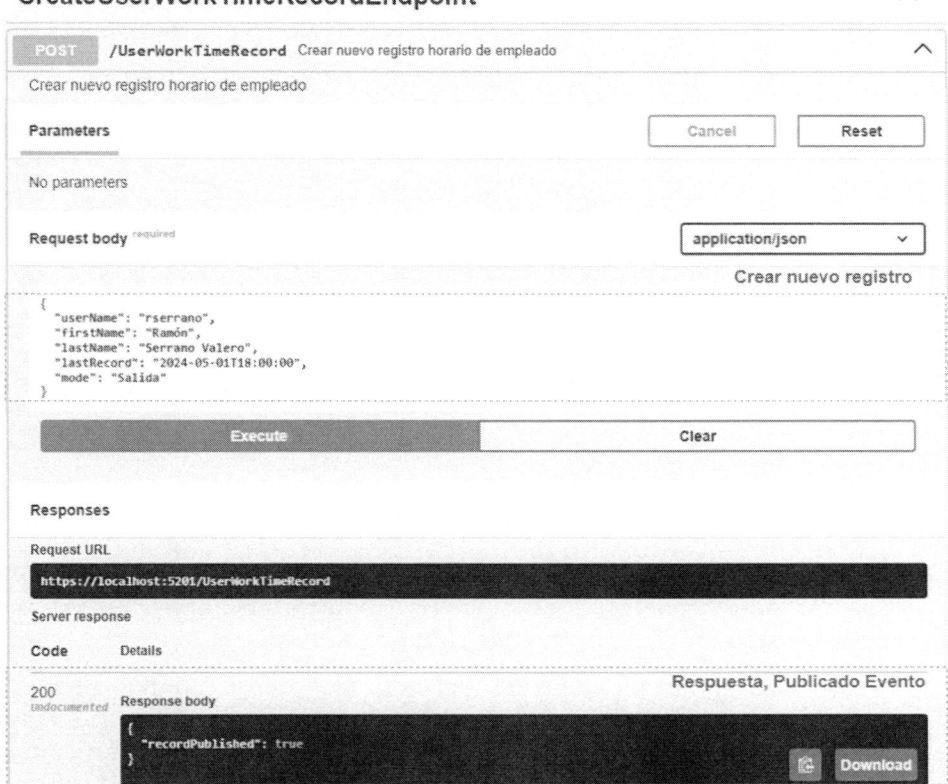

Ilustración 163. CreateUserWorkTimeRecordEndpoint.

Si ahora abrimos el contenedor de PostgreSQL desde Docker Desktop, desde su pestaña "exec", podremos interactuar con su terminal y ejecutar los siguientes comandos [***Ilustración 164***].

- Acceso a la base de datos para ejecutar scripts psql:

exec

```
psql -U admin -d registrydb
```

- Script psql para obtener todos los registros de la tabla:

exec

```
SELECT * FROM user_worktime_record;
```

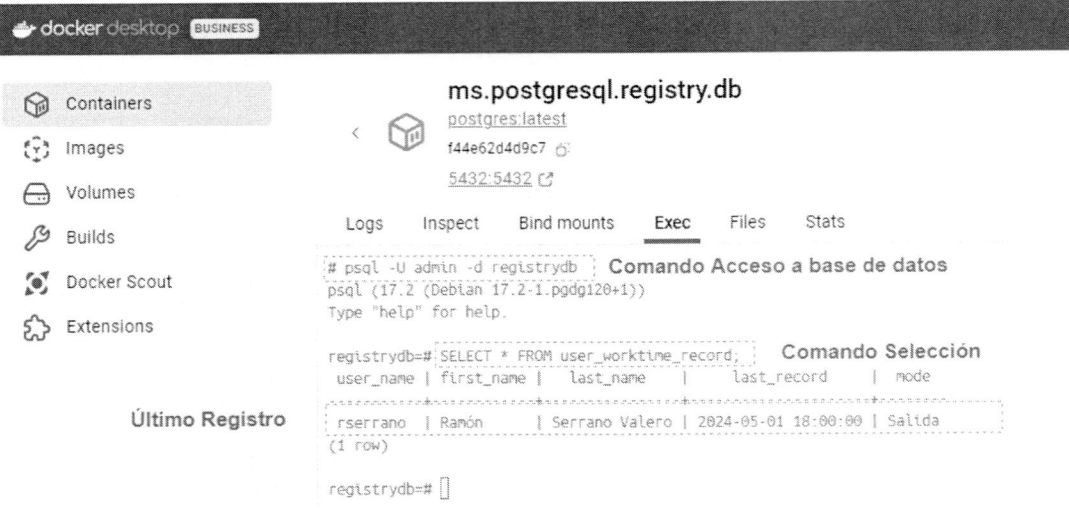

Ilustración 164. Verificar registro creado en PostgreSQL.

Acabamos de verificar que el registro de escritura se ha almacenado en la base de datos correctamente, ahora veamos desde la interfaz de RabbitMQ, si el mensaje ha sido interceptado.

Vemos que el mensaje ha sido publicado y descartado al no existir un consumidor que lo utilice [***Ilustración 165***].

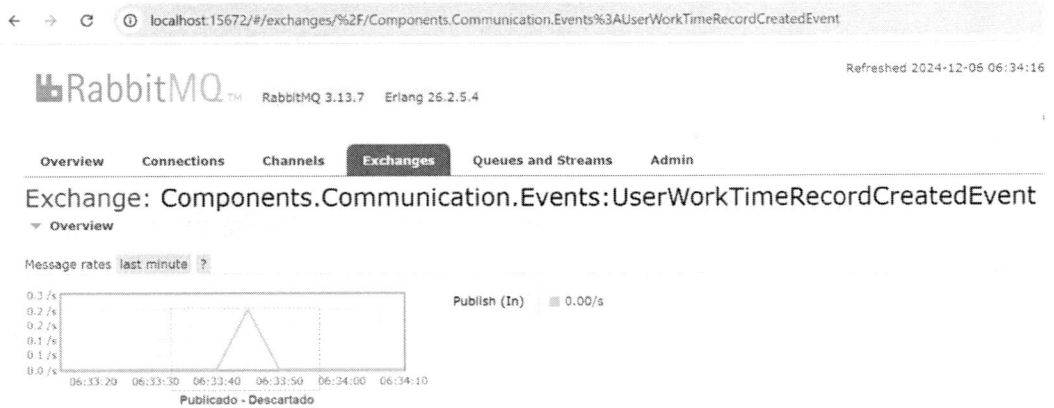

Ilustración 165. Mensaje publicado.

Por ahora con esto sería toda la implementación necesaria por parte del microservicio de registro, procedamos con el siguiente microservicio de auditoría.

3.6 Arquitectura vertical – microservicio auditoría

El microservicio Auditory [*Ilustración 166*] es un proyecto .NET 8 orientado a arquitectura vertical. Posee dos funcionalidades, obtener todos los registros de cada empleado y registrar el último registro del empleado tras consumir un evento.

Este microservicio realizará la persistencia en una base de datos de MongoDB y consumirá un evento del microservicio de Registry emitido en una cola de mensajería en el bróker de mensajería de RabbitMQ.

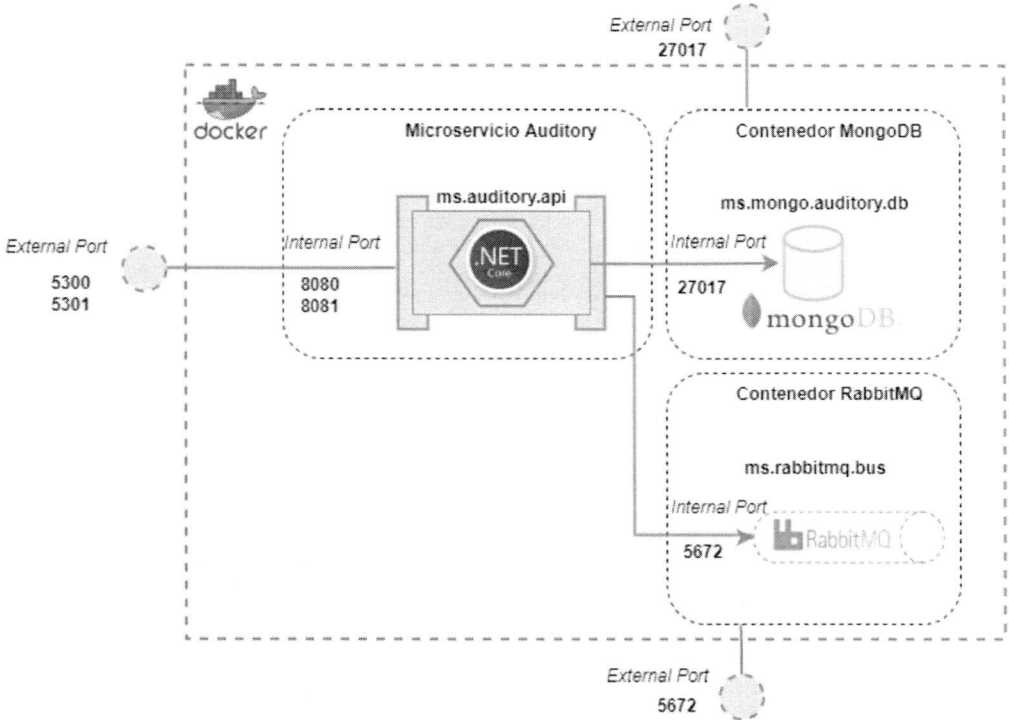

Ilustración 166. Arquitectura microservicio Auditory.

En el desarrollo de este microservicio aplicaremos arquitectura vertical, simplemente por ver la agilidad de desarrollo que aporta aplicar este tipo de arquitecturas en proyectos básicos con pocas funcionalidades y que no crecerá mucho.

En la carpeta de soluciones que tenemos creada "Auditory", agregamos un nuevo proyecto usando la plantilla de "ASP.NET Core vacío", es una plantilla que no incluye contenido y podemos crear desde cero [*Ilustración 167*].

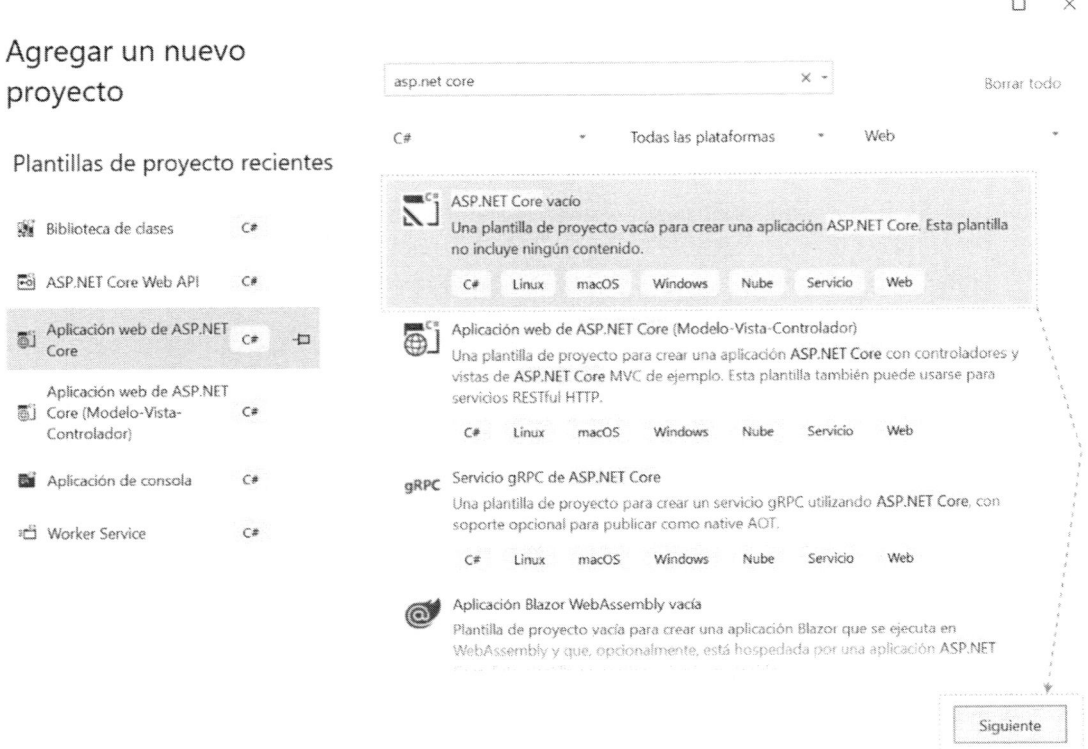

Ilustración 167. Proyecto vacío Auditory.

El próximo paso es crear el proyecto de auditoría, asignándole el nombre "Auditory.API" [***Ilustración 168***]. Como este proyecto forma parte de una carpeta de soluciones, para que respete la misma ruta, debemos modificar la ubicación, agregando el nombre de la carpeta de soluciones.

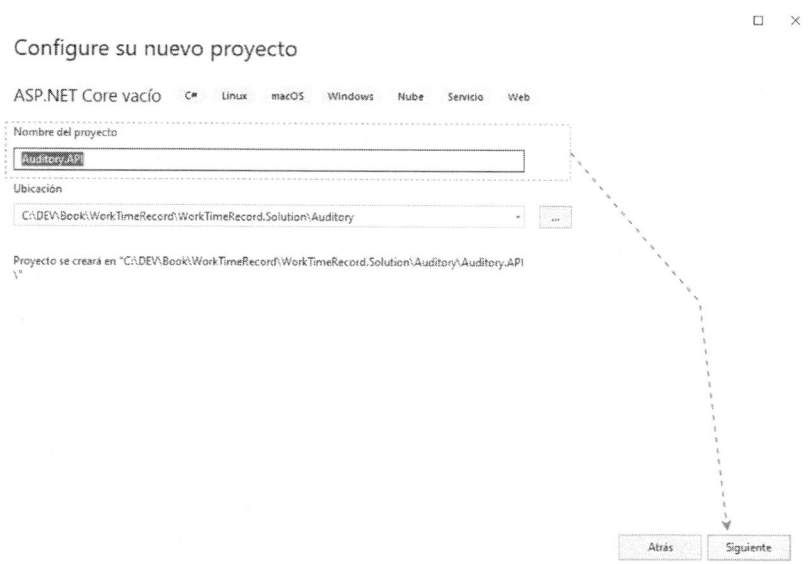

Ilustración 168. Asignar nombre de proyecto Auditory.

El último paso es el de selección de framework del proyecto [**Ilustración 169**], en nuestro caso .NET 8 y dejamos marcadas HTTPS y Docker para que configure el proyecto para ambos.

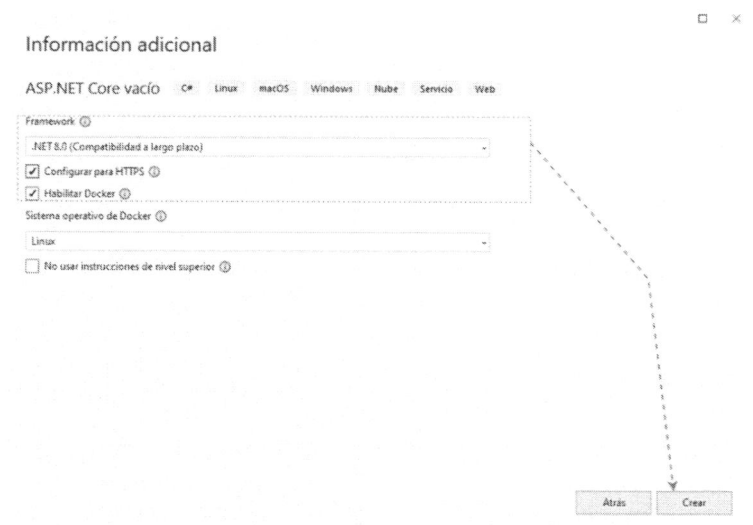

Ilustración 169. Seleccionar el framework 8.

Si hemos seguido estos pasos, tendremos una estructura de proyecto similar a [**Ilustración 170**].

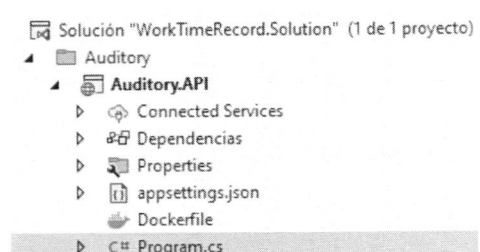

Ilustración 170. Estructura proyecto Auditory.

3.6.1 Configuración perfil ejecución

Si ejecutásemos el proyecto con el perfil "**http**", veríamos que aparece un texto de "*Hello World*", esto se debe a que el fichero Program.cs, tras construir la aplicación después de builder.Build(), mapea que cuando se invoque la ruta "/", aparecerá un texto [*Ilustración 171*].

Ilustración 171. Ejecutar proyecto Auditory.

Para no utilizar este conversor por defecto, ya que crearemos nuestras propias operaciones, eliminaremos la línea 5 de la anterior imagen.

Al ejecutar el proyecto localmente, ha utilizado el puerto 5148; este puerto es asignado aleatoriamente. Para que todo el equipo de desarrollo utilice los mismos puertos de forma organizada, vamos a cambiarlo el puerto por el 5300, dado que el proyecto front local lo teníamos en el 5100.

La configuración del puerto se debe realizar en el fichero **launchSettings.json** ubicado dentro de la carpeta **Properties** del proyecto. Este fichero, lo vimos en el microservicio anterior y contiene diferentes perfiles de ejecución del proyecto y, dependiendo del modo en que lo ejecutamos, utilizará una configuración u otra, incluido el puerto.

Cambiemos el perfil de **http** para que haga uso del puerto **5300** y el perfil **https** para que utilice el puerto **5301** [*Ilustración 172*].

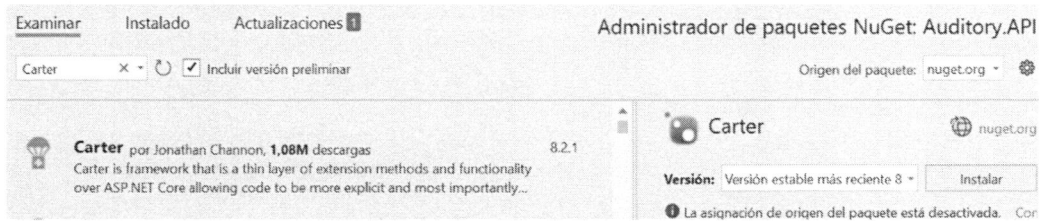

Ilustración 172. Cambiar puertos.

Estamos preparados para empezar el desarrollo de este microservicio siguiendo un diseño de arquitectura de corte vertical, por el mismo motivo que en el anterior microservicio.

Implementemos cada sección de la estructura del proyecto.

3.6.2   Configuración Minimal API

El primer paso es instalar en el proyecto Auditory.API, el paquete Nuget **Carter** [*Ilustración 173*], de esta forma podremos hacer uso del enrutado de enpoints mediante Minimal API.

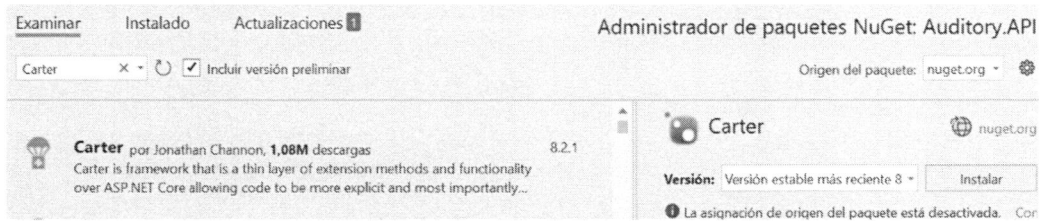

Ilustración 173. Instalar paquete Nuget Carter.

Una vez disponemos del paquete en el proyecto, procedemos a configurarlo [*Ilustración 174*]**,** abrimos la clase **Program.cs**, donde debemos de inicializar una instancia de WebApplication (línea 3).

Posteriormente debemos de añadir los servicios y deberán ser inyectados en el inyector de dependencias. Registramos el servicio Carter en el contenedor de servicios de la aplicación, agregando los servicios que necesita esta librería y cargando cada módulo que sea detectado en el proyecto (línea 5).

Definimos los middlewares para manejar las peticiones y respuestas, haciendo uso de **MapCarter** donde cada uno de los módulos que ha sido detectado en el proyecto, detectable por Carter, obtenga todas las rutas que hayan definido, para que las peticiones puedan manejarse sin necesitar controladores explícitos (línea 9).

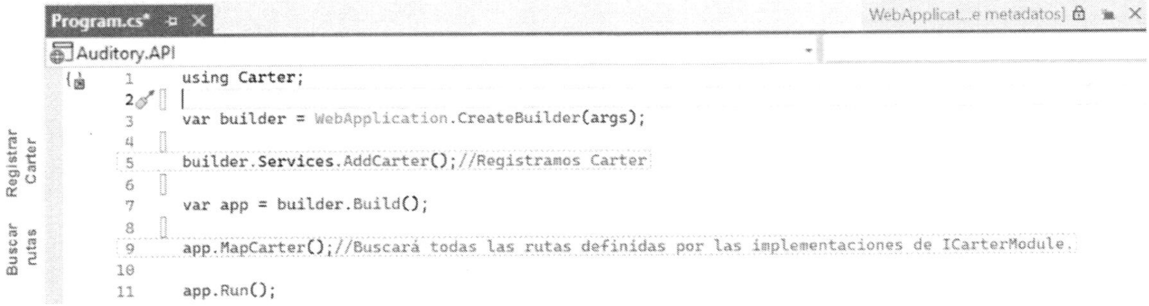
Program.cs*
WebApplicat...e metadatos]
Auditory.API
Registrar Carter
Buscar rutas
1 using Carter;
2
3 var builder = WebApplication.CreateBuilder(args);
4
5 builder.Services.AddCarter();//Registramos Carter
6
7 var app = builder.Build();
8
9 app.MapCarter();//Buscará todas las rutas definidas por las implementaciones de ICarterModule.
10
11 app.Run();

Ilustración 174. Configurar Carter.

A partir de esta configuración, cualquier módulo endpoint que definamos en las features de tipo **ICarterModule**, será detectado como módulo de Minimal API y sus rutas serán mapeadas.

3.6.3 Configurar microservicio para usar Docker Compose

Este microservicio también estará contenido en un contenedor; por este motivo, debemos configurarlo para ser compatible con el orquestador de contenedores [***Ilustración 175***].

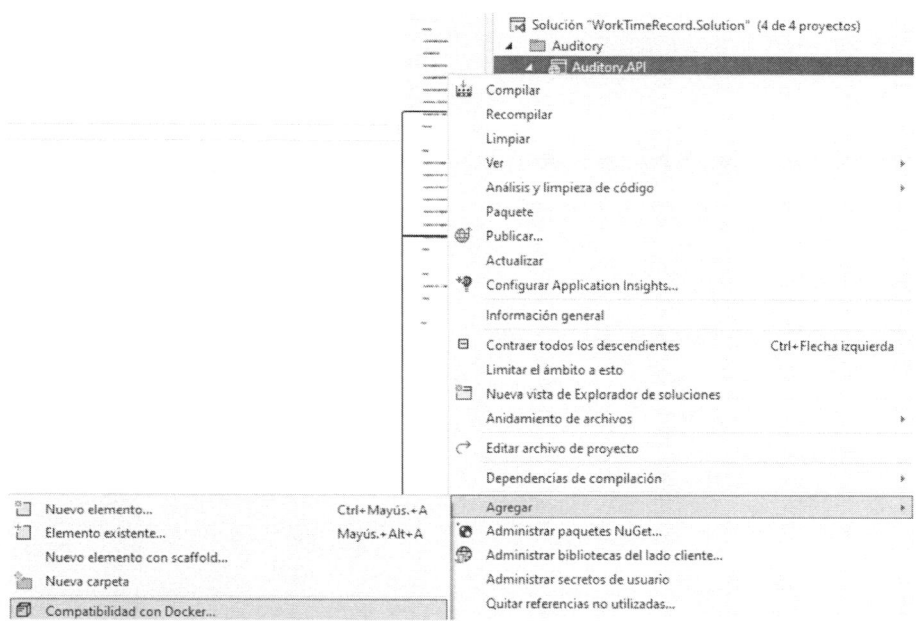

Ilustración 175. Docker Compose configuración proyecto.

Una vez seleccionada dicha compatibilidad, nos solicita seleccionar el orquestador de contenedores deseado, en este caso "Docker Compose" [*Ilustración 176*] con soporte base Linux y utilizará la sección "docker-compose" para incluir nuestro microservicio en su configuración.

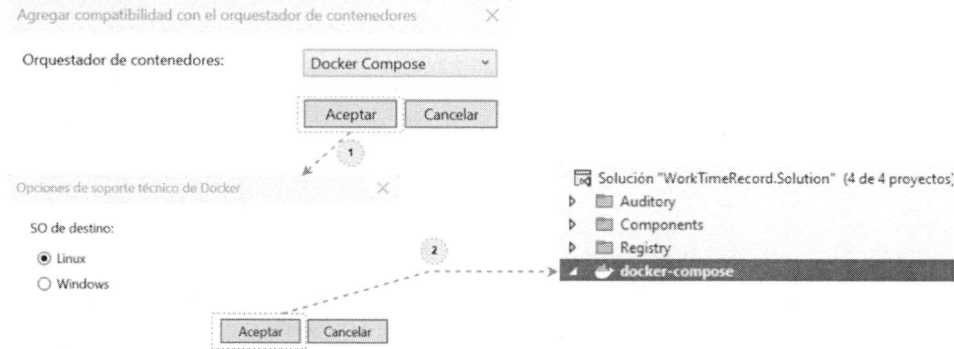

Ilustración 176. Selección de orquestador.

La configuración de este microservicio en el fichero docker-file [*Ilustración 177*] contiene:

- **auditory.api**: Nombre del servicio, que identifica al contenedor, que otros contenedores pueden usar para referirse a este servicio (línea 22).

- **image:** Especificar el nombre de la imagen que se utilizará para crear el contenedor (línea 23).
- **Dockerfile:** Construir la imagen del contenedor usando la ruta del Dockerfile dentro del contexto definido (línea 26).

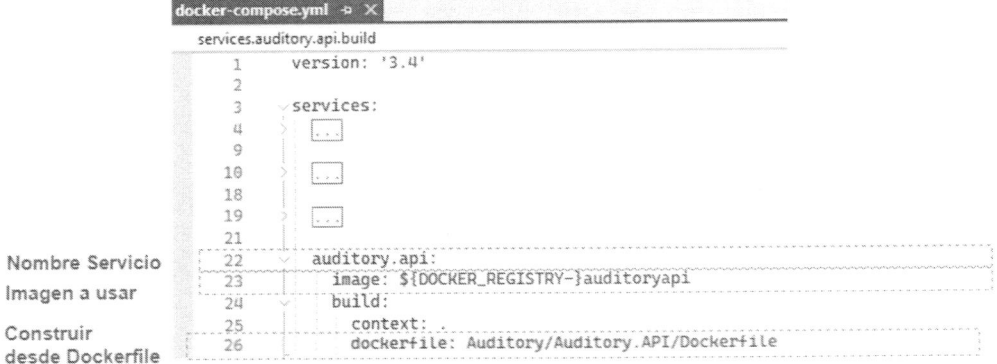

Ilustración 177. Configuración docker-compose auditory.api.

Ahora sobrescribimos el fichero docker-compose.override.yml con la siguiente configuración [*Ilustración 178*]:

- **auditory.api:** Nombre del servicio, que debe de coincidir con el definido en docker-compose.yml (línea 41).
- **container_name:** Asigna un nombre al contenedor para localizar mejor el servicio (línea 42).
- **depends_on:** Se indican las dependencias del contenedor con otros contenedores, hasta que los contenedores de los que depende no estén en ejecución, no se inicia este contenedor de auditory (línea 44).
- **environment:** Especifica variables de entorno (líneas 46-48).
- **ports:** Establece el mapeado de puertos entre el host y el contenedor. El puerto 5300 de la máquina que hospeda el contenedor es el puerto 8080 interno del contenedor, para el caso de HTTP.
- **volumes:** Monta directorios del host en el contenedor. Tanto para la carpeta donde se encuentran los secretos del usuario (línea 53), como para el directorio de los certificados locales para el https (línea 54).

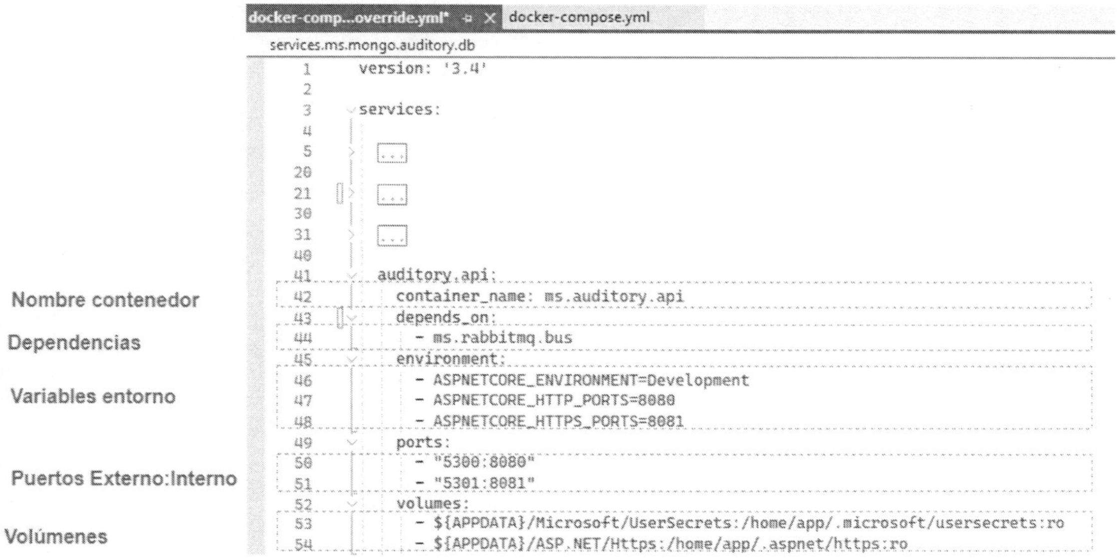

```
docker-comp...override.yml*    ×   docker-compose.yml
services.ms.mongo.auditory.db
   1        version: '3.4'
   2
   3      services:
   4      |
   5    > [...]
  20      |
  21    [>  [...]
  30      |
  31    > [...]
  40      |
  41      auditory.api:
  42          container_name: ms.auditory.api
  43      []  depends_on:
  44            - ms.rabbitmq.bus
  45          environment:
  46            - ASPNETCORE_ENVIRONMENT=Development
  47            - ASPNETCORE_HTTP_PORTS=8080
  48            - ASPNETCORE_HTTPS_PORTS=8081
  49          ports:
  50            - "5300:8080"
  51            - "5301:8081"
  52          volumes:
  53            - ${APPDATA}/Microsoft/UserSecrets:/home/app/.microsoft/usersecrets:ro
  54            - ${APPDATA}/ASP.NET/Https:/home/app/.aspnet/https:ro
```

Nombre contenedor

Dependencias

Variables entorno

Puertos Externo:Interno

Volúmenes

Ilustración 178. docker-compose.override.yml auditory.api.

Con este último paso habríamos configurado nuestro microservicio para ser desplegado como contenedor haciendo uso de "docker-compose".

Consejos para arquitectos:

✓ *Persistencia en entornos CI/CD: Configura volúmenes persistentes en Docker para evitar la pérdida de logs y auditoría en microservicios. Usa Azure Blob Storage o Elasticsearch para almacenar logs centralizados y accesibles.*

3.6.4   Configurar contenedor MongoDB

Este microservicio persiste en los datos de una base de datos MongoDB, utilizando una única colección "UserRecord".

Necesitamos configurar Docker para que MongoDB inicialice la base de datos y configurar el contenedor. Para ello creamos una nueva carpeta en la solución, a la altura de "docker-compose", con el nombre "ms.mongo.auditory.db" [*Ilustración 179*].

Carpeta Configuración PostgreSQL
Instrucciones construccion Imagen
Inicialización base datos

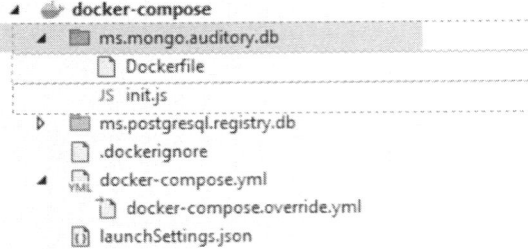

Ilustración 179. Configuración MongoDB.

Creamos un fichero Dockerfile, con las instrucciones para construir la imagen de Docker, que únicamente contendrá el nombre de la imagen a utilizar "mongo:latest" [*Ilustración 180*].

Ilustración 180. DockerFile MongoDB.

El último fichero que necesitamos configurar es el **init.js**, que contendrá un script que inicializa la base de datos MongoDB, ejecutado automáticamente cuando se inicia la base de datos. Lo que hace este script es cambiar el contexto de base de datos a AuditoryDB, crear un usuario *admin* con permisos de escritura y lectura y finalmente generar una colección [*Ilustración 181*].

Contexto Base datos

Crear Usuario
y Permisos

Usar Colección

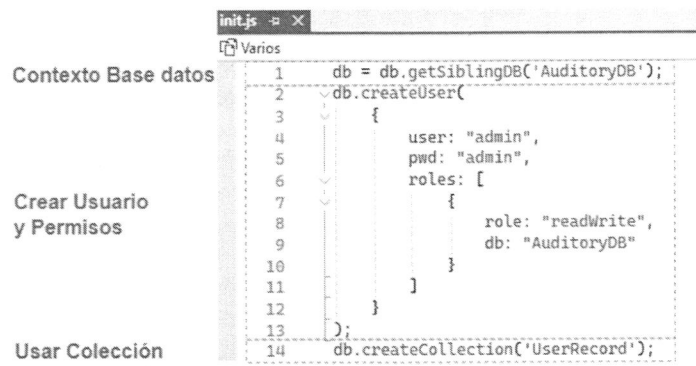

Ilustración 181. Inicializar base datos MongoDB.

Si la base de datos "AuditoryDB" no existe, MongoDB la creará automáticamente, al igual que ocurre con la colección, y el usuario, si no existen los crea, pero si ya existen, no realiza ninguna modificación.

Una vez tenemos preparada la configuración del contenedor de persistencia MongoDB para el microservicio, debemos definirlo en el fichero **docker-compose.yml** [*Ilustración 182*].

```
1    version: '3.4'
2
3   ˅services:
4   >    [...]
9
10  >    [...]
18
19  >    [...]
21
22  ˅    auditory.api:
23  |      image: ${DOCKER_REGISTRY-}auditoryapi
24  ˅      build:
25  |        context: .
26  |        dockerfile: Auditory/Auditory.API/Dockerfile
27
28  ˅    ms.mongo.auditory.db:                            Imagen
29  |      image: mongo
30  ˅      build:                                 Fichero Dockerfile
31  |        context: .
32  |        dockerfile: ms.mongo.auditory.db/Dockerfile
33  |      environment:
34  |        MONGO_INITDB_DATABASE: AuditoryDB        Variables Entorno
35  |        MONGO_INITDB_ROOT_USERNAME: admin
36  |        MONGO_INITDB_ROOT_PASSWORD: admin
37  ˅      volumes:                              Volumen Inicilizar BBDD
38  |        - ./ms.mongo.auditory.db/init.js:/docker-entrypoint-initdb.d/init.js
```

Ilustración 182. Docker-compose MongoDB.

Este fichero docker-compose.yml, contiene:

- image: El nombre de la imagen a construir con el contenedor (línea 29).

- Dockerfile: El directorio donde se encuentra el fichero de instrucciones de configuración de la imagen del contenedor (línea 32).

- MONGO_INITDB_DATABASE: Variable de entorno que especifica el nombre de base de datos usada por MongoDB, para crear la base de datos, usando un script de inicialización (línea 34).

- MONGO_INITDB_ROOT_USERNAME: Variable de entorno que especifica el usuario de base de datos usada por MongoDB (línea 35).

- MONGO_INITDB_ROOT_PASSWORD: Variable de entorno que especifica la contraseña del usuario de base de datos, usada por MongoDB (línea 36).

- init.js: Es el fichero que incluye el script de inicialización de la base de datos; se especifica la ruta donde se encuentra este script (línea 36).

Agregamos al docker-compose.override.yml la configuración específica del contenedor MongoDB que Docker Compose aplicará al contenedor [*Ilustración 183*].

Ilustración 183. docker-compose.override.yml MongoDB.

Primero indicamos en el servicio "**auditory.api**" que el microservicio no puede inicializarse antes de que el servicio de MongoDB esté iniciado, para ello configuramos con un "**depends_on**" y el nombre del servicio que requerimos esté iniciado antes que nuestra API (líneas 44-45).

Preparamos la configuración de MongoDB:

- Asignamos un nombre al contenedor (línea 58).
- Configuramos el reinicio automático en caso de que el contenedor falle (línea 59).
- Exponemos el puerto de nuestro host (27017) con el 27017 del contenedor (línea 61).

Tendríamos ahora mismo preparados el contenedor de MongoDB para que se inicializase con la base de datos, un usuario y una colección vacía y, por otro lado, el microservicio de Auditory.API tendría configurado que no se inicie hasta que el contenedor de MongoDB se haya iniciado.

Consejos para arquitectos:

✓ *Indexación Inteligente: Asegúrese de definir índices adecuados en MongoDB para mejorar la velocidad de consultas. Use profiler para identificar consultas ineficientes y optimizarlas.*

3.6.5 Implementación dominio

El microservicio de auditory.api contiene una entidad en el dominio llamada **UserRecordHistory,** que representa los atributos del empleado, que creamos dentro de la carpeta "Domain" en la raíz del proyecto [*Ilustración 184*].

```
Auditory.API                                              Auditory.API.Models.UserRecordHistory
     1    namespace Auditory.API.Models
     2    {
              7 referencias
     3        public class UserRecordHistory
     4        {
                  0 referencias
     5            public string UserName { get; set; }
                  0 referencias
     6            public string FirstName { get; set; }
                  0 referencias
     7            public string LastName { get; set; }
                  0 referencias
     8            public DateTime LastRecord { get; set; }
                  0 referencias
     9            public string Mode { get; set; }
    10        }
    11    }
```

Ilustración 184. Dominio UserRecordHistory.

Estamos siguiendo una arquitectura vertical, el dominio es reutilizado por todas las features, para ello, se define en un directorio separado "Domain" estas entidades, garantizando que las features puedan acceder al dominio, evitando duplicidad de entidades y desacoplamiento de una feature concreta.

Siguiendo esta premisa, conseguiremos que las features hagan uso de entidades comunes, que en este caso son las entidades del dominio de nuestra aplicación.

3.6.6 Implementación acceso a datos

La persistencia de este microservicio se realizará en la base de datos MongoDB que hemos definido con anterioridad en el contenedor ms.mongo.auditory.db. MongoDB reconoce documentos de tipo BSON, es por esto por lo que necesitamos instalar la librería nuget **MongoDB.BSON** [*Ilustración 185*].

Esta librería es requerida para poder trabajar en formato binario, usado por MongoDB, y poder persistir documentos, siendo BSON un JSON representado de forma binaria.

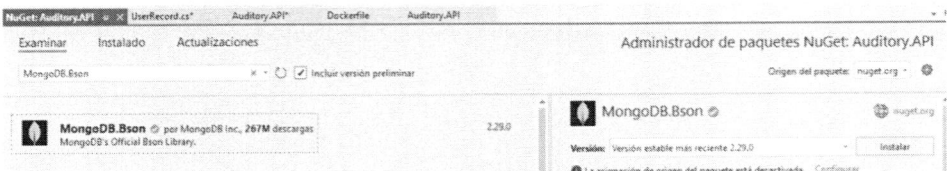

Ilustración 185. Librería BSON Mongo.

Haciendo uso de esta librería, creamos dentro de la carpeta "Data" del proyecto, la clase **UserRecordHistoryMongo** [*Ilustración 186*] que actúa como modelo de datos diseñado para MongoDB. Permitiéndonos abstraer nuestro dominio de la dependencia de MongoDB.

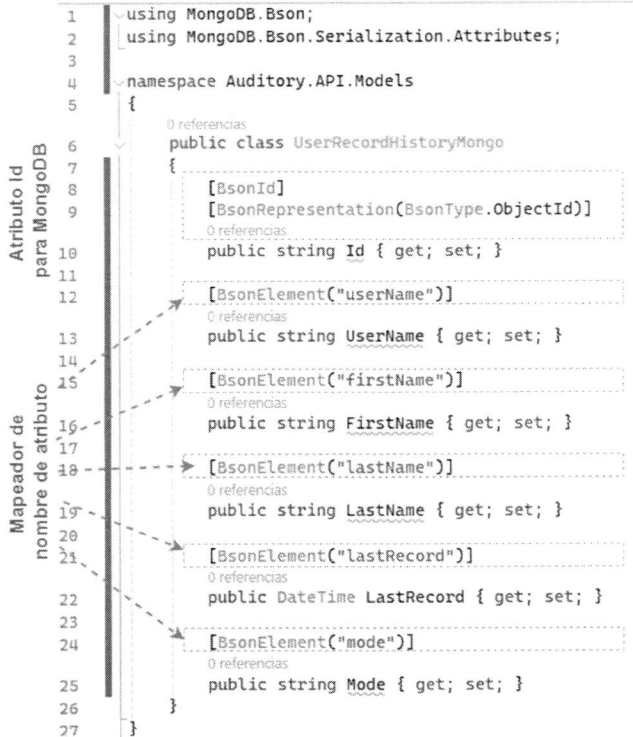

Ilustración 186. Entidad UserRecordHistoryMongo.

Esta clase nos permitirá definir el atributo **ObjectId**, necesario para trabajar con documentos BSON, formato de almacenamiento utilizado por MongoDB. Marcaremos el atributo clave primaria del documento en MongoDB, a través de **BsonId**, que será nuestro atributo Id (línea 8), así como transformaremos el tipo texto del Id a tipo ObjectId mediante **BsonRepresentation** (línea 9).

Por último, el resto de los atributos los mapeamos como elemento Bson mediante **BsonElement**.

Pasamos a la definición del contexto con MongoDB, para interactuar con la base de datos. Instalamos el paquete **MongoDB.Driver** [*Ilustración 187*], que es la biblioteca oficial de Mongo para interactuar con la base de datos desde aplicaciones .NET, proporcionándonos acceso a colecciones y operaciones CRUD.

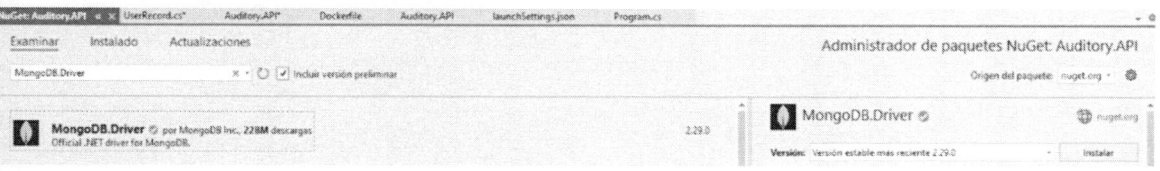

Ilustración 187. Nuget MongoDB.Driver.

Declaramos en la carpeta "Data" una subcarpeta "Context", con la interfaz IAuditoryContext, empleada para el contexto de datos [*Ilustración 188*].

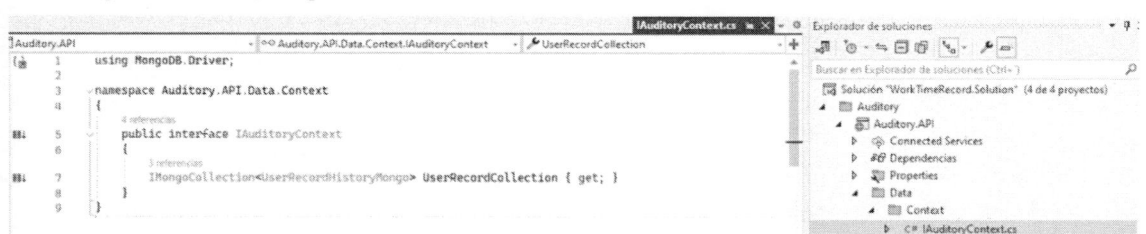

Ilustración 188. IAuditoryContext.

Esta interfaz permite que clases puedan implementar esta interfaz y trabajar con inyección de dependencias. Además, define una propiedad **UserRecordCollection**, de tipo **IMongoCollection**, que utiliza la clase **UserRecordHistoryMongo** que trabaja con etiquetas de Mongo (línea 7).

Una vez tenemos esta interfaz de definición de contexto, debemos crear la clase concreta **AuditoryMongoContext** que implementa la inicialización del contexto, en la misma carpeta "Context" [*Ilustración 189*].

Ilustración 189. Implementar contexto.

La clase **AuditoryMongoContext** implementa la interfaz **IAuditoryContext**, garantizando una concreción para la inyección de dependencias que resuelve la interfaz del contexto (línea 5).

Inyectamos la configuración para tener acceso al appsettings.json en el constructor de la clase e inicializamos una instancia **MongoClient**, utilizando los valores de configuración de hostname, puerto, usuario y contraseña, necesarios para establecer conexión con MongoDB (líneas 12-19).

Una vez establecida conexión con la base de datos, obtenemos la base de datos mediante **GetDatabase** pasándole el nombre de base de datos que instanciar (línea 19). Y lo almacenamos en el objeto **mongoDatabase**.

Declaramos una propiedad pública **UserRecordCollection** que retorna la colección UserRecord desde MongoDB, que será mapeado a UserRecordHistoryMongo (línea 21).

Una vez definido el contexto de nuestra aplicación, debemos crear en el fichero **appsettings.json** la cadena de conexión que se utilizará para inicializar la conexión a base de datos [*Ilustración 190*].

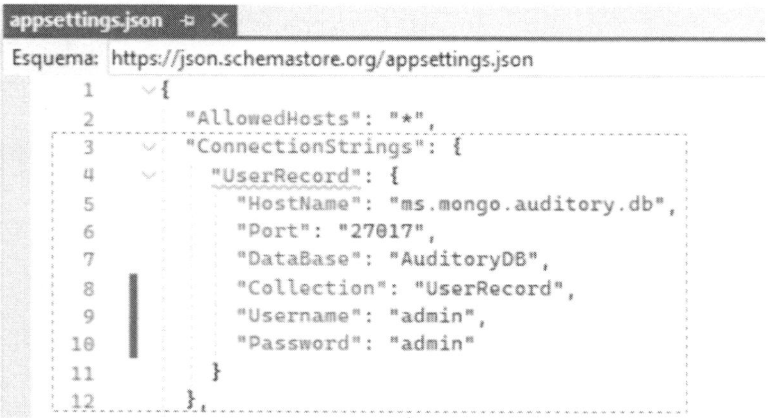

```
appsettings.json  ⊟  X
Esquema: https://json.schemastore.org/appsettings.json
     1    ∨ {
     2          "AllowedHosts": "*",
     3    ∨     "ConnectionStrings": {
     4    ∨         "UserRecord": {
     5                  "HostName": "ms.mongo.auditory.db",
     6                  "Port": "27017",
     7                  "DataBase": "AuditoryDB",
     8                  "Collection": "UserRecord",
     9                  "Username": "admin",
    10                  "Password": "admin"
    11              }
    12          },
```

Ilustración 190. appsettings.json Connection String

Esta cadena de conexión apunta al host que tiene el nombre de servicio definido en docker-compose **ms.mongo.auditory.db**, así como el puerto 27017 que se usa para comunicarse con la base de datos MongoDB (líneas 5 y 6, respectivamente).

Además, se establece el nombre de la base de datos **AuditoryDB** así como la colección UserRecord, que contiene todos los documentos que vayamos a almacenar en este microservicio (líneas 7 y 8, respectivamente).

Así como el usuario y contraseña de la base de datos (líneas 9 y 10).

Dado que vamos a necesitar convertir la entidad del dominio **UserRecordHistory** a clase de MongoDB **UserRecordHistoryMongo**, necesitamos instalar el paquete nuget de **AutoMapper** [*Ilustración 191*].

Ilustración 191. Automapper.

A su vez, creamos en la carpeta "Data" una subcarpeta de "**Mappers**", que contiene la clase que hereda de Profile y que contiene esta conversión [*Ilustración 192*].

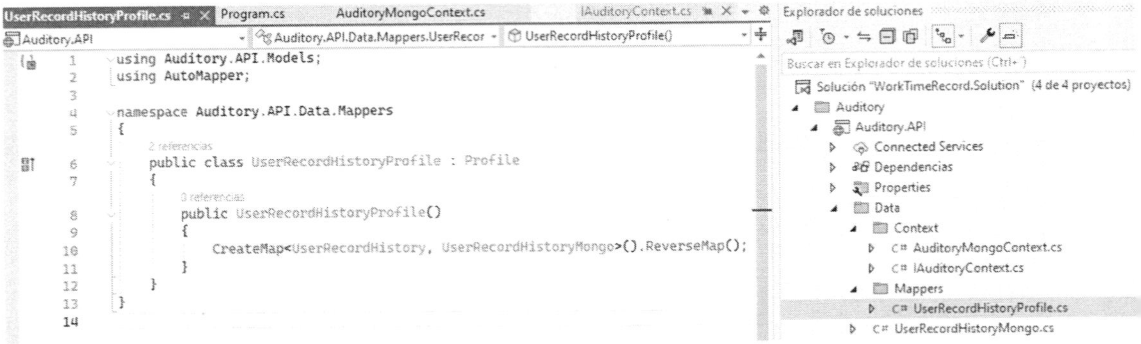

Ilustración 192. UserRecordHistoryProfile.

Finalmente configuramos "Program.cs" [*Ilustración 193*] y registramos AutoMapper en los servicios de la aplicación, detectando todas las clases de tipo Profile (línea 5).

Configuramos el inyector para registrar el servicio del contexto de base de datos, con un ciclo de vida, cuya instancia se crea nueva por cada solicitud, de tal forma que la clase que se inyecta es la implementación concreta de contexto de MongoDB (línea 7).

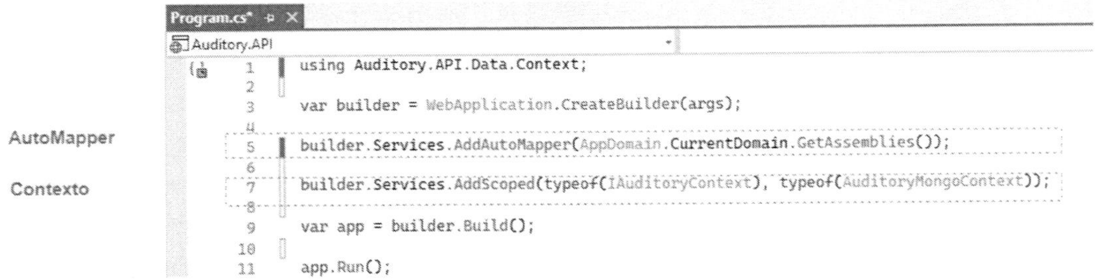

Ilustración 193. Configurar Program para acceso a datos.

Con esta última configuración, ya tendríamos preparada nuestra aplicación para inicializar correctamente el contexto de base de datos.

3.6.7 Implementación Features

Siguiendo la arquitectura Vertical, debemos definir cada una de las funcionalidades dentro de la carpeta "Features", organizando dentro de estas características primero por dominio y luego por funcionalidad concreta a implementar, igual que hicimos en el anterior microservicio.

Cada una de estas features, expondrá una API mínima siguiendo el patrón **REPR**, que organizará nuestras API alrededor de los endpoints. Para ello, utilizaremos también **Carter**.

Cada uno de los endpoints que expondremos en cada feature será responsable de capturar una request; tras interceptar la petición, podrá invocar un comando o consulta.

Otro de los patrones que utilizaremos es **CQRS**, para separar las responsabilidades de escritura y lectura. Así como el patrón **MediatR** que a través de su mediador nos permitirá comunicar entre módulos, al tener un manejador asociado para cada solicitud o comando.

Las features de nuestro microservicio [*Ilustración 194*] seguirán el siguiente flujo:

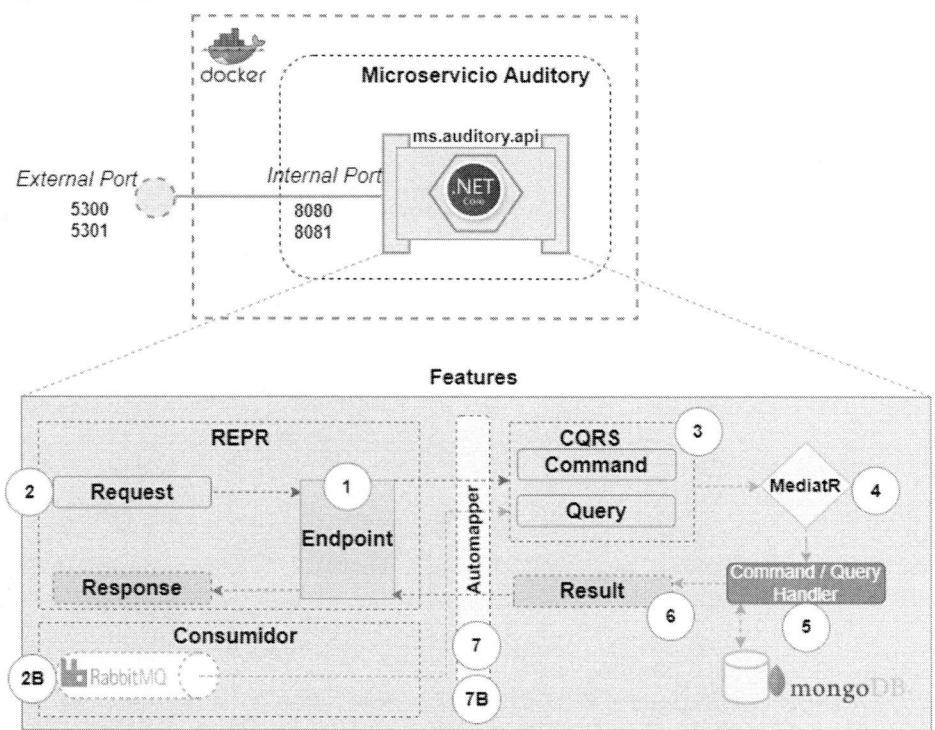

Ilustración 194. Features.

1. Cada feature tiene su endpoint o ruta definida, siempre que no sea una feature de consumo de eventos.

2. El cliente realiza una solicitud o request alcanzando una ruta, y esta retornará una response como respuesta, siempre que no sea una feature de consumo de eventos.

2B. La feature consume eventos y por tanto no requiere un endpoint, por lo que obtiene el mensaje de la cola de mensajería.

 RAMÓN SERRANO VALERO Y MIGUEL ÁNGEL NÚÑEZ SABÍN

3. Cuando invocamos la ruta o hemos consumido el mensaje, se crea un command o una query, dependiendo de si es una acción de escritura o de lectura.

4. Este comando o consulta es emitido por el bus del mediador y este encontrará un manejador o handler capaz de interpretarlo.

5. El handler invocará a la base de datos o al bróker de mensajería.

6. El manejador retorna un resultado o result.

7. AutoMapper convierte el resultado a response y se le retorna la respuesta al cliente, en caso de que no viniera de una feature de consumo de eventos.

7B. En caso de venir de un feature que consume eventos y no requiere dar una respuesta a cliente.

Instalamos las dependencias del proyecto que necesitamos, una de ellas es MediatR [*Ilustración 195*], biblioteca que implementa el patrón mediator para manejar la comunicación entre diferentes componentes de forma descentralizada.

Ilustración 195. Nuget MediatR.

La última dependencia que necesitamos para nuestras features es agregar el componente transversal de mensajería "Components.Communication" [*Ilustración 196*] que será utilizado para la comunicación desde la cola de mensajería.

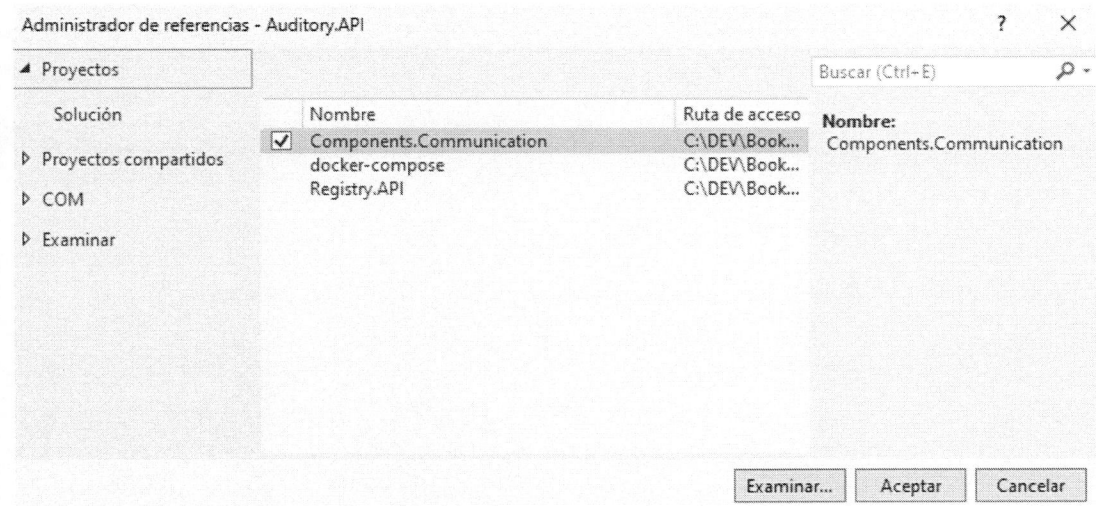

Ilustración 196. Dependencias proyecto.

Todas las features las incluiremos dentro de la carpeta "**Features**" en la raíz del proyecto. Pasamos a implementar cada funcionalidad.

3.6.7.1   Feature CreateUserRecordHistory

La primera funcionalidad por implementar [*Ilustración 197*] es crear en el histórico de la base de datos de MongoDB el último registro del empleado que fue persistido previamente en el microservicio ms.registry.api.

Este microservicio consumirá el evento emitido por ms.registry.api, de la cola de mensajería, en lugar de hacer uno de un endpoint.

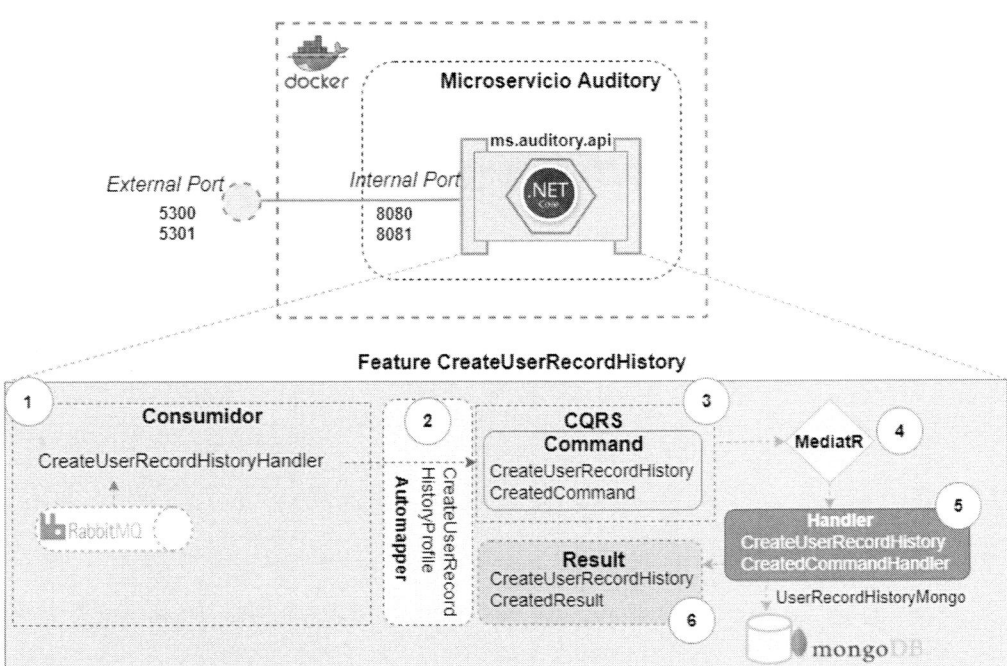

Ilustración 197. Feature CreateUserRecordHistory.

Esta feature pertenece al dominio UserRecordHistory, por este motivo, dentro de la carpeta "Features", incluimos un subdirectorio con el nombre "**UserRecordsHistory**", para indicar todas las features que pertenecen a dicho dominio.

Ahora dentro de este subdirectorio, creamos la carpeta "**Events**", dado que se corresponde con una feature de tratamiento de eventos y dentro de Events creamos la carpeta "**CreateUserRecordHistory**" [*Ilustración 198*], que contendrá nuestra funcionalidad.

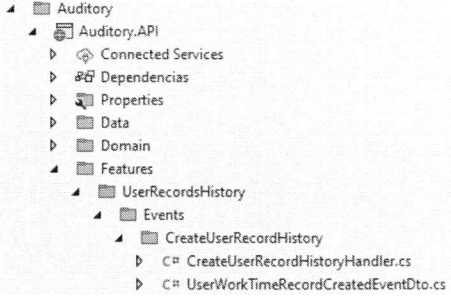

Ilustración 198. Estructura Feature.

Se compone de dos ficheros; el primero es UserWorkTimeRecordCreatedEventDto.cs [*Ilustración 199*], que define un objeto DTO (*data transfer object*), usado para la conversión de evento a entidad, este objeto viaja con el comando, transportándolo hasta su manejador, donde es usado para la persistencia en base de datos.

Podríamos haber utilizado la entidad del dominio, en lugar del DTO; sin embargo, de esta forma respetamos que el dominio solo sea utilizado en los métodos de acceso a datos.

```
1     namespace Auditory.API.Features.UserRecordsHistory.Events.CreateUserRecordHistory
2     {
          4 referencias
3         public class UserWorkTimeRecordCreatedEventDto
4         {
              0 referencias
5             public string UserName { get; set; }
              0 referencias
6             public string FirstName { get; set; }
              0 referencias
7             public string LastName { get; set; }
              0 referencias
8             public DateTime LastRecord { get; set; }
              0 referencias
9             public string Mode { get; set; }
10        }
11    }
```

Ilustración 199. DTO UserWorkTimeRecordCreatedEventDto.

EL siguiente fichero que implementar es CreateUserRecordHistoryHandler, compuesta por consumo de evento y persistencia en base de datos, basada en comandos CQRS, siguiendo el enfoque de arquitectura vertical [*Ilustración 200*].

Ilustración 200. Implementación Feature CreateUserRecordHistory.

Se compone del comando **CreateUserRecordHistoryCreatedCommand** usado por CQRS, que encapsula un objeto DTO para poder procesar el evento. Representa la acción de crear un registro en el histórico en base a un evento, heredado de **IRequest**, que utiliza el patrón mediador para indicar el resultado del comando, que en este caso es de tipo **CreateUserRecordHistoryCreatedResult**, siendo este resultado del identificador de documento insertado en base de datos (líneas 12-13).

Otro de los bloques es el consumidor del evento **CreateUserRecordHistoryHandler** [*Ilustración 201*] (líneas 16-18).

```
16    public class CreateUserRecordHistoryHandler(ISender sender, IMapper mapper,
17                                                  ILogger<CreateUserRecordHistoryHandler> logger)
18      : IConsumer<UserWorkTimeRecordCreatedEvent>                               Interfaz Consumidor
19    {
20      public async Task Consume(ConsumeContext<UserWorkTimeRecordCreatedEvent> context)    Consumo de evento
21      {
22        var eventMessage = context.Message;                                     Evento Recibido
23        logger.LogInformation("Consumiendo evento 'CreateUserRecordHistoryCreatedEvent':\n   EventId: {EventId}\n   " +
24                      "EventType: {EventType}", eventMessage.Id, eventMessage.EventType);
25                                                                                 Preparamos Comando
26        var command = new CreateUserRecordHistoryCreatedCommand(mapper.Map<UserWorkTimeRecordCreatedEventDto>(eventMessage));
27        logger.LogInformation("Enviando comando CreateUserRecordHistoryCreatedCommand con el contenido " +
28                      "del mensaje:\n   MessageContent: {MessageContent}", eventMessage);
29                                                                                 Emitir Comando
30        await sender.Send(command);
31      }
32    }
```

Ilustración 201. Consumidor evento.

Este consumidor que será detectado por MassTransit, implementa la interfaz **IConsumer** para consumir eventos de tipo **UserWorkTimeRecordCreatedEvent** (líneas 16-18).

Todo consumidor debe implementar el método **Consume**, que recibe como primer parámetro el contexto del evento, que incluye los datos del mensaje enviado (línea 20).

Cuando se recibe un mensaje de la cola de mensajería, lo obtenemos del contexto mediante **context.Message** (línea 22).

Este evento se convierte a DTO para poder ser utilizado por el comando que será emitido para la fase de persistencia del mensaje (línea 26).

Finalmente, haciendo uso del patrón mediador, emitimos el comando, a la espera de que un manejador del comando lo interprete (línea 30).

El funcionamiento interno de la cola de mensajería es el siguiente [*Ilustración 202*].

Disponemos del tipo de evento **UserWorkTimeRecordCreatedEvent** que viaja por el bus de comunicaciones, implementado por MassTransit del proyecto transversal Components.Communication, usando el IPublishEndpoint de MassTransit.

Publicamos este evento, este evento necesita disponer de un componente llamado **exchange** capaz de recibir mensajes de los productores, para poder distribuirlos a una determinada cola.

En caso de que no exista un **exchange** capaz de manejar este tipo de evento enviado, MassTransit lo creará.

Cuando este evento es enviado al bróker, lo recibe el exchange responsable del evento, **Components.Communication.Events:UserWorkTimeRecordCreatedEvent.**

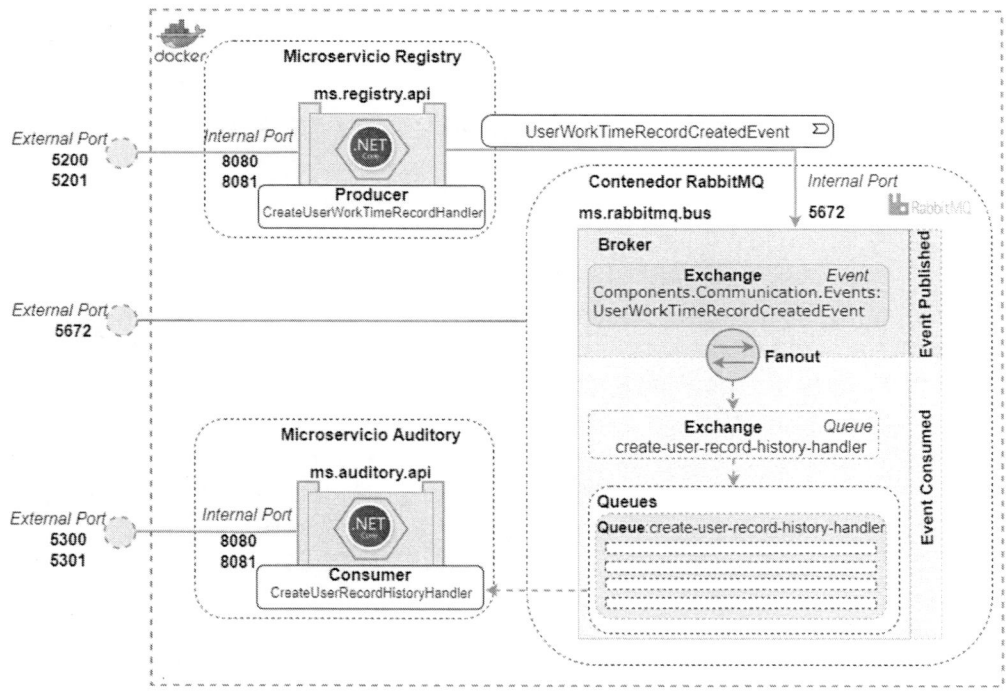

Ilustración 202. Broker Flow.

Como el consumidor existe, "**CreateUserRecordHistoryHandler**", MassTransit crea automáticamente una cola y un exchange **create-user-record-history-handler** y se asocia a este consumidor.

En este momento, cuando el evento UserWorkTimeRecordCreatedEvent sea publicado por el microservicio de Registry, se emite al exchange del evento **Components.Communication.Events:UserWorkTimeRecordCreatedEvent,** de tipo fanout.

Posteriormente, se crea un binding para enlazar el exchange del evento con el exchange de la cola del consumidor. De esta forma, todo evento que se publique en el exchange del evento será enviado al exchange del consumidor y de ahí a la cola **create-user-record-history-handler** del consumidor, para finalmente ser procesado el mensaje por el consumidor **CreateUserRecordHistoryHandler**.

Con esto tendríamos definido el método de consumo de evento.

Otro de los bloques es el del manejador del comando, **CreateUserRecordHistoryCreatedCommandHandler**, que tiene las siguientes dependencias inyectadas (líneas 34-35):

- **IMapper:** Para realizar transformación de objetos desde o hacia dominio.

- **IAuditoryContext:** Representa el contexto de base de datos MongoDB, necesario para el acceso a datos.

- **ILogger:** Registro de logs en consola.

Este manejador de comando implementa **IRequestHandler**, recibiendo por primer parámetro el tipo de comando que maneja y por segundo parámetro el resultado que retorna tras procesar el comando (línea 36).

Dentro de esta clase manejadora de comandos, implementamos el método **Handle** [*Ilustración 203*], que posee dos parámetros; el primero es el comando que maneja y el segundo la estructura **CancellationToken** empleada para propagar evento de cancelación tras tareas asíncronas, de forma controlada y para que los recursos se liberen (líneas 38-57).

```
34    public class CreateUserRecordHistoryCreatedCommandHandler(IMapper mapper, IAuditoryContext context,
35                                      ILogger<CreateUserRecordHistoryCreatedCommandHandler> logger)
36        : IRequestHandler<CreateUserRecordHistoryCreatedCommand, CreateUserRecordHistoryCreatedResult>
37    {
         0 referencias
38        public async Task<CreateUserRecordHistoryCreatedResult> Handle(CreateUserRecordHistoryCreatedCommand request
39                                      , CancellationToken cancellationToken)
40        {
41            var userWorkTimeRecordCreatedEventDto = request.UserWorkTimeRecordCreatedEventDto;      Serializamos el DTO
42            var serializedDto = JsonSerializer.Serialize(userWorkTimeRecordCreatedEventDto, new JsonSerializerOptions
43            {
44                WriteIndented = true,
45                Encoder = System.Text.Encodings.Web.JavaScriptEncoder.UnsafeRelaxedJsonEscaping
46            });
47            logger.LogInformation("Se va a persitir en Mongo 'UserRecord':\n  {Entidad}", serializedDto);

49            var userRecord = mapper.Map<UserRecordHistory>(userWorkTimeRecordCreatedEventDto);      Conversor de DTO a
50            var userRecordMongo = mapper.Map<UserRecordHistoryMongo>(userRecord);                   Entidad MongoDB

52            var id = await CreateUserRecordHistoryRecord(userRecordMongo, cancellationToken);        Persistir en MongoDB

54            logger.LogInformation("Entidad UserRecordHistory persitida en Mongo con el Id: {DocumentId}", id);

56            return new CreateUserRecordHistoryCreatedResult(id);
57        }
         1 referencia
58        public async Task<string> CreateUserRecordHistoryRecord(UserRecordHistoryMongo userRecord
59                                      , CancellationToken cancellationToken)...
64    }
```

Ilustración 203. Handle.

La lógica implementada por el método sigue el siguiente flujo:

1. Obtenemos el objeto DTO del comando (línea 41).

2. Serializamos el DTO para hacer más legibles los logs añadiendo saltos de línea y sangría, además de aplicarle un codificador, que permite omitir que ciertos caracteres especiales se escapen (líneas 42-46).

3. Convertimos del objeto DTO a entidad del dominio de la aplicación (línea 49).

4. Convertimos de entidad del dominio a entidad interpretable por MongoDB (línea 50).

5. Finalmente persistimos la entidad de MongoDB en la base de datos mediante el método **CreateUserRecordHistoryRecord** (línea 52).

6. Tras persistir, retornamos el identificador del documento, que acabamos de almacenar en MongoDB (línea 56).

Este método CreateUserRecordHistoryRecord [*Ilustración 204*] es responsable del acceso a datos, que recibe por primer parámetro la entidad de mongoDB (línea 58).

```
34    public class CreateUserRecordHistoryCreatedCommandHandler(IMapper mapper, IAuditoryContext context,
35                                                  ILogger<CreateUserRecordHistoryCreatedCommandHandler> logger)
36        : IRequestHandler<CreateUserRecordHistoryCreatedCommand, CreateUserRecordHistoryCreatedResult>
37    {
          0 referencias
38        public async Task<CreateUserRecordHistoryCreatedResult> Handle(CreateUserRecordHistoryCreatedCommand request
39                                                      , CancellationToken cancellationToken)[...]
          1 referencia
58        public async Task<string> CreateUserRecordHistoryRecord(UserRecordHistoryMongo userRecord
59                                                      , CancellationToken cancellationToken)
60        {
61            await context.UserRecordCollection.InsertOneAsync(userRecord, cancellationToken: cancellationToken);
62            return userRecord.Id;                              Insertamos en la colección de MongoDB un registro
63        }
64    }
```

Ilustración 204. CreateUserRecordHistoryRecord.

Este método utiliza el contexto para obtener la colección a modificar e insertar mediante **InsertOneAsync** la entidad en la base de datos (línea 61).

Una vez insertado el registro, obtenemos un identificador que MongoDB ha asignado al nuevo documento registrado (línea 62).

Finalizamos la implementación de la feature definiendo los conversores entre tipos de objetos [*Ilustración 205*]; estas conversiones son:

- DTO a modelo de dominio.
- Evento a DTO.

```
66    public class CreateUserRecordHistoryProfile : Profile
67    {
          0 referencias
68        public CreateUserRecordHistoryProfile()
69        {
70            //Mapeo de DTO a Modelo del dominio
71            CreateMap<UserRecordHistory, UserWorkTimeRecordCreatedEventDto>().ReverseMap();
72
73            //Mapeo de Evento a DTO
74            CreateMap<UserWorkTimeRecordCreatedEvent, UserWorkTimeRecordCreatedEventDto>();
75
76        }
77    }
```

Ilustración 205. Mappers CreateUserRecordHistoryProfile.

Una vez definida nuestra feature, debemos crear la configuración de conexión hacia RabbitMQ, que se utilizará para inicializar la conexión con el bróker de mensajería [*Ilustración 206*]. Contiene el nombre del host, en este caso el nombre del contenedor **ms.rabbitmq.bus** definido en Docker, usuario y contraseña.

Configuración Message Broker

```
appsettings.json   ⊣ ×
Esquema:  https://json.schemastore.org/appsettings.json
1    {
2      "AllowedHosts": "*",
3      "ConnectionStrings": {
         "UserRecord": ▯
10     },
11     "MessageBroker": {
12       "Host": "amqp://ms.rabbitmq.bus",
13       "UserName": "admin",
14       "Password": "password"
15     },
```

Ilustración 206. Message Broker appsettings.json.

Finalmente, editamos el fichero Program.cs [*Ilustración 207*] para configurar **MediatR,** registramos automáticamente todos manejadores de comandos y queries que encuentre dentro del ensamblado (línea 9). De esta forma, se registran automáticamente en la colección de servicios de inyección de dependencias.

```
Program.cs*  ⊣ ×
Auditory.API
1    using Auditory.API.Data.Context;
2    using Components.Communication.MessageBroker;
3    using System.Reflection;
4
5    var builder = WebApplication.CreateBuilder(args);
6
7    builder.Services.AddAutoMapper(AppDomain.CurrentDomain.GetAssemblies());              MediatR
8
9    builder.Services.AddMediatR(configuration => { configuration.RegisterServicesFromAssembly(typeof(Program).Assembly); });
10   builder.Services.AddScoped(typeof(IAuditoryContext), typeof(AuditoryMongoContext));
11
12   builder.Services.AddMessageBroker(builder.Configuration, Assembly.GetExecutingAssembly());    Broker
13
14   var app = builder.Build();
15
16   app.Run();
```

Ilustración 207. Inyectar MediatR y Broker.

Además, al haber referenciado el proyecto de componentes de mensajería, podemos hacer uso de este, para utilizar su método de extensión **AddMessageBroker** (línea 12) al que le pasamos por parámetro la configuración de las appsettings y el ensamblado para que registre automáticamente, todos los consumidores encontrados en este microservicio, es decir, **CreateUserRecordHistoryHandler**.

3.6.7.2   Feature GetUserRecordsHistory

Implementamos la última funcionalidad de este microservicio [*Ilustración 208*], que es la de obtener la lista de registros horarios del empleado de la base de datos de MongoDB, filtrando por el campo userName, clave primaria.

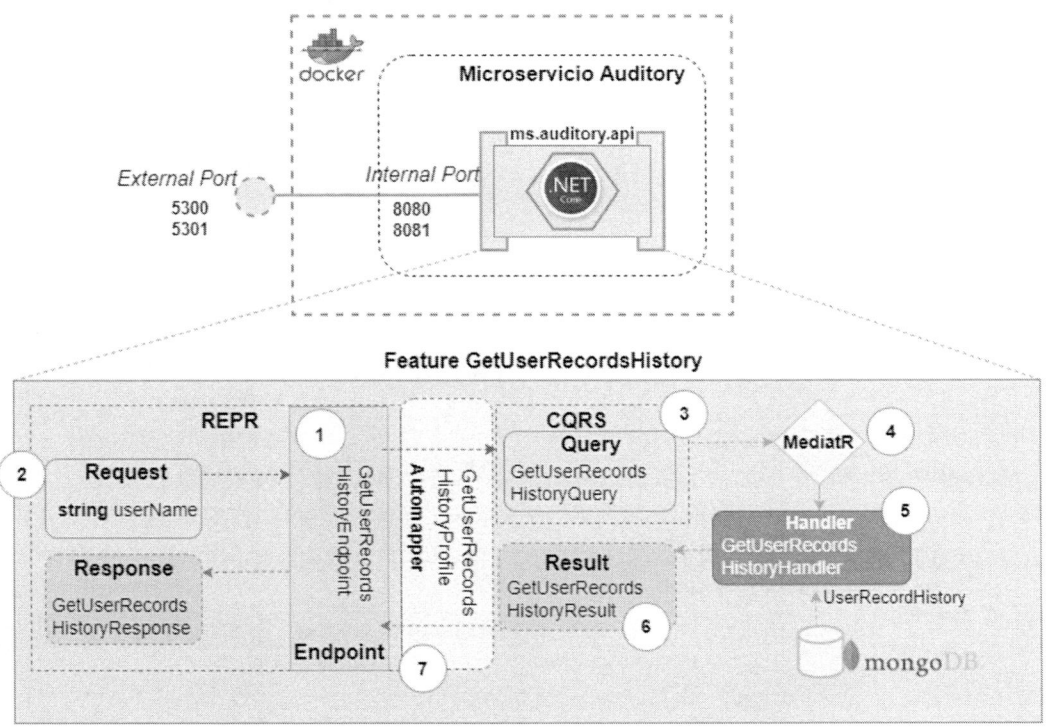

Ilustración 208. Feature GetUserRecordsHistory.

Esta feature pertenece al dominio **UserRecordHistory**; por este motivo, seguimos dentro de la carpeta "Features", en el subdirectorio "**UserRecordsHistory**".

Dentro de este subdirectorio, creamos la carpeta "**GetUserRecordsHistory**" que contendrá nuestra funcionalidad.

Se compone de tres ficheros, el primero es **GetUserRecordsHistoryEndpoint.cs** [*Ilustración 209*] que define el endpoint mediante Carter.

```
1   using AutoMapper;
2   using Carter;
3   using MediatR;
4
5   namespace Auditory.API.Features.UserRecordsHistory.GetUserRecordsHistory
6   {
7       public record GetUserRecordsHistoryResponse(IEnumerable<UserRecordsHistoryResponse> UserRecordHistory);       Response
8                                                                                                                    Endpoint
9       public class GetUserRecordsHistoryEndpoint(IMapper mapper, ILogger<GetUserRecordsHistoryEndpoint> logger) : ICarterModule
10      {
11          public void AddRoutes(IEndpointRouteBuilder app)                                                         Ruta
12          {
                                                                                              Request
13              app.MapGet("/UserRecordsHistory/{userName}", async (string userName, ISender sender) =>             Lógica
14              {                                                                                                    Interna
15                  logger.LogInformation("Obtener registros horarios del empleado: {userName}", userName);
16
17                  var query = new GetUserRecordsHistoryQuery(userName);
18                  var result = await sender.Send(query);
19
20                  logger.LogInformation("Obtenidos {userRecordsCount} registros horarios", result.UserRecordHistory.Count().ToString())
21
22                  var response = mapper.Map<GetUserRecordsHistoryResponse>(result);
23
24                  return Results.Ok(response.UserRecordHistory);
25              }).WithName("GetUserRecordsHistoryByUserName")                                                       Nombre Endpoint
26              .Produces<GetUserRecordsHistoryResponse>(StatusCodes.Status200OK)                                    Tipo Respuesta HTTP
27              .ProducesProblem(StatusCodes.Status400BadRequest)                                                    Tipo Respuesta Error
28              .WithSummary("Registros horarios de empleado")
29              .WithDescription("Obtener lista de registros horarios de empleado");
30          }
31      }
32  }
```

Ilustración 209. endpoint GetUserRecordsHistoryEndpoint.

La request de esta ruta es una cadena que contiene el nombre de usuario, mientras que la respuesta es **GetUserRecordsHistoryResponse**.

Esta respuesta contiene un *data transfer object* (DTO) asociado **UserRecordsHistoryResponse**, que representa la respuesta que el cliente web de Vue, espera recibir [*Ilustración 210*].

```
namespace Auditory.API.Features.UserRecordsHistory.GetUserRecordsHistory
{
    public class UserRecordsHistoryResponse
    {
        public string userName { get; set; }
        public string firstName { get; set; }
        public string lastName { get; set; }
        public DateTime lastRecord { get; set; }
        public string mode { get; set; }
    }
}
```

Ilustración 210. UserRecordsHistoryResponse.

La respuesta representa el resultado de este endpoint cuando finalice el tratamiento de la solicitud (línea 7).

El nombre de usuario se utiliza como parámetro de entrada que recibe la ruta "*/UserRecordsHistory/{userName}*" en la petición GET (línea 13).

Para que este endpoint sea reconocido como una ruta por la librería Carter, implementamos el módulo **ICarterModule**.

El método por implementar de este módulo es **AddRoutes**, que nos permite registrar rutas haciendo uso de **IEndpointRouteBuilder**, objeto usado por .NET para registro de rutas y configuración de solicitudes HTTP (línea 10).

En este método, definimos la ruta en la aplicación, agregando el verbo HTTP asociado, en este caso GET. Es una ruta que usa una función asíncrona como manejador de la solicitud y recibe por primer parámetro los datos de entrada y por segundo parámetro, inyectamos el mediador para enviar queries a los manejadores correspondientes (línea 13).

La lógica del manejador de la solicitud contiene los siguientes pasos:

- Creamos la query utilizando el nombre de usuario (línea 17).
- Enviamos la query por el mediador, para ser recibido por el manejador adecuado para procesar esta consulta (línea 18).
- La respuesta que nos devuelva el manejador que procesó la query es convertido a **GetUserRecordsHistoryResponse** (línea 22).
- Devolvemos la respuesta como una solicitud HTTP 200 (línea 24).

Tras implementar la lógica de la solicitud, terminamos de configurar el endpoint.

Asignamos un nombre al endpoint, usado para documentar (línea 25), a través de "**WithName**".

Especificamos el tipo devuelto por resultado en caso de éxito con el código HTTP 201, mediante "**Produces<TipoRespuesta>**" (línea 26).

En caso de error, retornamos una respuesta con el código HTTP 400, "**ProducesProblem**" (línea 27).

Finalmente agregamos metadatos usando dos métodos de extensión usados por Swagger para documentar el endpoint, agregando una breve descripción del endpoint (**WithSummary**), así como una más detallada (**WithDescription**) (líneas 28-29).

Una vez tenemos la ruta definida, debemos implementar, siguiendo el enfoque de arquitectura vertical, la feature GetUserRecordsHistory [*Ilustración 211*].

```
1   using Auditory.API.Data.Context;
2   using Auditory.API.Models;
3   using AutoMapper;
4   using MediatR;
5   using MongoDB.Driver;
6   using System.Text.Json;
7
8   namespace Auditory.API.Features.UserRecordsHistory.GetUserRecordsHistory
9   {
        1 referencia
10      public record GetUserRecordsHistoryQuery(string UserName) : IRequest<GetUserRecordsHistoryResult>;        Query
        1 referencia
11      public record GetUserRecordsHistoryResult(IEnumerable<UserRecordHistory> UserRecordHistory);             Result
12      public class GetUserRecordsHistoryHandler(IMapper mapper, IAuditoryContext context, ILogger<GetUserRecordsHistoryHandler> logger)
13                          : IRequestHandler<GetUserRecordsHistoryQuery, GetUserRecordsHistoryResult>
14      {
            0 referencias
15          public async Task<GetUserRecordsHistoryResult> Handle(GetUserRecordsHistoryQuery request, CancellationToken cancellationToken)
19          public async Task<IEnumerable<UserRecordHistory>> GetUserRecordsHistory(string userName, CancellationToken cancellationToken)
37      }
        1 referencia
38      public class GetUserRecordsHistoryProfile [...]                                                          AutoMappe
49  }
```

Ilustración 211. GetUserRecordsHistoryHandler.

Se compone de la consulta **GetUserRecordsHistoryQuery** usada por CQRS, que representa la acción de obtener los registros horario del empleado filtrado, heredado de **IRequest**, que utiliza el patrón mediador para indicar el resultado de la query, que en este caso es de tipo **GetUserRecordsHistoryResult**, siendo este resultado la entidad del dominio **UserRecordHistory** que contiene toda la información del registro del usuario (líneas 10-11).

Otro de los bloques es el del manejador de la query, **GetUserRecordsHistoryHandler**, que tiene las siguientes dependencias inyectadas (líneas 12-13):

- **IAuditoryContext**: Representa el contexto de base de datos MongoDB, necesario para el acceso a datos.
- **ILogger**: Registro de logs en consola.

Este manejador implementa **IRequestHandler**, recibiendo por primer parámetro el tipo de query que maneja y por segundo parámetro el resultado que retorna tras procesarla (línea 13).

Dentro de esta clase manejadora de queries, implementamos el método **Handle** [*Ilustración 212*] posee dos parámetros, el primero es la query que maneja y el segundo la estructura **CancellationToken** empleada para propagar evento de cancelación tras tareas asíncronas, de forma controlada y los recursos se liberen (líneas 15-19).

```
public async Task<GetUserRecordsHistoryResult> Handle(GetUserRecordsHistoryQuery request, CancellationToken cancellationToken)
{
    var userRecords = await GetUserRecordsHistory(request.UserName,cancellationToken);        Obtener Registros
    return new GetUserRecordsHistoryResult(userRecords);
}
```

Ilustración 212. Handle.

La primera acción de este manejador es obtener los registros del empleado filtrado, de la base de datos a través del método que definiremos a continuación **GetUserRecordsHistoryResult**, que recibe por parámetro el nombre de usuario a filtrar (línea 17).

Si todo ha ido bien, este manejador retorna una respuesta **GetUserRecordsHistoryResult,** que contiene un listado de entidades del dominio obtenida de base de datos por el manejador (línea 18).

Ahora declaramos el método **GetUserRecordsHistory** [*Ilustración 213*] para obtener el registro.

```
20    public async Task<IEnumerable<UserRecordHistory>> GetUserRecordsHistory(string userName, CancellationToken cancellationToken)
21    {
22        logger.LogInformation("Buscar en Mongo registros horarios del empleado: {userName}", userName);
23
24        var queryResult=await context.UserRecordCollection.FindAsync(a => a.UserName == userName,cancellationToken: cancellationToken);
25
26        var result = queryResult.ToListAsync().Result;
27        var serializedResults = JsonSerializer.Serialize(result, new JsonSerializerOptions
28        {
29            WriteIndented = true,
30            Encoder = System.Text.Encodings.Web.JavaScriptEncoder.UnsafeRelaxedJsonEscaping
31        });
32
33        logger.LogInformation("Registros horarios encontrados para el empleado {userName}: \n {results}", userName, serializedResults);
34
35        return mapper.Map<IEnumerable<UserRecordHistory>>(result);
36    }
```

Ilustración 213. GetUserRecordsHistory.

Buscamos dentro del contexto abierto de MongoDB, en la colección de UserRecordCollection, si existen registros filtrando por nombre de usuario (línea 24).

Obtenemos el resultado de la consulta (línea 26), que es una lista de entidades de tipo **UserRecordHistoryMongo**.

Serializamos la respuesta, para enriquecer la legibilidad del log, quitando el escape de caracteres especiales y añadiendo saltos de línea (líneas 27-31).

El resultado, lo convertimos a lista de entidades del dominio (línea 35), que es lo que retorna este método.

Con esto tendríamos definido el método de obtención de registros desde base de datos; finalizamos la implementación de la feature definiendo los conversores entre tipos de objetos [*Ilustración 214*]; estas conversiones son:

- Entidad del dominio a respuesta esperada por el cliente.
- Resultado de la API a response de base de datos.

```
38    public class GetUserRecordsHistoryProfile : Profile
39    {
         0 referencias
40       public GetUserRecordsHistoryProfile()
41       {
42          // Mapeo entre modelo y respuesta esperada por el cliente
43          CreateMap<UserRecordHistory, UserRecordsHistoryResponse>();
44
45          // Mapeo entre result de la API hacia cliente y response de base de datos
46          CreateMap<GetUserRecordsHistoryResult, GetUserRecordsHistoryResponse>();
47       }
48    }
```

Ilustración 214. GetUserRecordsHistoryProfile.

Ya tenemos implementada esta feature, la estructura del proyecto debería haber quedado de la siguiente manera [*Ilustración 215*].

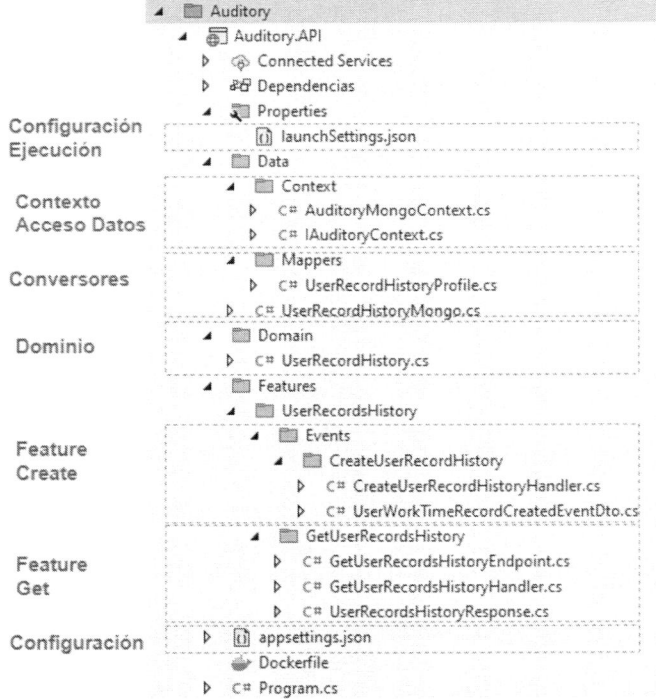

Ilustración 215. Estructura microservicio.

3.6.8 Verificar microservicio

Para poder verificar que el microservicio se ejecuta correctamente, vamos a instalar el paquete de Swagger **"Swashbuckle.AspNetCore"** [*Ilustración 216*], que nos permitirá descubrir los métodos de este microservicio.

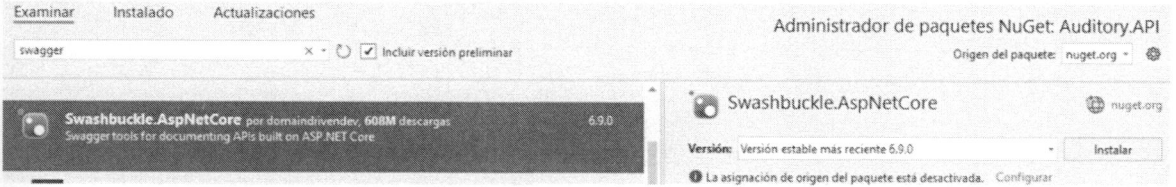

Ilustración 216. Nuget Paquete Swagger.

Finalmente, editamos el fichero Program.cs [***Ilustración 217***] para configurar Swagger en nuestro microservicio e inyectar la documentación.

```
1   using Auditory.API.Data.Context;
2   using Carter;
3   using Components.Communication.MessageBroker;
4   using System.Reflection;
5
6   var builder = WebApplication.CreateBuilder(args);
7
8   builder.Services.AddAutoMapper(AppDomain.CurrentDomain.GetAssemblies());
9
10  builder.Services.AddEndpointsApiExplorer();                              Documentación Swagger MinimalAPI
11  builder.Services.AddSwaggerGen(swagger =>
12  {
13      swagger.SwaggerDoc("v1", new Microsoft.OpenApi.Models.OpenApiInfo
14      {
15          Title = "Auditory Api",
16          Description = "API de Auditoria de registros de horario de los empleados",   Generador de Documentación Swagger
17          Version = "v1"
18      });
19  });
20
21  builder.Services.AddCarter();
22  builder.Services.AddMediatR(configuration => { configuration.RegisterServicesFromAssembly(typeof(Program).Assembly); });
23  builder.Services.AddScoped(typeof(IAuditoryContext), typeof(AuditoryMongoContext));
24
25  builder.Services.AddMessageBroker(builder.Configuration, Assembly.GetExecutingAssembly());
26
27
28  var app = builder.Build();
29
30  app.UseSwagger();                                                        Habilita Swagger
31  app.UseSwaggerUI(c => c.SwaggerEndpoint("/swagger/v1/swagger.json", "Auditory V1"));   Habilita UI de Swagger
32
33  app.MapCarter();
34
35  app.Run();
```

Ilustración 217. Configuración Swagger.

En la configuración de los servicios necesarios para construir la aplicación, agregamos la generación de documentación basada en endpoints, así como el generador de documentación de Swagger (líneas 10-19).

Una vez la aplicación ha sido construida, definimos el comportamiento de la aplicación ante una solicitud, agregamos el middleware generador de documentación, así como la interfaz de usuario de Swagger (líneas 30-31).

Si ejecutamos el proyecto desde Visual Studio con el perfil de ejecución de Docker Compose, veremos en Docker Desktop que los 3 contenedores de nuestra solución están en ejecución [***Ilustración 218***].

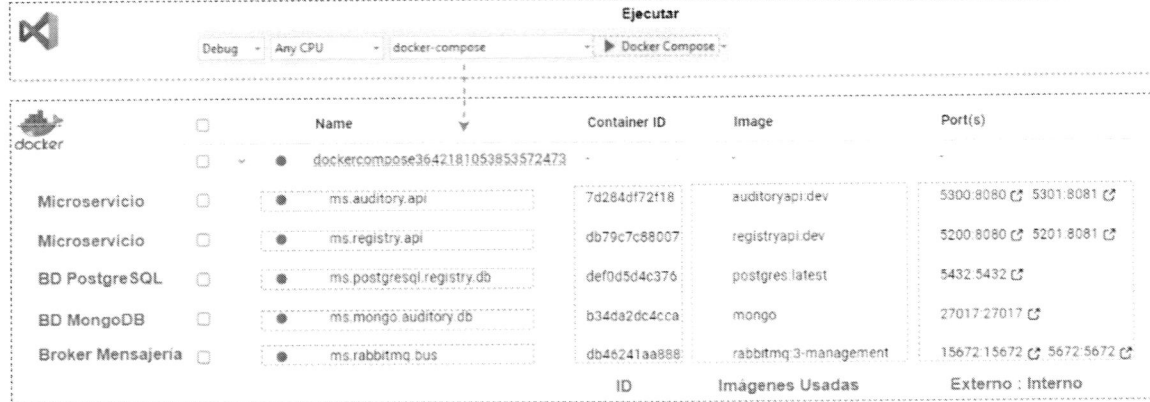

Ilustración 218. Microservicio en ejecución.

Los cinco contenedores que tenemos son:

- **ms.auditory.api**: contenedor que expone un API para el microservicio de auditoría.

- **ms.registry.api**: contenedor que expone un API para el microservicio de registros.

- **ms.postgresql.registry.db**: contenedor que se inicializa con la base de datos de PostgreSQL y un registro.

- **ms.mongo.auditory.db**: contenedor que se inicializa con la base de datos de MongoDB.

- **ms.rabbitmq.bus**: contenedor de RabbitMQ, usado como bróker de mensajería.

Estos contenedores se encuentran dentro del docker-compose como vemos en la imagen anterior.

Al ejecutar el proyecto, podemos acceder a la API del microservicio de registros puerto 5201, donde se exponen los dos endpoints del microservicio, abrimos el de crear nuevo registro y enviamos nuevo registro [*Ilustración 219*].

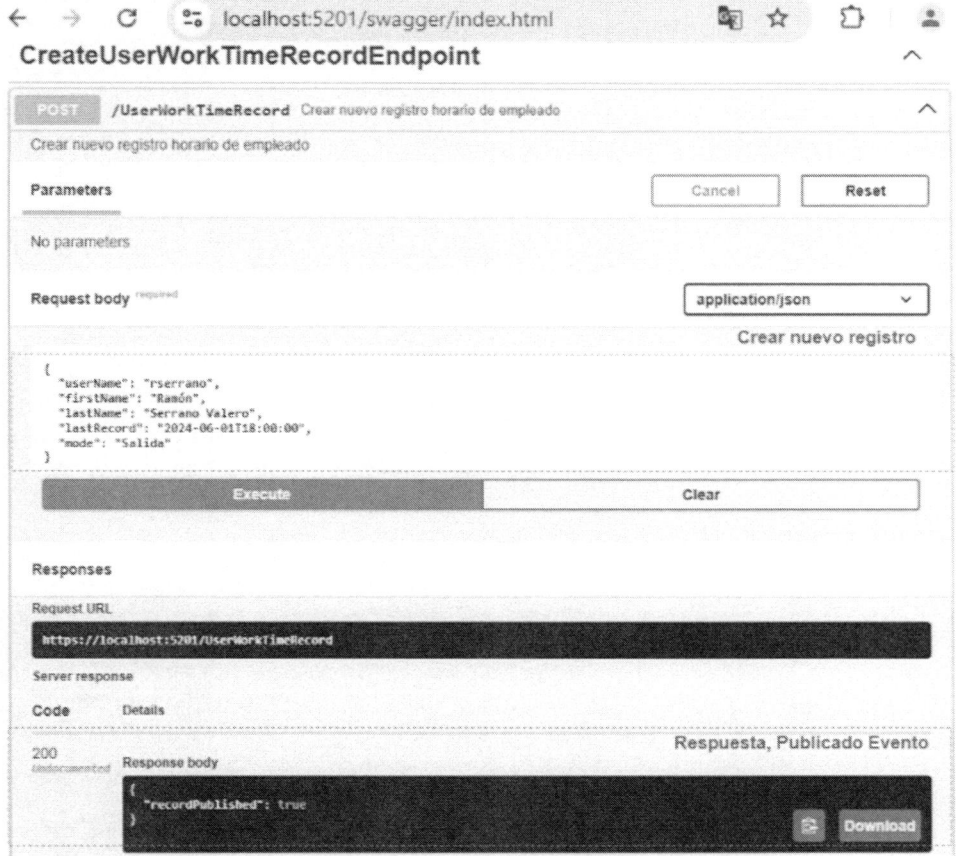

Ilustración 219. Crear registro.

Si ahora abrimos el contenedor de PostgreSQL desde Docker Desktop, desde su pestaña "exec", podremos interactuar con su terminal y ejecutar los siguientes comandos [*Ilustración 220*].

- Acceso a la base de datos para ejecutar scripts psql:

cmd

```
psql -U admin -d registrydb
```

- Script psql para obtener todos los registros de la tabla:

cmd

```
SELECT * FROM user_worktime_record;
```

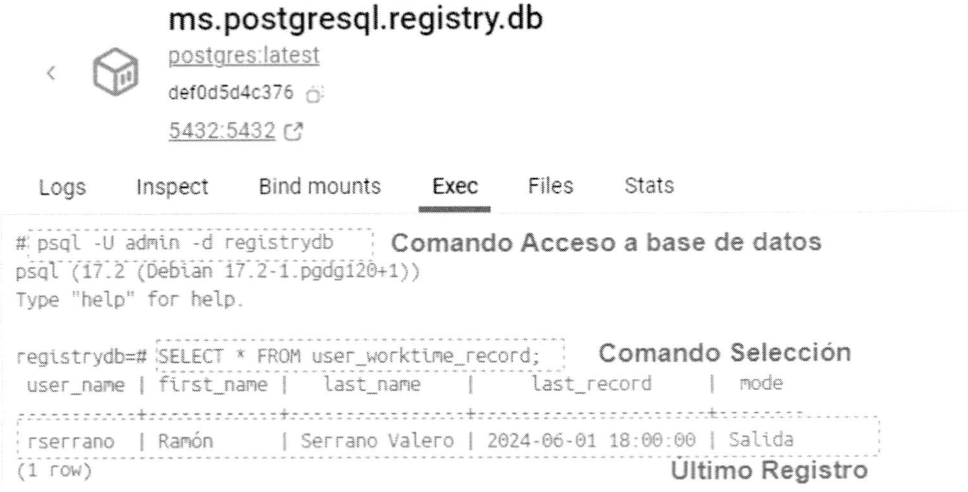

ms.postgresql.registry.db
postgres:latest
def0d5d4c376
5432:5432
Logs
Inspect
Bind mounts
Exec
Files
Stats
psql -U admin -d registrydb
Comando Acceso a base de datos
psql (17.2 (Debian 17.2-1.pgdg120+1))
Type "help" for help.
registrydb=# SELECT * FROM user_worktime_record;
Comando Selección
user_name | first_name | last_name | last_record | mode
rserrano | Ramón | Serrano Valero | 2024-06-01 18:00:00 | Salida
(1 row)
Último Registro

Ilustración 220. Verificar registro creado en PostgreSQL.

Acabamos de verificar que el registro de escritura se ha almacenado en base de datos correctamente, ahora veamos desde la interfaz de RabbitMQ si el mensaje ha sido interceptado.

Vemos que el mensaje ha sido publicado y consumido por el consumidor create-user-record-history-handler [***Ilustración 221***].

localhost:15672/#/queues/%2F/create-user-record-history-handler
RabbitMQ
RabbitMQ 3.13.7
Erlang 26.2.5.4
Overview
Connections
Channels
Exchanges
Queues and Streams
Admin
Queue create-user-record-history-handler
Overview
Queued messages last hour
Ready
Unacked
Total
Message rates last hour
Publish
Deliver (manual ack)
Deliver (auto ack)
Consumer ack
Redelivered
Get (manual ack)

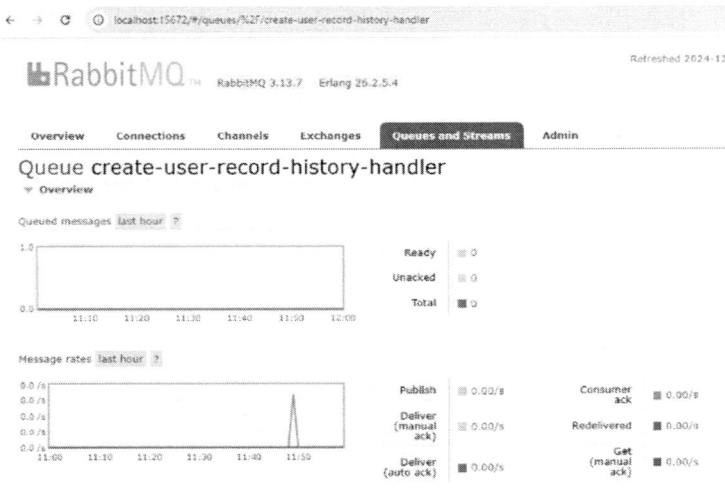

Ilustración 221. Mensaje consumido.

Ahora comprobamos si en la base de datos de MongoDB, el microservicio de auditoría ha capturado y persistido este registro. Abrimos el contenedor de **ms.mongo.auditory.db** [***Ilustración 222***] y ejecutamos **mongosh** para interactuar con el terminal de MongoDB.

mongosh -u admin -p admin --authenticationDatabase "AuditoryDB"

Con este comando entramos con el usuario y contraseña de acceso a Mongo para ejecutar comandos de Mongo.

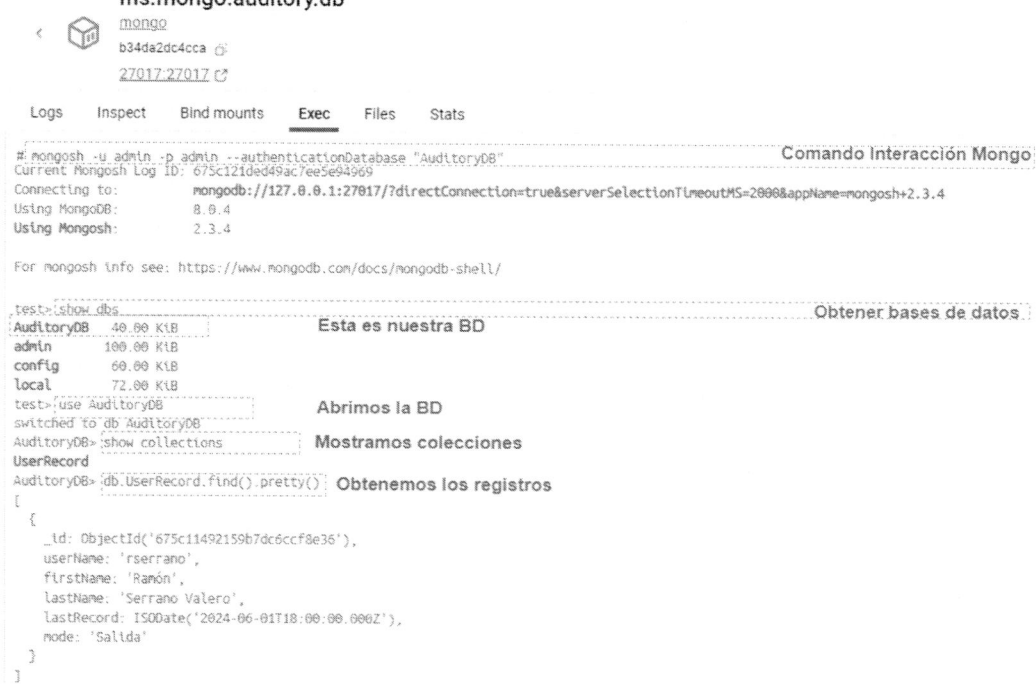

Ilustración 222. Verificar registro persistido en MongoDB.

Mostramos las bases de datos que existen en la instancia de MongoDB y vemos que está la de **AuditoryDB**; usamos el comando:

cmd

```
show dbs
```

Utilizamos la base de datos AuditoryDB mediante el comando:

cmd

```
use AuditoryDB
```

Una vez dentro del contexto de la base de datos, listamos las colecciones:

cmd

```
show collections
```

Vemos que tenemos una colección **UserRecord**.

Finalmente listamos los documentos que tiene la base de datos almacenados mediante el comando:

cmd

```
db.UserRecord.find().pretty()
```

Y aparece el registro que hemos enviado por la cola de mensajería.

Una vez verificado que en la base de datos de MongoDB ha persistido el registro enviado por evento, veamos el endpoint del microservicio de auditoría, si es capaz de listar este registro.

Abrimos el microservicio de auditoría por el puerto 5301 [*Ilustración 223*] y vemos que tenemos declarado el endpoint **GetUserRecordsHistoryEndpoint.**

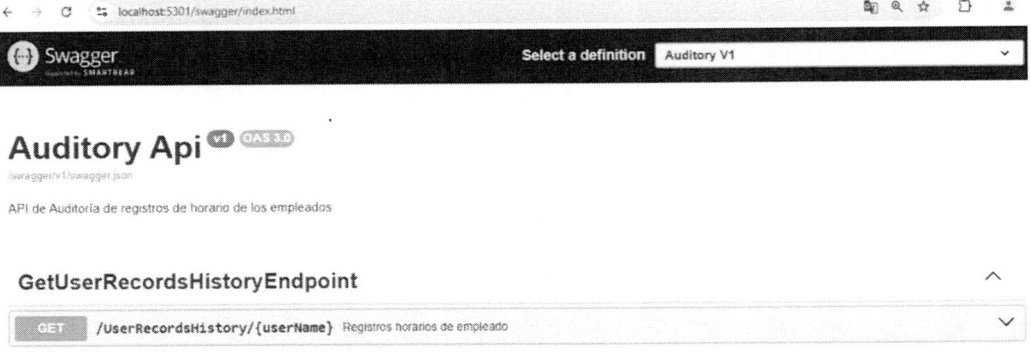

Ilustración 223. Microservicio Auditory en ejecución.

Si ejecutamos esta acción, con el usuario rserrano, veremos que se muestran los registros almacenados para ese usuario [*Ilustración 224*].

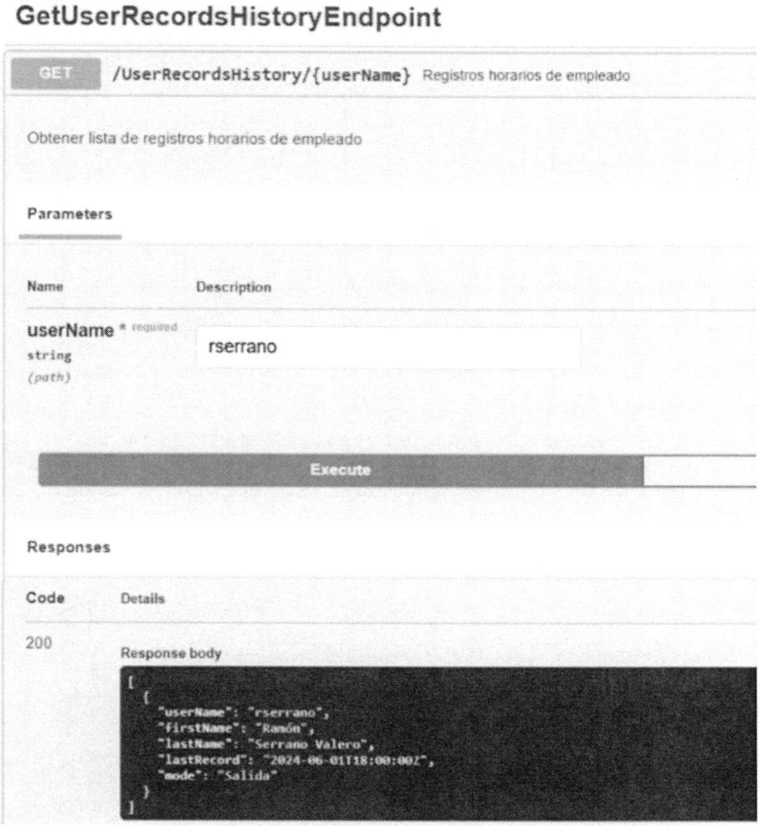

GetUserRecordsHistoryEndpoint

| GET | /UserRecordsHistory/{userName} | Registros horarios de empleado |

Obtener lista de registros horarios de empleado

Parameters

Name	Description
userName * required string (path)	rserrano

Execute

Responses

Code	Details

200	Response body
	``
	[
	  {
	    "userName": "rserrano",
	    "firstName": "Ramón",
	    "lastName": "Serrano Valero",
	    "lastRecord": "2024-06-01T18:00:00Z",
	    "mode": "Salida"
	  }
	]
	``

Ilustración 224. Obtener registros de auditoría.

Por ahora con esto sería toda la implementación necesaria por parte del microservicio de auditoría.

Consejos para arquitectos:

✓ *Monitorización de auditoría en CI/CD: Integrar OpenTelemetry con Azure Monitor o Prometheus para visualizar métricas de auditoría en tiempo real. Usar Grafana para Dashboards que reflejen eventos clave en la plataforma.*

3.7 Adaptar proyecto front-end

Ya disponemos de la solución del backend funcional, con los dos microservicios, es el momento de adaptar la capa de presentación que es la interfaz web que se comunicará con los microservicios, adaptando las llamadas a estos servicios [*Ilustración 225*].

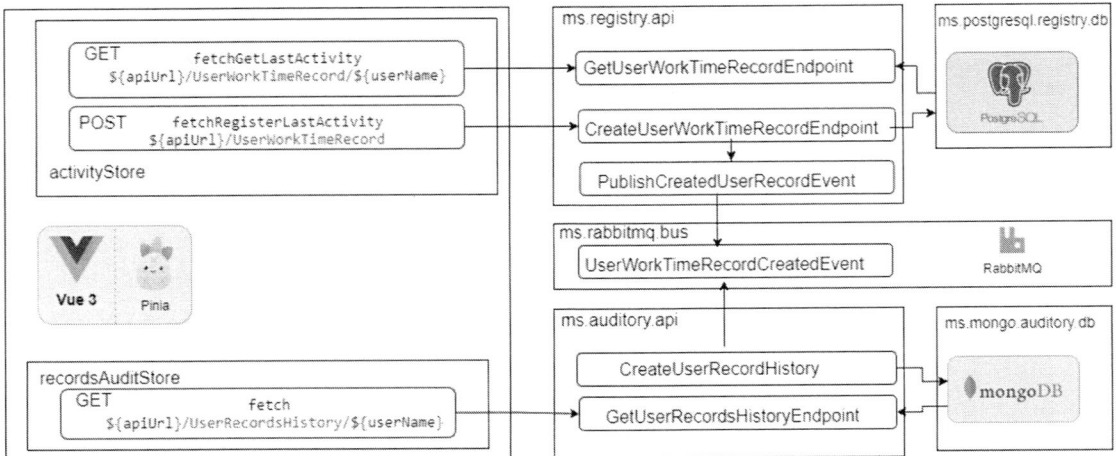

Ilustración 225. Flujo llamadas.

Abrimos el fichero "workRegistration/stores/**activityStore**.js" del proyecto front-end, que representa la capa de acceso a datos del microservicio de registro horario de los empleados.

Comentamos la constante de **FakeAPI**, así como las funciones **getCurrentUserActivity()**, **registerEntry()**, **registerExit()** [*Ilustración 226*].

Creamos unas constantes para obtener el URL del microservicio, así como el nombre de usuario, nombre del empleado y el apellido del empleado. Todas estas constantes acceden a las variables de entorno definidas por VITE (líneas 8-11).

```
src > modules > workRegistration > stores > JS activityStore.js > [@] useActivityStore > ✪ defineStore('activity') callback
   1   import { defineStore } from 'pinia'
   2   import { ref } from 'vue'
   3
   4   export const useActivityStore = defineStore('activity', () => {
   5     const lastRecordDate = ref()
   6     const lastMode = ref()
   7
   8     const apiUrl = import.meta.env.VITE_API_WORK_TIME_URL // Accede a la URL de la API desde el .env
   9     const userName = import.meta.env.VITE_USER_NAME
  10     const firstName = import.meta.env.VITE_FIRST_NAME          Añadir variables de entorno
  11     const lastName = import.meta.env.VITE_LAST_NAME
  12
  13     const formatDateTime = (datetime) => {
  14       const dateOptions = { weekday: 'long', year: 'numeric', month: 'long', day: 'numeric' }
  15       const timeOptions = { hour: '2-digit', minute: '2-digit' }
  16       const localeDate = datetime.toLocaleDateString('es-ES', dateOptions)
  17       const localeTime = datetime.toLocaleTimeString('es-ES', timeOptions)
  18       return { date: localeDate, time: localeTime }
  19     }
  20 >   /*const FakeAPI = {···
  43 >   /*function getCurrentUserActivity() {···          Comentar las llamadas mockeadas
  62
  63     return {
  64       //State
  65       lastRecordDate,
  66       lastMode,
  67       //Actions
  68       getCurrentUserActivity,
  69       registerEntry,
  70       registerExit
  71     }
  72   })
```

Ilustración 226. activityStore quitar API mock.

Ahora añadimos las nuevas llamadas a la API del microservicio de registro horario de empleados, en la constante API [*Ilustración 227*].

Creamos dos métodos asíncronos, que nos permitirán interactuar con la API, por un lado, el método fetchGetLastActivity (línea 65), que realiza una petición de tipo GET, construyendo el URL con las constantes:

- **apiURL**: URL base del microservicio de registros, configurada en variables de entorno.

- **userName**: constante que contiene el nombre de usuario del empleado, para filtrar.

Una vez obtenida respuesta, comprobamos si su estado es HTTP 200 (línea 66).

Convertimos a JSON el resultado obtenido (línea 67).

Retornamos un objeto con dos valores, la fecha del último registro del empleado por el atributo **recordDate**, así como el modo de acceso por el atributo **lastMode** (línea 68).

```
20 >  /*const FakeAPI = { ···
43 >  /*function getCurrentUserActivity() { ···
62     const API = {
63       async fetchGetLastActivity() {
64         try {
65           const response = await fetch(`${apiUrl}/UserWorkTimeRecord/${userName}`)
66           if (!response.ok) throw new Error('Error al obtener último registro')
67           const result = await response.json()
68           return { recordDate: new Date(result.lastRecord), lastMode: result.mode }
69         } catch (error) {
70           console.error('Error al obtener último registro:', error)
71           return { recordDate: null, lastMode: null }
72         }
73       },
74       async fetchRegisterLastActivity(payload) {
75         const response = await fetch(`${apiUrl}/UserWorkTimeRecord`, {
76           method: 'POST',
77           headers: { 'Content-Type': 'application/json' },
78           body: JSON.stringify(payload)
79         })
80
81         if (!response.ok) throw new Error(`POST Error: ${response.statusText}`)
82
83         return { recordDate: new Date(payload.lastRecord), lastMode: payload.mode }
84       }
85     }
```

Labels on the left margin:
- GET Registry API (lines 65-66)
- Obtener respuesta (line 67)
- POST Registry API (lines 75-79)
- Representar Registro (line 83)

Ilustración 227. activityStore crear llamadas API.

Otra de las llamadas que implementaremos es el **fetchRegisterLastActivity**, que realiza una llamada POST para registrar un nuevo último estado y registro horario para el empleado (línea 74).

Tras construir el URL (línea 75), se configuran la cabecera HTTP con el tipo de objeto que enviamos por el cuerpo de la solicitud, en este caso de tipo JSON (líneas 76-79).

Tras ejecutar la petición, en caso de que la respuesta sea satisfactoria, representamos por la interfaz de usuario el registro que acabamos de almacenar en el microservicio de registro (línea 83).

Una vez definidas las peticiones de acceso a la API, creamos las funciones de tipo acción, que invocan estas peticiones [*Ilustración 228*].

Las acciones son:

- *getCurrentUserActivity*: Acción que invoca al método *fetchGetLastActivity* de la API para obtener la última acción registrada por el usuario en el sistema.

- *registerEntry*: Acción que invoca la función **register** para registrar una nueva entrada del usuario en el sistema.

- *registerExit*: Acción que invoca la función **register** para registrar una nueva salida del usuario en el sistema.

Esta función **register** unifica ambas llamadas de registro de entrada o salida, únicamente cambiando el valor del modo de registro por "Entrada" o "Salida", dependiendo del botón pulsado. Se invoca al método **fetchRegisterLastActivity**, pasándole por parámetro el payload (línea 93).

```
 62 >   const API = { …
 85     }
 86
 87     function getCurrentUserActivity() {              Obtener Último Registro
 88       API.fetchGetLastActivity().then((result) => {
 89         lastMode.value = result.lastMode
 90         lastRecordDate.value = formatDateTime(result.recordDate)
 91       })
 92     }
 93     function register(mode) {                        Registrar Último Registro
 94       var payload = {
 95         userName: userName,
 96         firstName: firstName,
 97         lastName: lastName,
 98         lastRecord: new Date(),
 99         mode: mode
100       }
101       API.fetchRegisterLastActivity(payload).then(() => {
102         lastMode.value = payload.mode
103         lastRecordDate.value = formatDateTime(payload.lastRecord)
104       })
105     }
106     function registerEntry() {                       Funciones de registro
107       register('Entrada')                            de entrada y salida
108     }
109     function registerExit() {
110       register('Salida')
111     }
112
113     return {
114       //State
115       lastRecordDate,
116       lastMode,
117
118       //Actions
119       getCurrentUserActivity,
120       registerEntry,
121       registerExit
122     }
123   })
```

Ilustración 228. activityStore funciones invocar API.

Si abrimos la interfaz de usuario, veremos que el último registro almacenado se muestra dependiendo del horario de verano en GMT +1 o GMT +2; la acción **getCurrentUserActivity** es la invocada cuando se carga la aplicación y muestra el último registro, tras realizar la petición http://localhost:5200/UserWorkTimeRecord/rserrano, que coincide con el almacenado en PostgreSQL, lo único representado en su GMT correspondiente, según el cliente [*Ilustración 229*].

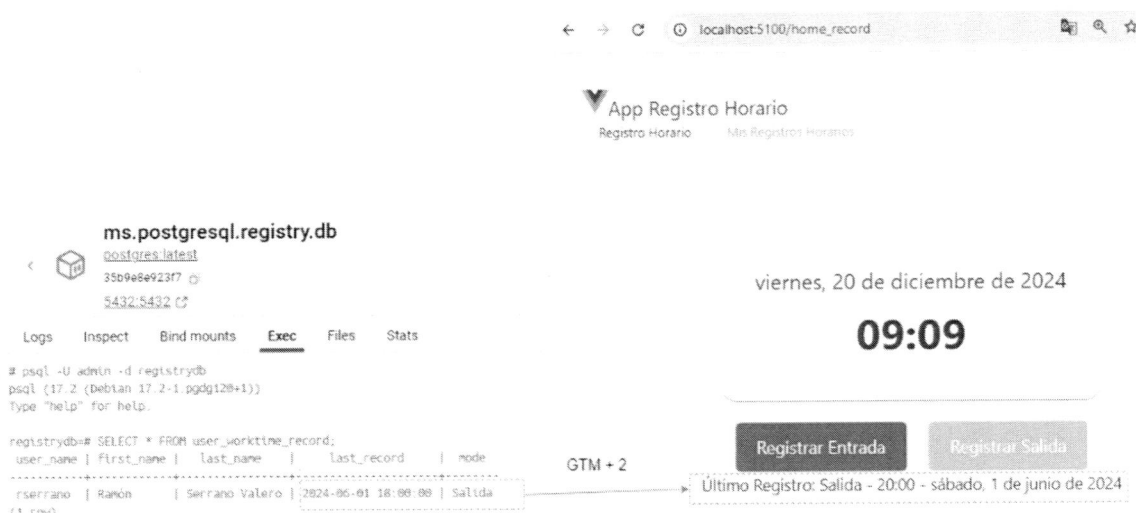

Ilustración 229. getCurrentUserActivity.

En este caso, se representa en el gmt +2 que corresponde con el horario de verano de España. Además, podemos ver que como el último registro ocurrido es una salida, se habilita el botón de registro de entrada, que es la siguiente acción.

Ahora vamos a pulsar "Registrar Entrada" [***Ilustración 230***] que realiza una petición a http://localhost:5200/UserWorkTimeRecord, enviando el payload del usuario rserrano, con el modo "Entrada" y la fecha y hora del registro, registrándose de esta forma en PostgreSQL y representándose por pantalla (en este caso en GMT+1, horario Invierno).

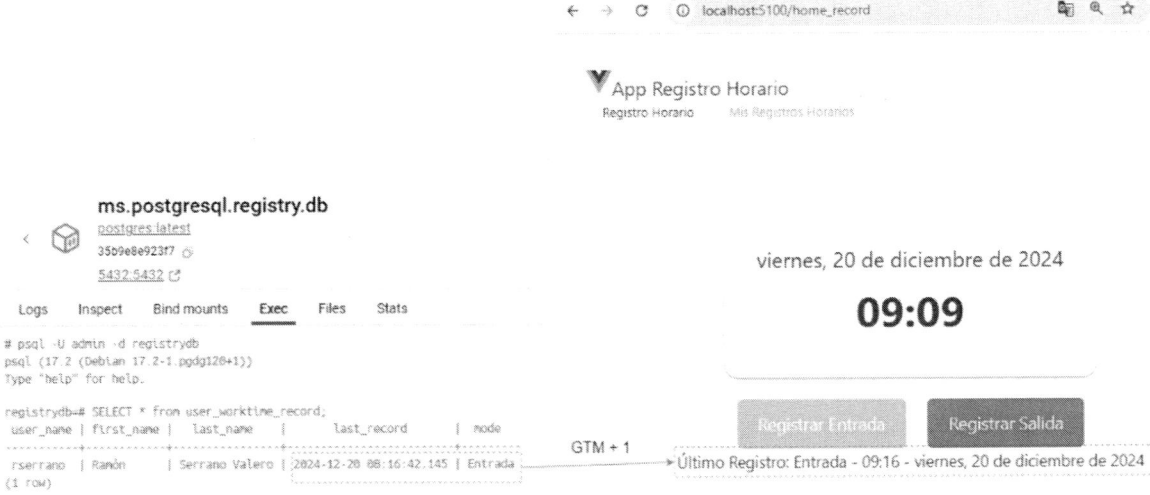

Ilustración 230. Register.

En cada una de las inserciones en este microservicio, recordemos que sobrescribe el registro de PostgreSQL asociado al usuario y emite un evento al microservicio de auditoría para almacenar el histórico de registros.

Una vez verificada la correcta inserción de registro en PostgreSQL y su representación por pantalla, vamos a adaptar las llamadas al microservicio de auditoría a través del fichero **recordsAuditStore.js**.

Abrimos el fichero "workRegistrationTable/stores/**recordsAuditStore**.js" del proyecto front-end, que representa la capa de acceso a datos del microservicio de auditoría de los empleados.

Comentamos la constante de **FakeAPI**, así como la función **getRecords()** [*Ilustración 231*].

Creamos unas constantes para obtener el URL del microservicio, así como el nombre de usuario. Todas estas constantes acceden a las variables de entorno definidas por VITE (líneas 6-7).

```
src > modules > workRegistrationTable > stores > JS recordsAuditStore.js > ...
 1    import { defineStore } from 'pinia'
 2    import { ref } from 'vue'
 3
 4    export const useRecordsAuditStore = defineStore('recordsAudit', () => {
 5      const records = ref([])
 6      const apiUrl = import.meta.env.VITE_API_AUDITORY_URL // Accede a la URL de la API desde el .env
 7      const userName = import.meta.env.VITE_USER_NAME        Añadir variables de entorno
 8
 9      const mockedItems = [
10        {
11          userName: 'rserrano',
12          firstName: 'Ramón',
13          lastName: 'Serrano Valero',
14          lastRecord: new Date('2024-05-01T08:00:00').toLocaleString(),
15          mode: 'Entrada'
16        }
17      ]
18  >   /*const FakeAPI = { ...                        Comentar las llamadas mockeadas
27  >   /*async function getRecords() { ...
31
32      return {
33        //State
34        records,
35        //Getters
36        //Actions
37        getRecords
38      }
39    })
```

Ilustración 231. recordsAuditory quitar mock API.

Ahora añadimos las nuevas llamadas a la API del microservicio de auditoría de empleados en la constante API [*Ilustración 232*].

Creamos un métodos asíncrono, que permitirá interactuar con la API, el método **fetch** (línea 34), que realiza una petición de tipo GET, construyendo el URL con las constantes:

- **apiURL:** URL base del microservicio de auditoría, configurada en variables de entorno.

- **userName:** Constante que contiene el nombre de usuario del empleado, para filtrar.

Una vez obtenida respuesta, comprobamos si su estado es HTTP 200 (línea 35).

Convertimos a JSON el resultado obtenido (línea 36).

Retornamos por el atributo ítems la lista de valores obtenido (línea 37).

```
18 >   /*const FakeAPI = { ···
27 >   /*async function getRecords() { ···
31     const API = {
32       async fetch() {
33         try {
34           const response = await fetch(`${apiUrl}/UserRecordsHistory/${userName}`)
35           if (!response.ok) throw new Error('Error al obtener el histórico de registros del empleado')
36           const result = await response.json()
37           return { items: result }
38         } catch (error) {
39           console.error('Error al obtener el histórico de registros del empleado:', error)
40           return { recordDate: null, lastMode: null }
41         }
42       }
43     }
```

Ilustración 232. recordsAuditStore crear llamadas API.

Una vez definida la petición de acceso a la API, creamos la función de tipo acción, que invoca la petición [*Ilustración 233*].

Las acciones son:

- **getRecords:** Acción que invoca al método *fetch* de la API para obtener el histórico de registros de un empleado (línea 45). En esta acción, hemos añadido la conversión del formato de la fecha recibida, para que sea representada con el formato ISO (línea 48).

```
18 >   /*const FakeAPI = { ···
27 >   /*async function getRecords() { ···
31 >   const API = { ···
43 >   }
44     async function getRecords() {           Obtener Histórico
45       const result = await API.fetch()
46       records.value = result.items.map((record) => ({
47         ...record,
48         lastRecord: new Date(record.lastRecord).toLocaleString()
49       }))
50     }                                Aplicar transformación de fecha
51
52     return {
53       //State
54       records,
55       //Actions
56       getRecords
57     }
58   }}
```

Ilustración 233. recordsAuditoryStore funciones invocar API.

Ahora si abrimos la interfaz de usuario, la pestaña de "Mis Registros Horarios", debería invocarse la acción **getRecords**(), que realiza una petición a http://localhost:5300/UserRecordsHistory/rserrano, obteniendo los valores registrados en MongoDB para este usuario [*Ilustración 234*].

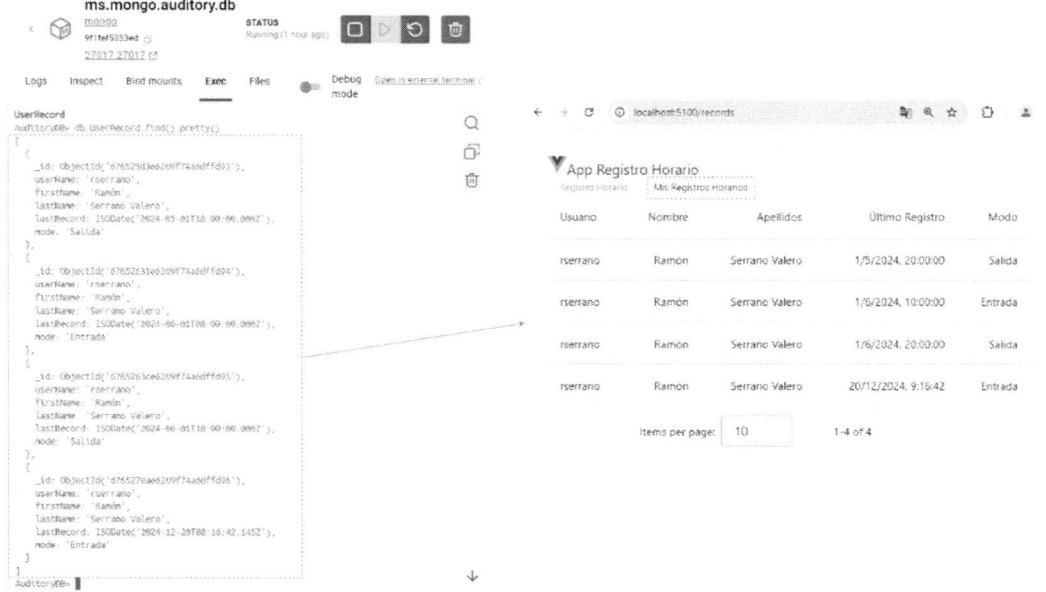

Ilustración 234. Obtener historial registros horarios empleado.

Esta última validación nos permite comprobar que la interfaz de usuario interactúa con ambos microservicios y se persiste correctamente en ambos casos. Esta sería la implementación local de la solución de arquitectura completa, preparada para contenedores Docker, sin desplegarlo todavía.

3.8 Resumen del capítulo

Se detalla cómo implementar una arquitectura basada en contenedores utilizando una arquitectura de microservicios .NET y con una capa de presentación Vue. El objetivo principal de este capítulo es establecer una arquitectura sólida en la que todos los componentes interactúen entre sí, sin entrar todavía en el despliegue automático.

Se aborda la creación de una infraestructura basada en contenedores Docker mediante un entorno docker-compose, capaz de encapsular aplicaciones y servicios.

Puntos clave:

- Infraestructura basada en contenedores: Diseño de una arquitectura modular utilizando contenedores Docker para asegurar portabilidad y consistencia entre entornos.

¿Qué hemos aprendido?

- La importancia de una arquitectura modular basada en contenedores para facilitar la portabilidad y la escalabilidad.

- Según el equipo de desarrollo que tengamos y del alcance del proyecto, podemos orientar nuestra arquitectura a vertical.

- El potencial de docker-compose para que los servicios se comuniquen entre sí.

- Somos capaces de integrar no solo tecnologías .NET en un proyecto basado en contenedores, sino además RabbitMQ, Mongo, PostgreSQL o Vue.

4 Despliegue CI/CD Docker Hub – Azure Container Apps

4.1 Configuración monorepo GitHub

Toda integración continua requiere un repositorio de código fuente, bien sea GitLab, GitHub, Bitbucket u otros, sobre el que poder integrar el código que los desarrolladores van implementando.

Por este motivo, el primer paso será el de crear un repositorio para contener el proyecto de despliegue sobre Azure Container Apps.

El repositorio elegido será GitHub, porque al utilizar Docker Hub y Azure, el acceso a GitHub es instantáneo y será más sencillo avanzar en contenido del libro.

Para ello, entramos a nuestra cuenta de GitHub y creamos el repositorio nuevo **cicd_azure_containers**; como observamos en [*Ilustración 235*], este repositorio puede ser público o privado; en este libro lo declaramos público.

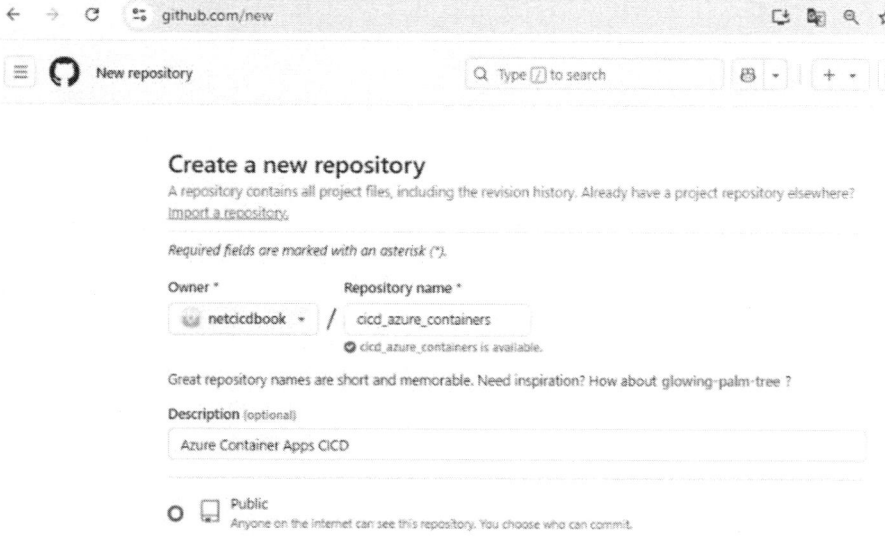

Ilustración 235. Crear repositorio cicd_azure_containers.

Una vez tenemos el repositorio creado [*Ilustración 236*], estaremos listos para clonarlo en nuestro equipo y adaptar el código del proyecto.

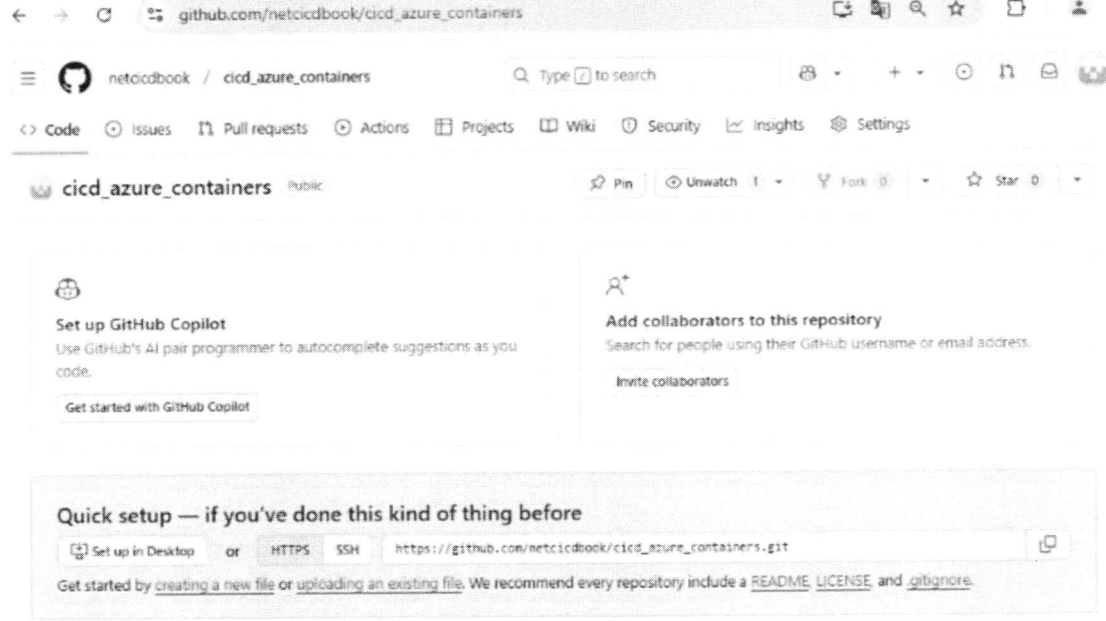

Ilustración 236. Creado repositorio GitHub.

Para la clonación del repositorio disponemos de dos opciones:

- Clonar por HTTPS; es instantáneo, aunque requiere proporcionar el nombre de usuario en el URL y al clonar nos solicitará introducir las credenciales.

- Clonar por SSH; requiere tener creada en nuestro equipo una clave ssh y registrarla posteriormente en nuestra cuenta GitHub, de tal forma que pueda asociar nuestro equipo como autorizado a interactuar con el repositorio.

En nuestro caso emplearemos la opción de HTTPS [*Ilustración 237*], donde introducimos entre "https" y el dominio "github" nuestro nombre de usuario de la cuenta GitHub, seguido de un "@".

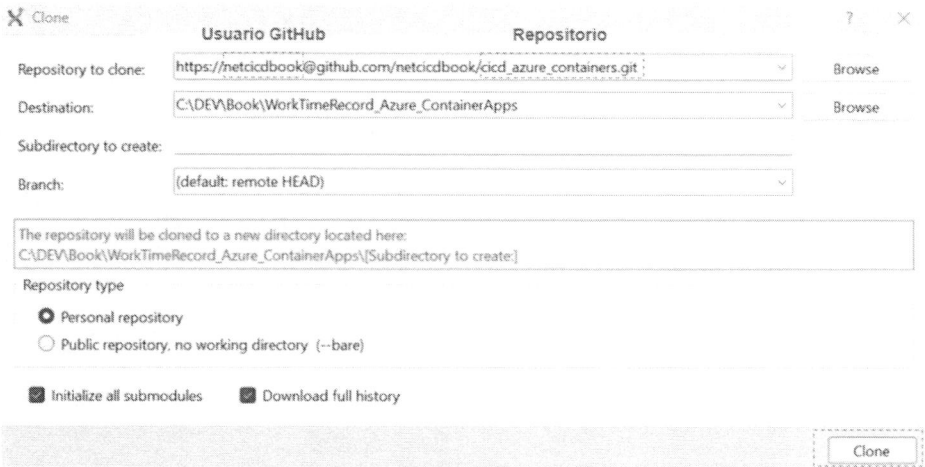

Ilustración 237. Clonando repositorio GitHub.

En nuestro equipo podremos observar cómo tenemos el repositorio vacío clonado y configurado el origen remoto de GitHub [***Ilustración 238***]. En estos momentos ya podemos interactuar con el repositorio a través de cliente Git, como el que estamos utilizando, "Git Extensions", o a través de comandos.

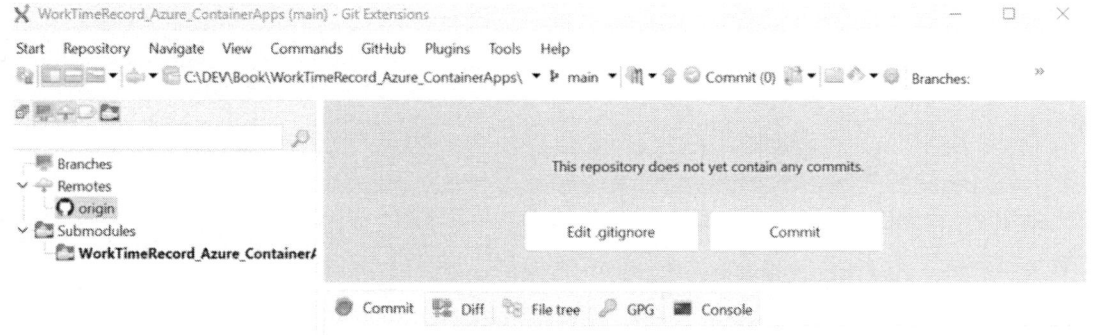

Ilustración 238. Clonado.

Una vez tenemos este repositorio clonado, copiamos toda la solución de arquitectura, tanto la parte backend "**WorkTimeRecord.Solution**" como la interfaz de usuario "**WorkTimeRecord.UI**" en la carpeta clonada de este repositorio en nuestro equipo.

Tras copiarlo todo en la carpeta, habrá cambios a aplicar. Pulsamos el botón *Commit* del cliente Git Extensions e ignoramos las carpetas bin y obj de cada proyecto [***Ilustración 239***]. Posteriormente seleccionamos el resto de los ficheros que sí que vamos a subir al repositorio de Git y realizamos un *Commit*.

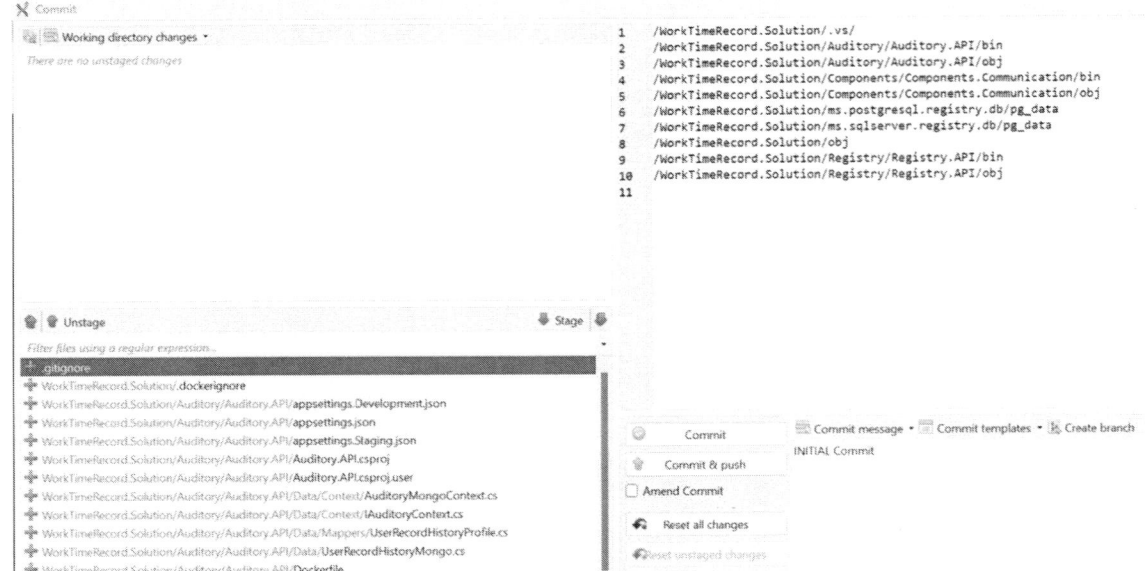

Ilustración 239. Git Ignore y Commit.

Tras realizar el *Commit* inicial, vamos a subir los ficheros al repositorio Git, realizando un Push [*Ilustración 240*], sobre la rama main.

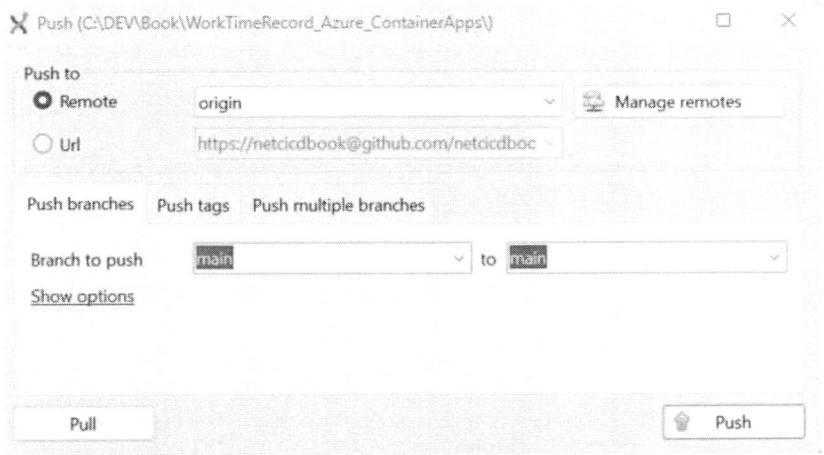

Ilustración 240. Push.

Para poder realizar el primer Push, nos indica los permisos que nos concederá GitHub a nuestro *Git Credential Manager*, donde deberemos establecer que estamos de acuerdo en autorizar dicho acceso [*Ilustración 241*]. Se aplican permisos de lectura y escritura sobre los repositorios del usuario de GitHub.

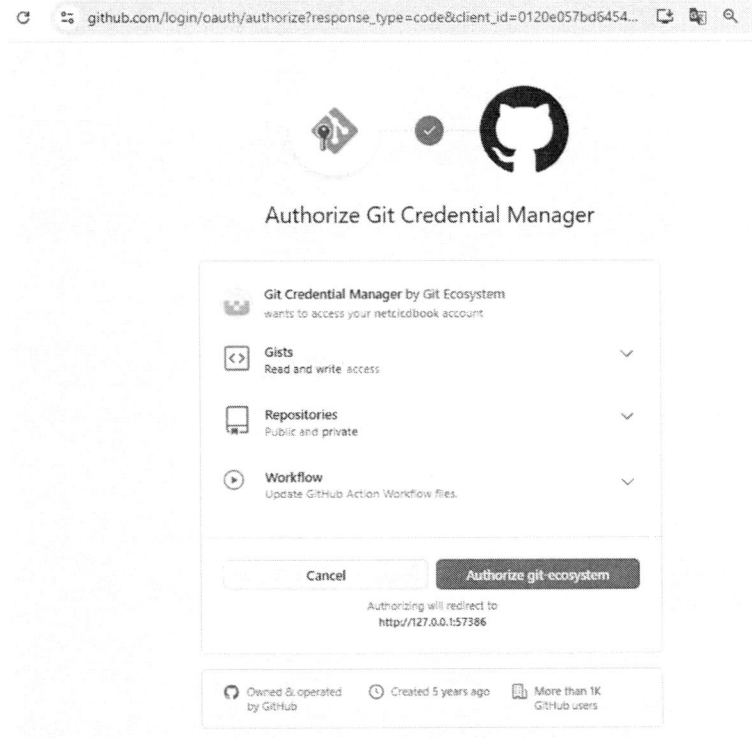

Ilustración 241. Authorize GitHub.

Tras esto, veremos en el cliente de Git Extensions que se han subido los cambios locales en el repositorio remoto de git [***Ilustración 242***].

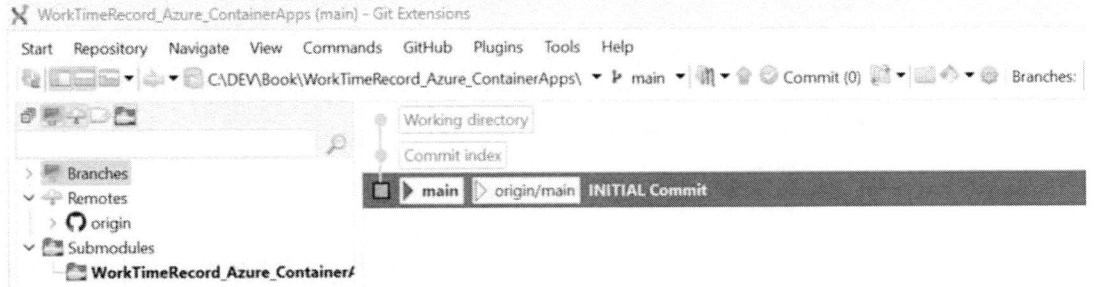

Ilustración 242. Pushed.

Así como también en el repositorio remoto de GitHub [***Ilustración 243***].

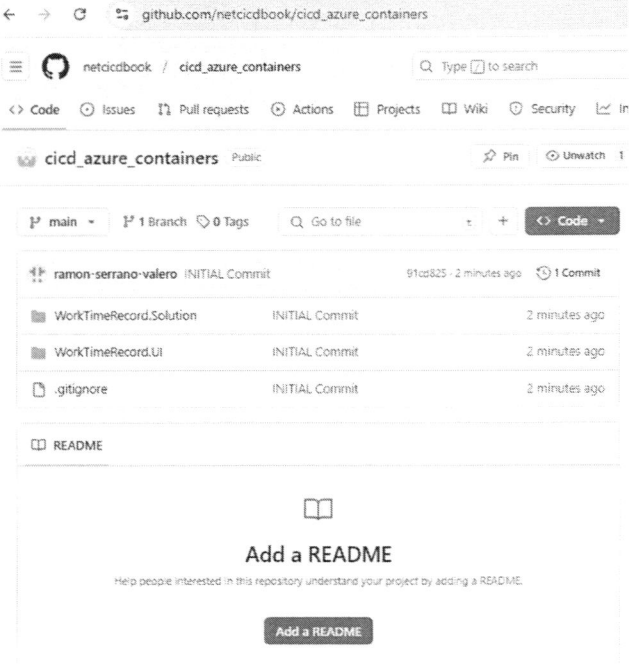

Ilustración 243. GitHub Pushed.

Consejos para arquitectos:

✓ *Estrategia de ramas en CI/CD: Definir una estrategia clara de ramas en Git (GitFlow o Trunk-Based Development) para evitar conflictos en despliegues automatizados. Usar Azure DevOps o GitHub Actions para proteger main con revisiones obligatorias y pruebas automatizadas antes de fusionar cambios.*

4.2 Creación cuenta de Azure y consideraciones

En este libro se va a hacer uso de despliegues sobre la nube de Azure. Azure no es gratuito, sin embargo, permite la primera vez que se crea una cuenta de Azure, hacer uso de 200 dólares de crédito para gastar durante los primeros 30 días y después existen dos opciones, o se hace la cuenta de pago por uso o se detiene el servicio.

La mejor opción es hacer pruebas sobre el crédito gratuito que proporciona Azure, para que no tengamos costes no esperados. Y una buena práctica es que cada vez que probemos algo, tras las pruebas destruyamos los recursos creados; de esta forma, nos aseguramos de que no tendremos costes asociados por habernos dejado algún recurso activo.

Durante la elaboración de cada ejemplo de despliegue sobre el cloud de Azure, tras probar que funciona, nosotros destruimos los recursos que hemos creado para que no nos cobre Azure, o al menos lo mínimo posible. Por lo que es muy importante visitar siempre la página de costes de Azure a diario, para ver si nos hemos dejado algo activo y nos van a cobrar por ello.

Es muy importante que el lector de este libro, tras las pruebas, revise que no se deja ningún servicio activo. El lector debe hacerse responsable de los servicios utilizados en Azure y verificar que no están incurriendo en costes.

4.3 Configuración Docker Hub

En esta primera fase de despliegue sobre la nube de Azure, vamos a registrar nuestras imágenes en la nube de Docker, Docker Hub, que funciona como un registro público de imágenes de contenedores.

Este registro público de imágenes de contenedores sirve como plataforma para almacenar, compartir y administrar versiones de las imágenes de los contenedores Docker.

Los registros pueden ser públicos o privados, lo diferencia el nivel de acceso a estos repositorios, que en el caso de los privados es únicamente accesible para usuarios autorizados, que están desarrollando aplicaciones de carácter interno.

Docker Hub permite automatizar la construcción automática de imágenes conectando GitHub o BitBucket, integrándose con herramientas como las GitHub Actions.

Este repositorio público de imágenes ofrece un Docker CLI, que permite gestionar las imágenes y el versionado a través de comandos.

Creemos una nueva cuenta gratuita en Docker Hub, para ello entramos a Docker Hub y pulsamos "Sign Up" [*Ilustración 244*].

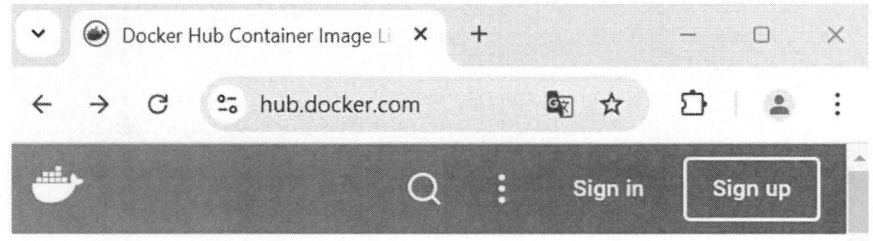

Ilustración 244. Entrar a Docker Hub.

Podemos hacer el registro de usuario mediante correo, Google o GitHub, seleccionamos nuestra misma cuenta de GitHub [*Ilustración 245*] pero se puede usar cualquier tipo de registro de usuario.

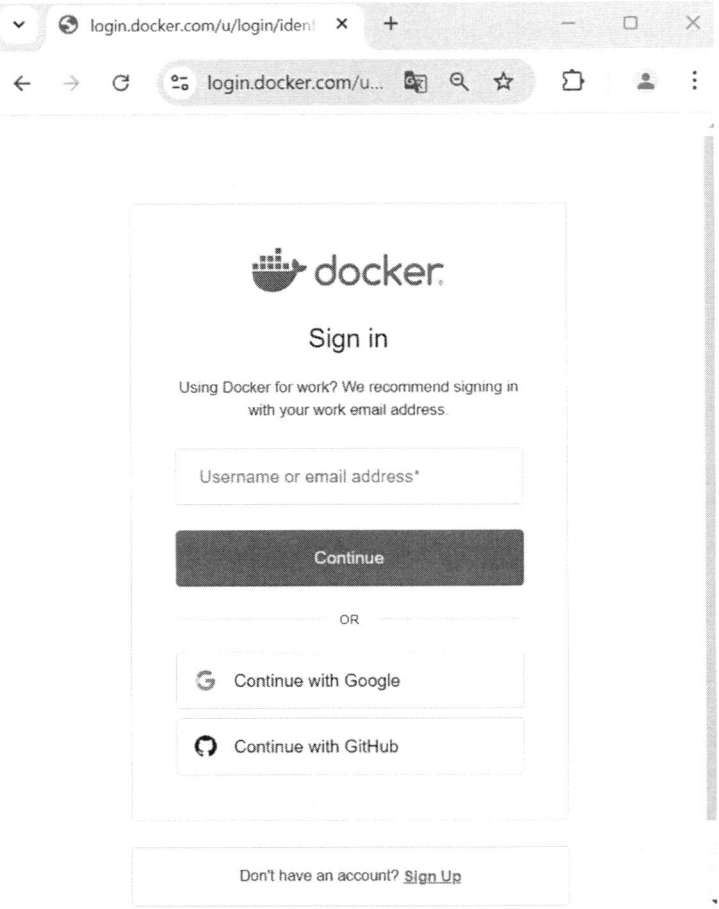

Ilustración 245. Registro.

Si hemos optado por GitHub, a continuación, nos solicita la autorización de permisos a GitHub por parte de Docker para verificar identidad [*Ilustración 246*].

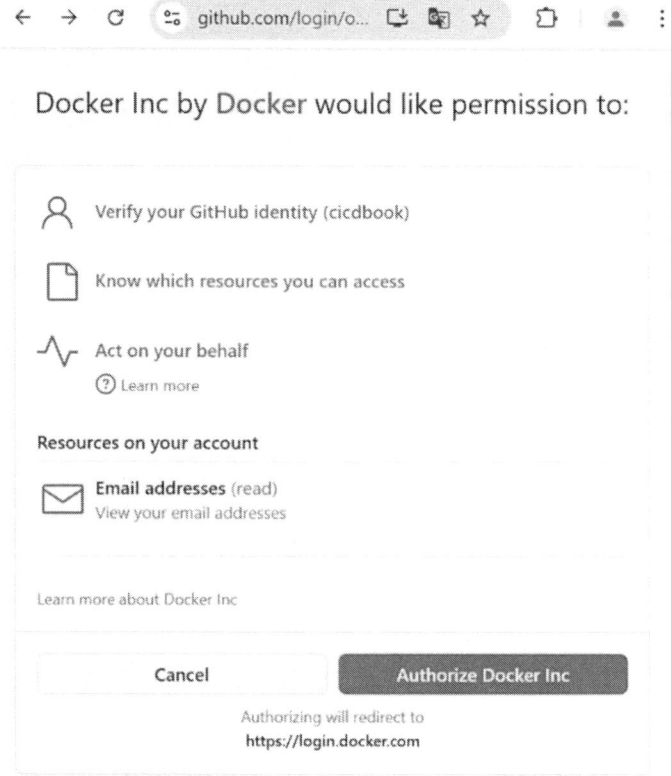

Ilustración 246. Autorización GitHub.

Tras autorizar, nos aparece en la sección de repositorios de Docker Hub que de momento no hemos creado ningún repositorio [***Ilustración 247***].

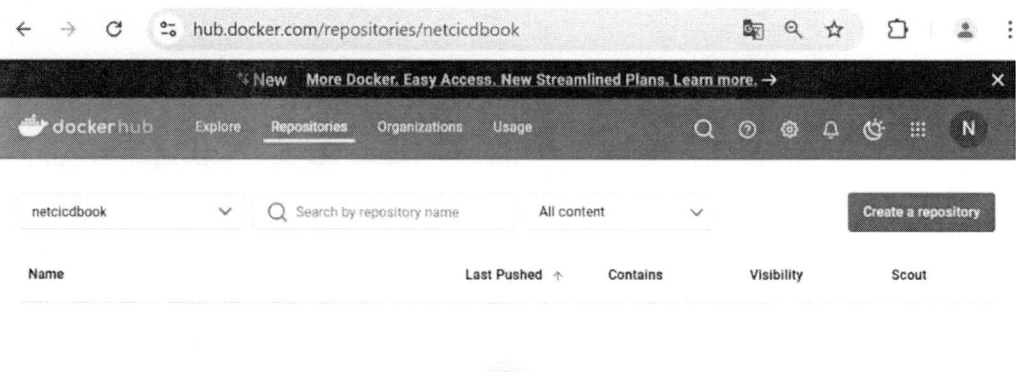

Ilustración 247. Sin repositorios.

Consejos para arquitectos:

✓ *Seguridad en Docker Hub: Habilitar scanning de vulnerabilidades en las imágenes de Docker Hub y evita usar imágenes con etiquetas latest en producción. Usar Docker Content Trust (DCT) para garantizar la autenticidad de las imágenes en pipelines CI/CD.*

4.4 Despliegue manual a Azure Container Apps

Una vez tenemos todo el desarrollo de la solución realizado, vamos a desplegarlo en la nube, como una imagen de un contenedor, que se despliega en Azure Container Apps.

Azure Container Appss son aplicaciones en contenedores, que se escalan a petición, sin necesidad de administrar la infraestructura. Precisan de un contenedor y un entorno.

Los pasos por realizar en el despliegue manual son [*Ilustración 248*]:

1. Creamos en Docker Hub un nuevo repositorio para nuestra imagen.

2. Creamos una imagen de nuestro microservicio mediante el comando "docker build". Esto nos compilará nuestro código en release, creando una imagen con el TAG latest.

3. Como el TAG creado no se corresponde con el nombre del repositorio de Docker Hub, debemos crear una imagen con el TAG del nombre del repositorio de Docker Hub, haciendo uso del comando "docker tag".

4. Subimos la imagen que tiene el tag asociado del repositorio remoto de Docker Hub mediante el comando "docker push". Esto nos crea una nueva versión de la imagen cada vez que la subamos al repositorio.

5. Finalmente creamos un Azure Container Apps y asociamos que el contenedor utilice la imagen del repositorio de Docker Hub. De esta forma, cada vez que Azure Container Apps necesite levantar el contenedor, obtendrá la imagen del repositorio mediante el comando "docker pull".

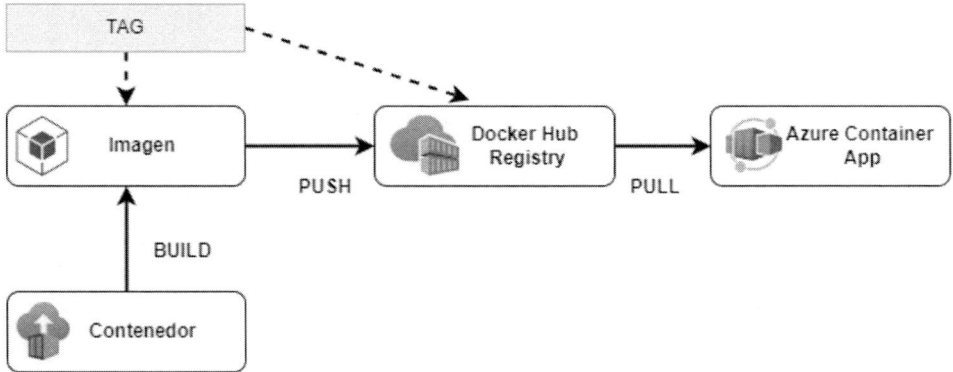

Ilustración 248. Deployment Manual a Azure Container Apps.

Vamos a desplegar cada una de nuestras imágenes de Docker de la solución de arquitectura:

- **worktime-app**: Interfaz de usuario Vue 3.

- **ms.registry.api**: API de registro horario.

- **ms.auditory.api**: API de histórico de horas.

- **ms.postgresql.registry.db**: Base de datos PostgreSQL para microservicio de registro.

- **ms.mongo.auditory.db**: Base de datos MongoDB para microservicio de auditoría.

- **ms.rabbitmq.bus**: Bróker de mensajería para comunicación entre microservicios.

Cada una de estas imágenes serán renombradas con el TAG correspondiente a su repositorio definido en Docker Hub y serán publicadas en este cloud público de imágenes de Docker, siendo utilizadas por Azure Container Apps para construir su contenedor.

Al ejecutar en modo desarrollo nuestro proyecto con el perfil de ejecución de docker-compose se crearon las siguientes imágenes [*Ilustración 249*].

```
C:\DEV\Book\WorkTimeRecord_Azure_ContainerApps\WorkTimeRecord.Solution>docker images
REPOSITORY      TAG            IMAGE ID       CREATED        SIZE
mongo           latest         f08e39122805   2 weeks ago    855MB
auditoryapi     dev            06ebfb974c24   2 weeks ago    217MB
registryapi     dev            9fcba28908ba   2 weeks ago    217MB
postgres        latest         810c36706d00   4 weeks ago    435MB
rabbitmq        3-management   e685a2b8c9fa   3 months ago   254MB
```

Ilustración 249. Estado inicial imágenes Docker.

Partiendo de esto, vamos a ir desplegando cada una de estas imágenes, empezando por PostgreSQL.

4.4.1 Despliegue PostgreSQL

Dado que nuestro despliegue va a utilizar el fichero Dockerfile y no el de docker-compose, debemos indicar en el fichero Dockerfile de **ms.postgresql.registry.db**, que copie el fichero de inicialización init.sql a la ubicación esperada [*Ilustración 250*].

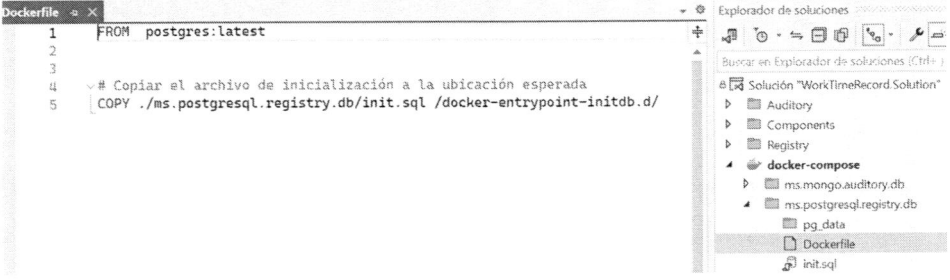

Ilustración 250. Dockerfile añadir script de copia de init.sql.

Esto permitirá que cuando se construya la imagen de PostgreSQL, también se realice la copia del fichero de inicialización de base de datos.

Abrimos Docker Hub y en el espacio de nombres de nuestra cuenta Docker Hub, creamos un nuevo repositorio de tipo público llamado **ms.postgresql.registry.db** para esta imagen [*Ilustración 251*].

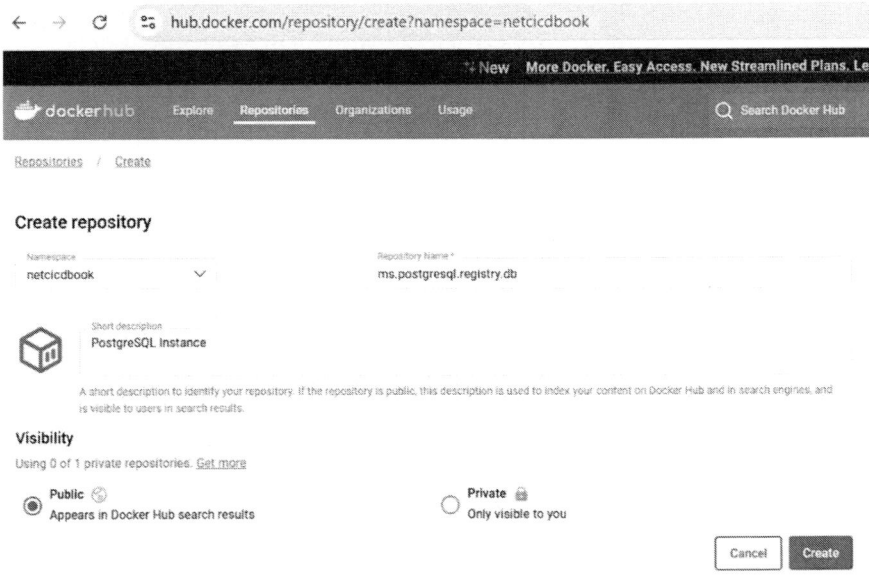

Ilustración 251. Docker Hub crear repositorio.

Una vez creado, deberíamos tener un repositorio público llamado **netcicdbook/ms.postgresql.registry.db**; esta nomenclatura combina el espacio de nombres de nuestra cuenta con el nombre del repositorio [*Ilustración 252*].

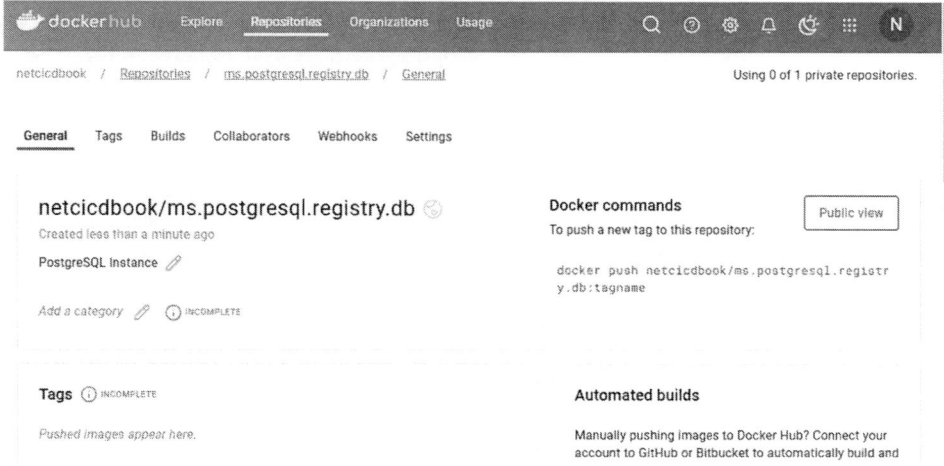

Ilustración 252. Repositorio creado.

Como apreciamos en la imagen, todavía no existe ninguna imagen subida en este repositorio, de existir alguna versión, aparecería en la sección **Tags**.

Una vez el repositorio existe en Docker Hub, abrimos la consola de comandos y nos ubicamos en la raíz de la solución donde se encuentran las carpetas de nuestros proyectos, a la altura de "WorkTimeRecord.Solution".

Ejecutamos el comando responsable de construir la imagen de Docker a partir de un fichero Dockerfile [*Ilustración 253*]:

shell/cmd

```
docker build -t ms.postgresql.registry.db -f
ms.postgresql.registry.db/Dockerfile .
```

```
C:\DEV\Book\WorkTimeRecord_Azure_ContainerApps\WorkTimeRecord.Solution>docker build -t ms.postgresql.registry.db -f ms.postgresql.registry.db/Dockerfile .
[+] Building 0.4s (5/5) FINISHED
 => [internal] load build definition from Dockerfile
 => => transferring dockerfile: 60B
 => [internal] load metadata for docker.io/library/postgres:latest
 => [internal] load .dockerignore
 => => transferring context: 46B
 => CACHED [1/1] FROM docker.io/library/postgres:latest
 => exporting to image
 => => exporting layers
 => => writing image sha256:810c36706d001955d088d9ab907e2d5b9937ecafb23e56aa01073fdafad6f4a4
 => => naming to docker.io/library/ms.postgresql.registry.db

View build details: docker-desktop://dashboard/build/desktop-linux/desktop-linux/lmsi169ykfnxfvugg5d9hvnjx
```

Ilustración 253. Construir Imagen ms.postgresql.registry.db.

- **docker build**: Comando docker para construir imagen a partir del fichero Dockerfile.

- **-t ms.postgresql.registry.db**: Asigna un nombre o etiqueta para la imagen que vamos a construir.

- **-f ms.postgresql.registry.db/Dockerfile**: Indica la ubicación donde se encuentra el fichero Dockerfile, que en nuestro caso se encuentra dentro de la carpeta "ms.postgresql.registry.db" dentro de la solución.

- **.:** El punto indica el contexto de construir la imagen, lo que implica el contexto en el que se ejecuta el comando, en nuestro caso WorkTimeRecord.Solution.

```
C:\DEV\Book\WorkTimeRecord_Azure_ContainerApps\WorkTimeRecord.Solution>docker images
REPOSITORY                     TAG          IMAGE ID        CREATED        SIZE
ms.postgresql.registry.db      latest       ac7a5c9bfc33    3 hours ago    435MB
```

Ilustración 254. Imagen con el tag ms.postgresql.registry.db creado.

Nos quedamos con los 3 primeros caracteres del identificador de la imagen creada en modo reléase "ac7".

Para que una imagen sea subida a Docker Hub, el nombre de la imagen debe seguir el formato:

"Espacio de nombres del repositorio" + "/" + "Nombre de imagen"+[:"tag"]

Es por ello que creamos una copia de la imagen generada con anterioridad, con la etiqueta o tag netcicdbook/ms.postgresql.registry.db [*Ilustración 255*].

shell/cmd

```
docker            tag            ac7
netcicdbook/ms.postgresql.registry.db
```

```
C:\DEV\Book\WorkTimeRecord_Azure_ContainerApps\WorkTimeRecord.Solution>docker tag ac7 netcicdbook/ms.postgresql.registry.db

C:\DEV\Book\WorkTimeRecord_Azure_ContainerApps\WorkTimeRecord.Solution>docker images
REPOSITORY                                 TAG       IMAGE ID        CREATED        SIZE
ms.postgresql.registry.db                  latest    ac7a5c9bfc33    3 hours ago    435MB
netcicdbook/ms.postgresql.registry.db      latest    ac7a5c9bfc33    3 hours ago    435MB
```

Ilustración 255. Crear tag para imagen de repositorio.

El comando se compone de:

- **docker tag**: Comando docker para asignar una etiqueta.
- **ac7**: Es el identificador del campo "IMAGE ID" de la imagen existente. En el caso del lector, seguramente este identificador sea uno diferente.
- **netcicdbook/ms.postgresql.registry.db**: Nuevo nombre para la imagen.

Ya tenemos la imagen preparada para ser publicada en el repositorio de Docker Hub, de modo que ejecutamos el comando de Docker de publicación de imagen [*Ilustración 256*].

shell/cmd

```
docker                                              push
netcicdbook/ms.postgresql.registry.db:latest
```

```
C:\DEV\Book\WorkTimeRecord_Azure_ContainerApps\WorkTimeRecord.Solution>docker push netcicdbook/ms.postgresql.registry.db:latest
The push refers to repository [docker.io/netcicdbook/ms.postgresql.registry.db]
b6004bb73409: Mounted from cicdbook/ms.postgresql.registry.db
```

Ilustración 256. Push a Docker Hub.

El comando se compone de:

- **docker push**: Comando docker para subir una imagen de Docker a registro remoto como en este caso es Docker Hub.
- **netcicdbook/ms.postgresql.registry.db:latest**: Nombre de la imagen a subir al registro, incluyendo la etiqueta tag con el valor "latest", aunque si no indicamos este valor, sería "latest" por defecto.

Si ahora volvemos al repositorio de Docker Hub, veremos que, en la sección de Tags, se ha publicado una nueva versión de nuestra imagen [*Ilustración 257*].

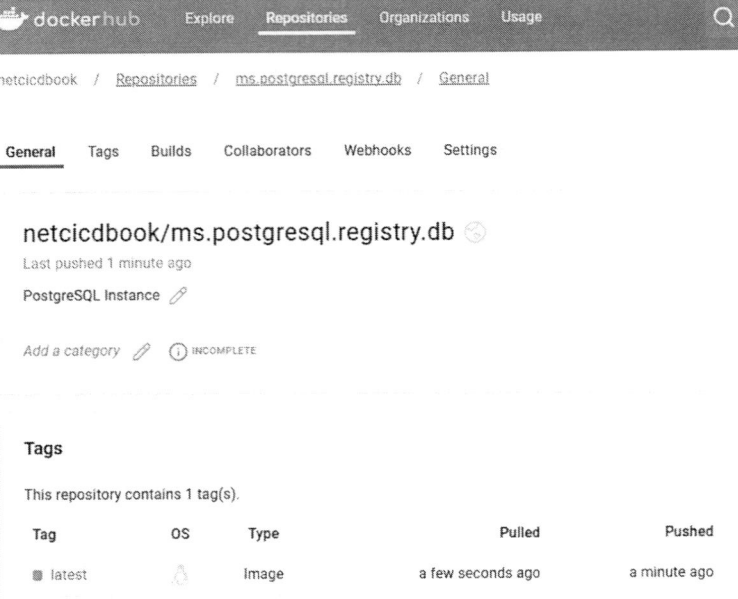

Ilustración 257. Imagen publicada.

Opcionalmente, podemos verificar que la imagen subida en el repositorio tiene inicializada la base de datos con la configuración especificada del **init.sql**. Para ello debemos usar el comando **pull** de Docker [*Ilustración 258*].

shell/cmd

```
docker                                                    pull
netcicdbook/ms.postgresql.registry.db:latest
```

```
C:\DEV\Book\WorkTimeRecord_Azure_ContainerApps\WorkTimeRecord.Solution>docker pull netcicdbook/ms.postgresql.registry.db:latest
latest: Pulling from netcicdbook/ms.postgresql.registry.db
Digest: sha256:af91fa8f779b5a22650824d2721739b39cc73c161b299d514224d09477f86b89
Status: Image is up to date for netcicdbook/ms.postgresql.registry.db:latest
docker.io/netcicdbook/ms.postgresql.registry.db:latest
```

Ilustración 258. Docker Pull.

El comando se compone de:

- **docker pull**: Comando docker para descargar una imagen de docker del registro remoto como de Docker Hub.
- **netcicdbook/ms.postgresql.registry.db:latest**: Nombre de la imagen a descargar del registro, incluyendo la etiqueta tag con el valor "latest".

Una vez descargada la imagen desde repositorio, creamos un contenedor en base a la imagen descargada.

shell/cmd

```
docker    run    -d    --name    test-postgres    -e
POSTGRES_USER=admin -e POSTGRES_PASSWORD=admin123
-e                    POSTGRES_DB=registrydb
netcicdbook/ms.postgresql.registry.db:latest
```

El comando se compone de:

- **docker run**: Comando docker para iniciar un contenedor desde imagen existente en nuestro Docker.
- **-d**: Ejecución en background del comando.
- **–name test-postgres**: Definimos un nombre para el contenedor que se va a crear.
- **-e POSTGRES_USER=admin**: Variable de entorno para definir el usuario administrador de base de datos.
- **-e POSTGRES_PASSWORD=admin123**: Variable de entorno para definir la contraseña para el usuario administrador de base de datos.
- **-e POSTGRES_DB=registrydb**: Variable de entorno para definir el nombre de la base de datos inicial.
- **netcicdbook/ms.postgresql.registry.db:latest**: Nombre de la imagen a utilizar para construir el contenedor.

Tras esto, tendremos un nuevo contenedor creado usando la imagen del repositorio, verifiquemos desde Docker Desktop en la pestaña "Exec" que el contenedor esta inicializado con la base de datos [*Ilustración 259*].

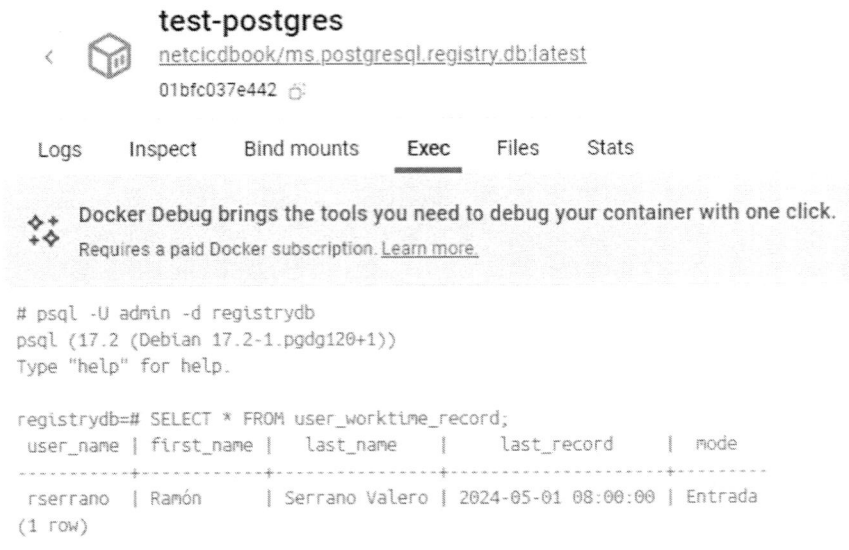

Ilustración 259. Contenedor verificado, BD inicializada.

Ya disponemos de una imagen en el repositorio que Azure va a poder utilizar para construir el contenedor, de igual manera que hemos podido hacerlo nosotros con *docker pull*.

Creemos una nueva aplicación contenedora desde el portal de Azure [*Ilustración 260*].

Ilustración 260. Crear aplicación contenedora Azure.

Para ello, dentro de la sección de aplicaciones contenedoras, pulsamos el botón "Crear" – "Aplicación contenedora" [*Ilustración 261*].

Ilustración 261. Crear nueva aplicación.

Esta acción, abrirá un wizard en el que el primer paso es crear un nombre para la aplicación contenedora y un entorno dentro de una región, oeste de Europa; Siendo el origen de implementación "Imagen de contenedor" [*Ilustración 262*].

- **Subscripción**: Seleccionamos nuestra subscripción de Azure.
- **Grupo de recursos**: Creamos un nuevo grupo de recursos llamado **ContainerApps**.
- **Nombre de la aplicación contenedora**: Asignamos un nombre al contenedor, en nuestro caso, **mspostgresqlregistrydb**, dado que no podemos utilizar ".".
- **Origen de la implementación**: Imagen de contenedor.
- **Región**: Oeste de Europa.
- **Entorno de Container Apps**: Creamos un nuevo entorno para el contenedor en la región especificada.

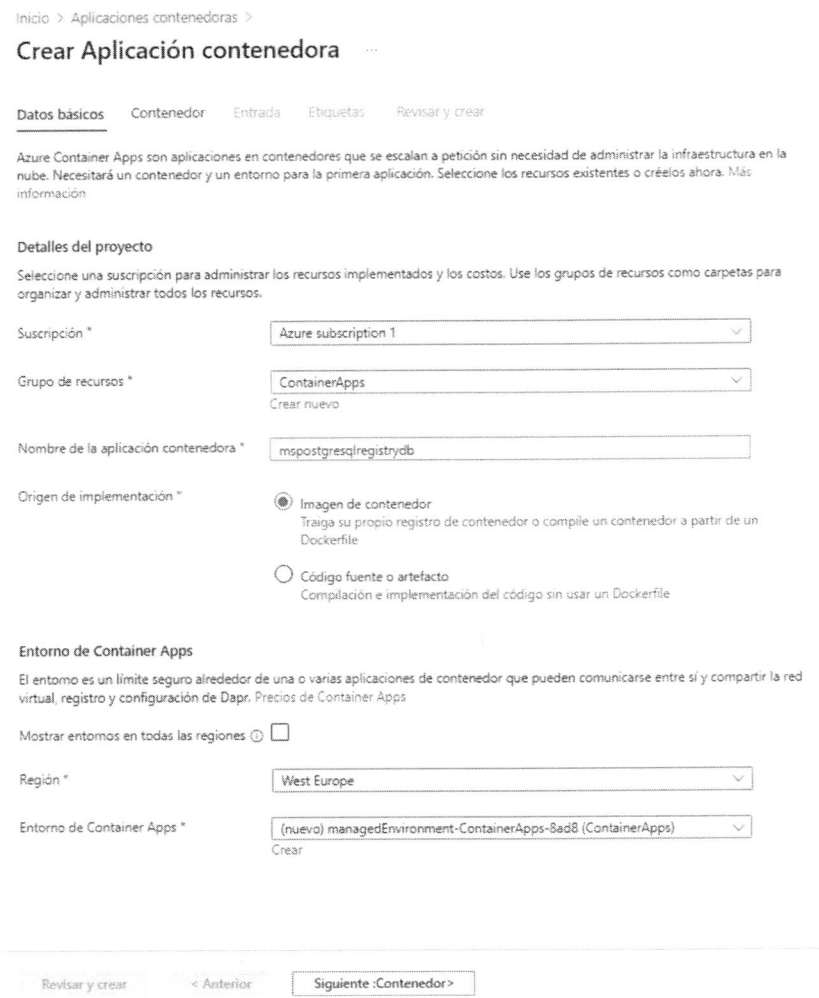

Ilustración 262. Datos básicos.

El siguiente paso es configurar el contenedor, indicando la imagen que utilizará, los recursos de CPU y memoria que le asignaremos, así como las variables de entorno [*Ilustración 263*].

- **Nombre**: Nombre del contenedor, usará el mismo que definimos en el paso anterior.
- **Origen de imagen**: Se utilizará la imagen subida al repositorio de Docker Hub de tipo público.
- **Servidor de inicio de sesión de registro**: Contra qué servidor debe localizar la imagen. En este caso **docker.io**.

- **Imagen y etiqueta**: Nombre de la imagen del repositorio a descargar.
- **Perfil de carga de trabajo**: El límite de consumo de CPU y memoria. Siendo el perfil **Consumption** un modelo serverless (sin servidor), con escalado automático, que puede escalar hacia arriba o hacia abajo dependiendo de la carga de trabajo.
- **CPU y memoria**: Cuantos recursos del límite de carga de trabajo se asignarán a cada instancia de nuestra aplicación contenedora. Siendo el valor de CPU medido en núcleos virtuales de CPU, en nuestro caso 0,5 núcleos para un uso ligero adecuado para aplicaciones básicas. Y un consumo de memoria de 1 GB.
- **Variables de entorno**: Indicamos las variables de entorno del contenedor, en este caso las de creación de base de datos con el usuario administrador.
  - POSTGRES_USER
  - POSTGRES_PASSWORD
  - POSTGRES_DB

Inicio > Aplicaciones contenedoras >

Crear Aplicación contenedora ···

Datos básicos   **Contenedor**   Entrada   Etiquetas   Revisar y crear

Seleccione una imagen de inicio rápido para el contenedor o anule la selección de la imagen de inicio rápido para usar un contenedor existente.

Usar imagen de inicio rápido   ☐

Detalles del contenedor

Nombre *   [mspostgresqlregistrydb]

Origen de imagen   ○ Azure Container Registry
                            ● Docker Hub u otros registros

Tipo de imagen   ● Público
                            ○ Privado

Servidor de inicio de sesión de registro * ⓘ   [docker.io]

Imagen y etiqueta *   [netcicdbook/ms.postgresql.registry.db]

Invalidación de comando ⓘ   [Ejemplo: /bin/bash]

Invalidación de argumentos ⓘ [Ejemplo: -c, while true; do echo hello; sleep 10; done]

Características específicas de la pila de desarrollo

Cuando selecciona una pila de desarrollo específica, obtiene características adicionales adaptadas a esa pila, lo que optimiza Container Apps para que se adapte a su configuración exclusiva.

Pila de desarrollo   [Genérico   ∨]

Asignación de recursos de contenedor

Elija el perfil de carga de trabajo para esta aplicación. Puede ajustar la asignación de CPU y memoria para esta aplicación hasta el límite del perfil de carga de trabajo. Más información

Perfil de carga de trabajo * [Consumption - Hasta 4 vCPU, 8 Gib de memoria   ∨]

CPU y memoria *   [0.5 núcleos CPU, 1 Gi de memoria   ∨]

Variables de entorno

Nombre	Valor	Eliminar
POSTGRES_USER	admin	🗑
POSTGRES_PASSWORD	admin123	🗑
POSTGRES_DB	registrydb	🗑
Escribir nombre	Escribir valor	

[Revisar y crear]   [< Anterior]   [Siguiente :Entrada>]

Ilustración 263. Contenedor.

Continuamos con el siguiente paso de configurar la entrada al contenedor, tanto para HTTP como para TCP [*Ilustración 264*].

- **Entrada**: Habilitado el acceso al contenedor por HTTP y/o TCP.
- **Tráfico de entrada**: Restringimos el tráfico a esta aplicación contenedora. Únicamente pueden comunicarse con este contenedor otras aplicaciones que se encuentren dentro del entorno de Container Apps, definido en el paso 1.
- **Tipo de entrada**: TCP, dado que a PostgreSQL la comunicación entre microservicio y base de datos se realiza por puerto TCP.
- **Puerto de destino**: Es el puerto interno que la aplicación contenedora usará para recibir tráfico. En nuestro caso, PostgreSQL usa el puerto 5432.
- **Puerto expuesto**: Es el puerto externo que Azure utiliza para redirigir la carga desde fuera del clúster hasta el contenedor. Utilizamos el puerto 5432.

Ilustración 264. Entrada.

Finalmente pulsamos "Revisar y crear"; si todo está correcto, nos aparecerá en verde el estado de que podemos crear la aplicación contenedora y tras pulsar "Crear", nos debería crear el nuevo recurso de aplicación contenedora.

Vayamos al recurso creado, y en la sección de "Supervisión/Consola" ejecutamos los comandos para verificar que la base de datos está inicializada [*Ilustración 265*].

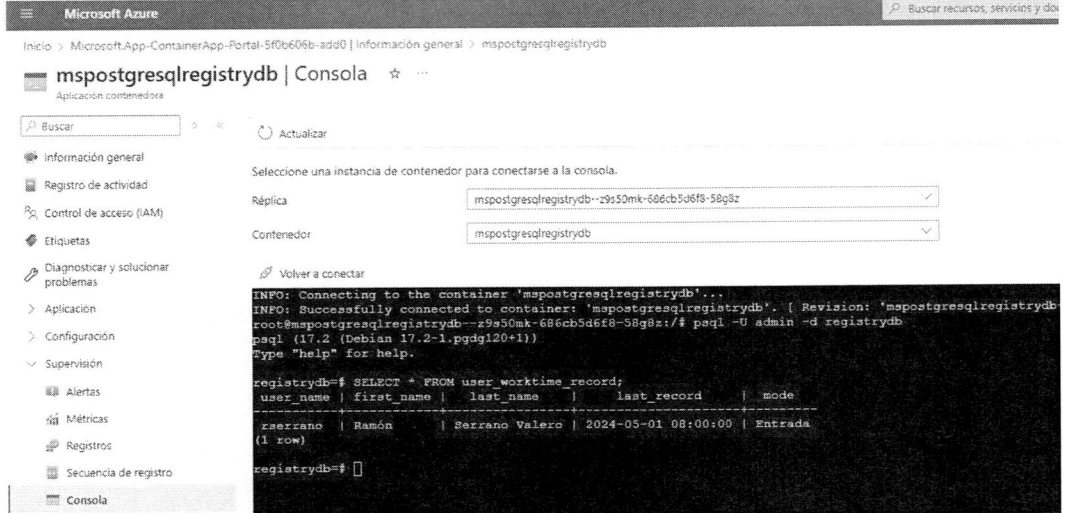

Ilustración 265. Verificar inicializada base de datos del contenedor.

Con este último paso, hemos verificado que se ha desplegado manualmente el contenedor de PostgreSQL utilizando la imagen subida al repositorio Docker Hub y que tiene configurada su base de datos con el fichero de inicialización.

Consejos para arquitectos:

✓ *Persistencia en CI/CD: Usar volúmenes persistentes en Azure en lugar de almacenamiento efímero para bases de datos. Definir políticas de backup automáticas con Azure Backup para garantizar la continuidad del servicio.*

4.4.2 Despliegue MongoDB

Dado que nuestro despliegue va a utilizar el fichero Dockerfile y no el de docker-compose, debemos indicar en el fichero Dockerfile de **ms.mongo.auditory.db**, que copie el fichero de inicialización init.js a la ubicación esperada [*Ilustración 266*].

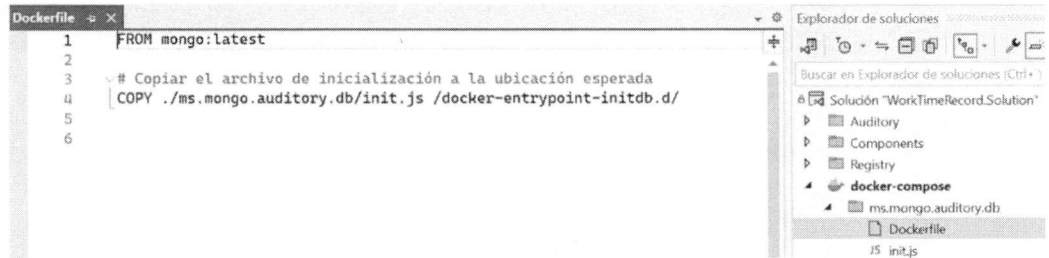

Ilustración 266. Dockerfile añadir script de copia de init.js.

Esto permitirá que cuando se construya la imagen de MongoDB, también se realice la copia del fichero de inicialización de base de datos.

Abrimos Docker Hub y en el espacio de nombres de nuestra cuenta Docker Hub, creamos un nuevo repositorio de tipo público llamado **ms.mongo.auditory.db** para esta imagen [*Ilustración 267*].

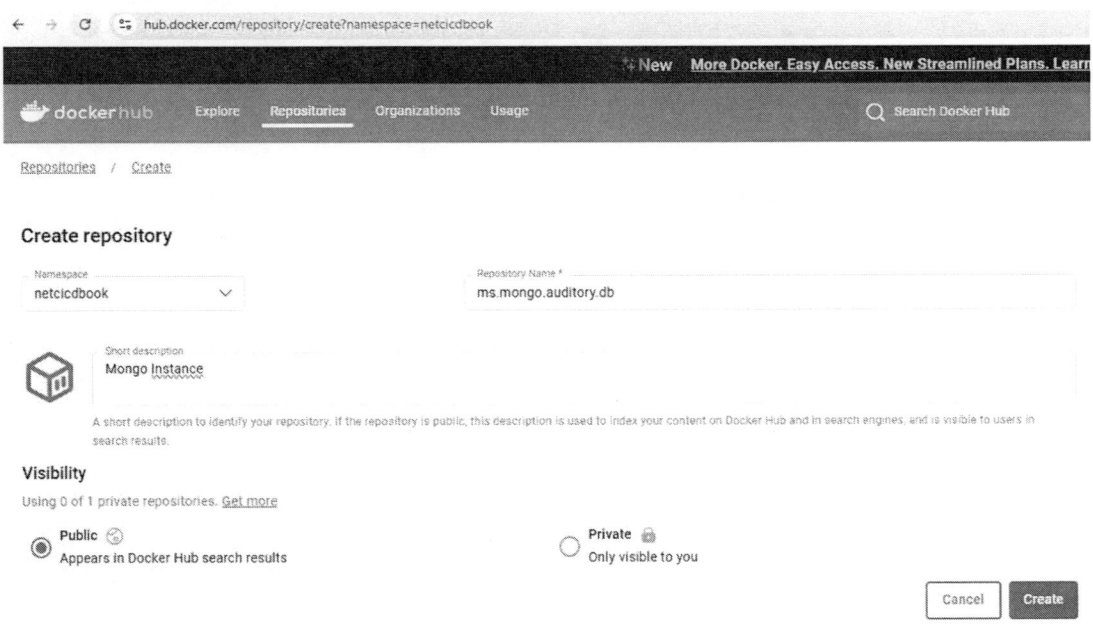

Ilustración 267. Docker Hub crear repositorio.

Una vez creado, deberíamos tener un repositorio público llamado **netcicdbook/ms.mongo.auditory.db**, esta nomenclatura combina el espacio de nombres de nuestra cuenta con el nombre del repositorio [*Ilustración 268*].

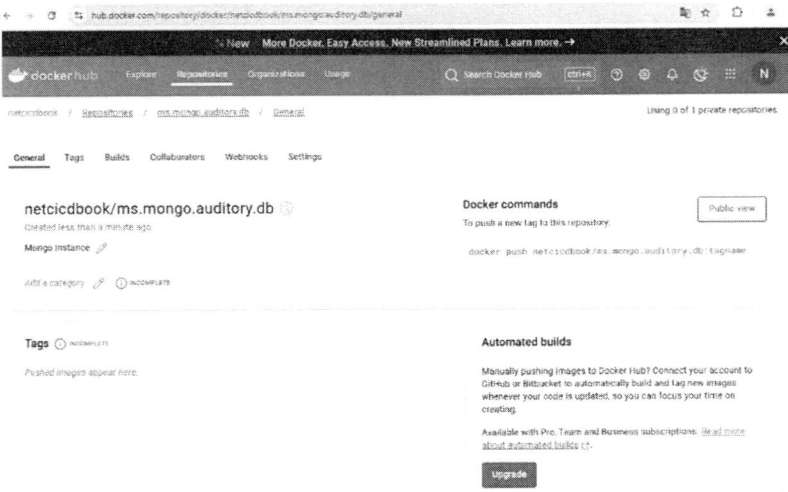

Ilustración 268. Repositorio creado.

Como apreciamos en la imagen, todavía no existe ninguna imagen subida en este repositorio; de existir alguna versión, aparecería en la sección **Tags**.

Una vez el repositorio existe en Docker Hub, abrimos la consola de comandos y nos ubicamos en la raíz de la solución donde se encuentran las carpetas de nuestros proyectos, a la altura de "WorkTimeRecord.Solution".

Ejecutamos el comando responsable de construir la imagen de Docker a partir de un fichero Dockerfile [*Ilustración 269*]:

shell/cmd

```
docker   build   -t   ms.mongo.auditory.db   -f
ms.mongo.auditory.db/Dockerfile .
```

```
C:\DEV\Book\WorkTimeRecord_Azure_ContainerApps\WorkTimeRecord.Solution>docker build -t ms.mongo.auditory.db -f ms.mongo.auditory.db/Dockerfile .
[+] Building 0.4s (7/7) FINISHED
 => [internal] load build definition from Dockerfile
 => => transferring dockerfile: 191B
 => [internal] load metadata for docker.io/library/mongo:latest
 => [internal] load .dockerignore
 => => transferring context: 464B
 => [internal] load build context
 => => transferring context: 384B
 => CACHED [1/2] FROM docker.io/library/mongo:latest
 => [2/2] COPY ./ms.mongo.auditory.db/init.js /docker-entrypoint-initdb.d/
 => exporting to image
 => => exporting layers
 => => writing image sha256:7154d29ddebf925584d5fe8da4d903825b28a186746d601b520393cb7e415528
 => => naming to docker.io/library/ms.mongo.auditory.db

View build details: docker-desktop://dashboard/build/desktop-linux/desktop-linux/c44fuuqclba59hyen9juf3887
```

Ilustración 269. Construir imagen ms.mongo.auditory.db.

- **docker build**: Comando Docker para construir imagen a partir del fichero Dockerfile.

- **-t ms.mongo.auditory.db**: Asigna un nombre o etiqueta para la imagen que vamos a construir.

- **-f ms.mongo.auditory.db/Dockerfile**: Indica la ubicación donde se encuentra el fichero Dockerfile, que en nuestro caso se encuentra dentro de la carpeta "ms.mongo.auditory.db" dentro de la solución.

- **.**: El punto indica el contexto de construir la imagen, lo que implica que el contexto en el que se ejecuta el comando, en nuestro caso WorkTimeRecord.Solution.

Vemos la imagen que se acaba de crear tras el build [*Ilustración 270*].

```
C:\DEV\Book\WorkTimeRecord_Azure_ContainerApps\WorkTimeRecord.Solution>docker images
REPOSITORY                          TAG              IMAGE ID          CREATED          SIZE
ms.mongo.auditory.db                latest           7154d29ddebf      3 seconds ago    855MB
```

Ilustración 270. Imagen con el tag ms.mongo.auditory.db creado.

Nos quedamos con los 3 primeros caracteres del identificador de la imagen creada en modo release "715".

Creamos una copia de la imagen generada con anterioridad, con la etiqueta o tag **netcicdbook/ms.mongo.auditory.db** [*Ilustración 271*].

shell/cmd

```
docker tag 715 netcicdbook/ms.mongo.auditory.db
```

```
C:\DEV\Book\WorkTimeRecord_Azure_ContainerApps\WorkTimeRecord.Solution>docker tag 715 netcicdbook/ms.mongo.auditory.db

C:\DEV\Book\WorkTimeRecord_Azure_ContainerApps\WorkTimeRecord.Solution>docker images
REPOSITORY                       TAG          IMAGE ID         CREATED          SIZE
ms.mongo.auditory.db             latest       7154d29ddebf     3 minutes ago    855MB
netcicdbook/ms.mongo.auditory.db latest       7154d29ddebf     3 minutes ago    855MB
```

Ilustración 271. Crear tag para imagen de repositorio.

El comando se compone de:

- **docker tag**: Comando docker para asignar una etiqueta.

- **715**: Es el identificador del campo "IMAGE ID" de la imagen existente. En el caso del lector, seguramente este identificador sea uno diferente.

- **netcicdbook/ms.mongo.auditory.db**: Nuevo nombre para la imagen.

Ya tenemos la imagen preparada para ser publicada al repositorio de Docker Hub, de modo que ejecutamos el comando de docker de publicación de imagen [*Ilustración 272*].

shell/cmd

```
docker                                          push
netcicdbook/ms.mongo.auditory.db:latest
```

```
C:\DEV\Book\WorkTimeRecord_Azure_ContainerApps\WorkTimeRecord.Solution>docker push netcicdbook/ms.mongo.auditory.db:latest
The push refers to repository [docker.io/netcicdbook/ms.mongo.auditory.db]
360cf5dfee4f: Pushed
```

Ilustración 272. Push a Docker Hub.

El comando se compone de:

- **docker push**: Comando docker para subir una imagen de docker a registro remoto como en este caso es Docker Hub.
- **netcicdbook/ms.mongo.auditory.db:latest**: Nombre de la imagen a subir al registro, incluyendo la etiqueta tag con el valor "latest".

Si ahora volvemos al repositorio de Docker Hub, veremos que, en la sección de Tags, se ha publicado una nueva versión de nuestra imagen [*Ilustración 273*].

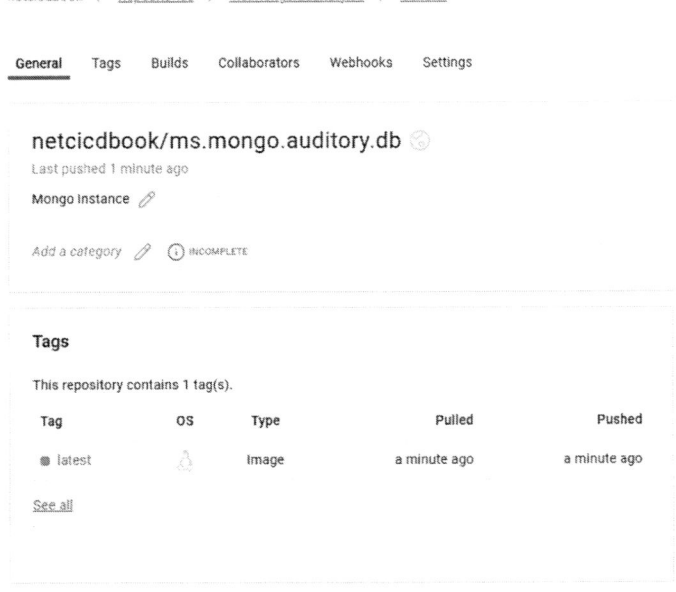

Ilustración 273. Imagen publicada.

Opcionalmente, podemos verificar que la imagen subida en el repositorio tiene inicializada la base de datos con la configuración especificada del **init.js**. Para ello debemos usar el comando **pull** de docker [*Ilustración 274*].

shell/cmd

```
docker                                    pull
netcicdbook/ms.mongo.auditory.db:latest
```

```
C:\DEV\Book\WorkTimeRecord_Azure_ContainerApps\WorkTimeRecord.Solution>docker pull netcicdbook/ms.mongo.auditory.db:latest
latest: Pulling from netcicdbook/ms.mongo.auditory.db
Digest: sha256:1acd259813caf276c5a6aa6d044e263b6b3c87489efea0ab611c91553cea2b85
Status: Image is up to date for netcicdbook/ms.mongo.auditory.db:latest
docker.io/netcicdbook/ms.mongo.auditory.db:latest
```

Ilustración 274. Docker Pull.

El comando se compone de:

- **docker pull**: Comando docker para descargar una imagen de docker del registro remoto como de Docker Hub.
- **netcicdbook/ms.mongo.auditory.db:latest**: Nombre de la imagen a descargar del registro.

Una vez descargada la imagen desde repositorio, creamos un contenedor en base a la imagen descargada.

shell/cmd

```
docker    run    --name    test-mongo-auditory-db    -e
MONGO_INITDB_DATABASE=AuditoryDB                      -d
netcicdbook/ms.mongo.auditory.db:latest
```

El comando se compone de:

- **docker run**: Comando docker para iniciar un contenedor desde imagen existente en nuestro Docker.
- **–name test-mongo-auditory-db**: Definimos un nombre para el contenedor que se va a crear.
- **-e MONGO_INITDB_DATABASE=AuditoryDB**: Variable de entorno para definir el nombre de la base de datos inicial.
- **-d**: Ejecución en background del comando.
- **netcicdbook/ms.mongo.auditory.db:latest**: Nombre de la imagen a utilizar para construir el contenedor.

Tras esto, tendremos un nuevo contenedor creado usando la imagen del repositorio, verifiquemos desde Docker Desktop en la pestaña "Exec" que el contenedor esta inicializado con la base de datos [*Ilustración 275*].

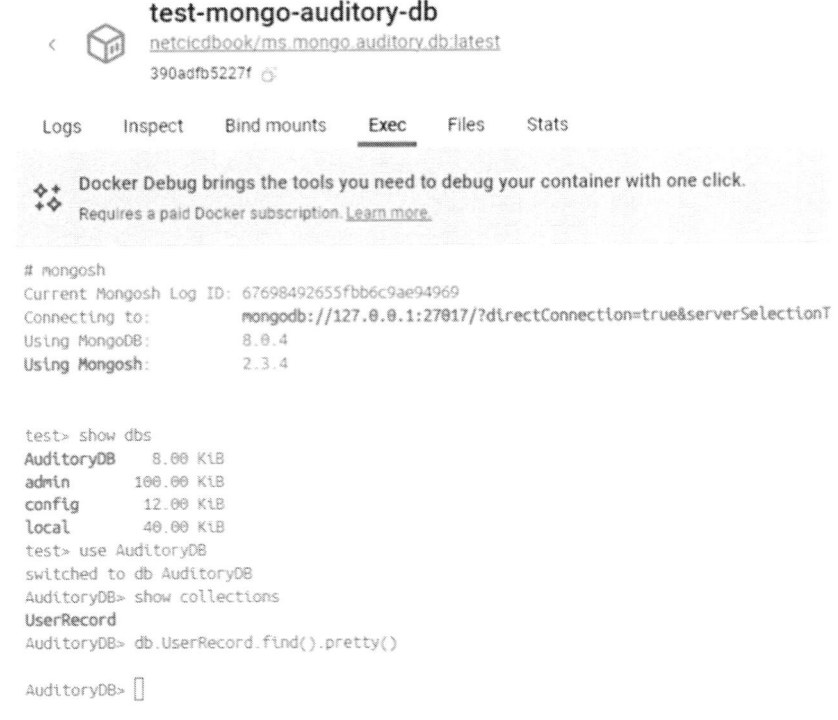

Ilustración 275. Contenedor verificado, BD inicializada.

Ya disponemos de una imagen en el repositorio que Azure va a poder utilizar para construir el contenedor, de igual manera que hemos podido hacerlo nosotros con *docker pull*.

De igual manera que hicimos con anterioridad, creemos una nueva aplicación contenedora desde el portal de Azure, dentro de la sección de aplicaciones contenedoras, pulsamos el botón "Crear" – "Aplicación contenedora".

Esta acción, abrirá un wizard en el que el primer paso es crear un nombre para la aplicación contenedora y un entorno dentro de una región; siendo el origen de implementación "Imagen de contenedor" [*Ilustración 276*].

- **Subscripción:** Seleccionamos nuestra subscripción de Azure.
- **Grupo de recursos:** Utilizamos el grupo de recursos llamado **ContainerApps**.

- **Nombre de la aplicación contenedora**: Asignamos un nombre al contenedor, en nuestro caso, **msmongoauditorydb**, dado que no podemos utilizar ".".
- **Origen de la implementación**: Imagen de contenedor.
- **Región**: Oeste de Europa.
- **Entorno de Container Apps**: Creamos un nuevo entorno para el contenedor en la región especificada.

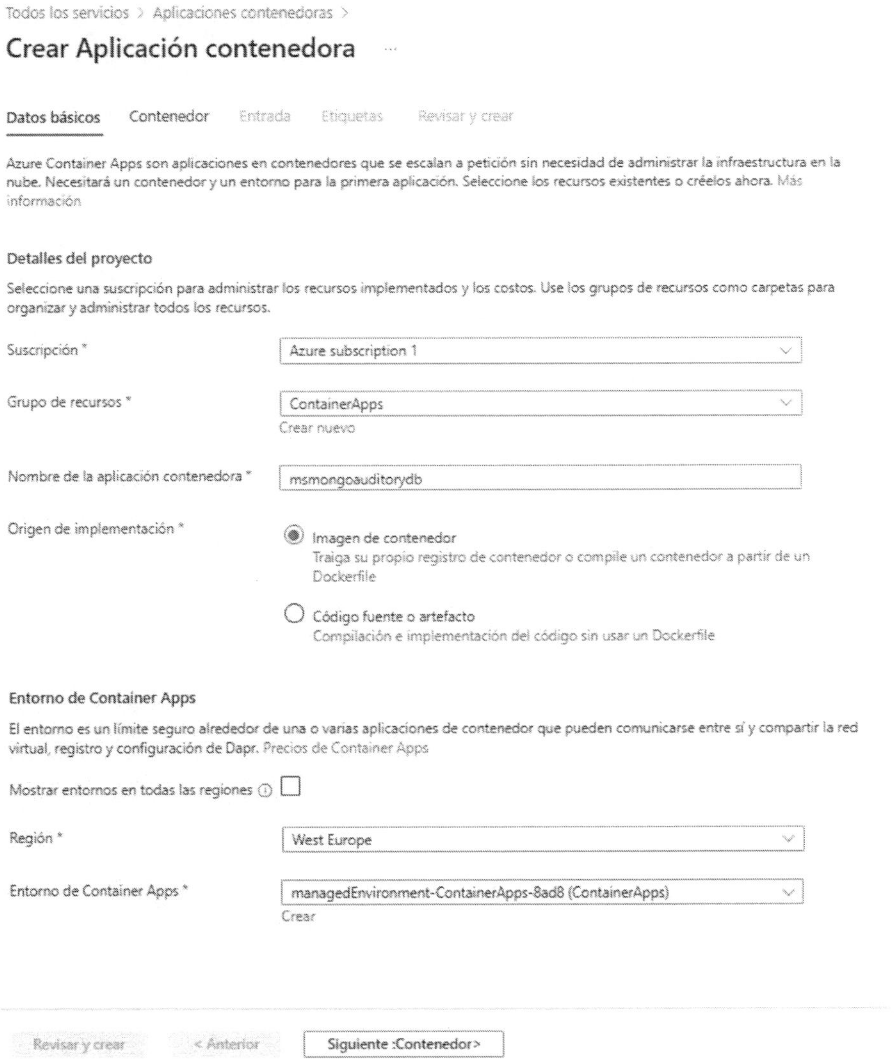

Todos los servicios > Aplicaciones contenedoras >

Crear Aplicación contenedora

Datos básicos   Contenedor   Entrada   Etiquetas   Revisar y crear

Azure Container Apps son aplicaciones en contenedores que se escalan a petición sin necesidad de administrar la infraestructura en la nube. Necesitará un contenedor y un entorno para la primera aplicación. Seleccione los recursos existentes o créelos ahora. Más información

Detalles del proyecto

Seleccione una suscripción para administrar los recursos implementados y los costos. Use los grupos de recursos como carpetas para organizar y administrar todos los recursos.

Suscripción *   Azure subscription 1

Grupo de recursos *   ContainerApps
                                       Crear nuevo

Nombre de la aplicación contenedora * msmongoauditorydb

Origen de implementación *   ● Imagen de contenedor
                                         Traiga su propio registro de contenedor o compile un contenedor a partir de un Dockerfile
                                       ○ Código fuente o artefacto
                                         Compilación e implementación del código sin usar un Dockerfile

Entorno de Container Apps

El entorno es un límite seguro alrededor de una o varias aplicaciones de contenedor que pueden comunicarse entre sí y compartir la red virtual, registro y configuración de Dapr. Precios de Container Apps

Mostrar entornos en todas las regiones ⓘ ☐

Región *   West Europe

Entorno de Container Apps *   managedEnvironment-ContainerApps-8ad8 (ContainerApps)
                                       Crear

Revisar y crear   < Anterior   Siguiente :Contenedor>

Ilustración 276. Datos básicos.

El siguiente paso es configurar el contenedor, indicando la imagen que utilizará, los recursos de CPU y memoria que le asignaremos, así como las variables de entorno [*Ilustración 277*].

- **Nombre**: Nombre del contenedor.
- **Origen de imagen**: Se utilizará la imagen subida al repositorio de Docker Hub de tipo público.
- **Servidor de inicio de sesión de registro**: Contra qué servidor debe localizar la imagen. En este caso **docker.io**.
- **Imagen y etiqueta**: Nombre de la imagen del repositorio a descargar (**netcicdbook/ms.mongo.auditory.db**).
- **Perfil de carga de trabajo**: El límite de consumo de CPU y memoria.
- **CPU y memoria**: Cuántos recursos del límite de carga de trabajo se asignarán a cada instancia de nuestra aplicación contenedora.
- **Variables de entorno**: Indicamos la variable de entorno del contenedor, en este caso la de creación de base de datos y las credenciales del usuario.
    - MONGO_INITDB_DATABASE
    - MONGO_INITDB_ROOT_USERNAME
    - MONGO_INITDB_ROOT_PASSWORD

Ilustración 277. Contenedor.

Continuamos con el siguiente paso de configurar la entrada al contenedor, tanto para HTTP como para TCP [***Ilustración 278***].

- **Entrada**: Habilitado el acceso al contenedor por HTTP y/o TCP.
- **Tráfico de entrada**: Restringimos el tráfico a esta aplicación contenedora. Únicamente pueden comunicarse con este contenedor, otras aplicaciones que se encuentren dentro del entorno de Container App.
- **Tipo de entrada**: TCP, dado que a MongoDB la comunicación entre microservicio y base de datos se realiza por puerto TCP.
- **Puerto de destino**: Es el puerto interno que la aplicación contenedora usará para recibir tráfico. En nuestro caso, MongoDB usa el puerto 27017.
- **Puerto expuesto**: Es el puerto externo que Azure utiliza para redirigir la carga desde fuera del clúster hasta el contenedor. Utilizamos el puerto 27017.

Ilustración 278. Entrada.

Finalmente pulsamos "Revisar y crear"; si todo está correcto, nos aparecerá en verde el estado de que podemos crear la aplicación contenedora y, tras pulsar "Crear", nos debería crear el nuevo recurso de aplicación contenedora.

Vayamos al recurso creado, y en la sección de "Supervisión/Consola", ejecutamos los comandos para verificar que la base de datos está inicializada [*Ilustración 279*].

Ejecutando el comando en la consola de Azure:

bash

```
mongosh -u admin -p admin --authenticationDatabase
"AuditoryDB"
```

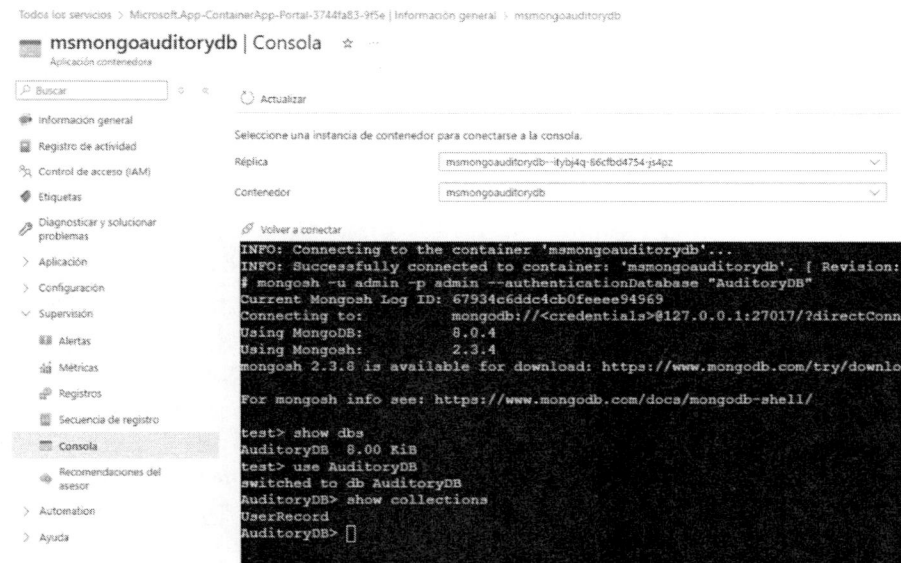

Ilustración 279. Verificar inicializada base de datos del contenedor.

Con este último paso, hemos verificado que se ha desplegado manualmente el contenedor de MongoDB utilizando la imagen subida al repositorio Docker Hub y que tiene configurada su base de datos con el fichero de inicialización.

4.4.3 Despliegue RabbitMQ

Continuamos con el despliegue, en esta ocasión lo haremos con RabbitMQ.

Abrimos Docker Hub y en el espacio de nombres de nuestra cuenta Docker Hub, creamos un nuevo repositorio de tipo público llamado **ms.rabbitmq.bus** para esta imagen [*Ilustración 280*].

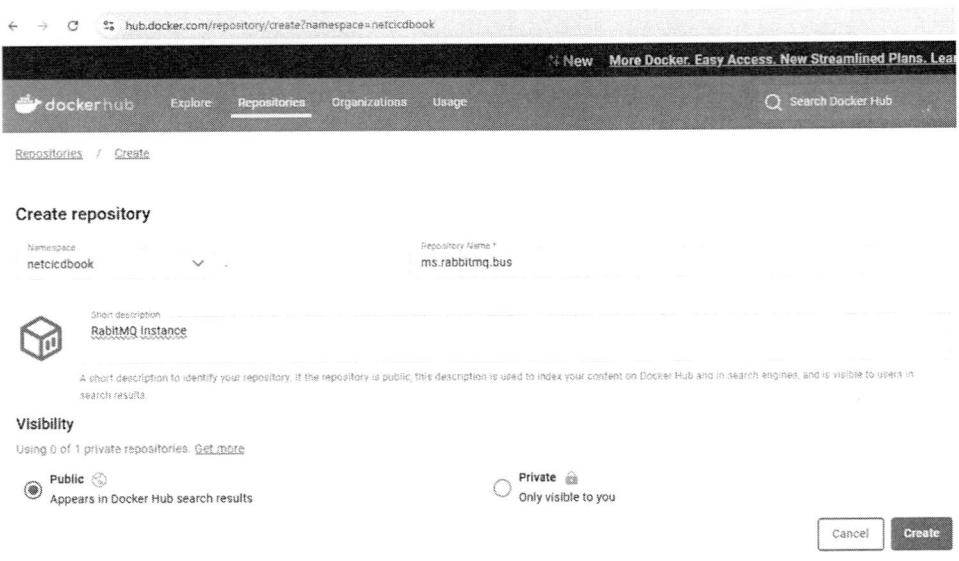

Ilustración 280. Docker Hub crear repositorio.

Una vez creado, deberíamos tener un repositorio público llamado **netcicdbook/ms.rabbitmq.bus**, esta nomenclatura combina el espacio de nombres de nuestra cuenta con el nombre del repositorio [*Ilustración 281*].

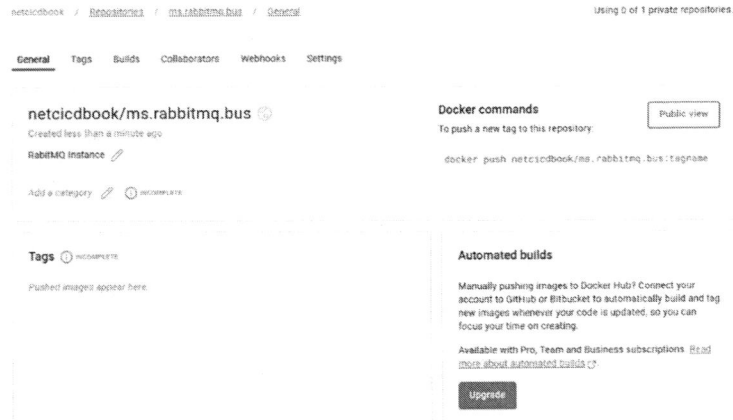

Ilustración 281. Repositorio creado.

Como apreciamos en la imagen, todavía no existe ninguna imagen subida en este repositorio, de existir alguna versión, aparecería en la sección **Tags**.

Una vez el repositorio existe en Docker Hub, abrimos la consola de comandos y nos ubicamos en la raíz de la solución donde se encuentran las carpetas de nuestros proyectos, a la altura de "WorkTimeRecord.Solution".

Ejecutamos el comando responsable de construir la imagen de Docker a partir de un fichero Dockerfile [*Ilustración 282*]:

shell/cmd

```
docker     build     -t     ms.rabbitmq.bus     -f
ms.rabbitmq.bus/Dockerfile .
```

```
C:\DEV\Book\WorkTimeRecord_Azure_ContainerApps\WorkTimeRecord.Solution>docker build -t ms.rabbitmq.bus -f ms.rabbitmq.bus/Dockerfile .
[+] Building 0.2s (5/5) FINISHED
 => [internal] load build definition from Dockerfile
 => => transferring dockerfile: 97B
 => [internal] load metadata for docker.io/library/rabbitmq:3-management
 => [internal] load .dockerignore
 => => transferring context: 46B
 => CACHED [1/1] FROM docker.io/library/rabbitmq:3-management
 => exporting to image
 => => exporting layers
 => => writing image sha256:eec0003dce2b422999882acf4aa69debd69922d06a8afcce4703ff233b1b77da
 => => naming to docker.io/library/ms.rabbitmq.bus

View build details: docker-desktop://dashboard/build/desktop-linux/desktop-linux/aur1093i3hm8yiqr5xytbghln
```

Ilustración 282. Construir imagen.

- **docker build**: Comando Docker para construir imagen a partir del fichero Dockerfile.
- **-t ms.rabbitmq.bus**: Asigna un nombre o etiqueta para la imagen que vamos a construir.
- **-f ms.rabbitmq.bus/Dockerfile**: Indica la ubicación donde se encuentra el fichero Dockerfile, que en nuestro caso se encuentra dentro de la carpeta "ms.rabbitmq.bus" dentro de la solución.
- **.**: El punto indica el contexto de construir la imagen, lo que implica el contexto en el que se ejecuta el comando, en nuestro caso WorkTimeRecord.Solution.

Vemos la imagen que se acaba de crear tras el build [*Ilustración 283*].

```
C:\DEV\Book\WorkTimeRecord_Azure_ContainerApps\WorkTimeRecord.Solution>docker images
REPOSITORY              TAG         IMAGE ID      CREATED       SIZE
ms.rabbitmq.bus         latest      eec0003dce2b  3 months ago  254MB
```

Ilustración 283. Imagen creada.

Nos quedamos con los 3 primeros caracteres del identificador de la imagen creada en modo release "eec".

Creamos una copia de la imagen generada con anterioridad, con la etiqueta o tag **netcicdbook/ms.rabbitmq.bus** [*Ilustración 284*].

shell/cmd

```
docker tag eec netcicdbook/ms.rabbitmq.bus
```

```
C:\DEV\Book\WorkTimeRecord_Azure_ContainerApps\WorkTimeRecord.Solution>docker tag eec netcicdbook/ms.rabbitmq.bus

C:\DEV\Book\WorkTimeRecord_Azure_ContainerApps\WorkTimeRecord.Solution>docker images
REPOSITORY                        TAG              IMAGE ID        CREATED          SIZE
ms.rabbitmq.bus                   latest           eec0003dce2b    3 months ago     254MB
rabbitmq                          3-management     eec0003dce2b    3 months ago     254MB
netcicdbook/ms.rabbitmq.bus       latest           eec0003dce2b    3 months ago     254MB
```

Ilustración 284. Crear tag para imagen de repositorio.

El comando se compone de:

- **docker tag**: Comando docker para asignar una etiqueta.
- **eec**: Es el identificador del campo "IMAGE ID" de la imagen existente. En el caso del lector, seguramente este identificador sea uno diferente.
- **netcicdbook/ms.rabbitmq.bus**: Nuevo nombre para la imagen.

Ya tenemos la imagen preparada para ser publicada al repositorio de Docker Hub, de modo que ejecutamos el comando docker de publicación de imagen [*Ilustración 285*].

shell/cmd
```
docker push netcicdbook/ms.rabbitmq.bus:latest
```

```
C:\DEV\Book\WorkTimeRecord_Azure_ContainerApps\WorkTimeRecord.Solution>docker push netcicdbook/ms.rabbitmq.bus:latest
The push refers to repository [docker.io/netcicdbook/ms.rabbitmq.bus]
c409ea5efbdc: Mounted from library/rabbitmq
```

Ilustración 285. Push a Docker Hub.

El comando se compone de:

- **docker push**: Comando docker para subir una imagen de Docker a registro remoto como en este caso es Docker Hub.
- **netcicdbook/ms.rabbitmq.bus:latest**: Nombre de la imagen a subir al registro, incluyendo la etiqueta tag con el valor "latest".

Si ahora volvemos al repositorio de Docker Hub, veremos que, en la sección de Tags, se ha publicado una nueva versión de nuestra imagen [*Ilustración 286*].

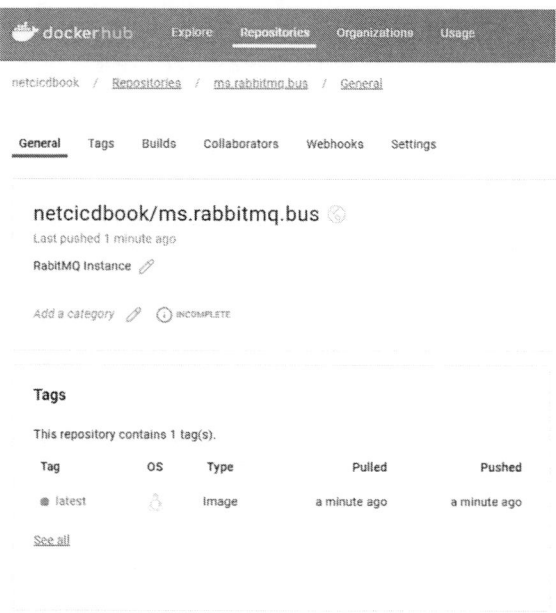

Ilustración 286. Imagen publicada.

Ya disponemos de una imagen en el repositorio que Azure va a poder utilizar para construir el contenedor.

De igual manera que hicimos con anterioridad, creemos una nueva aplicación contenedora desde el portal de Azure, dentro de la sección de aplicaciones contenedoras, pulsamos el botón "Crear" – "Aplicación contenedora".

Esta acción, abrirá un wizard en el que el primer paso es crear un nombre para la aplicación contenedora y un entorno dentro de una región; Siendo el origen de implementación "Imagen de contenedor" [*Ilustración 287*].

- **Subscripción**: Seleccionamos nuestra subscripción de Azure.
- **Grupo de recursos**: Utilizamos el grupo de recursos llamado **ContainerApps**.
- **Nombre de la aplicación contenedora**: Asignamos un nombre al contenedor, en nuestro caso, **msrabbitmqbus**.
- **Origen de la implementación**: Imagen de contenedor.
- **Región**: Oeste de Europa.
- **Entorno de Container Apps**: Creamos un nuevo entorno para el contenedor en la región especificada.

Ilustración 287. Datos básicos.

El siguiente paso es configurar el contenedor, indicando la imagen que utilizará, los recursos de CPU y memoria que le asignaremos, así como las variables de entorno [***Ilustración 288***].

- **Nombre:** Nombre del contenedor.
- **Origen de imagen:** Se utilizará la imagen subida al repositorio de Docker Hub de tipo público.
- **Servidor de inicio de sesión de registro:** Contra qué servidor debe localizar la imagen. En este caso **docker.io**.
- **Imagen y etiqueta:** Nombre de la imagen del repositorio a descargar (**netcicdbook/ms.rabbitmq.bus**).

- **Perfil de carga de trabajo**: El límite de consumo de CPU y memoria.
- **CPU y memoria**: Cuántos recursos del límite de carga de trabajo se asignarán a cada instancia de nuestra aplicación contenedora.
- **Variables de entorno**: Indicamos las variables de entorno del contenedor, en este caso el acceso al servidor; de no establecerlo, utilizaría los valores predeterminados de "guest/guest", conocidos públicamente.
  - RABBITMQ_DEFAULT_USER
  - RABBITMQ_DEFAULT_PASS

Todos los servicios > Aplicaciones contenedoras >

Crear Aplicación contenedora ...

Datos básicos   **Contenedor**   Entrada   Etiquetas   Revisar y crear

Seleccione una imagen de inicio rápido para el contenedor o anule la selección de la imagen de inicio rápido para usar un contenedor existente.

Usar imagen de inicio rápido   ☐

Detalles del contenedor

Nombre *   `msrabbitmqbus`

Origen de imagen
- ○ Azure Container Registry
- ◉ Docker Hub u otros registros

Tipo de imagen
- ◉ Público
- ○ Privado

Servidor de inicio de sesión de registro * ⓘ   `docker.io`

Imagen y etiqueta *   `netcicdbook/ms.rabbitmq.bus`

Invalidación de comando ⓘ   *Ejemplo: /bin/bash*

Invalidación de argumentos ⓘ   *Ejemplo: -c, while true; do echo hello; sleep 10; done*

Características específicas de la pila de desarrollo

Cuando selecciona una pila de desarrollo específica, obtiene características adicionales adaptadas a esa pila, lo que optimiza Container Apps para que se adapte a su configuración exclusiva.

Pila de desarrollo   `Genérico`

Asignación de recursos de contenedor

Elija el perfil de carga de trabajo para esta aplicación. Puede ajustar la asignación de CPU y memoria para esta aplicación hasta el límite del perfil de carga de trabajo. Más información

Perfil de carga de trabajo *   `Consumption - Hasta 4 vCPU, 8 Gib de memoria`

CPU y memoria *   `0.5 núcleos CPU, 1 Gi de memoria`

Variables de entorno

Nombre	Valor	Eliminar
RABBITMQ_DEFAULT_USER	admin	🗑
RABBITMQ_DEFAULT_PASS	password	🗑
Escribir nombre	*Escribir valor*	

Revisar y crear   < Anterior   Siguiente :Entrada>

Ilustración 288. Contenedor.

Continuamos con el siguiente paso de configurar la entrada al contenedor, tanto para HTTP como para TCP [*Ilustración 289*].

- **Entrada**: Habilitado el acceso al contenedor por HTTP y/o TCP.

- **Tráfico de entrada**: Aceptamos el tráfico desde cualquier lugar, para que la interfaz de usuario de administración de RabbitMQ pueda ser alcanzada desde fuera del entorno.

- **Tipo de entrada**: HTTP, dado que a RabbitMQ se alcanza su interfaz de usuario a través del navegador por medio del puerto 15672 de HTTP.

- **Puerto de destino**: Es el puerto interno que la aplicación contenedora usará para recibir tráfico. En nuestro caso, RabbitMQ usa el puerto 15672 para exponer su interfaz web.

- **Puertos TCP adicionales**: Son puertos que debemos abrir para que los microservicios puedan comunicarse con esta cola de mensajería, siendo el puerto destino y expuesto 5672.

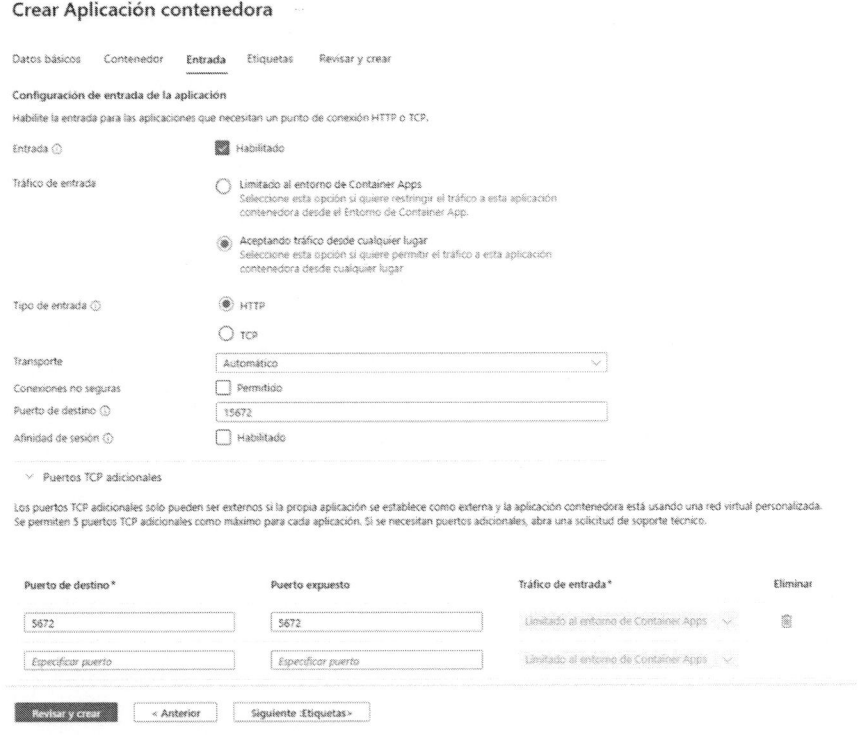

Ilustración 289. Entrada.

Finalmente pulsamos "Revisar y crear"; si todo está correcto, nos aparecerá en verde el estado de que podemos crear la Aplicación contenedora y, tras pulsar "Crear", nos debería crear el nuevo recurso de aplicación contenedora.

Vayamos al recurso creado, y en la sección de "Configuración/Entrada", veremos que existe un punto de conexión creado, con un URL. Es la dirección donde se encuentra la interfaz de usuario de administración de RabbitMQ [*Ilustración 290*].

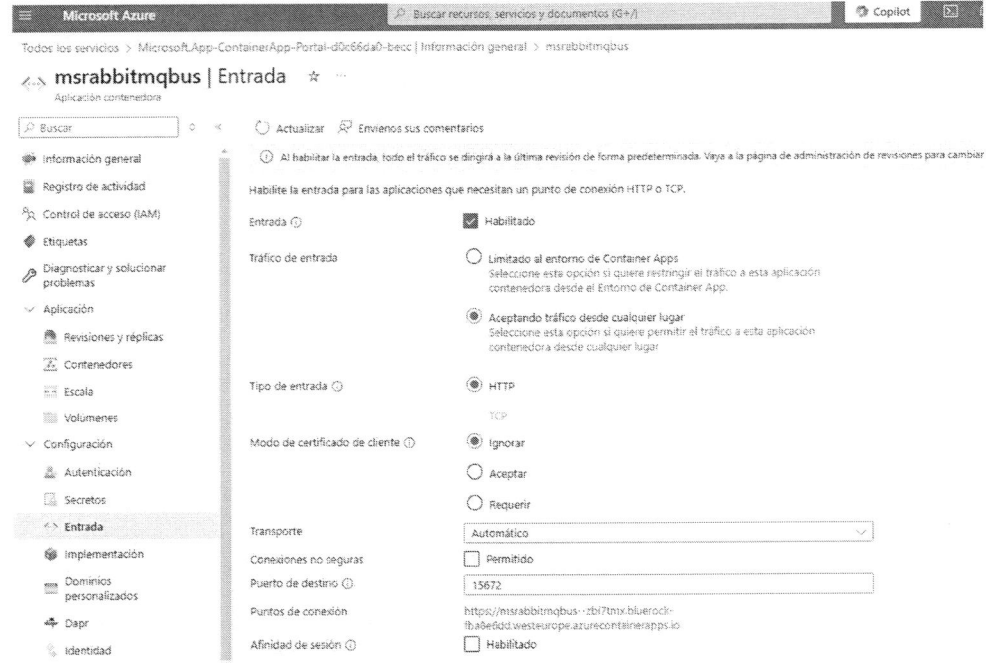

Ilustración 290. Punto conexión Azure.

Si ahora abrimos dicho punto de conexión, podremos acceder con nuestro usuario "admin/password" a la interfaz de usuario de administración de RabbitMQ [*Ilustración 291*].

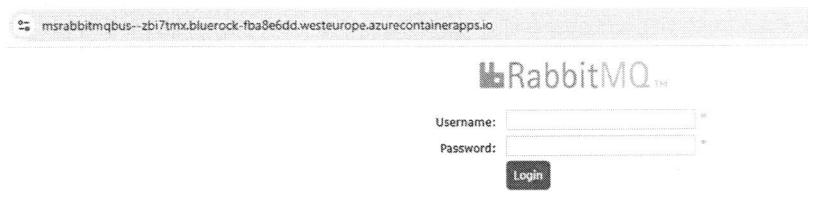

Ilustración 291. Acceso a la interfaz de RabbitMQ.

Donde se aprecia que podemos administrar este bróker de mensajería [*Ilustración 292*].

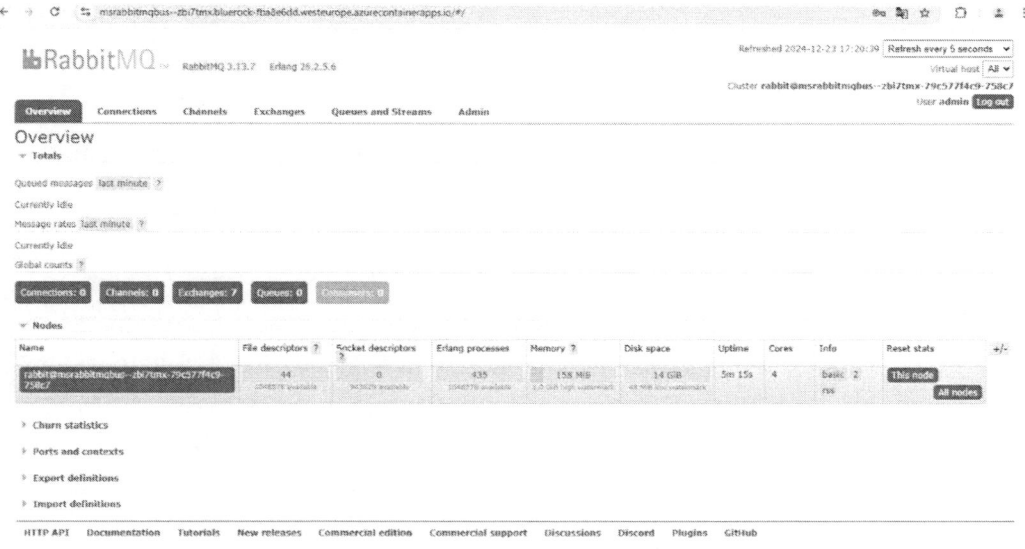

Ilustración 292. Home RabbitMQ UI.

Con este último paso, hemos verificado que se ha desplegado manualmente el contenedor de RabbitMQ utilizando la imagen subida al repositorio Docker Hub y que podemos acceder a su portal web de administración.

4.4.4 Despliegue Registry API

Vamos a desplegar en un contenedor de Azure, a través de los Azure Container Appss, nuestra API de registro horario de empleados, en un entorno que llamaremos **staging**.

Creamos un fichero appsettings.*Staging*.json, para el nuevo entorno staging, con la siguiente configuración [***Ilustración 293***].

Ilustración 293. appsettings.Staging.json Registry.

Asignamos a la cadena de conexión de PostgreSQL, en UserRecord, el nombre del contenedor que hemos registrado actualmente como contenedor de azure.

Asignamos en el host, el nombre del contenedor de RabbitMQ, desplegado como contenedor de Azure, llevado a cabo con anterioridad.

Ambos nombres de contenedores podrán ser resueltos por el contenedor de Registry API, cuando lo despleguemos en el mismo entorno que el resto, dado que hemos limitado la visibilidad de los contenedores a alcanzables dentro del propio entorno.

Cuando despleguemos este contenedor, el origen de las llamadas ya no será el mismo y tendremos un problema de CORS (*cross-origin resource sharing*), una especificación de seguridad, que protege el acceso a los recursos de un dominio de ser consumido por un dominio diferente.

Por este motivo, editamos en el fichero **Program.cs** [*Ilustración 294*] del proyecto **Registry.API**, añadiendo que cualquier origen cabecera y método sea accesible (líneas 30-38), y habilitamos el middleware de **UseCors** para establecer esta configuración de políticas de acceso a nuestra aplicación (línea 42).

```
Program.cs  ⊣ ✕
Registry.API
    28
    29      // Configuración de CORS
    30    ∨ builder.Services.AddCors(options =>
    31      {
    32    ∨     options.AddPolicy("AllowAll", policy =>
    33          {
    34              policy.AllowAnyOrigin()
    35                    .AllowAnyHeader()
    36                    .AllowAnyMethod();
    37          });
    38    });
    39
    40      var app = builder.Build();
    41
    42      app.UseCors("AllowAll");//CORS
```

Ilustración 294. Registro CORS.

Abrimos Docker Hub y, en el espacio de nombres de nuestra cuenta Docker Hub, creamos un nuevo repositorio de tipo público llamado **ms.registry.api** para esta imagen [*Ilustración 295*].

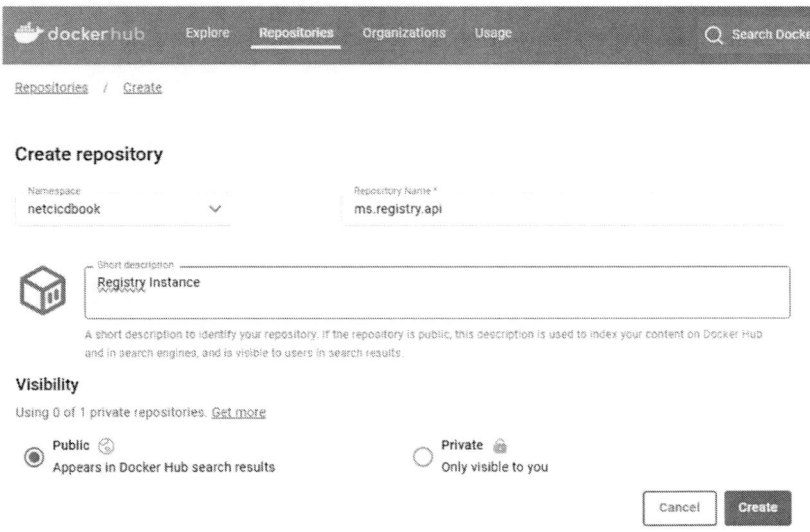

Ilustración 295. Docker Hub crear repositorio.

Una vez creado, deberíamos tener un repositorio público llamado **netcicdbook/ms.registry.api**; esta nomenclatura combina el espacio de nombres de nuestra cuenta con el nombre del repositorio [*Ilustración 296*].

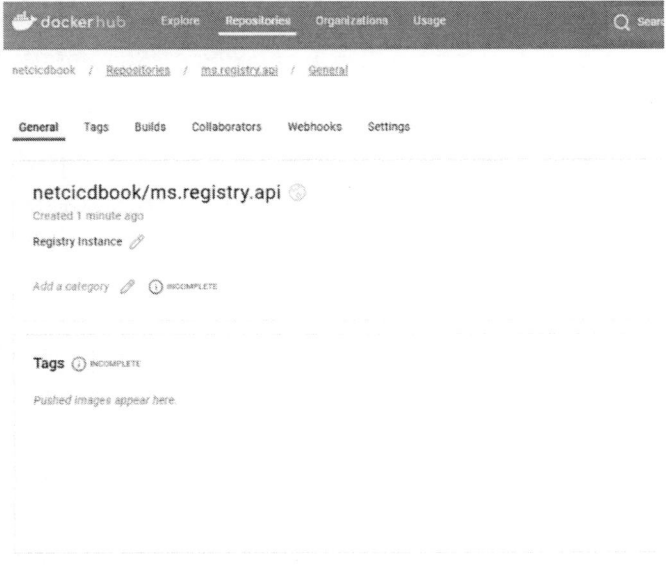

Ilustración 296. Repositorio creado.

Como apreciamos en la imagen, todavía no existe ninguna imagen subida en este repositorio, de existir alguna versión, aparecería en la sección **Tags**.

Una vez el repositorio existe en Docker Hub, abrimos la consola de comandos y nos ubicamos en la raíz de la solución donde se encuentran las carpetas de nuestros proyectos, a la altura de "WorkTimeRecord.Solution".

Ejecutamos el comando responsable de construir la imagen de Docker a partir de un fichero Dockerfile:

shell/cmd

```
docker    build    -t    ms.registry.api    -f
Registry/Registry.API/Dockerfile .
```

- **docker build**: Comando Docker para construir imagen a partir del fichero Dockerfile.
- **-t ms.registry.api**: Asigna un nombre o etiqueta para la imagen que vamos a construir.
- **-f Registry/Registry.API/Dockerfile**: Indica la ubicación donde se encuentra el fichero Dockerfile, que en nuestro caso se encuentra dentro de la carpeta "Registry/Registry.API" dentro de la solución.
- **.**: El punto indica el contexto de construir la imagen, lo que implica el contexto en el que se ejecuta el comando, en nuestro caso WorkTimeRecord.Solution.

Vemos la imagen que se acaba de crear tras el build [*Ilustración 297*].

```
C:\DEV\Book\WorkTimeRecord_Azure_ContainerApps\WorkTimeRecord.Solution>docker images
REPOSITORY                          TAG             IMAGE ID        CREATED          SIZE
ms.registry.api                     latest          4ebed454984f    About a minute ago    249MB
```

Ilustración 297. Imagen construida.

Nos quedamos con los 3 primeros caracteres del identificador de la imagen creada en modo release "4eb".

Creamos una copia de la imagen generada con anterioridad, con la etiqueta o tag **netcicdbook/ms.registry.api** [*Ilustración 298*].

shell/cmd

```
docker tag 4eb netcicdbook/ms.registry.api
```

```
C:\DEV\Book\WorkTimeRecord_Azure_ContainerApps\WorkTimeRecord.Solution>docker tag 4eb netcicdbook/ms.registry.api

C:\DEV\Book\WorkTimeRecord_Azure_ContainerApps\WorkTimeRecord.Solution>docker images
REPOSITORY                          TAG             IMAGE ID        CREATED        SIZE
ms.registry.api                     latest          4ebed454984f    5 minutes ago    249MB
netcicdbook/ms.registry.api         latest          4ebed454984f    5 minutes ago    249MB
```

Ilustración 298. Crear tag para imagen de repositorio.

El comando se compone de:

- **docker tag**: Comando docker para asignar una etiqueta.
- **4eb**: Es el identificador del campo "IMAGE ID" de la imagen existente. En el caso del lector, seguramente este identificador sea uno diferente.
- **netcicdbook/ms.registry.api**: Nuevo nombre para la imagen.

Ya tenemos la imagen preparada para ser publicada al repositorio de Docker Hub, de modo que ejecutamos el comando de docker de publicación de imagen [*Ilustración 299*].

shell/cmd

```
docker push netcicdbook/ms.registry.api:latest
```

```
C:\DEV\Book\WorkTimeRecord_Azure_ContainerApps\WorkTimeRecord.Solution>docker push netcicdbook/ms.registry.api:latest
The push refers to repository [docker.io/netcicdbook/ms.registry.api]
e0a21b3b7daa: Pushed
```

Ilustración 299. Push a Docker Hub.

El comando se compone de:

- **docker push**: Comando docker para subir una imagen de Docker a registro remoto como en este caso es Docker Hub.
- **netcicdbook/ms.registry.api:latest**: Nombre de la imagen a subir al registro, incluyendo la etiqueta tag con el valor "latest".

Si ahora volvemos al repositorio de Docker Hub, veremos que, en la sección de Tags, se ha publicado una nueva versión de nuestra imagen [*Ilustración 300*].

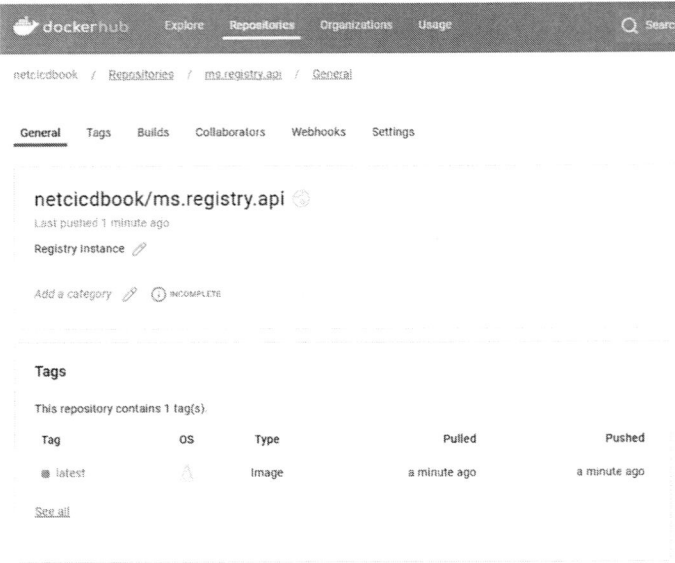

Ilustración 300. Imagen publicada.

Ya disponemos de una imagen en el repositorio que Azure va a poder utilizar para construir el contenedor.

De igual manera que hicimos con anterioridad, creamos una nueva aplicación contenedora desde el portal de Azure, dentro de la sección de aplicaciones contenedoras, pulsamos el botón "Crear" – "Aplicación contenedora".

Esta acción, abrirá un wizard en el que el primer paso es crear un nombre para la aplicación contenedora y un entorno dentro de una región; Siendo el origen de implementación "Imagen de contenedor" [*Ilustración 301*].

- **Subscripción**: Seleccionamos nuestra subscripción de Azure.
- **Grupo de recursos**: Utilizamos el grupo de recursos llamado **ContainerApps**.
- **Nombre de la aplicación contenedora**: Asignamos un nombre al contenedor, en nuestro caso, **msregistryapi**, dado que no podemos utilizar ".".
- **Origen de la implementación**: Imagen de contenedor.
- **Región**: Oeste de Europa.
- **Entorno de Container Apps**: Utilizamos el entorno existente para el contenedor en la región especificada.

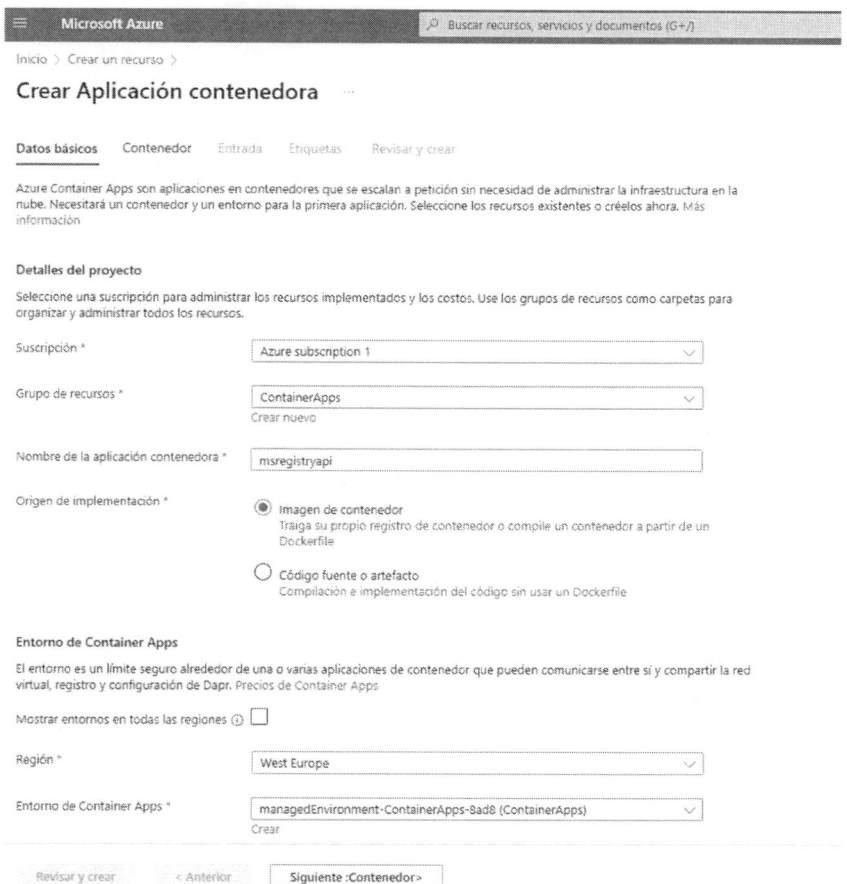

Ilustración 301. Datos básicos.

El siguiente paso es configurar el contenedor, indicando la imagen que utilizará, los recursos de CPU y memoria que le asignaremos, así como las variables de entorno [*Ilustración 302*].

- **Nombre:** Nombre del contenedor.

- **Origen de imagen:** Se utilizará la imagen subida al repositorio de Docker Hub de tipo público.

- **Servidor de inicio de sesión de registro:** Contra qué servidor debe localizar la imagen. En este caso **docker.io**.

- **Imagen y etiqueta:** Nombre de la imagen del repositorio a descargar (**netcicdbook/ms.registry.api**).

- **Perfil de carga de trabajo:** El límite de consumo de CPU y memoria.

- **CPU y memoria:** Cuántos recursos del límite de carga de trabajo se asignarán a cada instancia de nuestra aplicación contenedora.
- **Variables de entorno:** Indicamos la variable de entorno del contenedor, en este caso la definición del entorno, que será staging.
  - ASPNETCORE_ENVIRONMENT

Ilustración 302. Contenedor.

Continuamos con el siguiente paso de configurar la entrada al contenedor, tanto para HTTP como para TCP [*Ilustración 303*].

- **Entrada:** Habilitado el acceso al contenedor por HTTP y/o TCP.
- **Tráfico de entrada:** Aceptamos el tráfico desde cualquier lugar, independientemente de que sea dentro o fuera del entorno de Container Apps.
- **Tipo de entrada:** HTTP, dado que se expondrá una API.
- **Puerto de destino:** Es el puerto interno que la aplicación contenedora usará para recibir tráfico. En nuestro caso, será el puerto HTTP 8080.

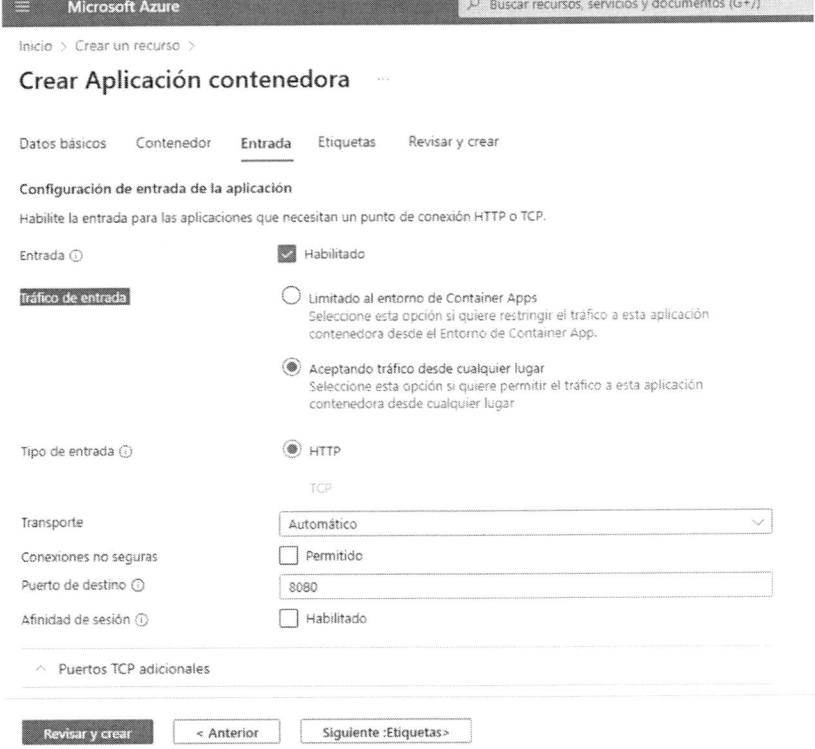

Ilustración 303. Entrada.

Finalmente pulsamos "Revisar y crear", si todo está correcto, nos aparecerá en verde el estado de que podemos crear la aplicación contenedora y, tras pulsar "Crear", nos debería crear el nuevo recurso de aplicación contenedora.

Vayamos al recurso creado, y en la sección de "Configuración/Entrada", y veremos que existe un punto de conexión creado para exponer nuestra API [*Ilustración 304*].

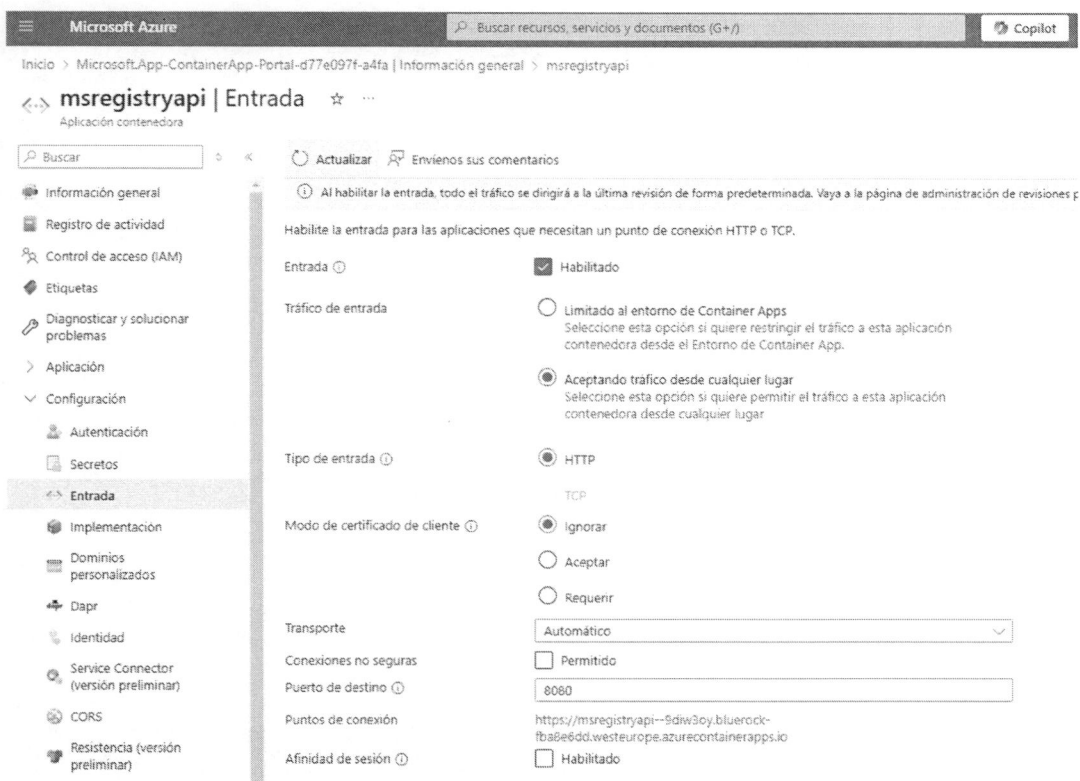

Ilustración 304. Punto de conexión API.

Ahora abrimos ese punto de conexión y mostramos el Swagger con las acciones a realizar sobre la API. Si probamos la obtención del último registro horario del empleado, debería comunicarse contra la base de datos PostgreSQL y obtener el registro [*Ilustración 305*].

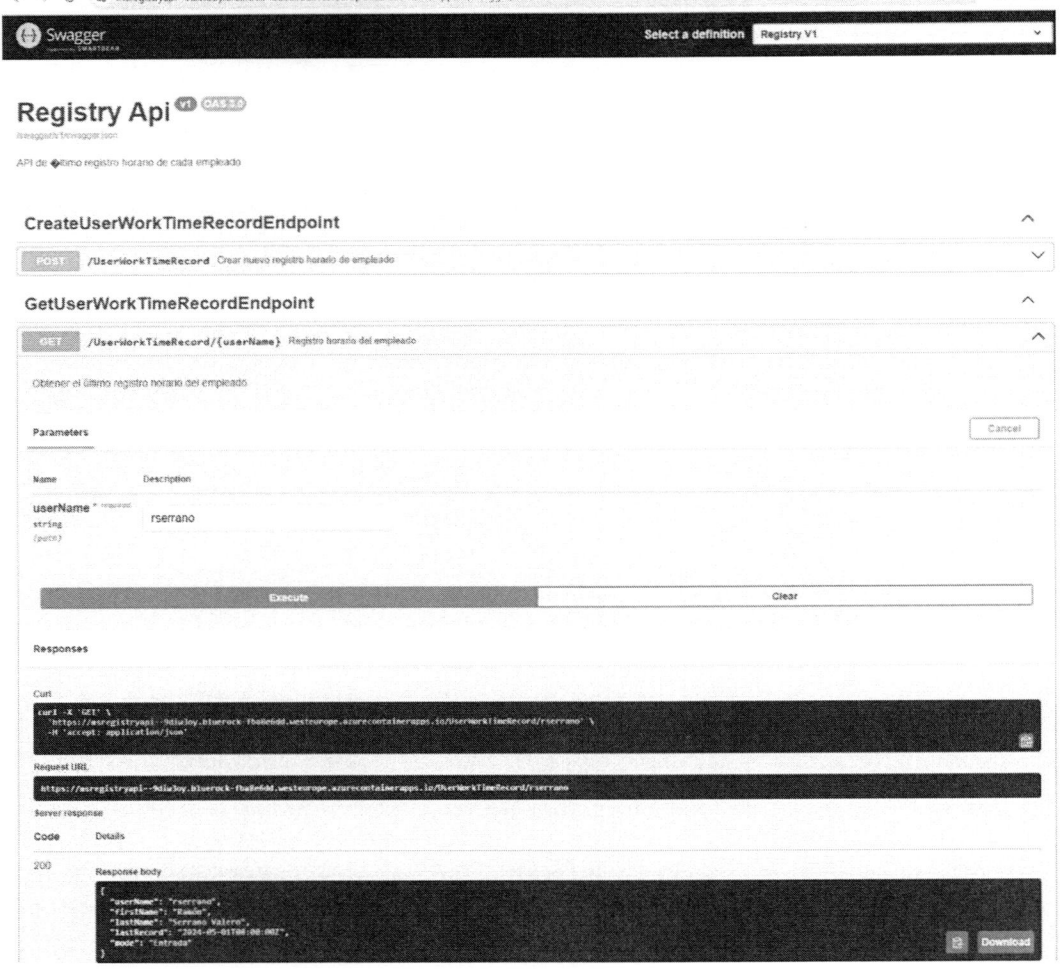

Ilustración 305. Verificar API.

Con este último paso, hemos verificado que se ha desplegado manualmente el contenedor de Registry.API utilizando la imagen subida al repositorio Docker Hub y la configuración de appsettings.*Staging*.json, de lo contrario no hubiera podido comunicarse con la base de datos PostgreSQL.

4.4.5   Despliegue Auditory API

De igual manera que el microservicio anterior, vamos a desplegar en un contenedor de Azure, a través de los Azure Container Appss, nuestra API de auditoría de histórico de horarios de empleados, en un entorno que llamaremos **staging**.

Creamos un fichero appsettings.*Staging*.json, para el nuevo entorno *Staging*, con la siguiente configuración [*Ilustración 306*].

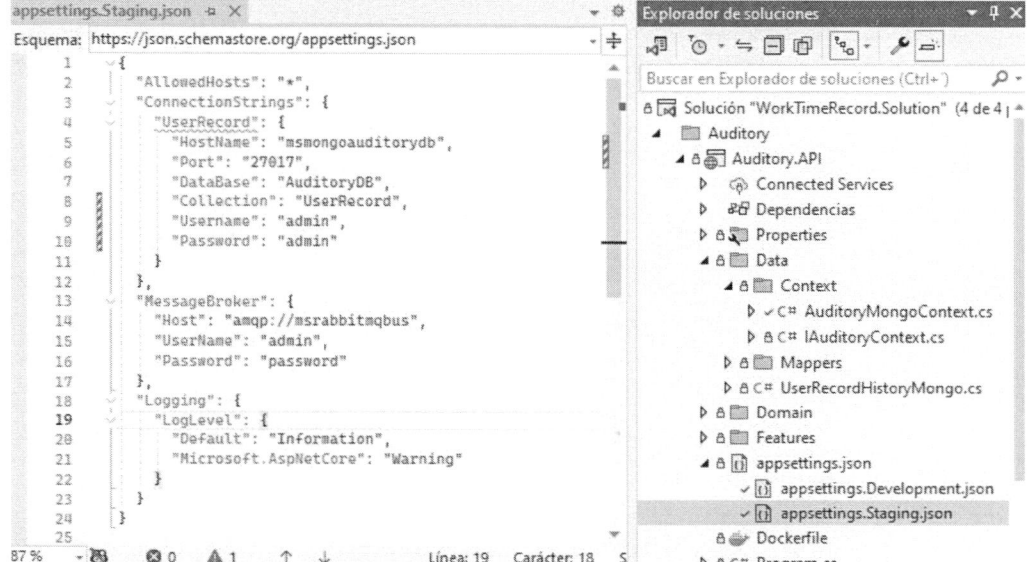

Ilustración 306. appsettings.Staging.json Auditory.

Asignamos a la cadena de conexión de MongoDB, en el HostName de **UserRecord**, el nombre del contenedor **msmongoauditorydb** que hemos desplegado como contenedor de Azure.

Asignamos en el host de **MessageBroker** el nombre del contenedor **msrabbitmqbus** de RabbitMQ, desplegado como contenedor de Azure con anterioridad.

Ambos nombres de contenedores podrán ser resueltos por el contenedor de Auditory API, cuando lo despleguemos en el mismo entorno que el resto, al haber limitado la visibilidad de los contenedores, siendo alcanzables dentro del propio entorno.

Cuando despleguemos este contenedor, el origen de las llamadas ya no será el mismo y tendremos un problema de CORS (*cross-origin resource sharing*), una especificación de seguridad, que protege el acceso a los recursos de un dominio de ser consumido por un dominio diferente.

Por este motivo, editamos en el fichero **Program.cs** [*Ilustración 307*] del proyecto **Auditory.API**, añadiendo que cualquier origen cabecera y método sea accesible (líneas 28-36), y habilitamos el middleware de **UseCors** para establecer esta configuración de políticas de acceso a nuestra aplicación (línea 40).

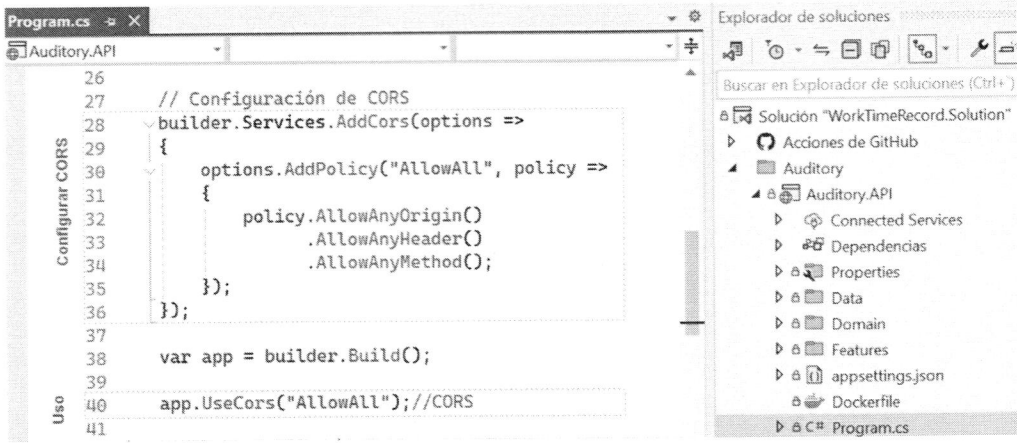

Ilustración 307. Registro CORS.

Abrimos Docker Hub y en el espacio de nombres de nuestra cuenta Docker Hub, creamos un nuevo repositorio de tipo público llamado **ms.auditory.api** para esta imagen [***Ilustración 308***].

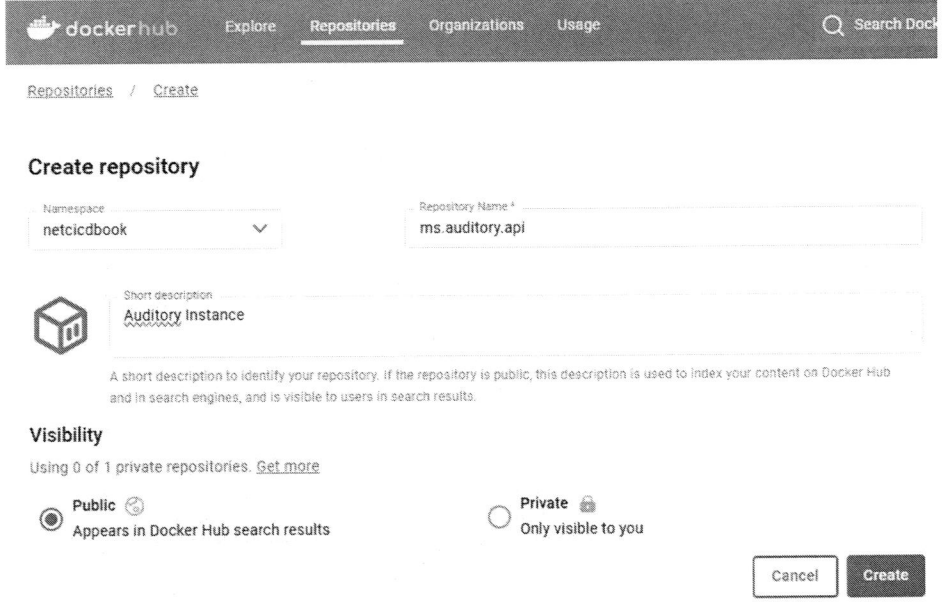

Ilustración 308. Docker Hub crear repositorio.

Una vez creado, deberíamos tener un repositorio público llamado **netcicdbook/ms.auditory.api**, esta nomenclatura combina el espacio de nombres de nuestra cuenta con el nombre del repositorio [***Ilustración 309***].

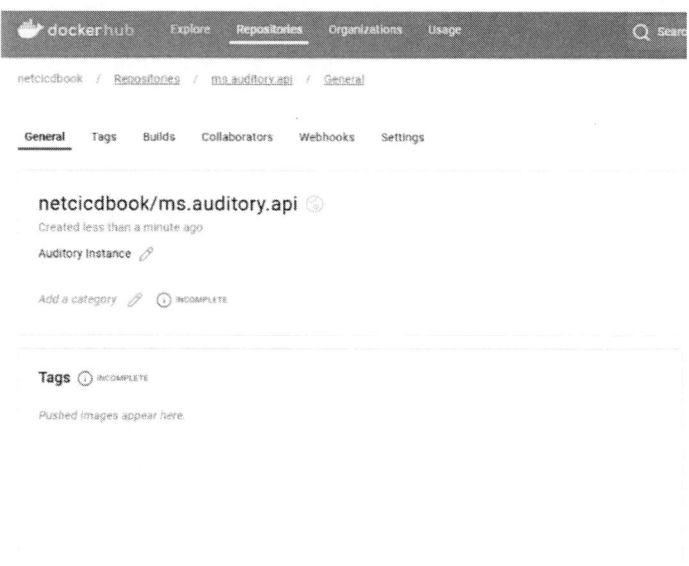

Ilustración 309. Repositorio creado.

Como apreciamos en la imagen, todavía no existe ninguna imagen subida en este repositorio, de existir alguna versión, aparecería en la sección **Tags**.

Una vez el repositorio existe en Docker Hub, abrimos la consola de comandos y nos ubicamos en la raíz de la solución donde se encuentran las carpetas de nuestros proyectos, a la altura de "WorkTimeRecord.Solution".

Ejecutamos el comando responsable de construir la imagen de Docker a partir de un fichero Dockerfile:

shell/cmd
```
docker     build     -t     ms.auditory.api     -f
Auditory/Auditory.API/Dockerfile .
```

- **docker build**: Comando docker para construir imagen a partir del fichero Dockerfile.
- **-t ms.auditory.api**: Asigna un nombre o etiqueta para la imagen que vamos a construir.
- **-f Auditory/Auditory.API/Dockerfile**: Indica la ubicación donde se encuentra el fichero Dockerfile, que en nuestro caso se encuentra dentro de la carpeta "Auditory/Auditory.API" dentro de la solución.

- **.:** El punto indica el contexto de construir la imagen, lo que implica que el contexto en el que se ejecuta el comando, en nuestro caso WorkTimeRecord.Solution.

Vemos la imagen que se acaba de crear tras el build [*Ilustración 310*].

```
C:\DEV\Book\WorkTimeRecord_Azure_ContainerApps\WorkTimeRecord.Solution>docker images
REPOSITORY                    TAG          IMAGE ID        CREATED         SIZE
ms.auditory.api               latest       01ff1c31e68a    2 minutes ago   265MB
```

Ilustración 310. Imagen construida.

Nos quedamos con los 3 primeros caracteres del identificador de la imagen creada en modo release "01f".

Creamos una copia de la imagen generada con anterioridad, con la etiqueta o tag **netcicdbook/ms.auditory.api** [*Ilustración 311*].

shell/cmd
```
docker tag 01f netcicdbook/ms.auditory.api
```

```
C:\DEV\Book\WorkTimeRecord_Azure_ContainerApps\WorkTimeRecord.Solution>docker tag 01f netcicdbook/ms.auditory.api

C:\DEV\Book\WorkTimeRecord_Azure_ContainerApps\WorkTimeRecord.Solution>docker images
REPOSITORY                    TAG          IMAGE ID        CREATED         SIZE
ms.auditory.api               latest       01ff1c31e68a    4 minutes ago   265MB
netcicdbook/ms.auditory.api   latest       01ff1c31e68a    4 minutes ago   265MB
```

Ilustración 311. Crear tag para imagen de repositorio.

El comando se compone de:

- **docker tag**: Comando docker para asignar una etiqueta.
- **01f**: Es el identificador del campo "IMAGE ID" de la imagen existente. En el caso del lector, seguramente este identificador sea uno diferente.
- **netcicdbook/ms.auditory.api**: Nuevo nombre para la imagen.

Ya tenemos la imagen preparada para ser publicada al repositorio de Docker Hub, de modo que ejecutamos el comando de docker de publicación de imagen [*Ilustración 312*].

shell/cmd
```
docker push netcicdbook/ms.auditory.api:latest
```

```
C:\DEV\Book\WorkTimeRecord_Azure_ContainerApps\WorkTimeRecord.Solution>docker push netcicdbook/ms.auditory.api:latest
The push refers to repository [docker.io/netcicdbook/ms.auditory.api]
08ee51aef481: Pushed
```

Ilustración 312. Push a Docker Hub.

El comando se compone de:

- **docker push**: Comando docker para subir una imagen de Docker a registro remoto como en este caso es Docker Hub.
- **netcicdbook/ms.auditory.api:latest**: Nombre de la imagen a subir al registro, incluyendo la etiqueta tag con el valor "latest".

Si ahora volvemos al repositorio de Docker Hub, veremos que, en la sección de Tags, se ha publicado una nueva versión de nuestra imagen [*Ilustración 313*].

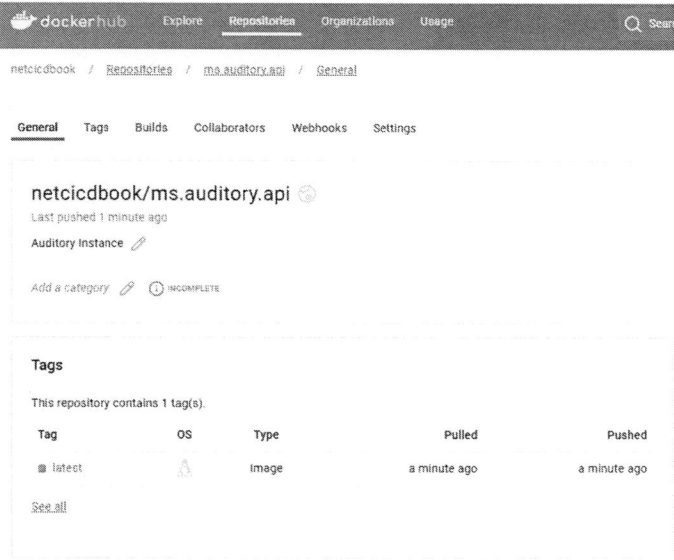

Ilustración 313. Imagen publicada.

Ya disponemos de una imagen en el repositorio que Azure va a poder utilizar para construir el contenedor.

De igual manera que hicimos con anterioridad, creemos una nueva aplicación contenedora desde el portal de Azure, dentro de la sección de aplicaciones contenedoras y pulsamos el botón "Crear" – "Aplicación contenedora".

Esta acción abrirá un wizard en el que el primer paso es crear un nombre para la aplicación contenedora y un entorno dentro de una región; siendo el origen de implementación "Imagen de contenedor" [*Ilustración 314*].

- **Subscripción**: Seleccionamos nuestra subscripción de Azure.
- **Grupo de recursos**: Utilizamos el grupo de recursos llamado **ContainerApps**.

- **Nombre de la aplicación contenedora**: Asignamos un nombre al contenedor, en nuestro caso, **msauditoryapi**.
- **Origen de la implementación**: Imagen de contenedor.
- **Región**: Oeste de Europa.
- **Entorno de Container Apps**: Utilizamos el entorno existente para el contenedor en la región especificada.

Ilustración 314. Datos básicos.

El siguiente paso es configurar el contenedor, indicando la imagen que utilizará, los recursos de CPU y memoria que le asignaremos, así como las variables de entorno [*Ilustración 315*].

- **Nombre:** Nombre del contenedor.
- **Origen de imagen:** Se utilizará la imagen subida al repositorio de Docker Hub de tipo público.
- **Servidor de inicio de sesión de registro:** Contra qué servidor debe localizar la imagen. En este caso **docker.io**.
- **Imagen y etiqueta:** Nombre de la imagen del repositorio a descargar (**netcicdbook/ms.auditory.api**).
- **Perfil de carga de trabajo:** El límite de consumo de CPU y memoria.
- **CPU y memoria:** Cuántos recursos del límite de carga de trabajo se asignarán a cada instancia de nuestra aplicación contenedora.
- **Variables de entorno:** Indicamos la variable de entorno del contenedor, en este caso la definición del entorno, que será staging.
  - ASPNETCORE_ENVIRONMENT

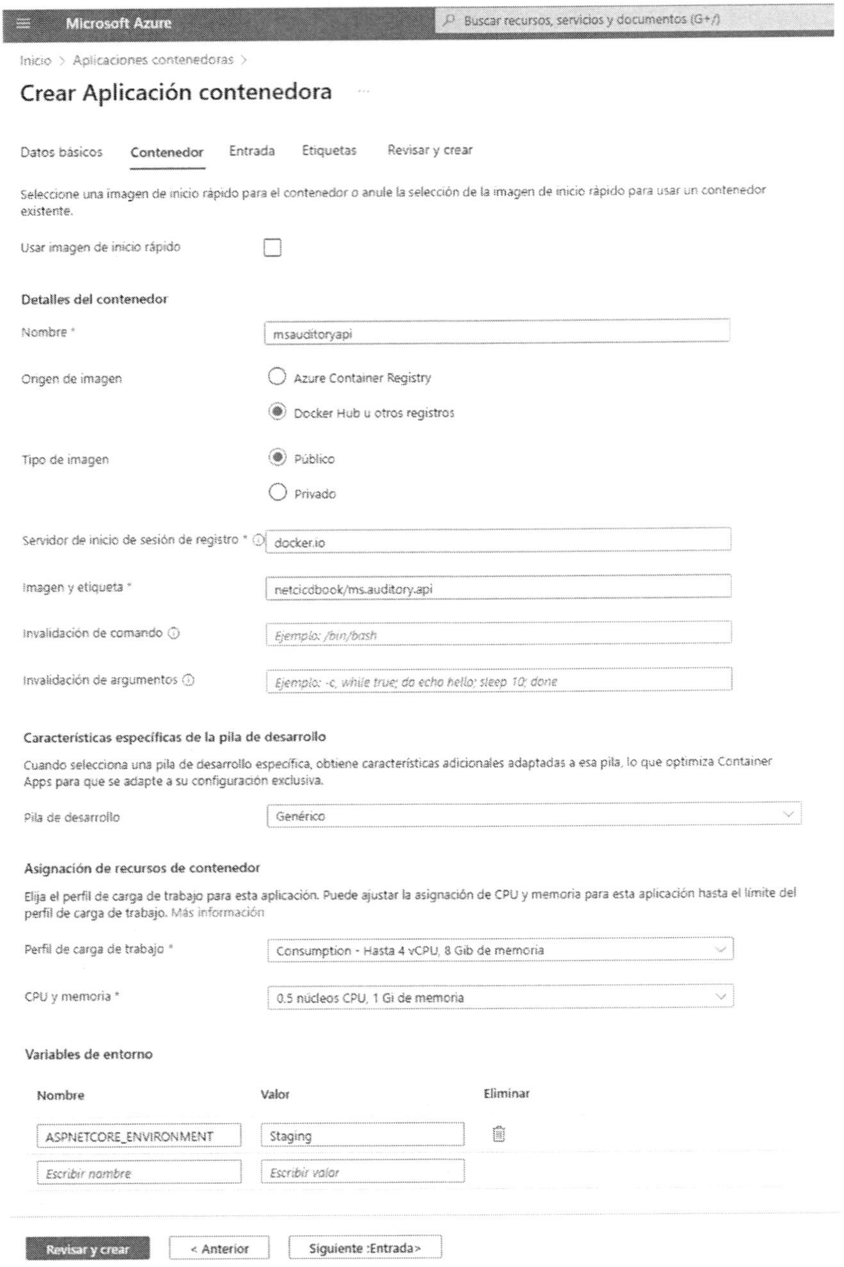

Ilustración 315. Contenedor.

Continuamos con el siguiente paso de configurar la entrada al contenedor, tanto para HTTP como para TCP [*Ilustración 316*].

- **Entrada**: Habilitado el acceso al contenedor por HTTP y/o TCP.
- **Tráfico de entrada**: Aceptamos el tráfico desde cualquier lugar, independientemente de que sea dentro o fuera del entorno de Container Apps.
- **Tipo de entrada**: HTTP, dado que se expondrá una API.
- **Puerto de destino**: Es el puerto interno que la aplicación contenedora usará para recibir tráfico. En nuestro caso, será el puerto HTTP 8080.

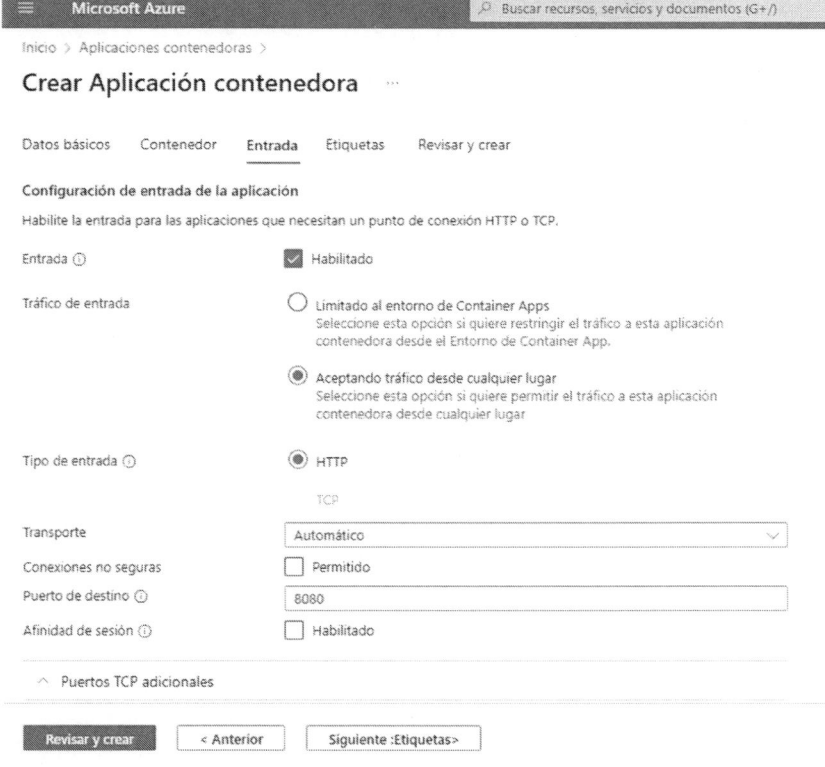

Ilustración 316. Entrada.

Finalmente pulsamos "Revisar y crear", si todo está correcto, nos aparecerá en verde el estado de que podemos crear la aplicación contenedora y, tras pulsar "Crear", nos debería generar el nuevo recurso de aplicación contenedora.

Vayamos al recurso creado; en la sección de "Configuración/Entrada", y veremos que existe un punto de conexión creado para exponer nuestra API [*Ilustración 317*].

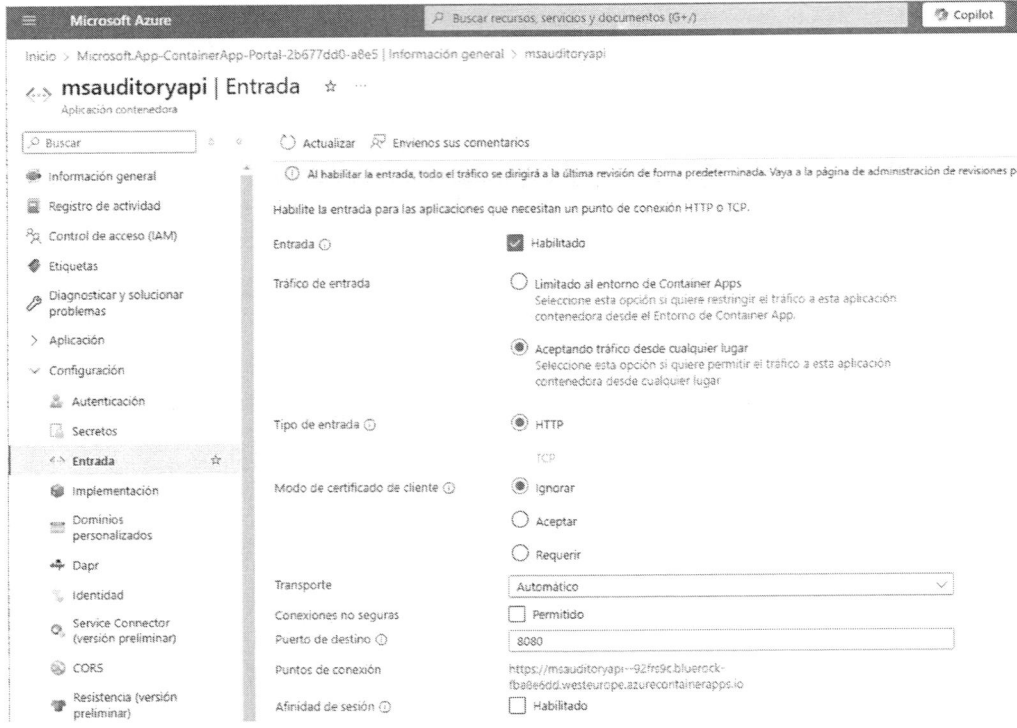

Ilustración 317. Punto de conexión API.

Ahora abrimos ese punto de conexión y mostramos el Swagger con las acciones a realizar sobre la API. Si probamos la obtención del histórico horario del empleado, debería comunicarse contra la base de datos MongoDB y obtener los registros, que en este caso debería estar vacío al no tener ningún registro histórico. [***Ilustración 318***].

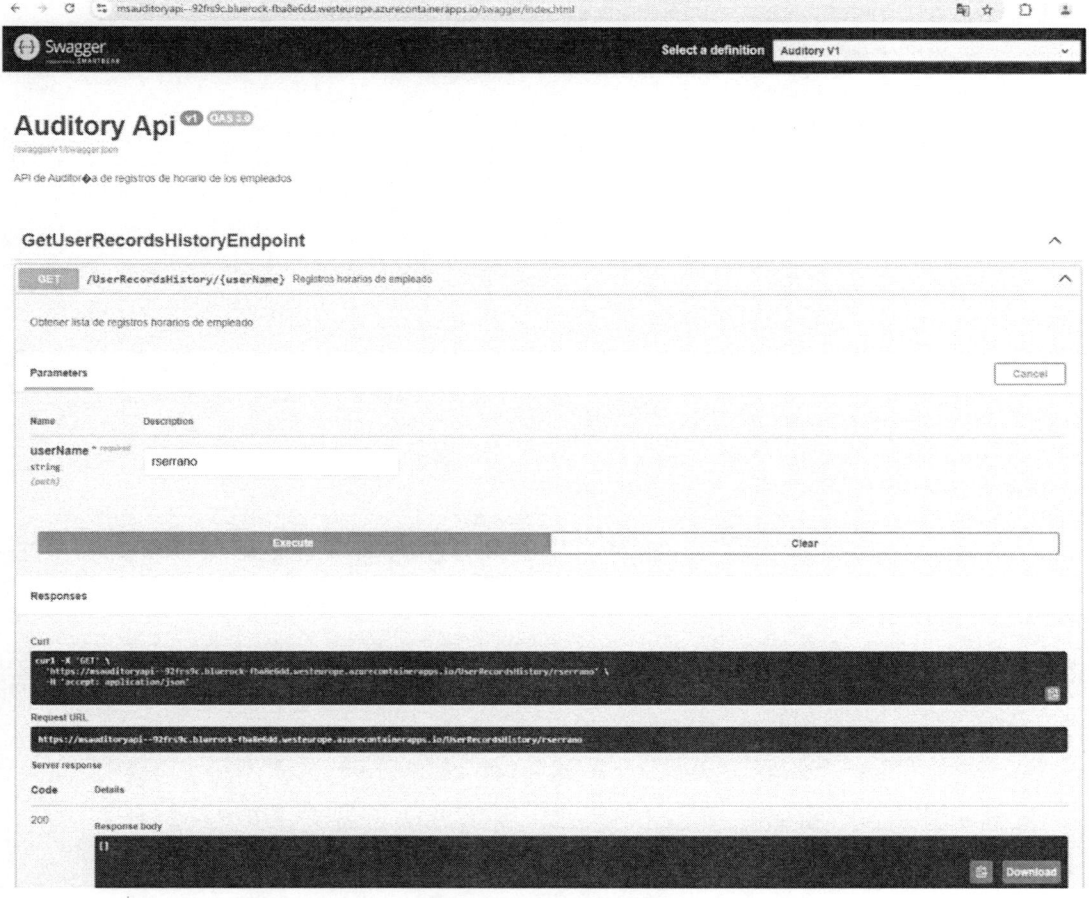

Ilustración 318. Verificar API.

Con este último paso, hemos verificado que se ha desplegado manualmente el contenedor de Auditory.API utilizando la imagen subida al repositorio Docker Hub y la configuración de appsettings.*Staging*.json, de lo contrario no hubiera podido comunicarse con la base de datos MongoDB.

Ahora comprobemos que cuando registremos un nuevo horario en el microservicio de Registry.API, emitirá un evento en RabbitMQ, que causará que el consumidor de Auditory.API registre al histórico el nuevo registro horario.

Para ello, abrimos el Swagger del microservicio Registry.API y creamos un nuevo registro horario [*Ilustración 319*].

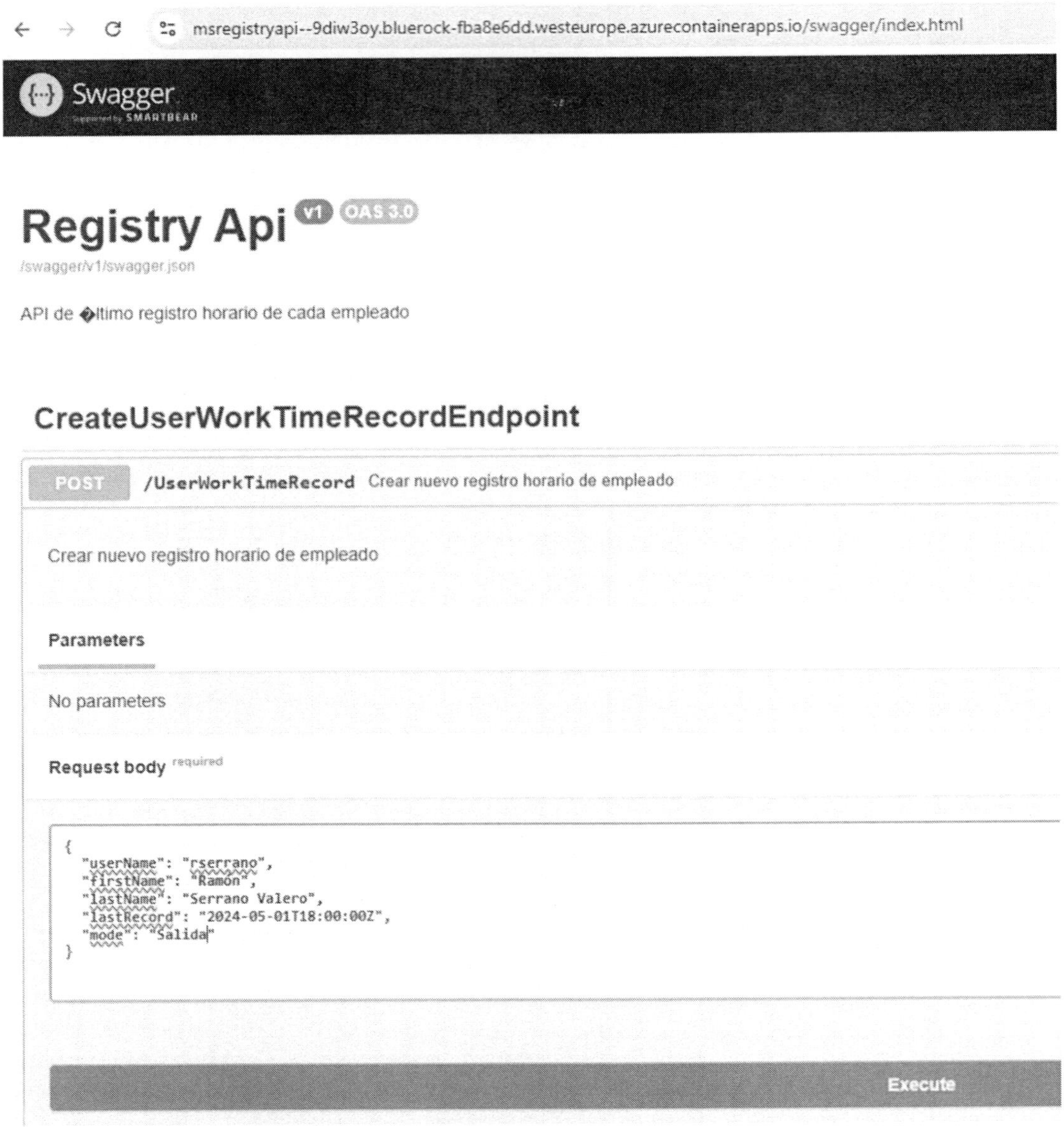
msregistryapi--9diw3oy.bluerock-fba8e6dd.westeurope.azurecontainerapps.io/swagger/index.html
Swagger
Registry Api
v1
OAS 3.0
/swagger/v1/swagger.json
API de �ltimo registro horario de cada empleado
CreateUserWorkTimeRecordEndpoint
POST
/UserWorkTimeRecord
Crear nuevo registro horario de empleado
Crear nuevo registro horario de empleado
Parameters
No parameters
Request body
required
{
"userName": "rserrano",
"firstName": "Ramón",
"lastName": "Serrano Valero",
"lastRecord": "2024-05-01T18:00:00Z",
"mode": "Salida"
}
Execute

Ilustración 319. Crear nuevo registro horario en Registry.API.

Al ejecutar la acción anterior, se actualiza en PostgreSQL el nuevo registro horario del empleado y se emite un evento a RabbitMQ, que podemos ver en la interfaz de administración [***Ilustración 320***].

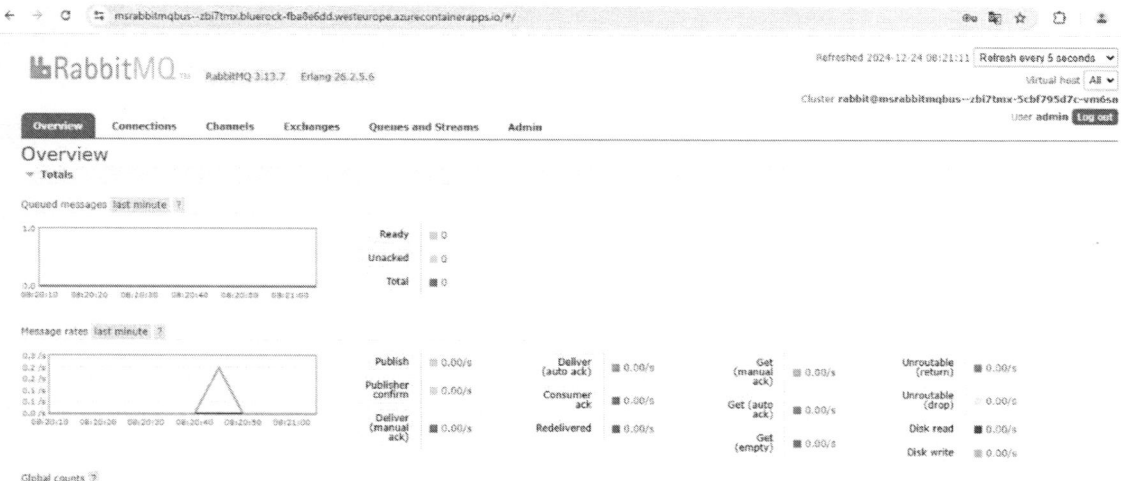

Ilustración 320. RabbitMQ evento emitido.

Finalmente volvemos al Swagger del microservicio desplegado de auditoría y ejecutamos de nuevo la acción de obtener el listado histórico de registros horarios del empleado, ahora sí, deberíamos ver el nuevo registro horario que está persistido en MongoDB [*Ilustración 321*].

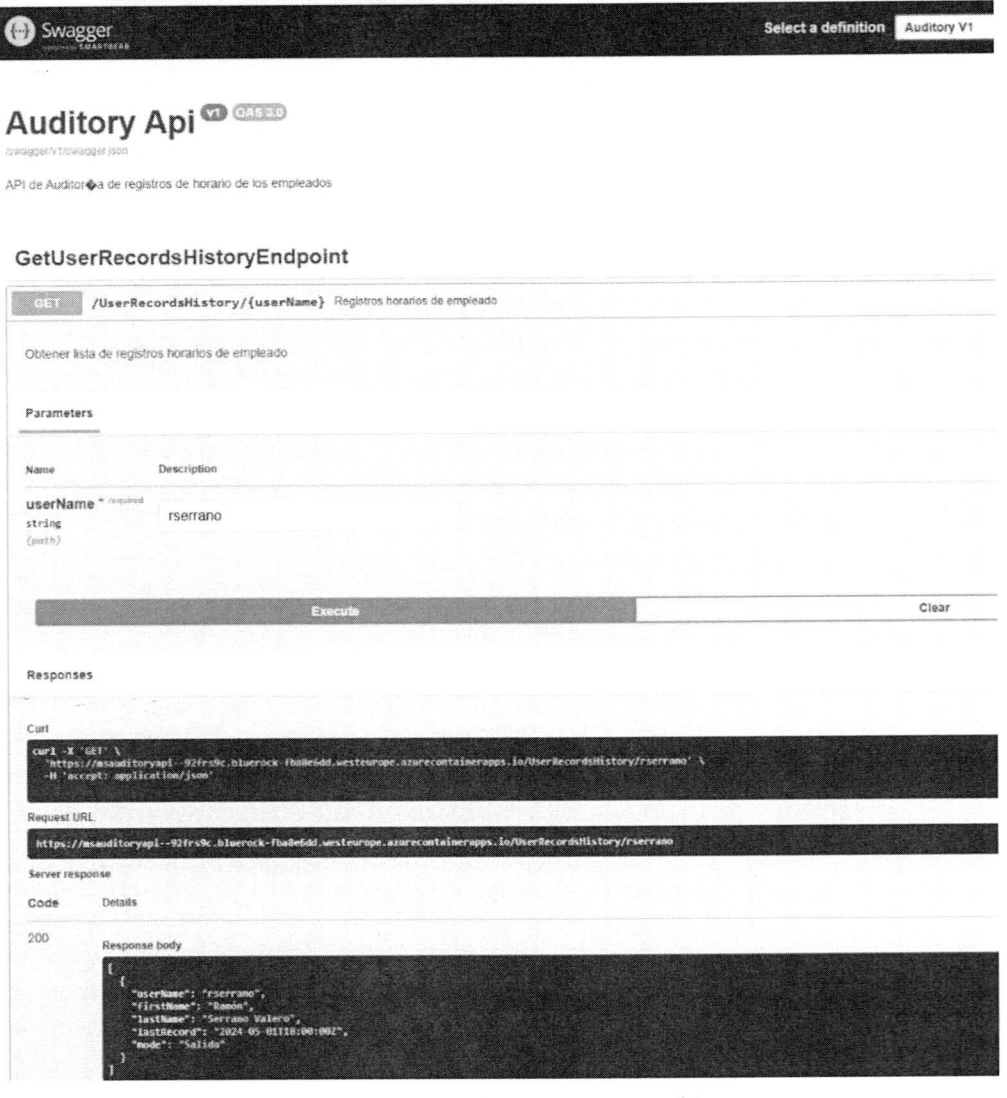

Ilustración 321. Verificación completa de histórico.

El microservicio de auditoría esta verificado, así como la comunicación del backend desde el microservicio de registro a la base de datos PostgreSQL, usando el bróker de mensajería de RabbitMQ desplegado, hasta el consumo del evento por parte del microservicio de auditoría, que lo utiliza para registrar en la base de datos de MongoDB.

Nos queda por desplegar un último componente, la interfaz de usuario que utiliza todos estos servicios.

4.4.6   Despliegue interfaz usuario worktime-app

Una vez desplegado el backend, es necesario adaptar el front-end para que en lugar de utilizar las llamadas a API "mockeadas", utilice los URL desplegados en Azure configurando el entorno staging desde Vue.

Lo primero es adaptar el fichero ".env.*staging*" del proyecto front-end, actualizamos los valores de las variables de **VITE_API_WORK_TIME_URL** y **VITE_API_AUDITORY_URL**, con los puntos de conexión desplegados en Azure para cada una de las API de los microservicios que hemos desplegado en Azure [*Ilustración 322*].

```
$ .env.staging  ×

$ .env.staging
  1    # .env.staging
  2    VITE_API_WORK_TIME_URL=https://msregistryapi--9diw3oy.bluerock-fba8e6dd.westeurope.azurecontainerapps.io
  3    VITE_API_AUDITORY_URL=https://msauditoryapi--92frs9c.bluerock-fba8e6dd.westeurope.azurecontainerapps.io
  4    VITE_USER_NAME=rserrano
  5    VITE_FIRST_NAME=Ramón
  6    VITE_LAST_NAME=Serrano Valero
```

Ilustración 322. .env.staging.

El siguiente paso es crear en el proyecto front-end el fichero **nginx.conf** [*Ilustración 323*], que nos ayudará a configurar el servidor Nginx, necesario para servir una aplicación front-end construida con Vue 3.

Para manejar peticiones HTTP, se define la sección "server" (líneas 1-10).

Configuramos el servidor Nginx para aceptar peticiones por el puerto HTTP 80 (línea 2).

Establecemos el directorio raíz, donde los archivos estáticos que se generen en la construcción de la aplicación posteriormente, mediante "npm run build", será en "**/usr/share/nginx/html**" (línea 4).

Cuando se sirva el servidor, se cargará el fichero **index.html** (línea 5).

Finalmente, la sección "**location**", establece el comportamiento de las rutas en el servidor dentro del path raíz "/" (líneas 7-9).

Mediante la directiva **try_files** (línea 8), define a Nginx la forma de procesar las solicitudes de archivos. Haciendo 3 intentos de resolver la búsqueda de archivo:

- **$uri**: Intentará buscar dentro de "/usr/share/nginx/html" la ruta del fichero buscado. Si es "/css/main.css", lo buscará en "/usr/share/nginx/html/css/main.css".

- **$uri/**: Si no existe el archivo, intentará buscar un directorio con ese nombre dentro de "/usr/share/nginx/html". Si es "/css/main.css", lo buscará en /usr/share/nginx/html/css/".

- **/index.html**: Si no hubo éxito en las anteriores, toda solicitud se redirige a index.html.

Como una aplicación SPA como Vue 3 maneja las rutas por medio de JavaScript, no por servidor, Nginx deberá servir siempre el archivo index.html para que Vue maneje el enrutamiento.

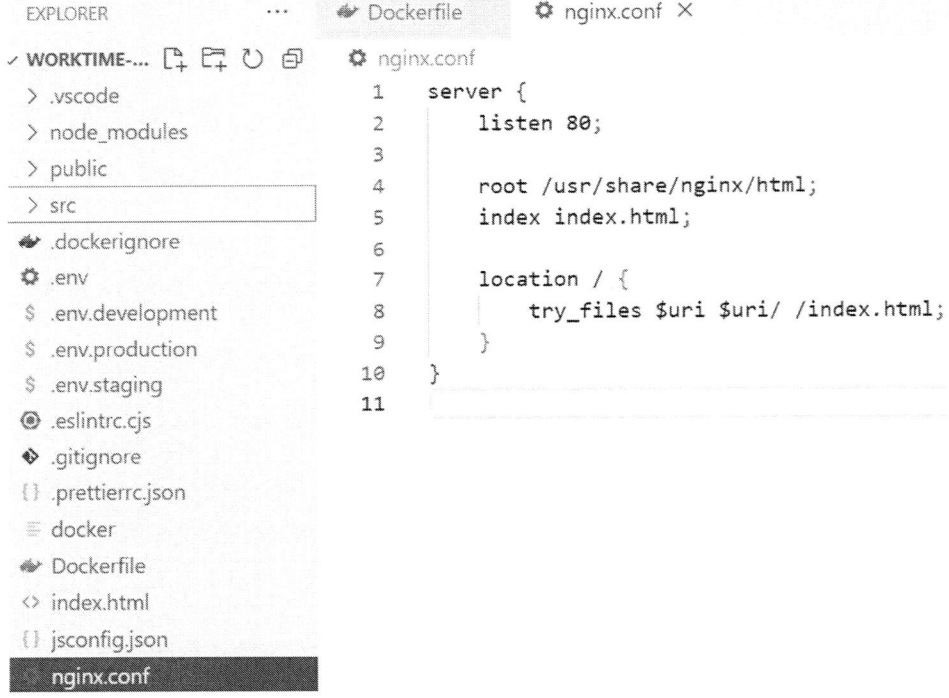

```
server {
    listen 80;

    root /usr/share/nginx/html;
    index index.html;

    location / {
        try_files $uri $uri/ /index.html;
    }
}
```

Ilustración 323. nginx.conf.

El siguiente paso para desplegar el proyecto Vue, es crear en la raíz del proyecto front-end el fichero **Dockerfile**; este fichero se compone de dos etapas o secciones [*Ilustración 324*]:

- **Etapa de construcción**: Se basa en compilar la aplicación, instalando las dependencias necesarias para generar los ficheros estáticos que se servirán en el entorno.
  - ○ Se utiliza la imagen base de Node para ejecutar *node package manager* (NPM) **(línea 1)**.

- o Establecemos el directorio base donde se copiarán los archivos, será en "/app" (línea 2).
- o Los ficheros **package.json** y **package-lock.json** son copiados para instalar al inicio únicamente las dependencias necesarias (línea 3).
- o Instalamos las dependencias con el comando **install** de NPM (línea 4).
- o Todos los ficheros del proyecto se copian al contenedor (línea 5).
- o Definimos un argumento **MODE** para establecer el entorno en que se debe construir la aplicación (línea 7). Esta variable nos permite indicar si debe usar el "*.env.staging*" u otro entorno.
- o Ejecutar el comando NPM run build, para compilar la aplicación y generar todos los archivos, utilizando el argumento MODE para indicar el entorno (línea 9).

- **Etapa de despliegue**: Tras la generación de los ficheros estáticos de la etapa anterior, entregar y ejecutar la aplicación.
  - o Para servir el contenido de nuestra aplicación, se utiliza una imagen base de **Nginx** (línea 11).
  - o Los ficheros estáticos son copiados de "app/dist" al directorio base de Nginx "user/share/nginx/html" (línea 13).
  - o Copiamos la configuración de Nginx del fichero **nginx.conf**, que contiene configuración sobre cómo Nginx sirve la aplicación y cómo se manejan las solicitudes HTTP (línea 15).
  - o Se expone el puerto 80 para aceptar solicitudes HTTP (línea 17).
  - o Ejecutamos el comando que inicia el servidor Nginx para que se ejecute dentro del contenedor (línea 19).

- nginx: Comando que inicia el servidor nginx.
- -g daemon off: Se le pasa la directiva global de configuración para que se ejecute en primer plano el contenedor, permaneciendo activo el contenedor, mientras Nginx funcione.

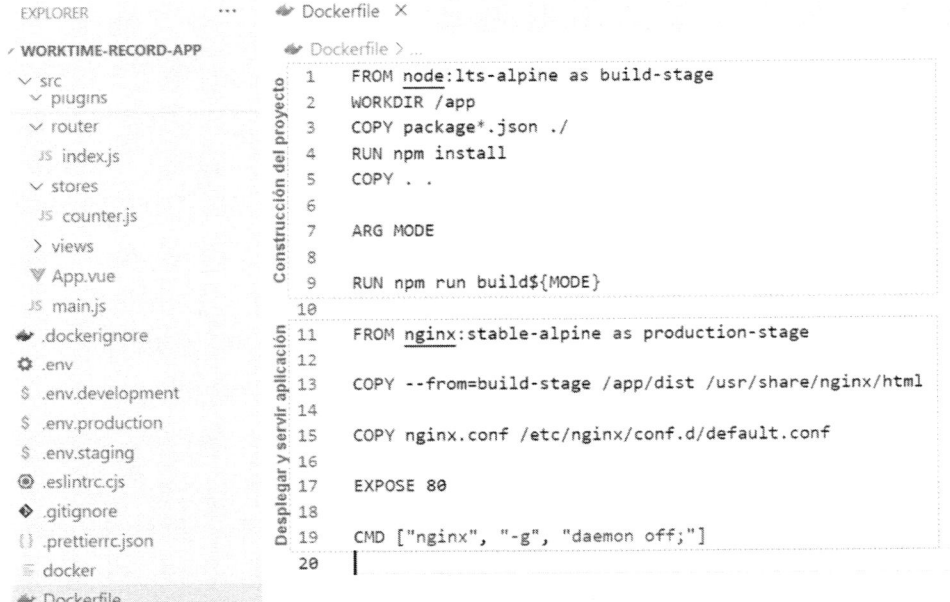

Ilustración 324. Dockerfile front-end.

Abrimos Docker Hub y en el espacio de nombres de nuestra cuenta Docker Hub, creamos un nuevo repositorio de tipo público llamado **worktime-app** para esta imagen [*Ilustración 325*].

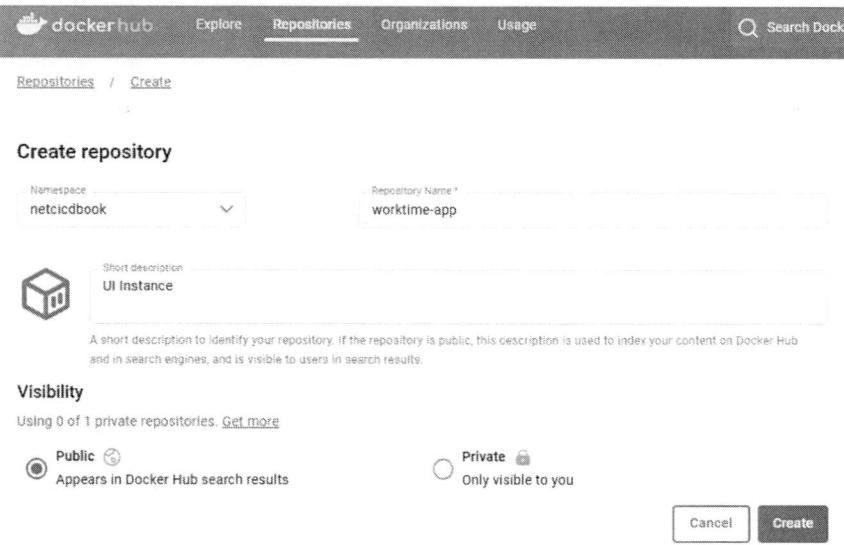

Ilustración 325. Docker Hub crear repositorio.

Una vez creado, deberíamos tener un repositorio público llamado **netcicdbook/worktime-app**; esta nomenclatura combina el espacio de nombres de nuestra cuenta con el nombre del repositorio [*Ilustración 326*].

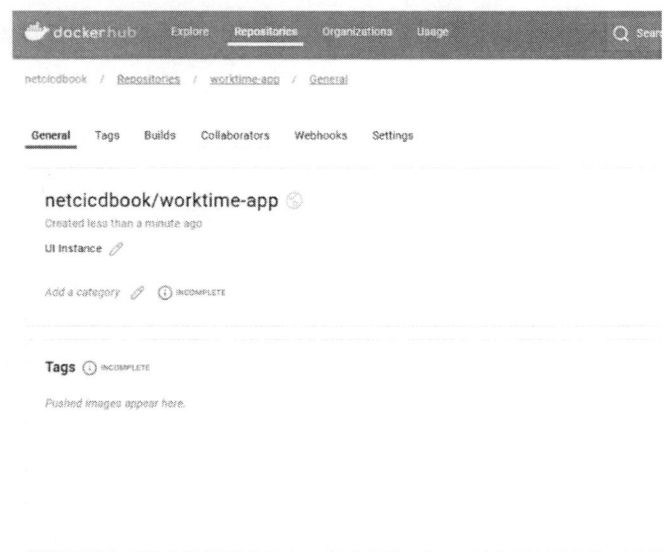

Ilustración 326. Repositorio creado.

Como apreciamos en la imagen, todavía no existe ninguna imagen subida en este repositorio; de existir alguna versión, aparecería en la sección **Tags**.

Una vez el repositorio existe en Docker Hub, abrimos la consola de comandos y nos ubicamos en la raíz del proyecto front-end, a la altura de "WorkTimeRecord.UI".

Ejecutamos el comando responsable de construir la imagen de Docker a partir de un fichero Dockerfile:

shell/cmd

```
C:\DEV\Book\WorkTimeRecord_Azure_ContainerApps\W
orkTimeRecord.UI\worktime-record-app>docker build
--build-arg MODE=":staging" -t worktime-app .
```

- **docker build**: Comando docker para construir imagen a partir del fichero Dockerfile.
- **-t ms.auditory.api**: Asignar un nombre o etiqueta para la imagen que vamos a construir.
- **--build-arg MODE=":staging"**: Establecer por argumento el entorno en que se debe construir la aplicación para que haga uso del fichero ".env" que corresponda al entorno que establezcamos, en este caso el de staging.
- **.**: El punto indica el contexto de construir la imagen, lo que implica el contexto en el que se ejecuta el comando, en nuestro caso WorkTimeRecord.UI.

Vemos la imagen que se acaba de crear tras el build [*Ilustración 327*].

```
C:\DEV\Book\WorkTimeRecord_Azure_ContainerApps\WorkTimeRecord.UI\worktime-record-app>docker images
REPOSITORY                          TAG           IMAGE ID        CREATED        SIZE
worktime-app                        latest        50fe05d1c631    6 minutes ago  49.7MB
```

Ilustración 327. Imagen construida.

Nos quedamos con los 3 primeros caracteres del identificador de la imagen creada en modo release "50f".

Creamos una copia de la imagen generada con anterioridad, con la etiqueta o tag **netcicdbook/worktime-app** [*Ilustración 328*].

shell/cmd

```
docker tag 50f netcicdbook/worktime-app
```

```
C:\DEV\Book\WorkTimeRecord_Azure_ContainerApps\WorkTimeRecord.UI\worktime-record-app>docker tag 50f netcicdbook/worktime-app
```

```
C:\DEV\Book\WorkTimeRecord_Azure_ContainerApps\WorkTimeRecord.UI\worktime-record-app>docker images
REPOSITORY                     TAG          IMAGE ID       CREATED         SIZE
netcicdbook/worktime-app       latest       50fe05d1c631   13 minutes ago  49.7MB
worktime-app                   latest       50fe05d1c631   13 minutes ago  49.7MB
```

Ilustración 328. Crear tag para imagen de repositorio.

El comando se compone de:

- **docker tag**: Comando docker para asignar una etiqueta.
- **50f:** Es el identificador del campo "IMAGE ID" de la imagen existente. En el caso del lector, seguramente este identificador sea uno diferente.
- **netcicdbook/worktime-app**: Nuevo nombre para la imagen.

Ya tenemos la imagen preparada para ser publicada al repositorio de Docker Hub, de modo que ejecutamos el comando docker de publicación de imagen [*Ilustración 329*].

```
docker push netcicdbook/worktime-app:latest
```

```
C:\DEV\Book\WorkTimeRecord_Azure_ContainerApps\WorkTimeRecord.UI\worktime-record-app>docker push netcicdbook/worktime-app:latest
The push refers to repository [docker.io/netcicdbook/worktime-app]
df4f16b10211: Pushed
```

Ilustración 329. Push a Docker Hub.

El comando se compone de:

- **docker push**: Comando docker para subir una imagen de Docker a registro remoto como en este caso es Docker Hub.
- **netcicdbook/worktime-app:latest**: Nombre de la imagen a subir al registro, incluyendo la etiqueta tag con el valor "latest".

Si ahora volvemos al repositorio de Docker Hub, veremos que, en la sección de Tags, se ha publicado una nueva versión de nuestra imagen [*Ilustración 330*].

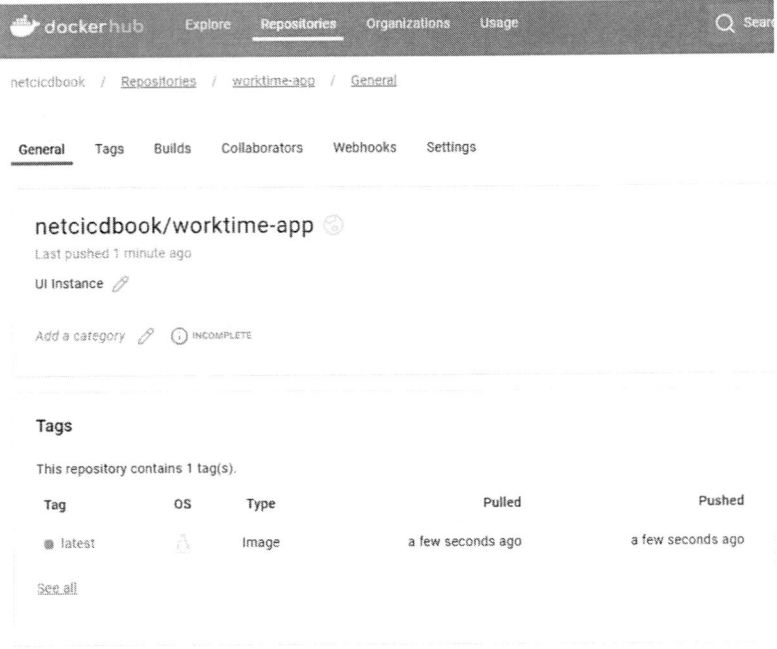

Ilustración 330. Imagen publicada.

Ya disponemos de una imagen en el repositorio que Azure va a poder utilizar para construir el contenedor.

De igual manera que hicimos con anterioridad, creamos una nueva aplicación contenedora desde el portal de Azure, dentro de la sección de aplicaciones contenedoras, pulsamos el botón "Crear" – "Aplicación contenedora".

Esta acción abrirá un wizard en el que el primer paso es crear un nombre para la aplicación contenedora y un entorno dentro de una región; siendo el origen de implementación "Imagen de contenedor" [*Ilustración 331*].

- **Subscripción**: Seleccionamos nuestra subscripción de Azure.
- **Grupo de recursos**: Utilizamos el grupo de recursos llamado **ContainerApps**.
- **Nombre de la aplicación contenedora**: Asignamos un nombre al contenedor, en nuestro caso, **worktime-app**.
- **Origen de la implementación**: Imagen de contenedor.
- **Región**: Oeste de Europa.
- **Entorno de Container Apps**: Utilizamos el entorno existente para el contenedor en la región especificada.

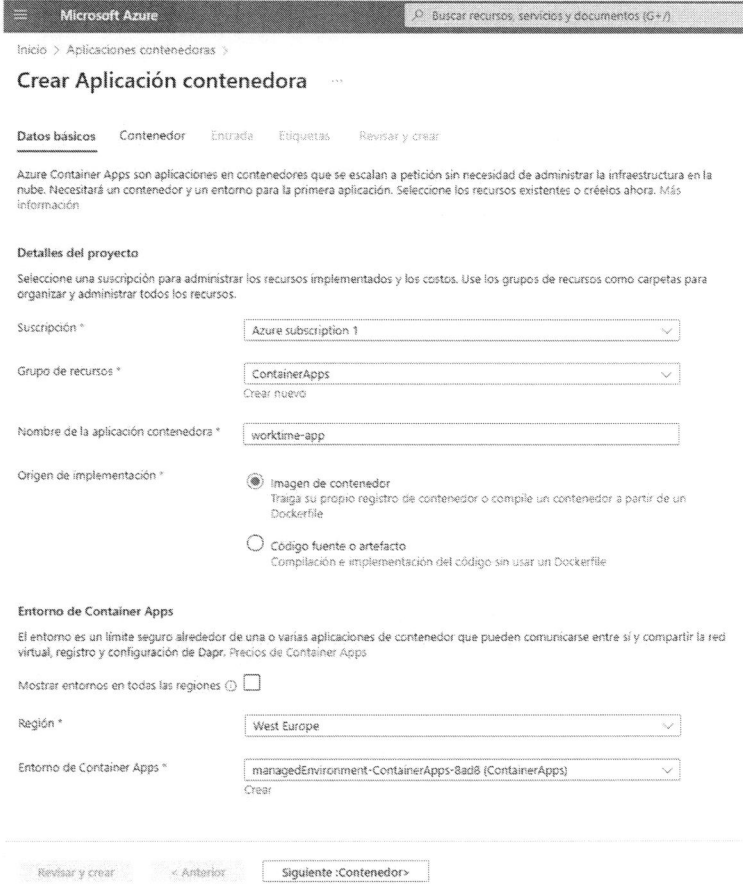

Ilustración 331. Datos básicos.

El siguiente paso es configurar el contenedor, indicando la imagen que utilizará, los recursos de CPU y memoria que le asignaremos, así como las variables de entorno [*Ilustración 332*].

- **Nombre:** Nombre del contenedor.

- **Origen de imagen:** Se utilizará la imagen subida al repositorio de Docker Hub de tipo público.

- **Servidor de inicio de sesión de registro:** Contra qué servidor debe localizar la imagen. En este caso **docker.io**.

- **Imagen y etiqueta:** Nombre de la imagen del repositorio a descargar (**netcicdbook/worktime-app**).

- **Perfil de carga de trabajo:** El límite de consumo de CPU y memoria.

- **CPU y memoria:** Cuántos recursos del límite de carga de trabajo se asignarán a cada instancia de nuestra aplicación contenedora.

Ilustración 332. Contenedor.

Continuamos con el siguiente paso de configurar la entrada al contenedor, tanto para HTTP como para TCP [*Ilustración 333*].

- **Entrada**: Habilitado el acceso al contenedor por HTTP y/o TCP.
- **Tráfico de entrada**: Aceptamos el tráfico desde cualquier lugar, independientemente de que sea dentro o fuera del entorno de Container Apps.
- **Tipo de entrada**: HTTP, dado que se expondrá una aplicación Web SPA.
- **Puerto de destino:** Es el puerto interno que la aplicación contenedora usará para recibir tráfico. En nuestro caso, será el puerto HTTP 80.

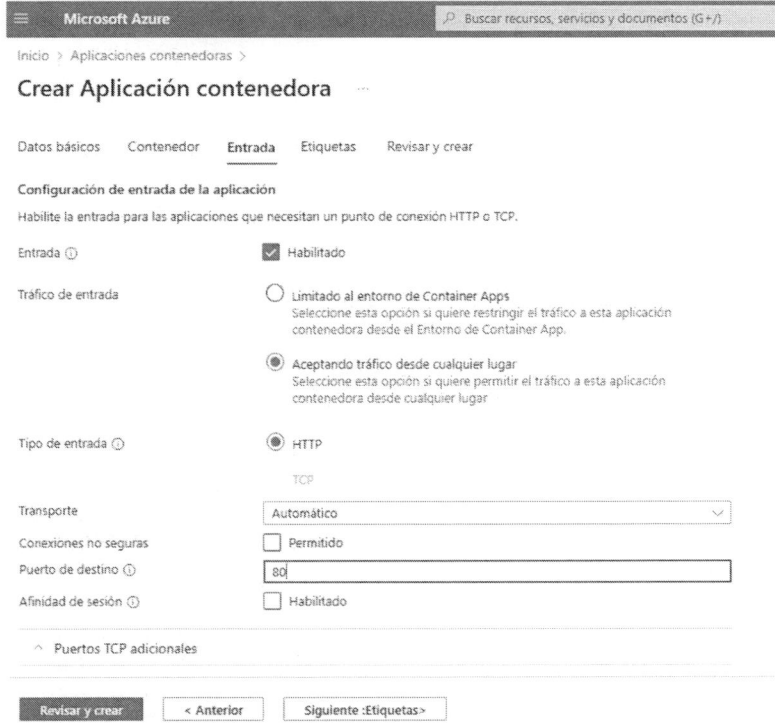

Ilustración 333. Entrada.

Finalmente pulsamos "Revisar y crear"; si todo está correcto, nos aparecerá en verde el estado que indica que podemos crear la aplicación contenedora y, tras pulsar "Crear", debería crear el nuevo recurso de aplicación contenedora.

Vayamos al recurso creado, en la sección de "Configuración/Entrada", y veremos que existe un punto de conexión creado para exponer nuestra API [*Ilustración 334*].

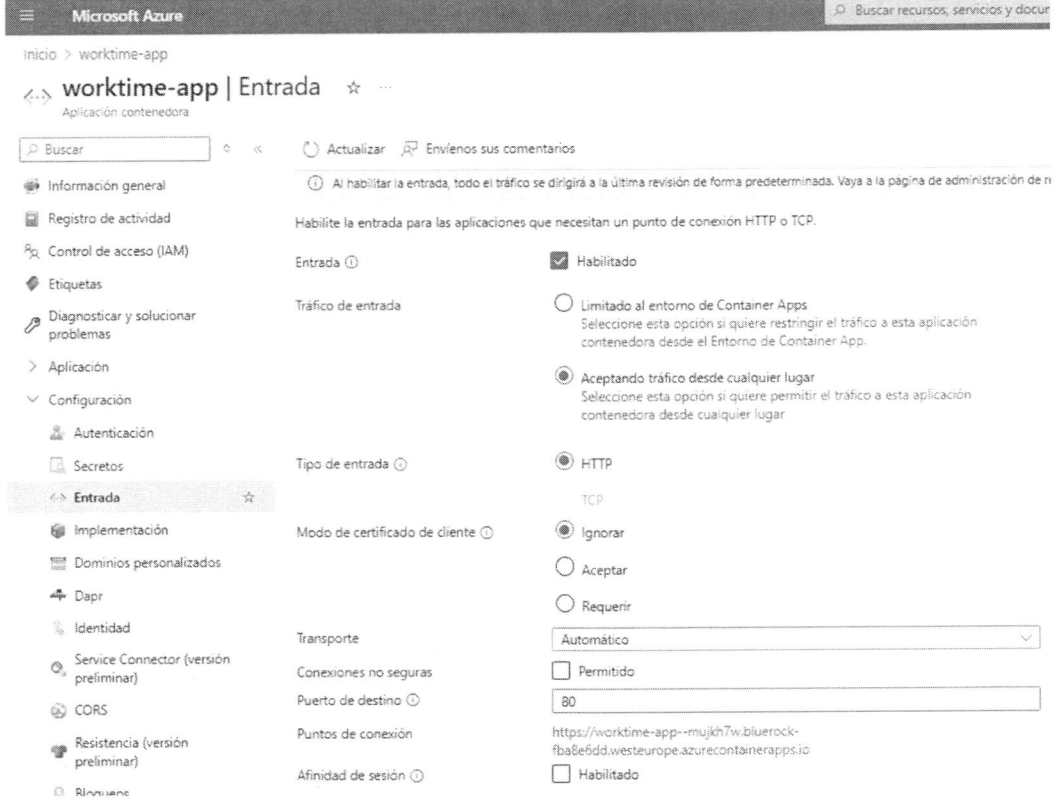

Ilustración 334. Punto de conexión API.

Ahora abrimos ese punto de conexión y mostramos la home de la aplicación SPA, donde observamos que se representa el último registro de tipo "Salida" a las 20h del miércoles 1 de mayo de 2024.

Esto lo ha obtenido nuestra aplicación web, por haber consumido la API de Registry.API mediante la petición GET de obtención de último registro del empleado [*Ilustración 335*].

Ilustración 335. Verificar home de SPA.

Si ahora pulsamos el botón de "Registrar Entrada", veremos que se debería invocar a la acción POST de la API Registry.API, que actualizará su valor de último registro en PostgreSQL, emitiendo un evento por el bróker de mensajería de RabbitMQ, que sería consumido por Auditory.API y persistido en su base de datos de históricos en MongoDB [*Ilustración 336*].

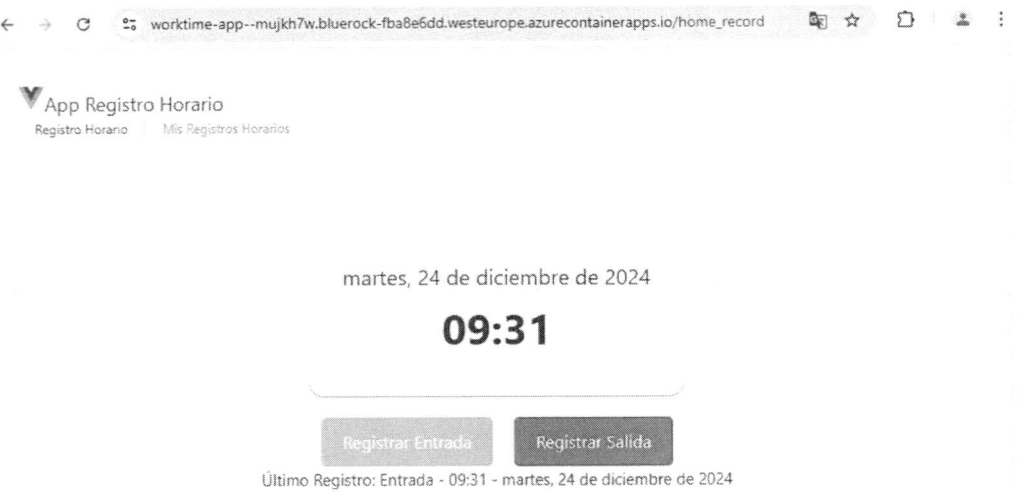

Ilustración 336. Invocada acción de registro horario.

Si todo ha ido correctamente, deberíamos visualizar ambos registros de entrada y salida registrados por el microservicio de auditoría en su base de datos de Mongo al abrir la pestaña de "Mis Registros Horarios" [*Ilustración 337*].

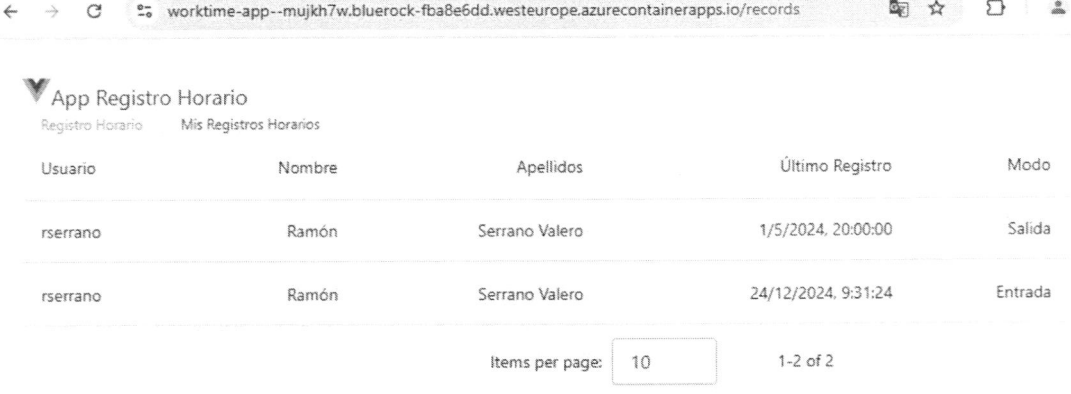

Ilustración 337. Verificado histórico de registros.

Con este último paso, hemos verificado que se ha desplegado manualmente el contenedor de worktime-app utilizando la imagen subida al repositorio Docker Hub y la configuración de ".env.*staging*", de lo contrario no hubiera podido comunicarse con los dos microservicios publicados en los contenedores desplegados en Azure.

4.5 Despliegue automático CI/CD a Azure Container Apps

Ya hemos configurado cada uno de nuestros servicios para ser desplegados manualmente; no obstante, lo que nos interesa es implementar todo el circuito CI/CD que nos permita integrar continuamente código en GitHub (CI), para, finalmente, cada vez que ocurra un cambio en la rama específica del repositorio de GitHub, a través de las **GitHub Actions**, se defina un flujo de trabajo (workflow) que automatice la compilación del código, ejecución de pruebas y finalmente realice el despliegue, en nuestro caso a contenedor en Azure Container Apps [*Ilustración 338*].

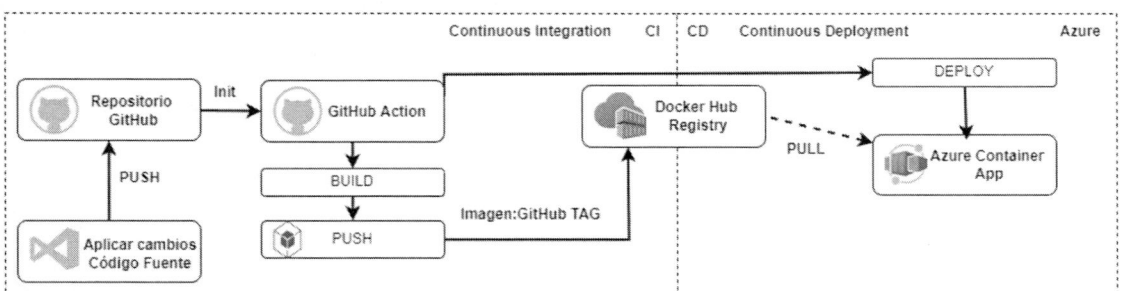

Ilustración 338. CICD automatizado.

Estos flujos de trabajo se definen en ficheros de tipo YAML, dentro del repositorio de GitHub en la carpeta ".github/workflows". En estos ficheros definimos eventos que desencadenan el workflow, jobs o tareas que deben ejecutarse y los pasos que debe realizar cada job o tarea.

Todos los servicios se despliegan de la misma forma, de modo que para evitar repetición de despliegue servicio a servicio, realizaremos únicamente el despliegue automático de una de las API, la del microservicio **ms.registry.api**.

Nuestra cuenta de Docker Hub está asociada a inicio de sesión mediante la cuenta de GitHub; por este motivo, es requisito indispensable generar un *personal access token* nuevo que se utilizará como contraseña cuando en la configuración de repositorio CICD nos soliciten usuario y contraseña de Docker Hub para desplegar las nuevas imágenes.

Por este motivo, debemos acceder al portal de Docker Hub a nuestro perfil de usuario y entrar en la sección de *personal access token* [*Ilustración 339*].

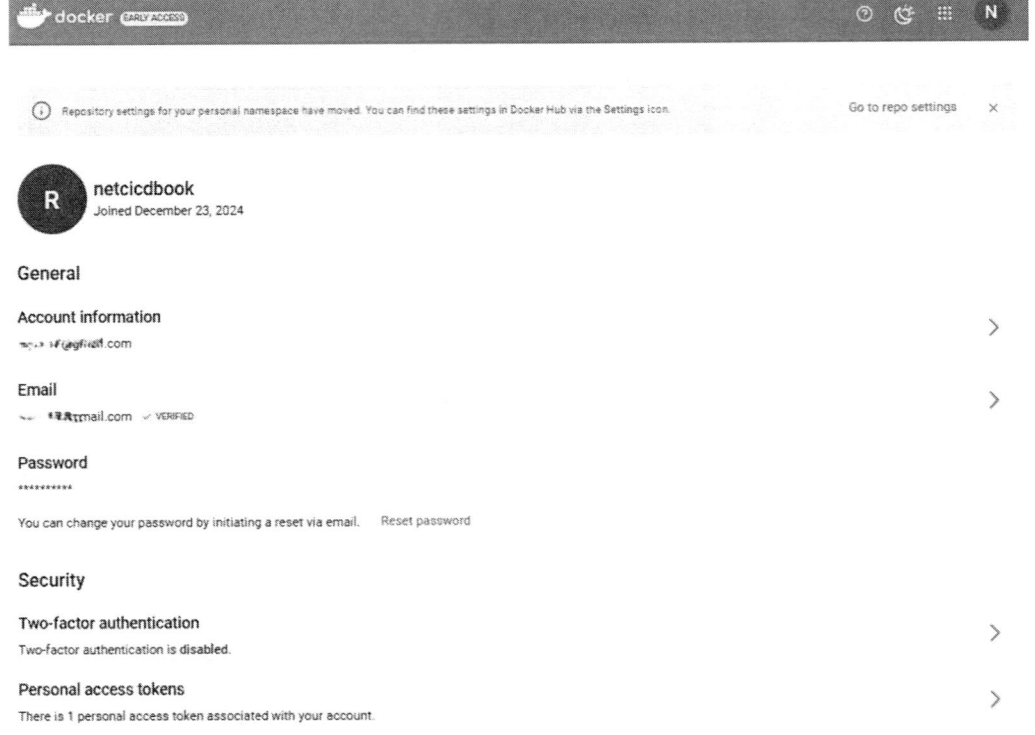

Ilustración 339. Docker Hub entrar a personal access token.

Una vez dentro, podemos generar un nuevo token, pulsando el botón [*Ilustración 340*].

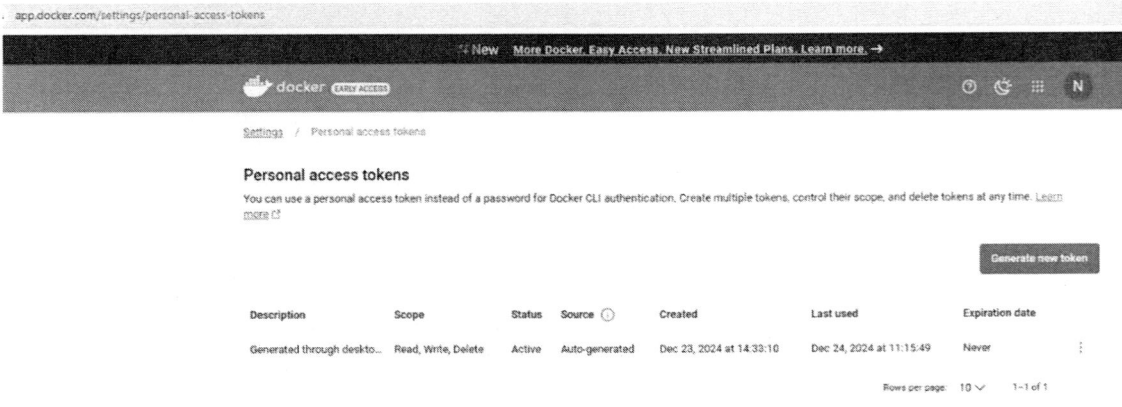

Ilustración 340. Generar nuevo token.

Definimos un nombre, una fecha de expiración del token y los permisos de lectura y escritura [*Ilustración 341*].

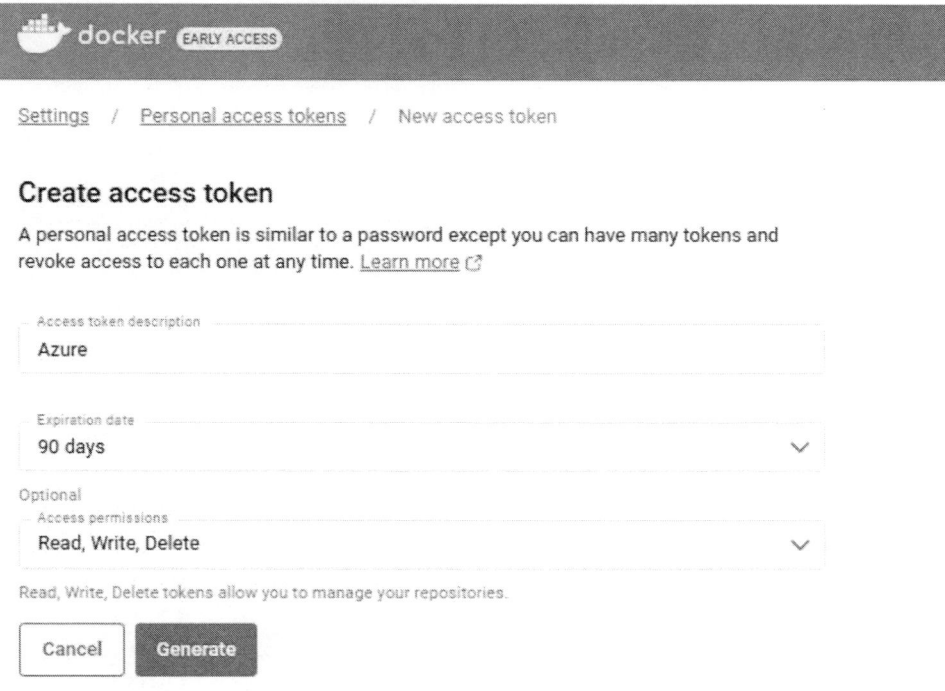

Ilustración 341. Creando token.

Finalmente se crea nuestro *personal sccess token*, que debemos guardar en lugar seguro, puesto que solo lo podremos visualizar una vez [***Ilustración 342***].

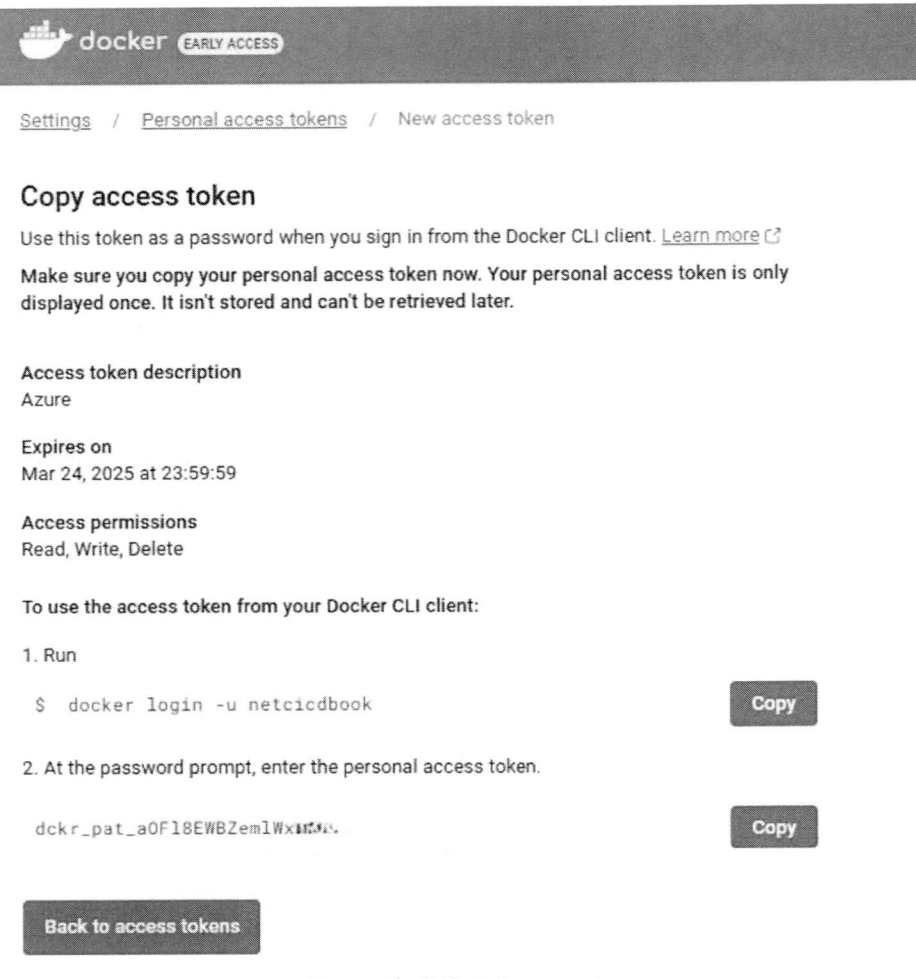

Ilustración 342. Token creado.

Copiemos este token, que será utilizado posteriormente como contraseña en la configuración de integración de Azure.

Abramos ahora desde el portal Azure la aplicación contenedora **msregistryapi,** e ir a la sección de "Configuración/Implementación". Existe un botón que nos permite iniciar sesión con GitHub [***Ilustración 343***] para configurar las "GitHub Actions" de tal forma que GitHub se encargue de realizar la integración continua (CI) así como el despliegue continuo (CD) en la aplicación contenedora de msregistryapi.

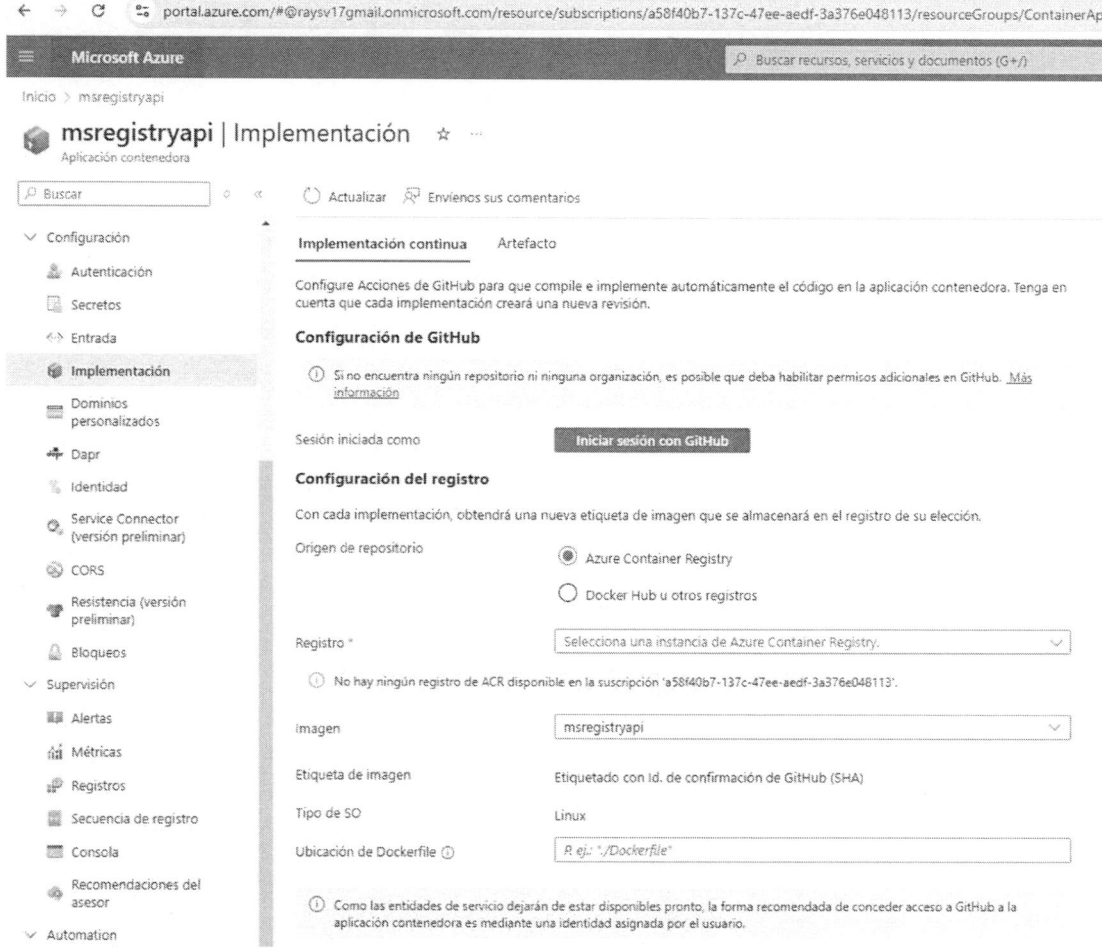

Ilustración 343. CICD Iniciar sesión GitHub.

Acto seguido, nos solicitará autorizar a Azure para acceder a nuestra cuenta de GitHub e interactuar con los repositorios registrados en GitHub [*Ilustración 344*].

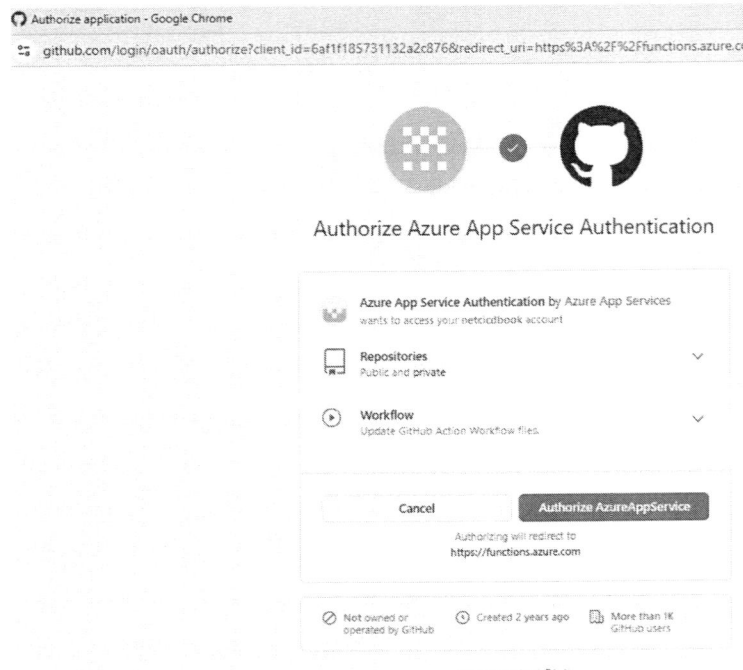

Ilustración 344. Autorizar acceso a GitHub a Azure.

Finalmente nos solicita introducir las credenciales de GitHub, para confirmar el acceso [*Ilustración 345*].

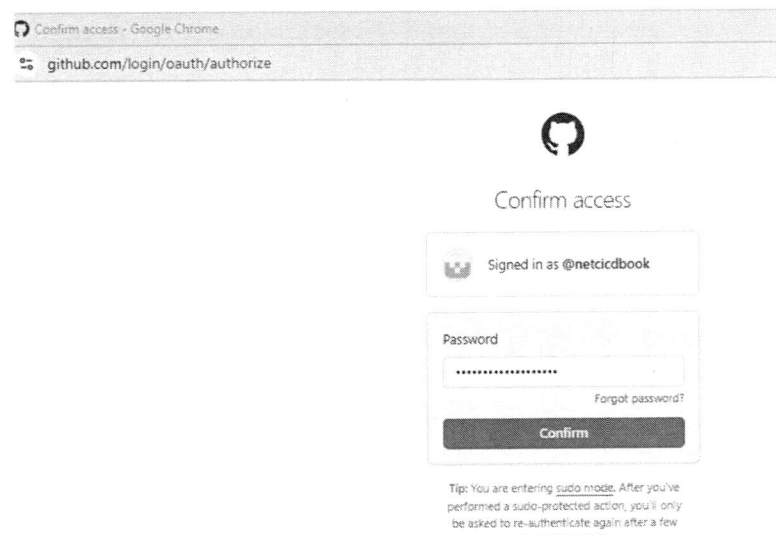

Ilustración 345. Confirmar acceso a GitHub.

Perfecto, Azure ya puede tener acceso a nuestra cuenta GitHub, a sus repositorios y ramas [*Ilustración 346*].

Es el momento de seleccionar de la configuración de GitHub:

- **Organización**: Nuestra cuenta de GitHub o Namespace.
- **Repositorio**: El repositorio que hemos registrado en GitHub para alojar toda la solución de arquitectura.
- **Rama**: Qué rama será la que se utilizará del repositorio seleccionado para realizar el CICD.

También configuramos el registro que se utilizará para subir el despliegue de la nueva imagen al repositorio de Docker Hub:

- **Origen de repositorio:** Seleccionamos Docker Hub como registro de imágenes donde subiremos cada nuevo despliegue.
- **Imagen:** El nombre del repositorio al que subiremos las imágenes.
- **Dirección URL del servidor de inicio de sesión**: Será el servidor de docker.io.
- **Usuario:** Nombre de usuario de la cuenta de Docker Hub.
- **Contraseña:** En el caso de nuestra cuenta de Docker Hub, como lo tenemos asociado a GitHub, tenemos que hacer uso del *personal access token* generado en Docker Hub.
- **Etiqueta de imagen:** La genera automáticamente GitHub, cada nueva compilación, creará una nueva versión.
- **Ubicación de Dockerfile:** Dónde se encuentra el fichero Dockerfile a ejecutar.

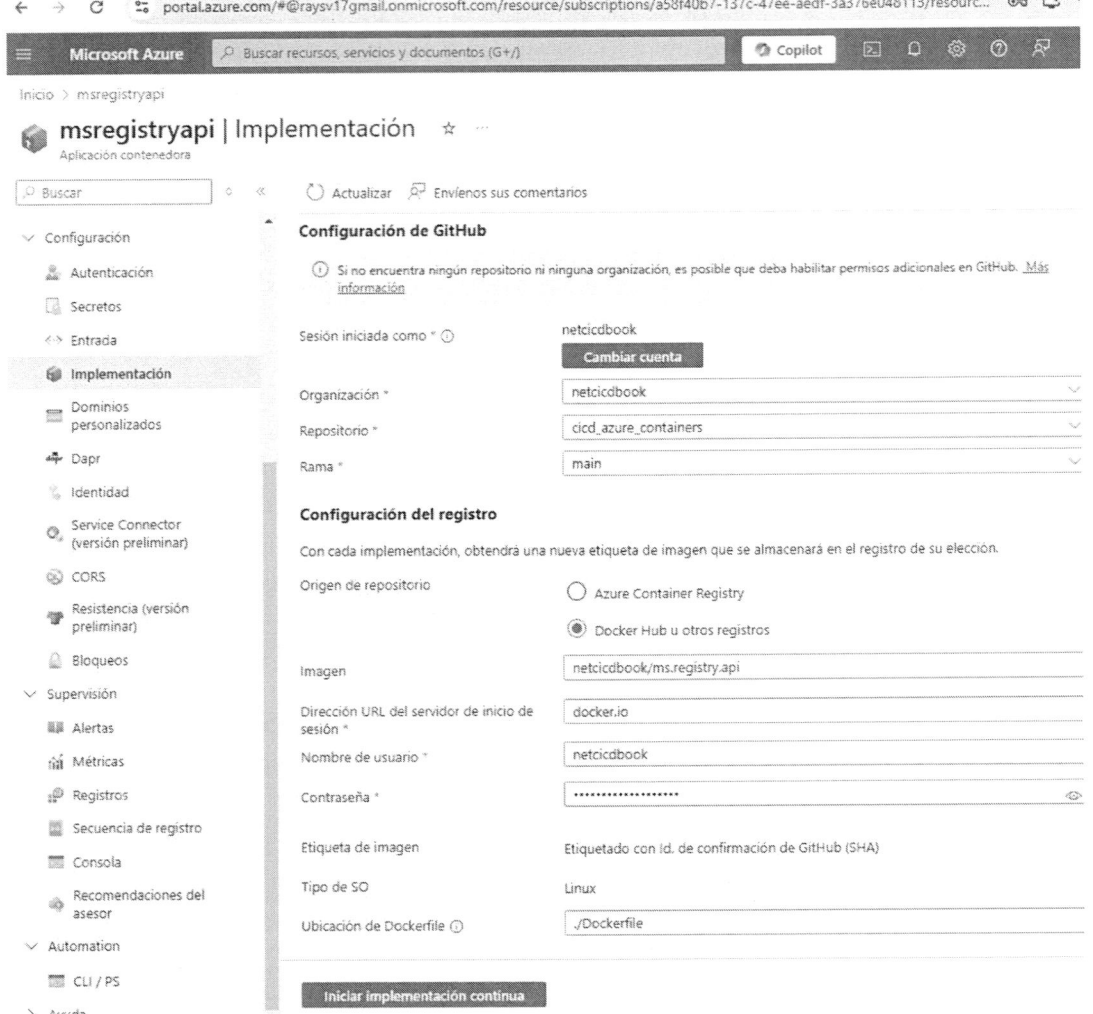

Ilustración 346. Configurar origen de la imagen de Docker Hub.

Pulsamos el botón "Iniciar implementación continua" y debería de establecer la implementación continua entre GitHub y este contenedor [*Ilustración 347*].

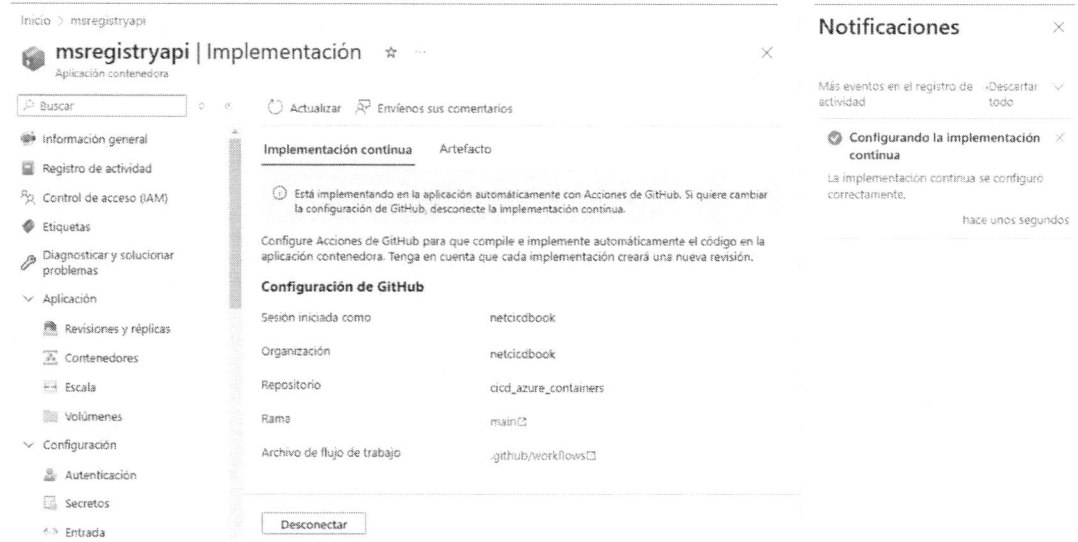

Ilustración 347. Implementación continua establecida.

Esto implica que en nuestro repositorio de GitHub, se habrá creado dentro de la carpeta ".github/workflows" un nuevo workflow con la configuración de integración continua entre GitHub y Azure Container Appss, creando un fichero YAML con esta configuración de automatización [*Ilustración 348*].

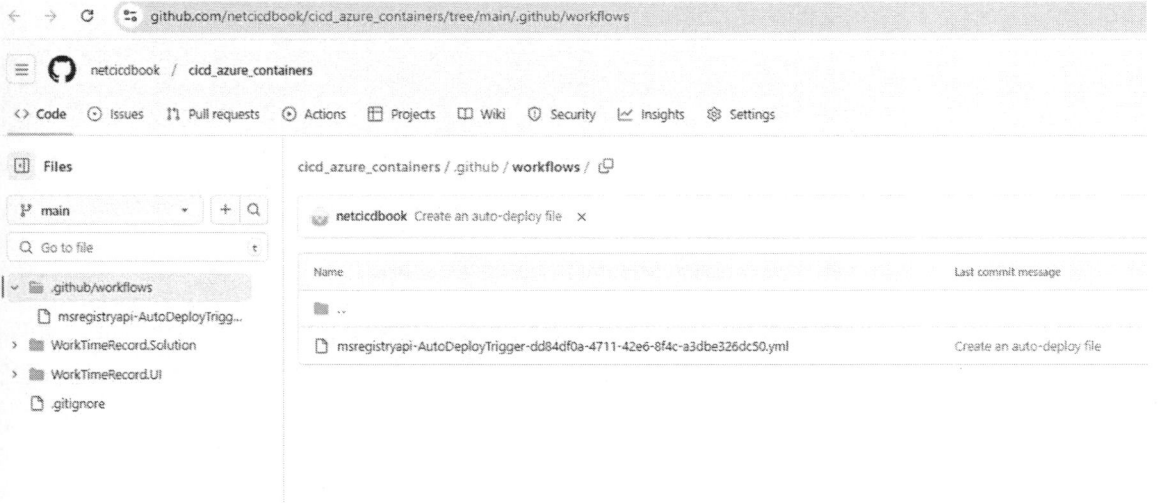

Ilustración 348. Workflow GitHub YAML.

En nuestro equipo hagamos un Git PULL para bajarnos los cambios que existen en el repositorio remoto de GitHub y veremos este fichero YAML [*Ilustración 349*].

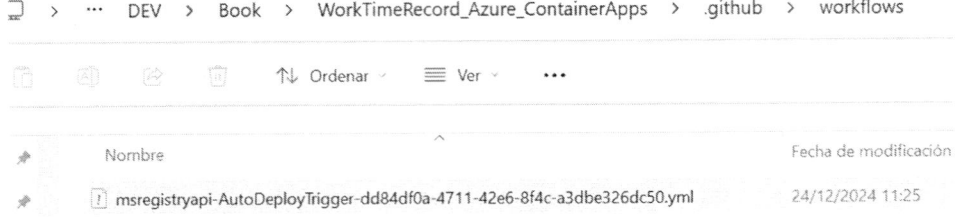

DEV > Book > WorkTimeRecord_Azure_ContainerApps > .github > workflows

Ordenar · Ver · ···

Nombre	Fecha de modificación
msregistryapi-AutoDeployTrigger-dd84df0a-4711-42e6-8f4c-a3dbe326dc50.yml	24/12/2024 11:25

Ilustración 349. Fichero YAML descargado localmente.

Si editamos este fichero [***Ilustración 350***] veremos que tiene configurado por defecto que cualquier push que hagamos sobre cualquiera de los ficheros de cualquier proyecto en la rama main desplegará la imagen. No queremos esto, queremos tener un flujo de trabajo que únicamente despliegue la imagen del contenedor de msregistryapi cuando realicemos un cambio sobre algún fichero del proyecto **Registry.API**.

```yaml
msregistryapi-AutoDeployTrigger-08ffd04f-b465-495f-9b89-dba07d0436d2.yml
name: Trigger auto deployment for msregistryapi

# When this action will be executed
on:
  # Automatically trigger it when detected changes in repo
  push:
    branches:
      [ main ]
    paths:
      - 'WorkTimeRecord.Solution/Registry/Registry.API/**'
      - '.github/workflows/msregistryapi-AutoDeployTrigger-08ffd04f-b465-495f-9b89-dba07d0436d2.yml'

  # Allow manual trigger
  workflow_dispatch:

jobs:
  build-and-deploy:
    runs-on: ubuntu-latest
    permissions:
      id-token: write #This is required for requesting the OIDC JWT Token
      contents: read #Required when GH token is used to authenticate with private repo

    steps:
      - name: Checkout to the branch
        uses: actions/checkout@v2

      - name: Azure Login
        uses: azure/login@v1
        with:
          client-id: ${{ secrets.MSREGISTRYAPI_AZURE_CLIENT_ID }}
          tenant-id: ${{ secrets.MSREGISTRYAPI_AZURE_TENANT_ID }}
          subscription-id: ${{ secrets.MSREGISTRYAPI_AZURE_SUBSCRIPTION_ID }}
      - name: Build and push container image to registry
        run: |
          docker build -t netcicdbook/ms.registry.api:${{ github.sha }} -f
          WorkTimeRecord.Solution/Registry/Registry.API/Dockerfile WorkTimeRecord.Solution
          echo ${{ secrets.MSREGISTRYAPI_REGISTRY_PASSWORD }} | docker login docker.io -u ${{
          secrets.MSREGISTRYAPI_REGISTRY_USERNAME }} --password-stdin
          docker push netcicdbook/ms.registry.api:${{ github.sha }}

      - name: Deploy to Azure Container Apps
        uses: azure/container-apps-deploy-action@v2
        with:
          registryUrl: docker.io
          registryUsername: ${{ secrets.MSREGISTRYAPI_REGISTRY_USERNAME }}
          registryPassword: ${{ secrets.MSREGISTRYAPI_REGISTRY_PASSWORD }}
          containerAppName: msregistryapi
          resourceGroup: ContainerApps
          imageToDeploy: netcicdbook/ms.registry.api:${{ github.sha }}
```

Ilustración 350. Editar workflow.

Existen varias secciones en el fichero anterior:

- Nombre del flujo de trabajo: se establece en el atributo **name** (línea 1).

- Sección de eventos que ejecutan el flujo: En esta sección [*Ilustración 351*], se indica que, con un **push** (línea 6), se ejecutará el flujo automáticamente, cuando se detecten cambios en la rama **main** (líneas 7-8), cuando ocurran en cualquier fichero que se encuentre dentro del directorio "**WorkTimeRecord.Solution/Registry/Registry.API/****" (líneas 9-10). Es decir, cambios en nuestro proyecto del microservicio de registro.

```
 4   on:
 5     # Automatically trigger it when detected changes in repo
 6     push:
 7       branches:
 8         [ main ]
 9       paths:
10         - 'WorkTimeRecord.Solution/Registry/Registry.API/**'
11         - '.github/workflows/msregistryapi-AutoDeployTrigger-08ffd04f-b465-495f-9b89-dba07d0436d2.yml'
12
13     # Allow manual trigger
14     workflow_dispatch:
```

Ilustración 351. Sección eventos de ejecución de flujo.

- Sección Jobs: Esta sección configura las tareas a ejecutar en el flujo de trabajo llamado "build-and-deploy" (líneas 16-17), que contiene las tareas a ejecutar [*Ilustración 352*].
  Además, se ejecutará el trabajo en Ubuntu (línea 18) y se indican los permisos de escritura para conectarse con Azure (línea 20) y el de lectura para acceder al contenido del repositorio (línea 21).

```
16   jobs:
17     build-and-deploy:
18       runs-on: ubuntu-latest
19       permissions:
20         id-token: write #This is required for requesting the OIDC JWT Token
21         contents: read #Required when GH token is used to authenticate with private repo
```

Ilustración 352. Jobs.

- Sección steps: Son los pasos que se van a ejecutar cuando se inicie el flujo y vienen dentro de la sección **steps**.
  - El primer paso es hacer un checkout de la rama para clonar el código del repositorio de GitHub [*Ilustración 353*].

```
23    steps:
24      - name: Checkout to the branch
25        uses: actions/checkout@v2
```

Ilustración 353. Steps 1.

○ El segundo paso es iniciar sesión en Azure, proporcionando los secretos de cliente, tenant y subscripción de Azure, registrados en GitHub [*Ilustración 354*].

```
27    - name: Azure Login
28      uses: azure/login@v1
29      with:
30        client-id: ${{ secrets.MSREGISTRYAPI_AZURE_CLIENT_ID }}
31        tenant-id: ${{ secrets.MSREGISTRYAPI_AZURE_TENANT_ID }}
32        subscription-id: ${{ secrets.MSREGISTRYAPI_AZURE_SUBSCRIPTION_ID }}
```

Ilustración 354. Steps 2.

○ El tercer paso es compilar la aplicación y generar una imagen para subirla a Docker Hub con una nueva versión [*Ilustración 355*] utilizando un comando compuesto por:

- *docker build*: Para construir la imagen de Docker.
  - *-t netcicdbook/ms.registry.api:${{ github.sha }}*: Establece un tag con el nombre del repositorio remoto de Docker Hub y la versión del identificador único del commit que genere GitHub.
  - *-f WorkTimeRecord.Solution/Registry/Registry.API /Dockerfile*: Usando el fichero Dockerfile.
  - *WorkTimeRecord.Solution:* Contexto de la ejecución del comando.
- *docker login:* Comando docker para autenticarse contra Docker Hub usando el usuario y contraseña, definidos en los secretos almacenados en GitHub.
- *docker push*: Sube la imagen construida al repositorio Docker Hub.

```
33   - name: Build and push container image to registry
34     run: |
35       docker build -t netcicdbook/ms.registry.api:${{ github.sha }} -f
         WorkTimeRecord.Solution/Registry/Registry.API/Dockerfile WorkTimeRecord.Solution
36       echo ${{ secrets.MSREGISTRYAPI_REGISTRY_PASSWORD }} | docker login docker.io -u ${{
         secrets.MSREGISTRYAPI_REGISTRY_USERNAME }} --password-stdin
37       docker push netcicdbook/ms.registry.api:${{ github.sha }}
```

Ilustración 355. Steps 3.

- o El último paso es el despliegue a Azure Container Appss [*Ilustración 356*].

  - *registryUrl*: URL del servidor de Docker Hub.

  - *registryUsername*: Secreto que contiene el usuario de conexión contra Docker Hub.

  - *registryPassword*: Secreto que contiene la contraseña de conexión contra Docker Hub, o en nuestro caso el *personal access token*.

  - *containerAppName*: Nombre de la aplicación del contenedor.

  - *resourceGroup*: Recurso usado para el entorno donde desplegamos el contenedor.

  - *imageToDeploy*: Imagen de Docker Hub usada para el despliegue.

```
39   - name: Deploy to Azure Container Apps
40     uses: azure/container-apps-deploy-action@v2
41     with:
42       registryUrl: docker.io
43       registryUsername: ${{ secrets.MSREGISTRYAPI_REGISTRY_USERNAME }}
44       registryPassword: ${{ secrets.MSREGISTRYAPI_REGISTRY_PASSWORD }}
45       containerAppName: msregistryapi
46       resourceGroup: ContainerApps
47       imageToDeploy: netcicdbook/ms.registry.api:${{ github.sha }}
```

Ilustración 356. Step 4.

Esta es la última configuración para editar en el fichero del flujo de trabajo, que debemos aplicar los cambios y subir al repositorio GitHub [*Ilustración 357*].

Ilustración 357. Commit & Push de cambios de Autodeploy.

Si ahora abrimos el contenedor de la aplicación desplegada en Azure, veremos que todavía no tiene ningún cambio aplicado, se muestra Swagger de la API de registro [***Ilustración 358***].

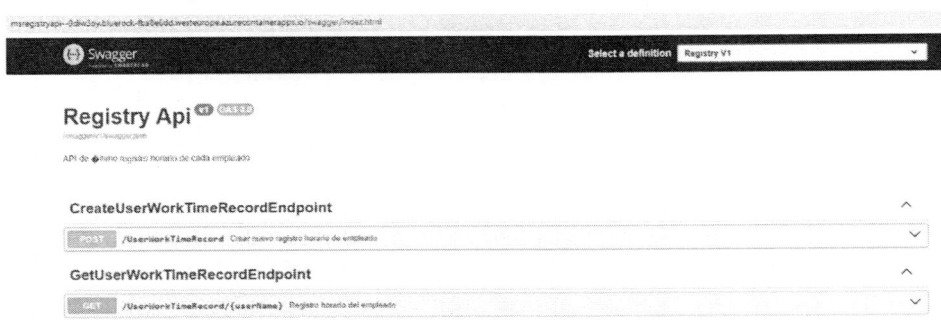

Ilustración 358. API sin cambios.

Ahora vamos a Program.cs del proyecto de Registry.API de .NET y modifiquemos la descripción de la documentación de la API de Swagger, añadiendo el texto "**con CICD**" [***Ilustración 359***] (línea 15).

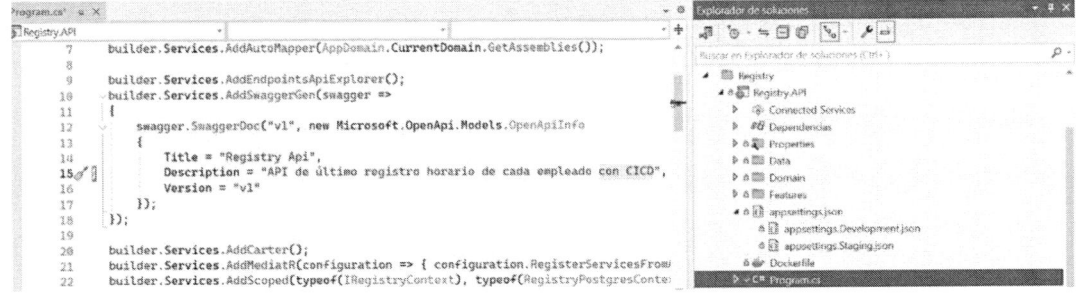

Ilustración 359. Cambio descripción API.

Subimos los cambios al repositorio mediante un Commit & Push [***Ilustración 360***].

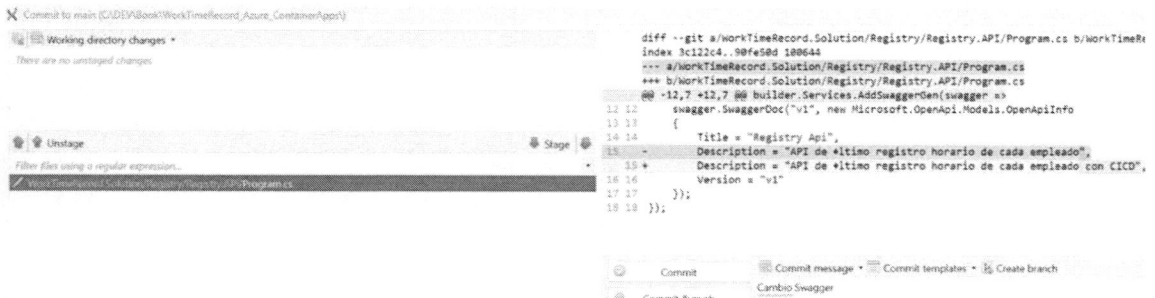

Ilustración 360. Commit & Push de cambios.

Este **push**, sobre la rama **main**, en el directorio del proyecto **Registry.API**, hace que el flujo de trabajo de GitHub se inicie, ejecutando las GitHub Actions [*Ilustración 361*], que podemos ver desde la pestaña "Actions" del repositorio de GitHub.

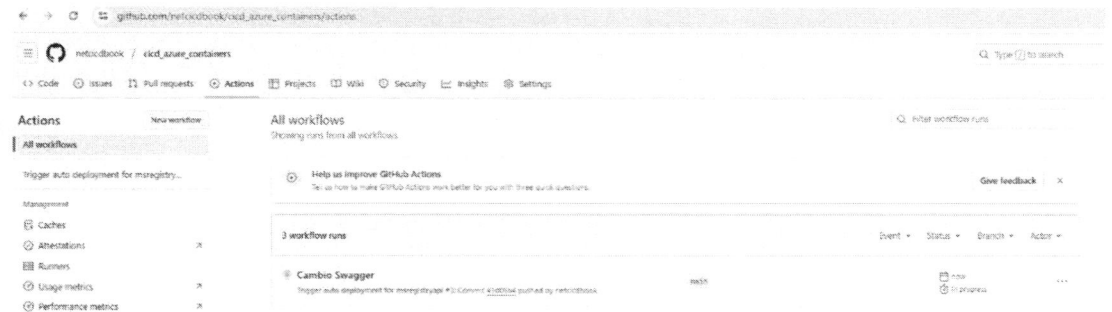

Ilustración 361. GitHub Action ejecutada automáticamente.

Una vez se han ejecutado todos los pasos definidos por el fichero de despliegue automático del flujo de trabajo, se habrá desplegado nuestra aplicación y por tanto el CICD [*Ilustración 362*].

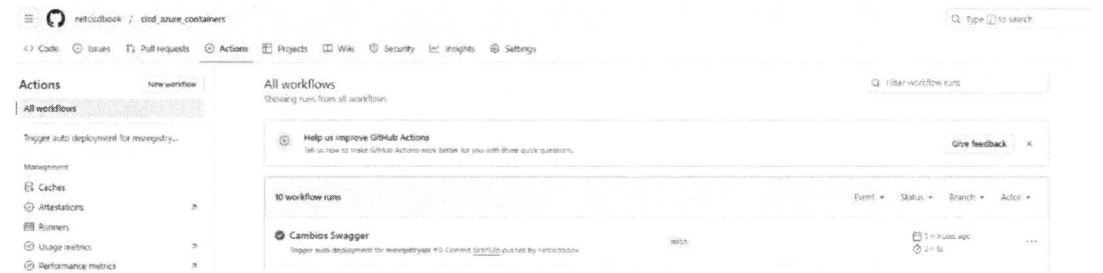

Ilustración 362. Flujo terminado.

Ahora si abrimos Docker Hub, podemos ver cómo se han creado tantos tags o versiones como autodespliegues hayamos realizado de GitHub [*Ilustración 363*].

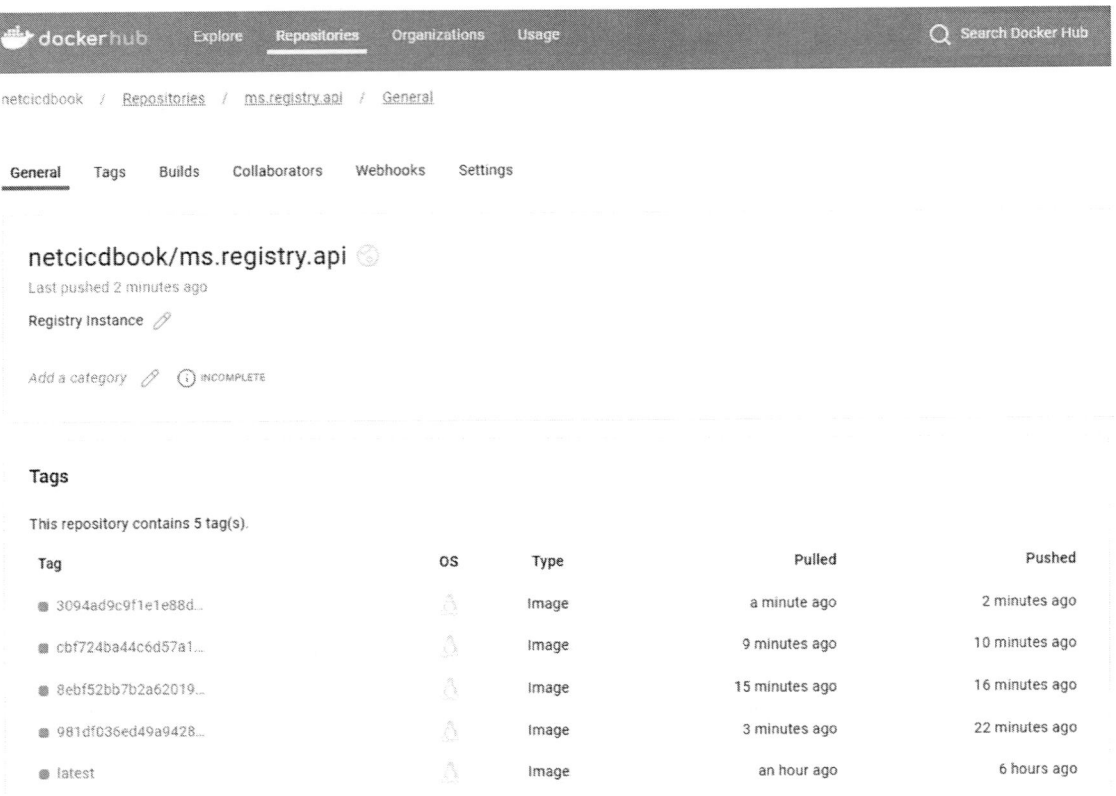

Ilustración 363. Versiones imagen CICD desplegadas.

Cada una de estas versiones que haya tenido éxito regenera el contenedor de Azure Container Appss, creando un nuevo punto de conexión visible desde la sección "Configuración/Entrada" de la aplicación contenedora **msregistryapi** en Azure [***Ilustración 364***].

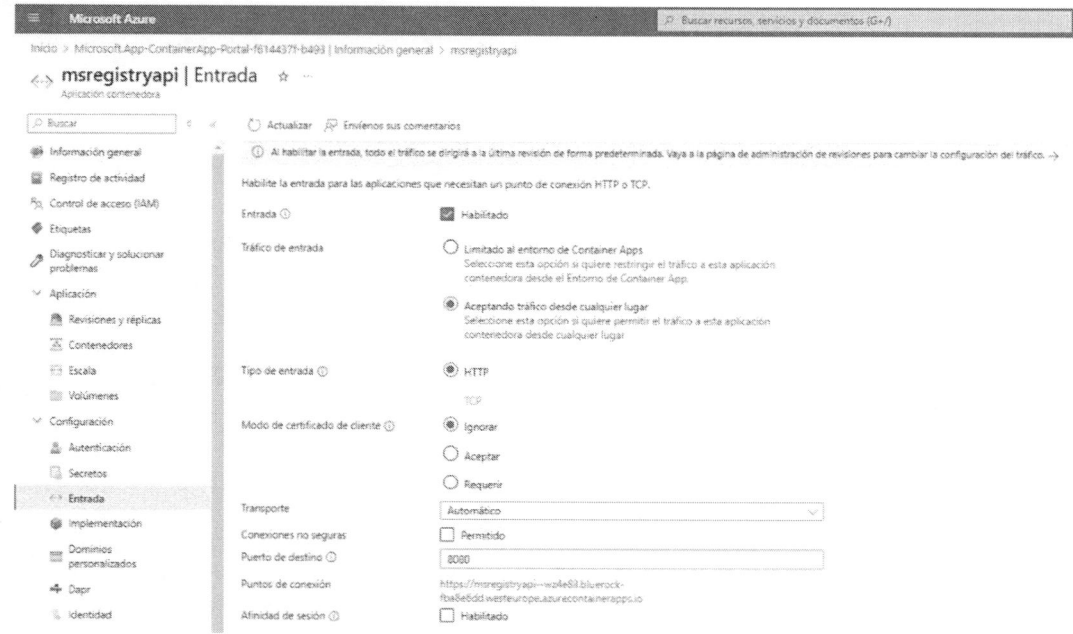

Ilustración 364. Punto de conexión.

Si abrimos este nuevo punto de conexión, veremos desplegado el cambio que hemos introducido en el Swagger, incluyendo ahora en la descripción de la API del microservicio el texto "con CICD" [*Ilustración 365*].

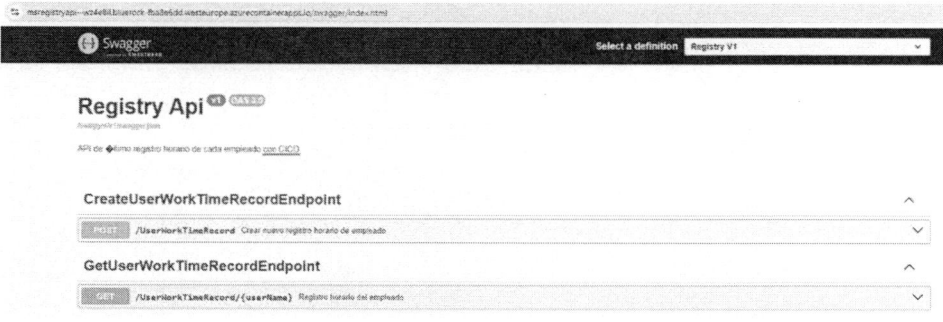

Ilustración 365. Cambio aplicado.

Esto demuestra que hemos realizado:

- **CI**: Integración continua, tras modificar un fichero del proyecto de Registry.API, se ha subido al repositorio GitHub, que ha desencadenado la ejecución de un flujo de trabajo automatizado que ha compilado el código nuevo y generado los artefactos necesarios para generar una imagen nueva en Docker Hub.

- **CD:** Despliegue continuo; tras disponer de una nueva versión de la imagen en Docker Hub, se ha utilizado para desplegar la nueva versión en el contenedor de Azure Container Appss.

Opcionalmente, puede seguir realizando estos mismos pasos para el resto de los proyectos, son idénticos y conseguirá desplegar automáticamente cada uno de los proyectos del libro.

Acabamos de desplegar sobre Azure siguiendo CI/CD, y usando Docker Container Registry para almacenar los registros de las imágenes públicas que utilizará Azure Container Appss, cuando vayan a ser desplegados por integración continua cada vez que se publique un cambio en GitHub.

4.6 Resumen del capítulo

En este capítulo se detalla cómo implementar un pipeline de CI/CD mediante GitHub Actions, utilizando Docker Hub como registro de contenedores y Azure Container Apps como plataforma de despliegue, destacando cada paso necesario para automatizar el flujo de trabajo.

Puntos clave:

- Introducción al despliegue CI/CD con Docker Hub y Azure Container Apps:
  - Docker Hub se utiliza como registro centralizado donde se almacenan las imágenes de contenedores.
  - Azure Container Apps es presentada como una solución para desplegar aplicaciones basadas en contenedores en un entorno manejado por Azure.
- Preparación del Entorno:
  - Configuración inicial del proyecto en Docker y preparación de los ficheros Dockerfile.
  - Creación de una cuenta en Docker Hub para gestionar las imágenes.
  - Configuración del entorno en Azure para soportar Container Apps.
- Configuración del Pipeline CI/CD:
  - CI (integración continua):
    - Compilación del código fuente
    - Creación de la imagen del contenedor
    - Publicación de la imagen en Docker Hub
  - CD (despliegue continuo):
    - Despliegue manual en Azure Container Apps

- Despliegue automático por medio de GitHub Actions sobre Azure Container Apps
- Uso de Herramientas para CI/CD:
  - GitHub Actions:
    - Se describe cómo implementar workflows YAML para automatizar la integración y el despliegue continuo.

¿Qué hemos aprendido?

- Configuración del pipeline automatizada de GitHub Actions:
  - Adaptar cuándo se debe ejecutar la pipeline, en base a qué rama y del código del proyecto que ha publicado un nuevo cambio.
  - Se compilará únicamente el proyecto que ha subido cambios y generará una imagen nueva que se publicará en Docker Hub.
  - Esta imagen será usada por Azure Container Apps para desplegarse con la nueva imagen.

- Uso práctico de Docker Hub y Azure Container Apps:
  - Docker Hub como repositorio para almacenar imágenes y Azure Container Apps como entorno para ejecutar contenedores.

- Automatización con GitHub Actions:

Integración de workflows YAML para automatizar los procesos de CI/CD.

5 Despliegue sobre Kubernetes local

Vamos a convertir nuestro código para que pueda desplegarse en un entorno orquestado por Kubernetes localmente en nuestro equipo.

La diferencia es que, en el despliegue del capítulo anterior, lo desplegamos como contenedores, sin orquestador.

Usar un orquestador como Kubernetes nos permitirá escalar nuestros POD, definiendo unos límites de CPU y memoria. Además, en caso de que un contenedor se caiga, el orquestador, sabiendo las réplicas que debe tener activas, será capaz de detectar fallos y reemplazar los contenedores que estén caídos.

No solo esto, gracias a desplegar en Kubernetes, nuestros servicios pueden configurar el nivel de comunicación y acceso mediante:

- **ClusterIP:** Tipo de servicio por defecto, tiene visibilidad interna entre servicios del cluster de Kubernetes. Se pueden comunicar dentro del cluster mediante el dns:

<servicename>.<namespace>.svc.cluster.local

- **LoadBalancer:** Un balanceador de carga que distribuye el tráfico entre los nodos donde hay Pods en ejecución. Expone los servicios interna y externamente, ideal para servicios web que deben ser expuestos al exterior, dado que el navegador usado es el del cliente, no el navegador que se encuentra dentro del Pod.

- **NodePort:** Expone el servicio en un puerto específico de cada nodo del clúster con valores entre 30000-32767, permitiendo que los servicios sean accesibles fuera del clúster sin balanceador de carga. Es ideal para pruebas únicamente.

La configuración está basada en ficheros YAML, que pueden contener ficheros de despliegue "Deployment", configuración de exposición de los servicios "Service", como mínimo, y podemos además definir configuraciones en "ConfigMap" y almacenar contraseñas en "Secret", entre otros ficheros.

Como podemos observar en la siguiente imagen, se detallan los pasos para desplegar cada una de las imágenes localmente en Kubernetes [*Ilustración 366*].

1. Construir las imágenes de nuestro código, con el tag que tenemos registrado en Docker Hub.

2. Publicar estas imágenes en Docker Hub.

3. Una vez las imágenes están publicadas, ya las tenemos disponibles para usar por quien las necesite para construir contenedores.

4. Ejecutamos el comando **kubectl apply** para aplicar cada uno de los YAML de despliegue de los servicios.

5. Todos los servicios son desplegados como Pods en nuestro Kubernetes local, utilizando las imágenes del repositorio de Docker Hub.

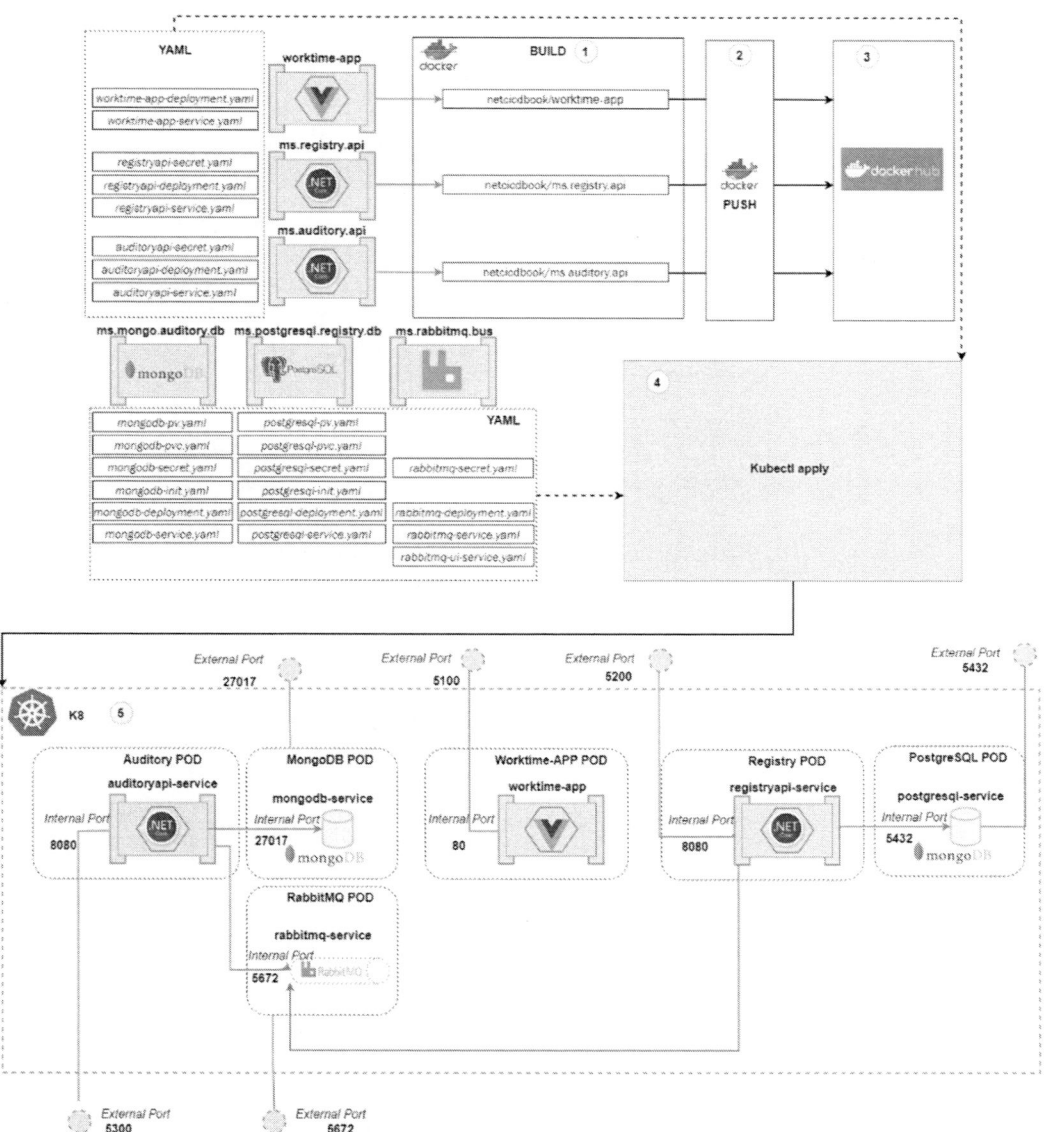

Ilustración 366. K8 local.

De modo que vamos a realizar una copia del proyecto anterior para hacer las modificaciones en el código, sin afectar al resto de despliegues realizados en capítulos anteriores.

Copiamos en una nueva carpeta llamada, por ejemplo "WorkTimeRecord_Kubernetes_Local" [*Ilustración 367*], todo lo que hicimos en el capítulo anterior; únicamente nos traemos las carpetas "WorkTimeRecord.Solution" y "WorkTimeRecord.UI".

Además, añadimos una nueva carpeta llamada "Kubernetes", que va a contener todos nuestros ficheros YAML para desplegar los servicios localmente.

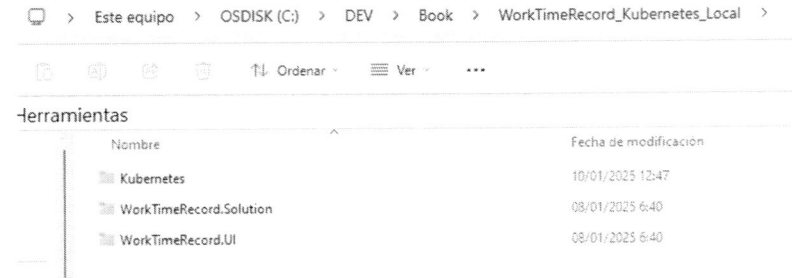

Ilustración 367. Nueva carpeta para capítulo Kubernetes.

5.1 Configurar Kubernetes local en Docker Desktop

El primer paso es configurar nuestro entorno local para que dispongamos de Kubernetes, la forma más sencilla de realizarlo es abriendo Docker Desktop y habilitar Kubernetes [*Ilustración 368*].

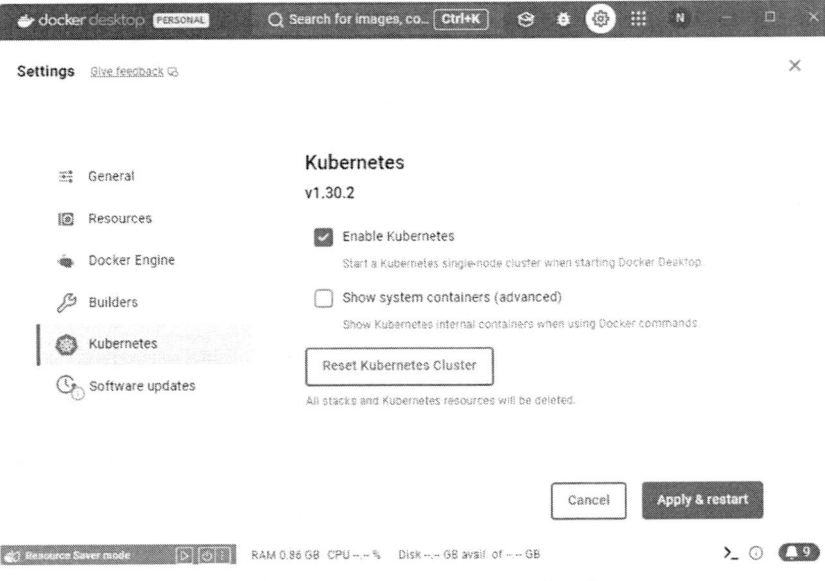

Ilustración 368. Instalar Kubernetes local.

Tras seleccionar "Enable Kubernetes" y pulsar el botón de "Apply & restart", debería aparecer la confirmación de instalación de Kubernetes [*Ilustración 369*].

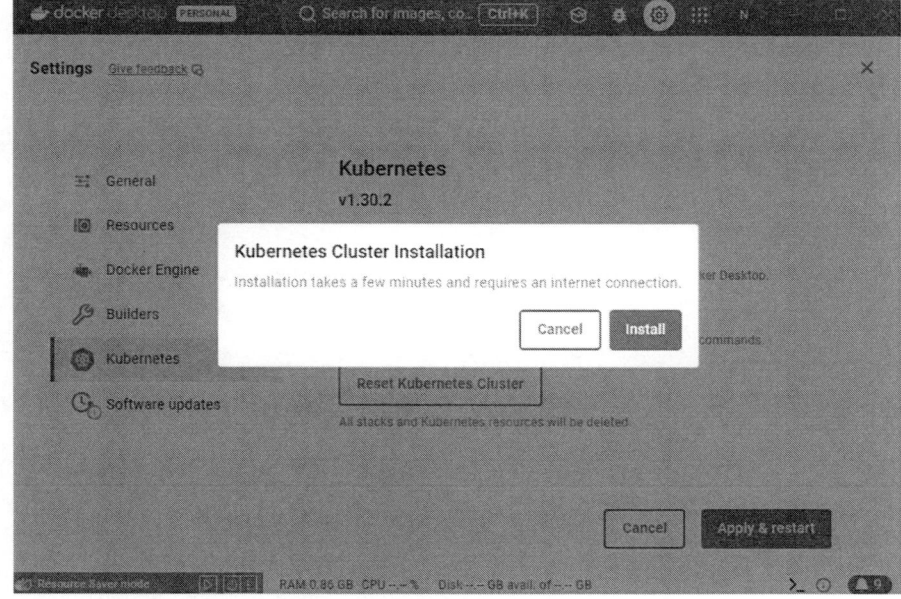

Ilustración 369. Confirmar instalación.

Ahora veamos si podemos utilizar los comandos de Kubernetes en nuestro equipo, para comunicarnos con Kubernetes, necesitamos que funcione el comando "kubectl". Verifiquemos en qué clúster de Kubernetes vamos a utilizar para desplegar nuestros servicios. Como veremos en capítulos posteriores, ahora estamos en clúster de Kubernetes local proporcionado por Docker Desktop, pero podremos tener acceso al contexto de un clúster remoto de Kubernetes como AKS (Azure Kubernetes Service). Verifiquemos que nos encontramos en el contexto del clúster local:

shell/cmd

```
kubectl config current-context
```

```
C:\Users\rserrano>kubectl config current-context
docker-desktop
```

Ilustración 370. Obtener contexto de Kubernetes.

Consejos para arquitectos:

✓ Asegurar compatibilidad con Azure AKS: *Aunque trabaje con Kubernetes local, use manifests YAML compatibles con AKS. Definir resources y limits para evitar problemas al migrar despliegues a entornos en la nube.*

✓ Mejor rendimiento en desarrollo: *Habilitar buildkit en Docker (DOCKER_BUILDKIT=1) para acelerar la construcción de imágenes. Usar Minikube con un driver adecuado (hyperv en Windows, docker en Linux/macOS) para evitar overhead.*

5.2 Crear namespace

Todos los servicios que despleguemos y su configuración los desplegaremos en el mismo espacio de nombres o namespace. Por este motivo, creemos un nuevo namespace [*Ilustración 371*]:

shell/cmd

```
kubectl create namespace netcicdbook
```

```
C:\Users\rserrano>kubectl create namespace netcicdbook
namespace/netcicdbook created

C:\Users\rserrano>kubectl get namespaces
NAME                     STATUS   AGE
default                  Active   103d
kube-node-lease          Active   103d
kube-public              Active   103d
kube-system              Active   103d
kubernetes-dashboard     Active   76d
netcicdbook              Active   9s
```

Ilustración 371. Crear namespace netcicdbook.

Como podemos observar en la imagen anterior, al listar los namespaces que existen en nuestro clúster, tenemos los namespaces creados por Kubernetes en la instalación:

- **default**: Namespace predeterminado que Kubernetes usa para los recursos cuando no se especifica en qué namespace se debe crear.

- **kube-node-lease**: Namespace que contiene objetos que ayudan a determinar la disponibilidad de los nodos.
- **kube-public**: Namespace cuyos recursos son accesibles por todos los usuarios aun sin estar autenticados.
- **kube-system**: Namespace reservado para componentes internos de Kubernetes, que le ayudan a administrar el clúster.
- **kubernetes-dashboard**: Namespace usado por el Dashboard de Kubernetes para administrarlo por interfaz, nosotros ya lo teníamos instalado, por eso aparece; en caso del lector, si nunca ha trabajado con Kubernetes, no tiene por qué existir este namespace.
- **netcicdbook**: Es nuestro namespace, que acabamos de crear.

Ya tenemos el namespace **netcicdbook** creado, ahora todos los recursos que creemos, los generaremos dentro de este espacio de nombres. Vamos a ir desplegando cada uno de los componentes de la arquitectura en Kubernetes local.

Todo fichero YAML que creemos a continuación, será utilizado para el despliegue a Kubernetes de los componentes de arquitectura, y los vamos a crear en la subcarpeta **Kubernetes** de **WorkTimeRecord_Kubernetes_Local**, que es donde se encuentra todo nuestro código.

5.3 Despliegue PostgreSQL a Kubernetes local

El primer componente por desplegar es PostgreSQL; crearemos dentro del directorio "Kubernetes" una carpeta llamada "ms.postgresql.registry.db", que contendrá todos los YAML para desplegar PostgreSQL.

Este componente es una base de datos y, por tanto, al desplegarlo, necesitamos que los datos no se destruyan cada vez que el componente se reinicie, para ello necesitamos volúmenes persistentes.

El **volumen persistente** (PersistentVolume, PV) define los recursos físicos que se requieren para persistir en memoria los datos; de esta forma, Kubernetes crea un recurso que ofrece un recurso de almacenamiento.

Creamos un volumen persistente para almacenar los datos de PostgreSQL, en 1 GB de almacenamiento dentro de la ruta

/mnt/data/postgresql. Para ello crearemos el siguiente fichero *postgresql-pv.yaml:*

postgresql-pv.yaml

```
apiVersion: v1
kind: PersistentVolume  #Define un volumen persistente para ser reclamado
metadata:
  name: postgresql-pv  #Nombre del volumen
spec:
  capacity:              #Define la capacidad de almacenamiento físico
    storage: 1Gi         #Será de 1 Gigabyte su almacenamiento
  accessModes:           #Modo de acceso al almacenamiento
    . ReadWriteOnce      #Volumen accesible por PODs del mismo nodo
  persistentVolumeReclaimPolicy: Retain    #Conservar los datos aun sin PVC
  storageClassName: default   #Clase de almacenamiento que usará
  hostPath:              #Tipo de almacenamiento persistente (directorio local)
    path: /mnt/data/postgresql #Ubicación del sistema de archivos del nodo
```

Localmente, solo tenemos un nodo, el de Docker Desktop, es decir, que todas las aplicaciones y servicios se ejecutarán en la misma máquina virtual de Docker.

Al establecer **ReadWriteOnce**, estamos indicando que, a este recurso de almacenamiento, únicamente los Pods de nuestra máquina podrán acceder a él. No tiene sentido utilizar *ReadOnlyMany* o *ReadWriteMany*, para lectura o escritura por parte de muchos nodos, respectivamente, ya que no disponemos de múltiples nodos en nuestro equipo.

Estos volúmenes persistentes serán reclamados por un PersistentVolumenClaim (PVC); por este motivo, dado que podemos borrar un PVC asociado a un PersistentVolume (PV), no queremos que los datos almacenados en el PV se eliminen, por eso declaramos:

```
persistentVolumeReclaimPolicy: Retain
```

Para el aprovisionamiento de almacenamiento persistente, se utiliza la clase de almacenamiento que utiliza el clúster de Kubernetes, la clase de almacenamiento que soporta diversos tipos de almacenamiento de aprovisionamiento de volúmenes persistentes, siendo hostpath o NFS las soluciones las opciones determinadas para uso local.

Veamos el tipo de aprovisionamiento de almacenamiento persistente que tenemos en nuestro equipo [*Ilustración 372*]. Vemos que nuestra clase de aprovisionamiento de almacenamiento persistente por defecto es de tipo **hostpath**.

```
C:\Users\rserrano>kubectl get storageclass
NAME                 PROVISIONER            RECLAIMPOLICY   VOLUMEBINDINGMODE   ALLOWVOLUMEEXPANSION   AGE
hostpath (default)   docker.io/hostpath     Delete          Immediate          false                 116d
```

Ilustración 372. StorageClass de nuestro clúster.

Si interpretamos lo que nos indica el **storageclass** por defecto de nuestro clúster, podemos analizar las siguientes propiedades:

- **hostpath:** Usa el almacenamiento local de nuestra máquina Windows.
- **docker.io/hostpath:** Kubernetes emplea el sistema de archivos local para almacenar datos persistentes. (Específico para Docker Desktop).
- **RECLAIMPOLICY:Delete:** Al eliminar un PVC, el volumen persistente será eliminado.
- **VOLUMEBINDINGMODE:Inmediate**: Aprovisionar el volumen nada más lo solicite un PVC, sin esperar a que un Pod cree el volumen.
- **ALLOWVOLUMEEXPANSION:false:** Volumen creado no puede ser ampliado.

Por último, la ruta donde se almacenan los datos, en lugar de estar directamente en una ruta de nuestro equipo, Docker Desktop ejecuta un entorno Linux dentro de una máquina virtual basada en WSL2 (Windows Subsystem for Linux). Se almacenará en:

```
/mnt/data/postgresql
```

Una vez tenemos configurado el YAML del volumen persistente, procedemos a aplicar los cambios desde la ruta "Kubernetes\ms.postgresql.registry.db" [*Ilustración 373*]:

shell/cmd

```
kubectl apply -f postgresql-pv.yaml
```

```
C:\DEV\Book\WorkTimeRecord_Kubernetes_Local\Kubernetes\ms.postgresql.registry.db>kubectl apply -f postgresql-pv.yaml
persistentvolume/postgresql-pv created
```

Ilustración 373. Create PV.

Podemos observar que está creado el volumen persistente y listo (available) para que un **VolumePersistentClaim**, reclame el espacio [*Ilustración 374*].

shell/cmd

```
kubectl get pv -n netcicdbook
```

```
C:\DEV\Book\WorkTimeRecord_Kubernetes_Local\Kubernetes\ms.postgresql.registry.db>kubectl get pv -n netcicdbook
NAME           CAPACITY   ACCESS MODES   RECLAIM POLICY   STATUS      CLAIM   STORAGECLASS   VOLUMEATTRIBUTESCLASS   REASON   AGE
postgresql-pv  1Gi        RWO            Retain           Available           default        <unset>                         3s
```

Ilustración 374. PV Available.

Creemos pues el PersistentVolumeClaim para reclamar este almacenamiento, para ello generamos el fichero *postgresql-pvc.yaml:*

postgresql-pvc.yaml

apiVersion: v1

kind: PersistentVolumeClaim

metadata:

  name: postgresql-pvc   #Nombre del reclamador de volumen persistente

  namespace: netcicdbook #Espacio de nombres donde se encuentra

spec:

  accessModes: #Modo de almacenamiento que usa

  . ReadWriteOnce   #Volumen accesible por PODs del mismo nodo

  storageClassName: default #Clase de almacenamiento que usará

  resources:

   requests:

    storage: 1Gi   #Cantidad de almacenamiento solicitado

Donde solicitamos el mismo tipo de acceso al volumen persistente mediante **ReadWriteOnce**, y se utilizará el mismo tipo de clase de almacenamiento **storageClassName**.

Solicitando 1 GB de espacio de almacenamiento (**storage: 1Gi**), que es la cantidad que el volumen persistente creado con anterioridad, proporciona.

Una vez tenemos configurado el YAML de la solicitud de volumen persistente, procedemos a aplicar los cambios desde la ruta "Kubernetes\ms.postgresql.registry.db" [*Ilustración 375*]:

shell/cmd

```
kubectl apply -f postgresql-pvc.yaml
```

```
C:\DEV\Book\WorkTimeRecord_Kubernetes_Local\Kubernetes\ms.postgresql.registry.db>kubectl apply -f postgresql-pvc.yaml
persistentvolumeclaim/postgresql-pvc created
```

Ilustración 375. Create PVC.

Podemos observar que está creado el solicitador de volumen persistente y enlazado (Bound) con un **VolumePersistent** [*Ilustración 376*].

shell/cmd

```
kubectl get pvc -n netcicdbook
```

```
C:\DEV\Book\WorkTimeRecord_Kubernetes_Local\Kubernetes\ms.postgresql.registry.db>kubectl get pvc -n netcicdbook
NAME            STATUS    VOLUME         CAPACITY    ACCESS MODES    STORAGECLASS    VOLUMEATTRIBUTESCLASS    AGE
postgresql-pvc  Bound     postgresql-pv  1Gi         RWO             default         <unset>                  26s
```

Ilustración 376. PVC Bound.

Cabe destacar que este solicitador ha reservado acceso al volumen persistente en modo lectura y escritura.

Si ahora volvemos a ver el volumen persistente que creamos con anterioridad, veremos que su estado ha cambiado a **Bound**, y por lo tanto implica que está asociado a un **PersistentVolumeClaim** [*Ilustración 377*].

shell/cmd

```
kubectl get pv -n netcicdbook
```

```
C:\DEV\Book\WorkTimeRecord_Kubernetes_Local\Kubernetes\ms.postgresql.registry.db>kubectl get pv -n netcicdbook
NAME           CAPACITY    ACCESS MODES    RECLAIM POLICY    STATUS    CLAIM                        STORAGECLASS
postgresql-pv  1Gi         RWO             Retain            Bound     netcicdbook/postgresql-pvc   default
```

Ilustración 377. PV BOUND.

Una vez tenemos protegidos los datos mediante los volúmenes persistentes, procedemos a crear un **Secret**, objeto utilizado para almacenar información confidencial, que en este caso serían el usuario, la contraseña y el nombre de la base de datos, de forma que estos datos no se encuentren directamente en la configuración de las aplicaciones. Además, los datos sensibles, son codificados a base 64.

postgresql-secret.yaml

```
apiVersion: v1
kind: Secret
metadata:
    name: postgresql-secret          #Nombre del secreto en el namespace
    namespace: netcicdbook            #Namespace donde lo persistimos
type: Opaque
data:
    postgresql-user: YWRtaW4=          #admin (Base64)
    postgresql-password: YWRtaW4xMjM=  # admin123 (Base64)
    postgresql-db: cmVnaXN0cnlkYg==    # registrydb (Base64)
```

Estos datos se utilizarán para configurar la base de datos de PostgreSQL y podrán ser utilizados por los Deployments mediante variables de entorno o montándolos como volúmenes.

Aplicamos el secreto en Kubernetes [*Ilustración 378*].

shell/cmd

```
kubectl apply -f postgresql-secret.yaml
```

C:\DEV\Book\WorkTimeRecord_Kubernetes_Local\Kubernetes\ms.postgresql.registry.db>kubectl apply -f postgresql-secret.yaml
secret/postgresql-secret created

Ilustración 378. Aplicamos Secret en K8.

Si recordamos de capítulos anteriores, la base de datos de PostgreSQL la inicializábamos creando la tabla con un valor, esta configuración estaba en el fichero **init.sql**.

Pues ahora, al tratar con YAML, debemos crear un fichero YAML de tipo ConfigMap, que nos permite almacenar archivos de configuración o scripts, lo que nos viene genial para este tipo de script de creación de base de datos que ya teníamos. Creamos este fichero:

postgresql-init.yaml

```
apiVersion: v1
kind: ConfigMap
metadata:
```

```
name: postgresql-init
namespace: netcicdbook
data:
 init.sql: |
  CREATE TABLE IF NOT EXISTS user_worktime_record (
     user_name VARCHAR(50) PRIMARY KEY,
     first_name VARCHAR(50),
     last_name VARCHAR(100),
     last_record TIMESTAMP,
     mode VARCHAR(20)
  );
  INSERT INTO user_worktime_record (user_name, first_name, last_name,
last_record, mode)
  VALUES ('rserrano', 'Ramón', 'Serrano Valero', '2024-05-01 08:00:00',
'Entrada');
```

Como vemos, en la sección del **data**, contiene el conjunto de datos que serán almacenados en el ConfigMap, siendo **init.sql**, la clave del ConfigMap y el "**|**" se utiliza para definir que el contenido siguiente es un bloque de texto multilínea, con lo que podemos pegar nuestro script literalmente.

Aplicamos este YAML en el namespace [*Ilustración 379*].

shell/cmd

```
kubectl apply -f postgresql-init.yaml
```

C:\DEV\Book\WorkTimeRecord_Kubernetes_Local\Kubernetes\ms.postgresql.registry.db>kubectl apply -f postgresql-init.yaml
configmap/postgresql-init created

Ilustración 379. ConfigMap Init creado.

Este fichero será utilizado por el Deployment para inicializar la base de datos automáticamente.

Creemos el Deployment siguiente, que desplegará nuestra instancia de PostgreSQL dentro de Kubernetes.

Entre las secciones que vamos a configurar tenemos:

- **metadata**: Incluimos la información sobre el Deployment, como nombre, namespace y etiquetas para identificarlo.

- **spec:** Especificamos número de réplicas, es decir, el número de instancias del contenedor o Pods que se crearán y se utiliza un selector **matchLabels** para identificar qué Pods pertenecen al Deployment y de esta forma poder escalar automáticamente o reemplazar en caso de falla.

- **template:** Define la etiqueta del Pod; cada vez que se cree un Pod, le asociará dicha etiqueta, de tal forma que cuando el selector del Deployment busque Pods con esa etiqueta, sabrá qué Pods se han creado con dicha etiqueta definida por el template.

- **containers:** Define la imagen que será usada para construir el contenedor.

- **resources:** Define el límite máximo y mínimo de memoria y CPU asignado al contenedor.

- **ports:** Define el puerto por el cual el contenedor está escuchando.

- **env:** Define las variables de entorno que serán usadas por el contenedor, además se rellenan con valores que se encuentran en los secretos, manteniendo de esta forma la seguridad de los datos.

- **volumeMounts**: Define el montaje de volúmenes, en este caso para almacenar datos y scripts de inicialización de base de datos mediante configMaps.

- **volumes:** Trata de enlazar con volúmenes de PVC y ConfigMap que hemos creado con anterioridad.

postgresql-deployment.yaml

```
apiVersion: apps/v1
kind: Deployment
metadata:
  name: postgresql-deployment
  namespace: netcicdbook
  labels:
```

```
    app: ms-postgresql-registry-db        #Etiqueta de idnentificación
spec:
  replicas: 1                    #Solo ejecuta 1 instancia de contenedor (1 POD)
  selector:
    matchLabels:
      app: ms-postgresql-registry-db      #Etiqueta asocia el Deployment con Pods
  template:
    metadata:
      labels:
        app: ms-postgresql-registry-db    #Etiqueta que tendrán los Pods creados
    spec:
      containers:                          #Config del contenedor
      . name: ms-postgresql-registry-db-container #Nombre del contenedor en POD
        image: postgres:latest            #Imagen usada para crear el contenedor
        resources:                        #Recursos asignados al contenedor:
          limits:                 #Límite máximo de memoria y CPU
            memory: "256Mi"
            cpu: "250m"
          requests:               #Se solicita inicialmente una memoria y CPU
            memory: "128Mi"
            cpu: "100m"
        ports:
        . containerPort: 5432             #Puerto expuesto por PostgreSQL
        env:                               #Configuración de variables de entorno
        . name: POSTGRES_DB               #Nombre variable entorno
          valueFrom:                      #Valor obtenido de
            secretKeyRef:                 #Se obtiene el valor de un Secret
              name: postgresql-secret     #Del fichero postgresql-secret
              key: postgresql-db          #Su variable postgresql-db
        . name: POSTGRES_USER
          valueFrom:
```

```
        secretKeyRef:
          name: postgresql-secret
          key: postgresql-user
      . name: POSTGRES_PASSWORD
        valueFrom:
          secretKeyRef:
            name: postgresql-secret
            key: postgresql-password
      volumeMounts:          #Montamos volúmenes persistencia y configuración
      . name: postgresql-data-volume      #Utilizamos el Volumen Persistencia
          mountPath: /var/lib/postgresql/data   #Se monta en esta ubicación
      . name: init-sql-volume          #Montamos el volumen de configuración
          mountPath: /docker-entrypoint-initdb.d #En el punto de entrada
      volumes:                    #Definición de volúmenes
      . name: postgresql-data-volume   #Nombre del Volumen de persistencia
          persistentVolumeClaim:       #Nos Vinculamos a un PVC
            claimName: postgresql-pvc   #Usamos este PVC
      . name: init-sql-volume          #Nombre del Volumen de configuración
          configMap:                 #Es un configMap
            name: postgresql-init      #Con este nombre
```

Aplicamos el Deployment en el espacio de nombres [*Ilustración 380*].

shell/cmd

```
kubectl apply -f postgresql-deployment.yaml
```

```
C:\DEV\Book\WorkTimeRecord_Kubernetes_Local\Kubernetes\ms.postgresql.registry.db>kubectl apply -f postgresql-deployment.yaml
deployment.apps/postgresql-deployment created
```

Ilustración 380. Create Deployment.

El último de los YAML a crear sería el del servicio, que permite exponer la comunicación con los Pods dentro de Kubernetes. Lo que necesitamos es exponer el puerto de PostgreSQL a nivel interno, para que únicamente los Pods que se encuentren en el mismo namespace tengan acceso a este Pod, es decir, lo exponemos de tipo **ClusterIP**.

postgresql-service.yaml

```
apiVersion: v1
kind: Service
metadata:
  name: postgresql-service
  namespace: netcicdbook
spec:
  selector:
    app: ms-postgresql-registry-db  #Busca Pods con esta etiqueta
  ports:
  . port: 5432            #Puerto externo que expone el servicio
    protocol: TCP         #Protocolo usado TCP
    targetPort: 5432      #Puerto Interno del contenedor
  type: ClusterIP         #Solo accesible dentro del clúster de K
```

De esta forma, conseguimos exponer por el puerto 5432 la comunicación con el Pod de PostgreSQL, alcanzable por otros Pods que se encuentran dentro del clúster.

Aplicamos el Service en el namespace [*Ilustración 381*].

shell/cmd
```
kubectl apply -f postgresql-service.yaml
```

```
C:\DEV\Book\WorkTimeRecord_Kubernetes_Local\Kubernetes\ms.postgresql.registry.db>kubectl apply -f postgresql-service.yaml
service/postgresql-service created
```

Ilustración 381. Create Service.

Si ahora vemos todos los Deployment, Services y Pods creados, podemos ver que el estado del Pod, está en ejecución (Running) y sin errores, además, se ha expuesto el puerto 5432 en el servicio, por lo que podemos comunicarnos internamente con el Pod mediante el nombre del servicio creado "**postgresql-service**" [*Ilustración 382*].

```
C:\DEV\Book\WorkTimeRecord_Kubernetes_Local\Kubernetes\ms.postgresql.registry.db>kubectl get all -n netcicdbook
NAME                                            READY   STATUS    RESTARTS   AGE
pod/postgresql-deployment-8495d49976-z298m      1/1     Running   0          18m

NAME                          TYPE        CLUSTER-IP       EXTERNAL-IP   PORT(S)    AGE
service/postgresql-service    ClusterIP   10.107.200.222   <none>        5432/TCP   118s

NAME                                   READY   UP-TO-DATE   AVAILABLE   AGE
deployment.apps/postgresql-deployment  1/1     1            1           18m

NAME                                              DESIRED   CURRENT   READY   AGE
replicaset.apps/postgresql-deployment-8495d49976  1         1         1       18m
```

Ilustración 382. PostgreSQL deployed.

Ahora veamos si el Pod creado contiene la base de datos inicializada con el script del ConfigMap, ejecutando el siguiente comando para abrir una consola de shell interactivo dentro del contenedor y poder ejecutar comandos [*Ilustración 383*]:

shell/cmd

```
kubectl    exec    -it    postgresql-deployment-
8495d49976-z298m -n netcicdbook - bash
```

Para ejecutar comandos psql debemos abrir la conexión con la base de datos, por medio del siguiente comando:

bash

```
psql -U admin -d registrydb
```

Una vez dentro, podemos ejecutar una consulta select para visualizar datos de tabla:

bash

```
SELECT * FROM user_worktime_record;
```

```
C:\DEV\Book\WorkTimeRecord_Kubernetes_Local\Kubernetes\ms.postgresql.registry.db>kubectl exec -it postgre
root@postgresql-deployment-8495d49976-z298m:/# psql -U admin -d registrydb
psql (17.2 (Debian 17.2-1.pgdg120+1))
Type "help" for help.

registrydb=# SELECT * FROM user_worktime_record;
 user_name | first_name |  last_name    |     last_record     |  mode
-----------+------------+---------------+---------------------+---------
 rserrano  | Ramón      | Serrano Valero | 2024-05-01 08:00:00 | Entrada
(1 row)
```

Ilustración 383. PostgreSQL comprobar.

Con esto acabamos de verificar que se ha creado la base de datos correctamente, con el registro por defecto en la tabla user_worktime_record.

Consejos para arquitectos:

✓ *Persistencia en entornos locales: Configurar* persistent volume claims *(PVC) en lugar de volúmenes efímeros para evitar pérdida de datos entre reinicios.*

5.4 Despliegue MongoDB a Kubernetes local

El siguiente componente por desplegar es MongoDB; crearemos dentro del directorio "Kubernetes" una carpeta llamada "ms.mongo.auditory.db", que contendrá todos los YAML para desplegar MongoDB.

Este componente es una base de datos y, por tanto, al desplegarlo, necesitamos que los datos no se destruyan cada vez que el componente se reinicie, para ello necesitamos volúmenes persistentes.

Al igual que en el caso de PostgreSQL, debemos crear un volumen persistente para almacenar los datos de MongoDB, en 1 GB de almacenamiento dentro de la ruta **/mnt/data/mongodb**. Para ello creemos el siguiente fichero ***mongodb-pv.yaml:***

mongodb-pv.yaml

```
apiVersion: v1
kind: PersistentVolume  #Define un volumen persistente para ser reclamado
metadata:
  name: mongodb-pv      #Nombre del volumen
spec:
  capacity:           #Define la capacidad de almacenamiento físico
    storage: 1Gi      #Será de 1 Gigabyte su almacenamiento
  accessModes:          #Modo de acceso al almacenamiento
    . ReadWriteOnce     #Volumen accesible por PODs del mismo nodo
  persistentVolumeReclaimPolicy: Retain #Conservar los datos aun sin PVC
  storageClassName: default   #Clase de almacenamiento que usará
  hostPath:         #Tipo de almacenamiento persistente (directorio local)
    path: /mnt/data/mongodb #Ubicación del sistema de archivos del nodo
```

Localmente, solo tenemos un nodo, el de Docker Desktop, es decir, que todas las aplicaciones y servicios se ejecutarán en la misma máquina virtual de Docker.

Al establecer **ReadWriteOnce**, estamos indicando que, a este recurso de almacenamiento, únicamente los Pods de nuestra máquina podrán acceder a él.

Estos volúmenes persistentes serán reclamados por un PersistentVolumeClaim (PVC); por este motivo, dado que podemos borrar un PVC asociado a un PersistentVolume (PV), no queremos que los datos almacenados en el PV se eliminen, por este motivo declaramos:

persistentVolumeReclaimPolicy: Retain

Para el aprovisionamiento de almacenamiento persistente, se utiliza la clase de almacenamiento que emplea el clúster de Kubernetes, la clase de almacenamiento que soporta diversos tipos de almacenamiento de aprovisionamiento de volúmenes persistentes, siendo hostpath o NFS, las soluciones las opciones determinadas para uso local.

Dado que el tipo de aprovisionamiento de almacenamiento persistente que tenemos en nuestro equipo, por defecto, es de tipo **hostpath**, debemos establecer este tipo, que usa el almacenamiento local de nuestra máquina de Windows.

Por último, la ruta donde se almacenan los datos, en lugar de estar directamente en una ruta de nuestro equipo, Docker Desktop ejecuta un entorno Linux dentro de una máquina virtual basada en WSL2 (Windows Subsystem for Linux). Se almacenará en:

```
/mnt/data/mongodb
```

Una vez tenemos configurado el YAML del volumen persistente, procedemos a aplicar los cambios desde la ruta "Kubernetes\ms.mongo.auditory.db".

shell/cmd
```
kubectl apply -f mongodb-pv.yaml
```

Podemos observar que está creado el volumen persistente, y listo (available) para que un **VolumePersistentClaim** reclame el espacio [*Ilustración 384*].

shell/cmd
```
kubectl get pv -n netcicdbook
```

```
C:\DEV\Book\WorkTimeRecord_Kubernetes_Local\Kubernetes\ms.mongo.auditory.db>kubectl get pv -n netcicdbook
NAME            CAPACITY   ACCESS MODES   RECLAIM POLICY   STATUS      CLAIM                        STORAGECLASS
mongodb-pv      1Gi        RWO            Retain           Available                                default
postgresql-pv   1Gi        RWO            Retain           Bound       netcicdbook/postgresql-pvc   default
```

Ilustración 384. PV Available.

Creemos pues el PersistentVolumeClaim para reclamar este almacenamiento, para ello generamos el fichero ***mongodb-pvc.yaml:***

mongodb-pvc.yaml

apiVersion: v1

kind: PersistentVolumeClaim

metadata:

  name: mongodb-pvc   #Nombre del reclamador de volumen persistente

  namespace: netcicdbook   #Espacio de nombres donde se encuentra

spec:

  accessModes: #Modo de almacenamiento que usa

  . ReadWriteOnce   #Volumen accesible por PODs del mismo nodo

  storageClassName: default #Clase de almacenamiento que usará

  resources:

    requests:

      storage: 1Gi   #Cantidad de almacenamiento solicitado

Donde solicitamos el mismo tipo de acceso al volumen persistente mediante **ReadWriteOnce,** y se utilizará el mismo tipo de clase de almacenamiento **storageClassName.**

Solicitando 1 GB de espacio de almacenamiento (**storage: 1Gi**), que es la cantidad que el volumen persistente creado con anterioridad proporciona.

Una vez tenemos configurado el YAML de la solicitud de volumen persistente, procedemos a aplicar los cambios desde la ruta "Kubernetes\ms.mongodb.auditory.db":

shell/cmd

```
kubectl apply -f mongodb-pvc.yaml
```

Podemos observar que está creado el solicitador de volumen persistente, y enlazado (Bound) con un **VolumePersistent** [*Ilustración 385*].

shell/cmd

```
kubectl get pvc -n netcicdbook
```

```
C:\DEV\Book\WorkTimeRecord_Kubernetes_Local\Kubernetes\ms.mongo.auditory.db>kubectl get pvc -n netcicdbook
NAME              STATUS    VOLUME          CAPACITY    ACCESS MODES    STORAGECLASS    VOLUMEATTRIBUTESCLASS
mongodb-pvc       Bound     mongodb-pv      1Gi         RWO             default         <unset>
postgresql-pvc    Bound     postgresql-pv   1Gi         RWO             default         <unset>
```

Ilustración 385. PVC Bound.

Este solicitador ha reservado acceso al volumen persistente en modo lectura y escritura.

Si ahora volvemos a ver el volumen persistente que creamos con anterioridad, veremos que su estado ha cambiado a **Bound**, y por lo tanto implica que está asociado a un **PersistentVolumeClaim** [*Ilustración 386*].

shell/cmd

```
kubectl get pv -n netcicdbook
```

```
C:\DEV\Book\WorkTimeRecord_Kubernetes_Local\Kubernetes\ms.mongo.auditory.db>kubectl get pv -n netcicdbook
NAME              CAPACITY    ACCESS MODES    RECLAIM POLICY    STATUS    CLAIM                          STORAGECLASS
mongodb-pv        1Gi         RWO             Retain            Bound     netcicdbook/mongodb-pvc        default
postgresql-pv     1Gi         RWO             Retain            Bound     netcicdbook/postgresql-pvc     default
```

Ilustración 386. PV BOUND.

Una vez tenemos protegidos los datos mediante los volúmenes persistentes, procedemos a crear un **Secret**, objeto utilizado para almacenar información confidencial, que en este caso serían el usuario, la contraseña de la base de datos, de forma que estos datos no se encuentren directamente en la configuración de las aplicaciones. Además, los datos sensibles, son codificados a base 64.

mongodb-secret.yaml

```
apiVersion: v1
kind: Secret
metadata:
  name: mongodb-secret
  namespace: netcicdbook
type: Opaque
data:
  mongo-user: YWRtaW4=   # Base64 de "admin"
```

mongo-password: YWRtaW4= # Base64 de "admin"

Estos datos se utilizarán para configurar la base de datos de MongoDB y podrán ser utilizados por los Deployments mediante variables de entorno o montándolos como volúmenes. Aplicamos el secreto en Kubernetes:

shell/cmd

```
kubectl apply -f mongodb-secret.yaml
```

Si recordamos de capítulos anteriores, la base de datos de MongoDB la inicializábamos creando la base de datos y la colección por defecto, esta configuración estaba en el fichero **init.js**.

Pues ahora, al tratar con YAML, debemos crear un fichero YAML de tipo ConfigMap, que nos permite almacenar archivos de configuración o scripts, lo que nos viene genial para este tipo de script de creación de base de datos que ya teníamos. Creamos este fichero:

mongodb-init.yaml

```
apiVersion: v1
kind: ConfigMap
metadata:
  name: mongodb-init
  namespace: netcicdbook
data:
  init.js: |
    db = db.getSiblingDB('AuditoryDB');
    db.createUser(
      {
        user: process.env.MONGO_INITDB_ROOT_USERNAME,
        pwd: process.env.MONGO_INITDB_ROOT_PASSWORD,
        roles: [
          {
            role: "readWrite",
            db: "AuditoryDB"
          }
```

```
      ]
    }
  );
  db.createCollection('UserRecord');
```

Como vemos, en la sección del **data**, contiene el conjunto de datos que serán almacenados en el ConfigMap, siendo **init.js**, la clave del ConfigMap y el "**|**" se utiliza para definir que el contenido siguiente es un bloque de texto multilínea, con lo que podemos pegar nuestro script literalmente.

Aplicamos este YAML del ConfigMap en el namespace:

shell/cmd
```
kubectl apply -f mongodb-init.yaml
```

Este fichero será utilizado por el Deployment para inicializar la base de datos automáticamente.

Creemos el Deployment siguiente, que desplegará nuestra instancia de MongoDB dentro de Kubernetes, de igual forma que hicimos con PostgreSQL, rellenando las mismas secciones.

mongodb-deployment.yaml
```
apiVersion: apps/v1
kind: Deployment
metadata:
  name: mongodb-deployment
  namespace: netcicdbook
  labels:
    app: ms-mongo-auditory-db        #Etiqueta de identificación
spec:
  replicas: 1                #Solo se ejecuta una instancia de contenedor (1 POD)
  selector:
    matchLabels:
      app: ms-mongo-auditory-db  #Etiqueta para asociar el Deployment con Pods
  template:
```

```yaml
metadata:
 labels:
  app: ms-mongo-auditory-db      #Etiqueta que tendrán los Pods creados
spec:
 containers:                #Config del contenedor
. name: ms-mongo-auditory-db-container  #Nombre del contenedor en el POD
   image: mongo:latest         #Imagen para crear el contenedor MongoDB
   resources:              #Recursos asignados al contenedor:
    limits:               #Límite máximo de memoria y CPU
     memory: "256Mi"
     cpu: "250m"
    requests:              #Se solicita inicialmente una memoria y CPU
     memory: "128Mi"
     cpu: "100m"
   ports:
. containerPort: 27017   #Puerto expuesto por MongoDB
   env:                #Configuración de variables de entorno
. name: MONGO_INITDB_DATABASE   #Nombre variable entorno
   value: AuditoryDB        #Valor asignado literalmente
. name: MONGO_INITDB_ROOT_USERNAME   #Nombre variable entorno
   valueFrom:             #Valor asignado de
    secretKeyRef:           #Se obtiene el valor de un Secret
     name: mongodb-secret      #El fichero mongodb-secret
     key: mongo-user
. name: MONGO_INITDB_ROOT_PASSWORD
   valueFrom:
    secretKeyRef:
     name: mongodb-secret
     key: mongo-password
   volumeMounts:   #Montamos volúmenes para persistencia y configuración
. name: mongodb-data-volume    #Utilizamos el volumen persistencia datos
```

```
        mountPath: /data/db        #Se monta el volumen en esta ubicación
    . name: init-js-volume        #Montamos el volumen de configuración
        mountPath: /docker-entrypoint-initdb.d #Punto de entrada iniciar un script
    volumes:                #Definición de volúmenes
    . name: mongodb-data-volume        #Nombre del volumen de persistencia
        persistentVolumeClaim:        #Nos Vinculamos a un PVC
        claimName: mongodb-pvc        #Usamos este PVC
    . name: init-js-volume        #Nombre del volumen de configuración SCRIPT
        configMap:                #Es un configMap
        name: mongodb-init        #Con este nombre
```

Aplicamos el Deployment en el espacio de nombres:

shell/cmd

```
kubectl apply -f mongodb-deployment.yaml
```

El último de los YAML a crear sería el del servicio, que permite exponer la comunicación con los Pods dentro de Kubernetes. Lo que necesitamos es exponer el puerto de MongoDB a nivel interno, para que únicamente los Pods que se encuentren en el mismo namespace tengan acceso a este Pod, es decir, lo exponemos de tipo **ClusterIP**.

mongodb-service.yaml

```
apiVersion: v1
kind: Service
metadata:
 name: mongodb-service
 namespace: netcicdbook
spec:
 selector:
   app: ms-mongo-auditory-db #Busca los Pods con la etiqueta y asocia Service
 ports:
 . port: 27017        #Puerto externo que expone el servicio
   protocol: TCP        #Protocolo usado TCP
   targetPort: 27017        #Puerto interno del contenedor
```

type: ClusterIP   #Solo accesible dentro del clúster de K8

De esta forma, conseguimos exponer por el puerto 27017, la comunicación con el Pod de MongoDB, alcanzable por otros Pods que se encuentran dentro del clúster.

Aplicamos el Service en el namespace:

shell/cmd

```
kubectl apply -f mongodb-service.yaml
```

Si ahora vemos todos los Deployment, Services y Pods creados, podemos ver que el estado del Pod está en ejecución (Running) y sin errores; además, se ha expuesto el puerto 27017 en el servicio, por lo que podemos comunicarnos internamente con el Pod mediante el nombre del servicio creado "**mongodb-service**" [*Ilustración 387*].

```
C:\DEV\Book\WorkTimeRecord_Kubernetes_Local\Kubernetes\ms.mongo.auditory.db>kubectl get all -n netcicdbook
NAME                                    READY   STATUS    RESTARTS   AGE
pod/mongodb-deployment-786d67c8-wnxx9   1/1     Running   0          6m3s
pod/postgresql-deployment-8495d49976-z298m  1/1 Running   0          75m

NAME                         TYPE        CLUSTER-IP       EXTERNAL-IP   PORT(S)     AGE
service/mongodb-service      ClusterIP   10.104.235.156   <none>        27017/TCP   21s
service/postgresql-service   ClusterIP   10.107.200.222   <none>        5432/TCP    58m

NAME                                    READY   UP-TO-DATE   AVAILABLE   AGE
deployment.apps/mongodb-deployment      1/1     1            1           6m3s
deployment.apps/postgresql-deployment   1/1     1            1           75m

NAME                                              DESIRED   CURRENT   READY   AGE
replicaset.apps/mongodb-deployment-786d67c8       1         1         1       6m3s
replicaset.apps/postgresql-deployment-8495d49976  1         1         1       75m
```

Ilustración 387. MongoDB deployed.

Ahora veamos si el Pod creado contiene la base de datos inicializada con el script del ConfigMap, ejecutando el siguiente comando para abrir una consola de shell interactivo dentro del contenedor y poder ejecutar comandos [*Ilustración 388*]:

shell/cmd

```
kubectl  exec  -it  mongodb-deployment-786d67c8-
wnxx9 -n netcicdbook - bash
```

Para ejecutar comandos Mongo debemos abrir la conexión con la base de datos, por medio del siguiente comando, introduciendo las credenciales:

shell/cmd

```
mongosh -u admin -p admin --authenticationDatabase
"AuditoryDB"
```

Una vez dentro, podemos:

- Listar bases de datos: `show dbs`
- Usar base de datos de nuestra colección: `use AuditoryDB`
- Listar colecciones: `show collections`
- Visualizar si existe algún registro en la colección: `db.UserRecord.find().pretty()`

```
C:\DEV\Book\WorkTimeRecord_Kubernetes_Local\Kubernetes\ms.mongo.auditory.db>kubectl exec -it mongodb-deployment-786d67c8-wnxx9 -n netcicdbook -- bash
root@mongodb-deployment-786d67c8-wnxx9:/# mongosh -u admin -p admin --authenticationDatabase "AuditoryDB"
Current Mongosh Log ID: 6790e2e7dd72a831bee94969
Connecting to:          mongodb://<credentials>@127.0.0.1:27017/?directConnection=true&serverSelectionTimeoutMS=2000&authSource=AuditoryDB&appName=mongosh+2.3.4
Using MongoDB:          8.0.4
Using Mongosh:          2.3.4

For mongosh info see: https://www.mongodb.com/docs/mongodb-shell/

To help improve our products, anonymous usage data is collected and sent to MongoDB periodically (https://www.mongodb.com/legal/privacy-policy).
You can opt-out by running the disableTelemetry() command.

test> show dbs
AuditoryDB  8.00 KiB
test> use AuditoryDB
switched to db AuditoryDB
AuditoryDB> show collections
UserRecord
AuditoryDB> db.UserRecord.find().pretty()
```

Ilustración 388. MongoDB comprobar.

Con esto acabamos de verificar que se ha creado la base de datos AuditoryDB con la colección de Mongo UserRecord correctamente.

5.5 Despliegue RabbitMQ a Kubernetes local

El siguiente componente por desplegar es RabbitMQ; crearemos dentro del directorio "Kubernetes", una carpeta llamada "ms.rabbitmq.bus", que contendrá todos los YAML para desplegar RabbitMQ.

Este componente es un bus de comunicaciones y no hemos creado persistencia de datos para el bus de mensajería.

Empezamos por crear un **Secret**, para almacenar información confidencial, que en este caso serían el usuario, la contraseña de acceso a RabbitMQ. Además, los datos sensibles, son codificados a base 64.

rabbitmq-secret.yaml

```
apiVersion: v1
kind: Secret
metadata:
  name: rabbitmq-secret
  namespace: netcicdbook
  labels:
    app: ms-rabbitmq-bus
type: Opaque
data:
  rabbitmq-user: YWRtaW4=   # Base64 de "admin"
  rabbitmq-password: cGFzc3dvcmQ= # Base64 encoded 'password'
```

Estos datos se utilizarán para configurar el bus de mensajería de RabbitMQ y podrán ser utilizados por los Deployments mediante variables de entorno o montándolos como volúmenes. Aplicamos el secreto en Kubernetes:

shell/cmd
```
kubectl apply -f rabbitmq-secret.yaml
```

Una vez creado el secreto con las variables protegidas, creemos el Deployment siguiente, que desplegará nuestra instancia de RabbitMQ dentro de Kubernetes, de igual forma que hicimos con MongoDB, rellenando las mismas secciones.

rabbitmq-deployment.yaml

```
apiVersion: apps/v1
kind: Deployment
metadata:
  name: rabbitmq-deployment
  namespace: netcicdbook
  labels:
    app: ms-rabbitmq-bus        #Etiqueta de identificación
```

 RAMÓN SERRANO VALERO Y MIGUEL ÁNGEL NÚÑEZ SABÍN

```
spec:
  replicas: 1                  #Solo se ejecuta una instancia de contenedor (1 POD)
  selector:
    matchLabels:
      app: ms-rabbitmq-bus      #Etiqueta para asociar el Deployment con los Pods
  template:
    metadata:
      labels:
        app: ms-rabbitmq-bus        #Etiqueta que tendrán los Pods creados
    spec:
      containers:                    #Config del contenedor
      . name: ms-rabbitmq-bus-container #Nombre del contenedor en el POD
        image: rabbitmq:3-management   #Imagen usada para crear el contenedor
        resources:                     #Recursos asignados al contenedor:
          limits:                      #Límite máximo de memoria y CPU
            memory: "256Mi"
            cpu: "250m"
          requests:                    #Se solicita inicialmente una memoria y CPU
            memory: "128Mi"
            cpu: "100m"
        ports:
        . containerPort: 5672          #Puerto expuesto por RabbitMQ
        . containerPort: 15672          #Puerto expuesto por RabbirMQ UI
        env:                   #Configuración de variables de entorno
        . name: RABBITMQ_DEFAULT_USER   #Nombre variable entorno
          valueFrom:                   #Valor asignado de
            secretKeyRef:              #Se obtiene el valor de un Secret
              name: rabbitmq-secret    #El fichero rabbitmq-secret
              key: rabbitmq-user
        . name: RABBITMQ_DEFAULT_PASS
          valueFrom:
```

```
        secretKeyRef:
         name: rabbitmq-secret
         key: rabbitmq-password
```

Aplicamos el Deployment en el espacio de nombres:

shell/cmd

```
kubectl apply -f rabbitmq-deployment.yaml
```

El último de los YAML a crear sería el del servicio, que permite exponer la comunicación con los Pods dentro de Kubernetes. Pero en este caso crearemos un servicio para cada puerto expuesto, debido a que para la comunicación contra RabbitMQ se realizará internamente en el clúster; sin embargo, para la interfaz de usuario web de administración, se expondrá por IP pública en el equipo externamente al clúster por un LoadBalancer que enruta las solicitudes.

Empezamos por exponer el puerto de RabbitMQ a nivel interno, para que únicamente los Pods que se encuentren en el mismo namespace tengan acceso a este Pod, es decir, lo exponemos de tipo **ClusterIP**.

rabbitmq-service.yaml

```
apiVersion: v1
kind: Service
metadata:
  name: rabbitmq-bus-service
  namespace: netcicdbook
  labels:
    app: ms-rabbitmq-bus
spec:
  selector:
    app: ms-rabbitmq-bus  #Busca los Pods con esta etiqueta y asocia el Service
  ports:
  . name: rabbitmq
    port: 5672        #Puerto externo que expone el servicio
    protocol: TCP      #Protocolo usado TCP
    targetPort: 5672     #Puerto interno del contenedor
```

```
    type: ClusterIP        #Solo accesible dentro del clúster de K8
```

De esta forma, conseguimos exponer por el puerto 5672, la comunicación con el Pod de RabbitMQ, alcanzable por otros Pods que se encuentran dentro del clúster.

Aplicamos el Service en el namespace:

shell/cmd

```
kubectl apply -f rabbitmq-service.yaml
```

Ahora exponemos el puerto de la interfaz web de administración de RabbitMQ por un balanceador de carga, que enruta las solicitudes externas al clúster, hacia el Pod, para que, desde un navegador externo al clúster, se pueda alcanzar la dirección de este Pod de administración, es decir, lo exponemos de tipo **LoadBalancer**.

rabbitmq-ui-service.yaml

```
apiVersion: v1
kind: Service
metadata:
  name: rabbitmq-ui-service
  namespace: netcicdbook
  labels:
    app: ms-rabbitmq-bus
spec:
  selector:
    app: ms-rabbitmq-bus  #Busca los Pods con esta etiqueta y asocia el Service
  ports:
  . name: rabbitmq-ui
    port: 15672        #Puerto externo que expone el servicio
    protocol: TCP      #Protocolo usado TCP
    targetPort: 15672    #Puerto Interno del contenedor
    type: LoadBalancer   #Accesible desde fuera del clúster
```

De esta forma, conseguimos exponer por el puerto 15672, la comunicación con el Pod de RabbitMQ, alcanzable desde fuera del clúster por un navegador web externo.

Aplicamos el Service en el namespace:

shell/cmd

```
kubectl apply -f rabbitmq-ui-service.yaml
```

Si ahora vemos todos los Deployment, Services y Pods creados, podemos ver que el estado del Pod, está en ejecución (Running) y sin errores; además, se ha expuesto el puerto 5672 en el servicio, por lo que podemos comunicarnos internamente con el Pod mediante el nombre del servicio creado "**rabbitmq-service**" [*Ilustración 389*].

```
C:\DEV\Book\WorkTimeRecord_Kubernetes_Local\Kubernetes\ms.rabbitmq.bus>kubectl get all -n netcicdbook
NAME                                         READY   STATUS    RESTARTS   AGE
pod/mongodb-deployment-786d67c8-wnxx9        1/1     Running   0          45m
pod/postgresql-deployment-8495d49976-z298m   1/1     Running   0          114m
pod/rabbitmq-deployment-689bfc85c9-sqknp     1/1     Running   0          3m58s

NAME                         TYPE           CLUSTER-IP       EXTERNAL-IP   PORT(S)           AGE
service/mongodb-service      ClusterIP      10.104.235.156   <none>        27017/TCP         39m
service/postgresql-service   ClusterIP      10.107.200.222   <none>        5432/TCP          97m
service/rabbitmq-bus-service ClusterIP      10.99.38.87      <none>        5672/TCP          3m52s
service/rabbitmq-ui-service  LoadBalancer   10.108.180.255   localhost     15672:30697/TCP   68s

NAME                                    READY   UP-TO-DATE   AVAILABLE   AGE
deployment.apps/mongodb-deployment      1/1     1            1           45m
deployment.apps/postgresql-deployment   1/1     1            1           114m
deployment.apps/rabbitmq-deployment     1/1     1            1           3m58s

NAME                                               DESIRED   CURRENT   READY   AGE
replicaset.apps/mongodb-deployment-786d67c8        1         1         1       45m
replicaset.apps/postgresql-deployment-8495d49976   1         1         1       114m
replicaset.apps/rabbitmq-deployment-689bfc85c9     1         1         1       3m58s
```

Ilustración 389. RabbitMQ deployed.

Ahora veamos si el Pod creado es accesible desde fuera del clúster, abriendo el portal de administración de RabbitMQ, por medio del navegador de nuestro equipo [*Ilustración 390*]. Vemos que, si podemos acceder al portal de administración, introduciremos las credenciales de admin/password y veremos si podemos acceder.

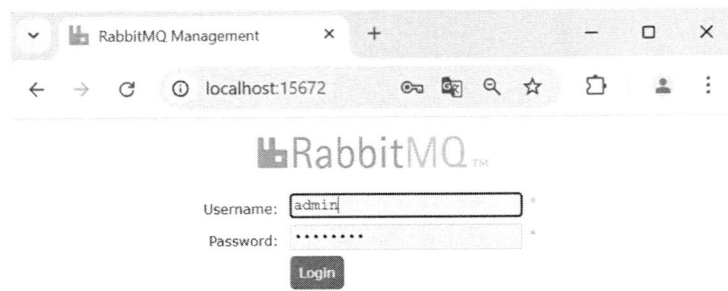

Ilustración 390. RabbitMQ UI comprobar.

En efecto, accedemos correctamente al portal de administración de RabbitMQ; esto implica que las credenciales de RabbitMQ son correctas [*Ilustración 391*].

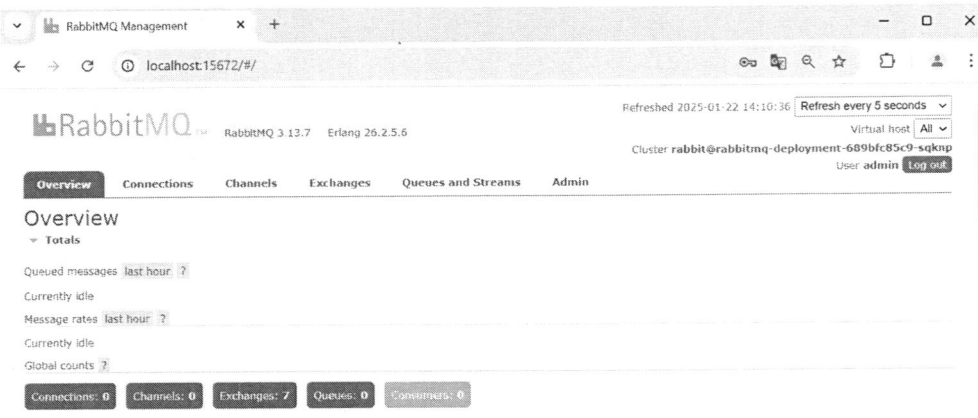

Ilustración 391. RabbitMQ UI acceso.

Con esto acabamos de verificar que se ha creado el bus de mensajería correctamente y podemos acceder al portal de administración del bus.

5.6 Despliegue Registry API a Kubernetes local

El siguiente componente por desplegar es la API de registro de último horario del empleado.

Vamos a deshabilitar HTTPS del proyecto para no tener que lidiar ahora con la configuración de certificados SSL/TSL, y centrarnos en el despliegue sobre Kubernetes. Para ello, debemos modificar el comportamiento del servidor web **Kestrel**, que procesa las solicitudes de nuestras aplicaciones .NET Core, para hacer que únicamente escuche peticiones por HTTP por el puerto 8080.

Simplemente abrimos el fichero appsettings.json y añadimos la siguiente configuración de **Kestrel**, escuchando únicamente por el puerto 8080 por HTTP [*Ilustración 392*].

Ilustración 392. Deshabilitar HTTPS.

Una vez deshabilitados los certificados, procedemos a construir una nueva imagen para nuestra aplicación mediante los comandos Docker. Pero antes debemos eliminar las imágenes que tenemos de Docker Container Registry en referencia a nuestro repositorio de Docker Hub **netcicdbook** [*Ilustración 393*], las seleccionamos y pulsamos el botón de "Delete", con esto nos aseguramos de que la versión nueva que creemos es la que se sube.

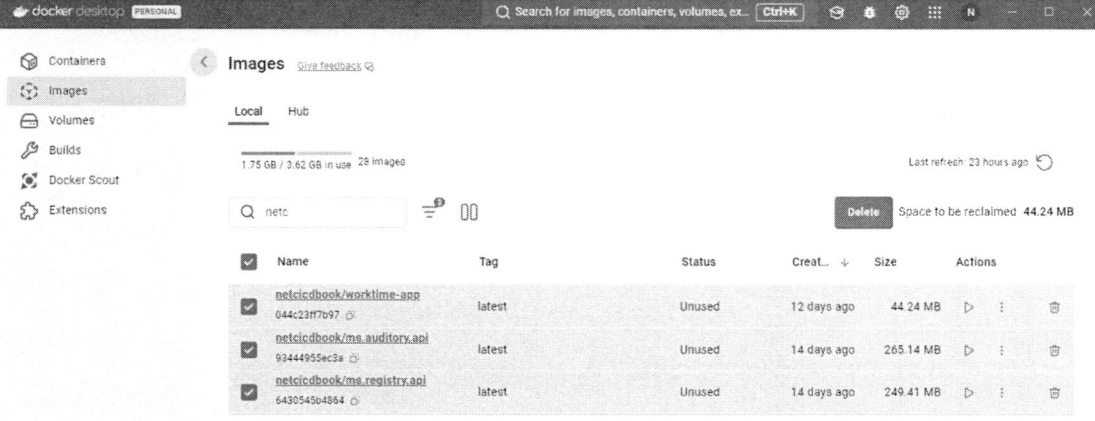

Ilustración 393. Eliminar imágenes creadas con anterioridad.

Una vez eliminadas las imágenes, vamos a crear una nueva [*Ilustración 394*]; nos ubicamos en el directorio de "WorkTimeRecord.Solution" y ejecutamos el siguiente comando:

shell/cmd

```
docker build -t netcicdbook/ms.registry.api -f
Registry/Registry.API/Dockerfile .
```

```
C:\DEV\Book\WorkTimeRecord_Kubernetes_Local\WorkTimeRecord.Solution>docker build -t netcicdbook/ms.registry.api -f Registry/Registry.API/Dockerfile .
[+] Building 74.3s (18/18) FINISHED
```

Ilustración 394. Imagen construida.

Verificamos desde Docker Desktop que la imagen ha sido creada con el tag netcicdbook/ms.registry.api [**Ilustración 395**].

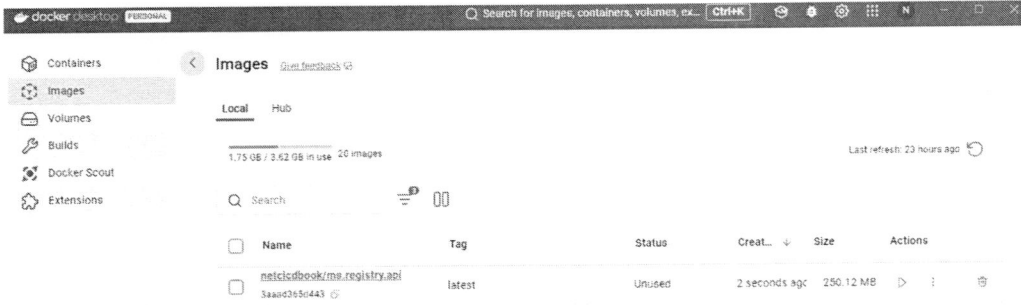

Ilustración 395. Imagen con tag creado.

Ya está creada la nueva imagen de nuestra aplicación, con los cambios aplicados y el tag correspondiente, listo para ser subido a Docker Container Registry.

Para publicar la imagen en Docker Hub, ejecutemos el siguiente comando [**Ilustración 396**]:

shell/cmd
```
docker push netcicdbook/ms.registry.api
```

```
C:\DEV\Book\WorkTimeRecord_Kubernetes_Local\WorkTimeRecord.Solution>docker push netcicdbook/ms.registry.api
Using default tag: latest
```

Ilustración 396. PUSH Docker Hub.

Una vez subido, verificamos en Docker Hub que la imagen ha sido publicada [**Ilustración 397**].

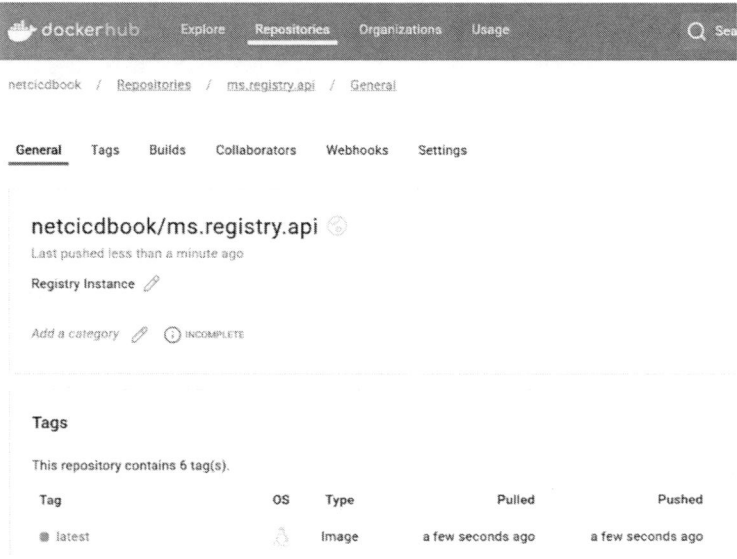

Ilustración 397. Docker Hub imagen publicada.

Con la nueva versión de la imagen en Docker Hub, ya tenemos preparada la imagen que nuestro YAML Deployment utilizará para construir el contenedor. Podemos comenzar a crear los YAML para esta API.

Crearemos dentro del directorio "Kubernetes" una carpeta llamada "ms.registry.api", que contendrá todos los YAML para desplegar Registry API.

Este componente es una API de .NET y no requiere persistencia de datos.

Empezamos por crear un **Secret**, para almacenar información confidencial, que en este caso serían datos de acceso a PostgreSQL (host, puerto, usuario, contraseña y base de datos), así como los datos de comunicación contra el bus de comunicaciones de RabbitMQ (host, usuario y contraseña). Además, los datos sensibles son codificados a base 64.

registryapi-secret.yaml

```yaml
apiVersion: v1
kind: Secret
metadata:
  name: registryapi-secret
  namespace: netcicdbook
type: Opaque
data:
```

postgres-host: cG9zdGdyZXNxbC1zZXJ2aWNl   #Base64   de "postgresql-service"

postgres-port: NTQzMg== # Base64 de "5432"

postgresql-user: YWRtaW4= # Base64 de "admin"

postgresql-password: YWRtaW4xMjM= # Base64 de "admin123"

postgresql-db: cmVnaXN0cnlkYg== # Base64 de "registrydb"

rabbitmq-host: YW1xcDovL3JhYmJpdG1xLWJ1cy1zZXJ2aWNl   # Base64 de "amqp://rabbitmq-bus-service"

rabbitmq-user: YWRtaW4=   # Base64 de "admin"

rabbitmq-password: cGFzc3dvcmQ= # Base64 de 'password'

Estos datos permitirán que la API se pueda comunicar con PostgreSQL y RabbitMQ por medio de su nombre interno del servicio desplegado:

- **postgresql-service**: Nombre del servicio desplegado de PostgreSQL.
- **rabbitmq-bus-service**: Nombre del servicio desplegado de RabbitMQ.

Con estos nombres, podemos comunicarnos con ambos servicios, alcanzables internamente dentro del clúster, al usar **ClusterIP**.

Estos datos podrán ser utilizados por los Deployments mediante variables de entorno o montándolos como volúmenes. Aplicamos el secreto en Kubernetes:

shell/cmd

```
kubectl apply -f registryapi-secret.yaml
```

Una vez creado el secreto con las variables protegidas, creemos el Deployment siguiente, que desplegará nuestra instancia de Registry API dentro de Kubernetes, de igual forma que hicimos con RabbitMQ, rellenando las mismas secciones.

registryapi-deployment.yaml

```
apiVersion: apps/v1
kind: Deployment
```

```yaml
metadata:
 name: registryapi-deployment
 namespace: netcicdbook
 labels:
  app: ms-registry-api          #Etiqueta de identificación
spec:
 replicas: 1                    #Solo se ejecuta una instancia de contenedor (1 POD)
 selector:
  matchLabels:
   app: ms-registry-api         #Etiqueta para asociar el Deployment con los Pods
 template:
  metadata:
   labels:
    app: ms-registry-api        #Etiqueta que tendrán los Pods creados
  spec:
   containers:                  #Config del contenedor
   . name: ms-registry-api-container   #Nombre del contenedor en el POD
     image: netcicdbook/ms.registry.api #Imagen usada para crear el contenedor
     resources:                 #Recursos asignados al contenedor:
      limits:                   #Límite máximo de memoria y CPU
       memory: "256Mi"
       cpu: "250m"
      requests:                 #Se solicita inicialmente una memoria y CPU
       memory: "128Mi"
       cpu: "100m"
     ports:
     . containerPort: 8080      #Puerto expuesto por la API
     env:                       #Configuración de variables de entorno
     . name: ASPNETCORE_HTTP_PORTS    #Variable de entorno para el puerto interno HTTP
       value: "8080"            #Valor del puerto HTTP 8080
```

```
. name: ASPNETCORE_ENVIRONMENT   #Variable de entorno para el entorno
  value: Development          #Development
. name: POSTGRES_HOST          #Variable entorno PostgreSQL Host
  valueFrom:                 #Valor asignado de
    secretKeyRef:              #Se obtiene el valor de un Secret
      name: registryapi-secret  #El fichero registryapi-secret
      key: postgres-host       #Valor de la variable postgres-host
. name: POSTGRES_PORT
  valueFrom:
    secretKeyRef:
      name: registryapi-secret
      key: postgres-port
. name: POSTGRES_DB
  valueFrom:
    secretKeyRef:
      name: registryapi-secret
      key: postgresql-db
. name: POSTGRES_USER
  valueFrom:
    secretKeyRef:
      name: registryapi-secret
      key: postgresql-user
. name: POSTGRES_PASSWORD
  valueFrom:
    secretKeyRef:
      name: registryapi-secret
      key: postgresql-password
. name: ConnectionStrings__UserRecord #Sobrescribimos del appsettings
  value:
  "Host=$(POSTGRES_HOST);Port=$(POSTGRES_PORT);Database=$(POSTGRES_DB);
  Username=$(POSTGRES_USER);Password=$(POSTGRES_PASSWORD)"
```

```
. name: MessageBroker__Host
  valueFrom:
   secretKeyRef:
     name: registryapi-secret
     key: rabbitmq-host
. name: MessageBroker__UserName
  valueFrom:
   secretKeyRef:
     name: registryapi-secret
     key: rabbitmq-user
. name: MessageBroker__Password
  valueFrom:
   secretKeyRef:
     name: registryapi-secret
     key: rabbitmq-password
```

Cabe destacar de este Deployment que se han definido las variables que obtienen su valor del secreto:

- POSTGRES_HOST
- POSTGRES_PORT
- POSTGRES_DB
- POSTGRES_USER
- POSTGRES_PASSWORD

Y se utilizan por la variable ConnectionStrings__UserRecord, que sobrescribe el valor del appsettings.json de la API, que contenía esto:

json

```json
"ConnectionStrings": {

  "UserRecord":
"Host=ms.postgresql.registry.db;Port=5432;Databa
se=registrydb;Username=admin;Password=admin123"
},
```

Y que ahora vamos a reemplazar dicha cadena de conexión por los valores recogidos en dichas variables:

```
"Host=$(POSTGRES_HOST);Port=$(POSTGRES_PORT);Dat
abase=$(POSTGRES_DB);Username=$(POSTGRES_USER);P
assword=$(POSTGRES_PASSWORD)"
```

Con esto conseguimos que la cadena de conexión reciba los valores esperados.

Por otra parte, para el caso de sobrescribir los valores de RabbitMQ en el appsettings.json, que actualmente es:

json
```json
"MessageBroker": {
    "Host": "amqp://ms.rabbitmq.bus",
    "UserName": "admin",
    "Password": "password"
},
```

Es más sencillo, ya que se puede reemplazar cada una de las variables directamente, por ejemplo, reemplazando la variable host del MessageBroker de appsettings leyendo directamente del valor del Secret:

yaml
```yaml
- name: MessageBroker__Host
  valueFrom:
    secretKeyRef:
      name: registryapi-secret
      key: rabbitmq-host
```

Aplicamos el Deployment en el espacio de nombres:

shell/cmd
```shell
kubectl apply -f registryapi-deployment.yaml
```

El último de los YAML a crear sería el del servicio, que permite exponer esta API accesible por un navegador web externo al clúster, por medio de un **LoadBalancer** que enruta las solicitudes, hacia el puerto externo 5200.

registryapi-service.yaml

```
apiVersion: v1
kind: Service
metadata:
  name: registryapi-service
  namespace: netcicdbook
spec:
  selector:
    app: ms-registry-api  #Busca los Pods con esta etiqueta para asociar el Service
  ports:
  . name: http
    port: 5200        #Puerto externo que expone el servicio
    targetPort: 8080     #Puerto Interno del contenedor
  type: LoadBalancer     #Accesible desde fuera del clúster
```

De esta forma, conseguimos exponer por el puerto 5200 la comunicación con el Pod de Registry API, alcanzable desde fuera del clúster por un navegador web externo. Aplicamos el Service en el namespace:

shell/cmd

```
kubectl apply -f registryapi-service.yaml
```

Si ahora vemos todos los Deployment, Services y Pods creados, podemos ver que el estado del Pod, está en ejecución (Running) y sin errores, además, se ha expuesto el puerto 5200 en el servicio, por lo que podemos comunicarnos con el Pod desde un navegador web [*Ilustración 398*].

```
C:\DEV\Book\WorkTimeRecord_Kubernetes_Local\Kubernetes\ms.registry.api>kubectl get all -n netcicdbook
NAME                                        READY   STATUS    RESTARTS   AGE
pod/mongodb-deployment-786d67c8-wnxx9       1/1     Running   0          21h
pod/postgresql-deployment-8495d49976-z298m  1/1     Running   0          22h
pod/rabbitmq-deployment-689bfc85c9-sqknp    1/1     Running   0          20h
pod/registryapi-deployment-64969b7769-24d42 1/1     Running   0          3h34m

NAME                           TYPE          CLUSTER-IP      EXTERNAL-IP   PORT(S)            AGE
service/mongodb-service        ClusterIP     10.104.235.156  <none>        27017/TCP          21h
service/postgresql-service     ClusterIP     10.107.200.222  <none>        5432/TCP           22h
service/rabbitmq-bus-service   ClusterIP     10.99.38.87     <none>        5672/TCP           20h
service/rabbitmq-ui-service    LoadBalancer  10.98.89.83     localhost     15672:31731/TCP    20h
service/registryapi-service    LoadBalancer  10.104.128.65   localhost     5200:30629/TCP     3m31s

NAME                                    READY   UP-TO-DATE   AVAILABLE   AGE
deployment.apps/mongodb-deployment      1/1     1            1           21h
deployment.apps/postgresql-deployment   1/1     1            1           22h
deployment.apps/rabbitmq-deployment     1/1     1            1           20h
deployment.apps/registryapi-deployment  1/1     1            1           3h34m

NAME                                               DESIRED   CURRENT   READY   AGE
replicaset.apps/mongodb-deployment-786d67c8        1         1         1       21h
replicaset.apps/postgresql-deployment-8495d49976   1         1         1       22h
replicaset.apps/rabbitmq-deployment-689bfc85c9     1         1         1       20h
replicaset.apps/registryapi-deployment-64969b7769  1         1         1       3h34m
```

Ilustración 398. Registry API deployed.

Ahora veamos si el Pod creado es accesible desde fuera del clúster, abriendo el Swagger en dicho puerto por medio del navegador de nuestro equipo [*Ilustración 399*]. Vemos si podemos acceder a Swagger de Registry API.

Ilustración 399. Swagger Registry API comprobar.

En efecto, accedemos correctamente al Swagger de esta API; probemos a ejecutar la acción que obtiene datos de la base de datos PostgreSQL, a la cual accede nuestra API, de manera interna, por medio del nombre del servicio "**postgresql-service**" [*Ilustración 400*].

Ilustración 400. Comunicación con PostgreSQL.

Con esto acabamos de verificar que la API de Registry es accesible desde un navegador por el puerto 5200 y que internamente nuestra API es capaz de alcanzar la base de datos PostgreSQL para comunicarse.

5.7 Despliegue Auditory API a Kubernetes local

El siguiente componente por desplegar es la API de auditoría del histórico de horarios del empleado.

Vamos a deshabilitar HTTPS del proyecto para no tener que lidiar ahora con la configuración de certificados SSL/TLS, y centrarnos en el despliegue sobre Kubernetes. Para ello, debemos modificar el comportamiento del servidor web **Kestrel**, que procesa las solicitudes de nuestras aplicaciones .NET Core, para hacer que únicamente escuche peticiones por HTTP por el puerto 8080.

Simplemente abrimos el fichero appsettings.json y añadimos la siguiente configuración de **Kestrel**, escuchando únicamente por el puerto 8080 por HTTP [*Ilustración 401*].

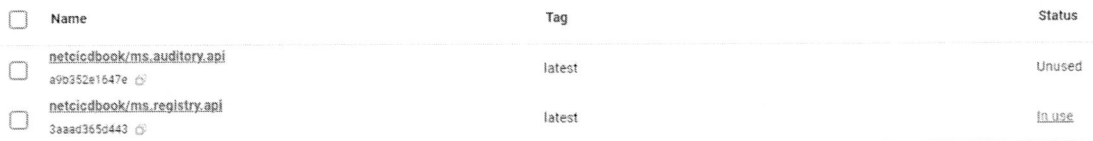

```
appsettings.json
Esquema: https://json.schemastore.org/appsettings.json
1   {
2       "Logging": {
3           "LogLevel": {
4               "Default": "Information",
5               "Microsoft.AspNetCore": "Warning"
6           }
7       },                              Configuración HTTP
8       "Kestrel": {
9           "Endpoints": {
10              "Http": {
11                  "Url": "http://0.0.0.0:8080"
12              }
13          }
14      }
15  }
```

Explorador de soluciones
Buscar en Explorador de soluciones (Ctrl+')
- Solución "WorkTimeRecord.Solution"
  - Auditory
    - Auditory.API
      - Connected Services
      - Dependencias
      - Properties
      - Data
      - Domain
      - Features
      - appsettings.json
      - Dockerfile

Ilustración 401. Deshabilitar HTTPS.

Una vez deshabilitados los certificados, procedemos a construir una nueva imagen para nuestra aplicación mediante los comandos Docker.

Nos ubicamos en el directorio de "WorkTimeRecord.Solution" y ejecutamos el siguiente comando:

shell/cmd

```
docker build -t netcicdbook/ms.auditory.api -f
Auditory/Auditory.API/Dockerfile .
```

```
C:\DEV\Book\WorkTimeRecord_Kubernetes_Local\WorkTimeRecord.Solution>docker build -t netcicdbook/ms.auditory.api -f Auditory/Auditory.API/Dockerfile .
[+] Building 28.5s (18/18) FINISHED
```

Ilustración 402. Imagen construida.

Verificamos desde Docker Desktop que la imagen ha sido creada con el tag netcicdbook/ms.auditory.api [*Ilustración 402*].

Name	Tag	Status
netcicdbook/ms.auditory.api a9b352e1647e	latest	Unused
netcicdbook/ms.registry.api 3aaad365d443	latest	In use

Ilustración 403. Imagen con tag creado.

Ya está creada la nueva imagen de nuestra aplicación, con los cambios aplicados y el tag correspondiente, listo para ser subido a Docker Container Registry.

Para publicar la imagen en Docker Hub, ejecutemos el siguiente comando [*Ilustración 404*]:

shell/cmd

```
docker push netcicdbook/ms.auditory.api
```

```
:\DEV\Book\WorkTimeRecord_Kubernetes_Local\WorkTimeRecord.Solution>docker push netcicdbook/ms.auditory.api
Using default tag: latest
```

Ilustración 404. PUSH Docker Hub.

Una vez subido, verificamos en Docker Hub que la imagen ha sido publicada [*Ilustración 405*].

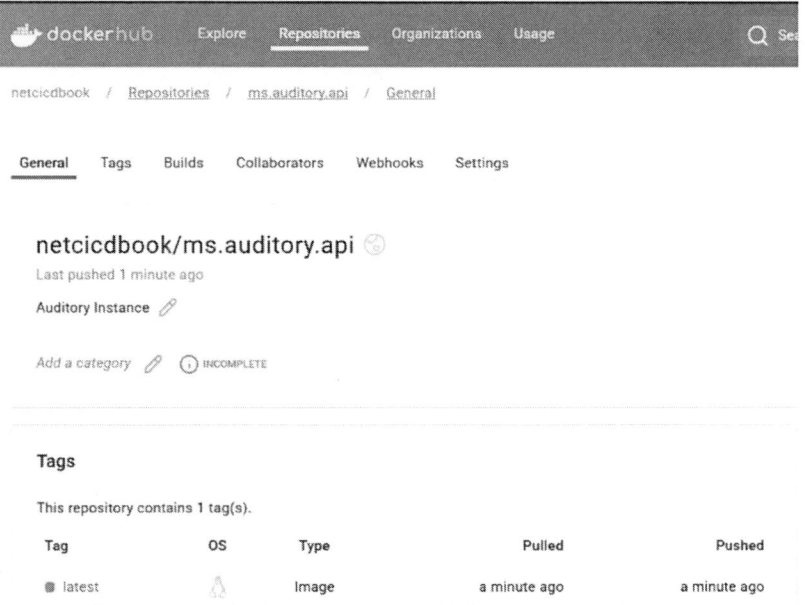

Ilustración 405. Docker Hub imagen publicada.

Con la nueva versión de la imagen en Docker Hub, ya tenemos preparada la imagen que nuestro YAML Deployment utilizará para construir el contenedor. Podemos comenzar a crear los YAML para esta API.

Crearemos dentro del directorio "Kubernetes", una carpeta llamada "ms.auditory.api", que contendrá todos los YAML para desplegar Auditory API.

Este componente es una API de .NET y no requiere persistencia de datos.

Empezamos por crear un **Secret**, para almacenar información confidencial, que en este caso serían datos de acceso a MongoDB (host, puerto, usuario, contraseña, base de datos y colección), así como los datos de comunicación contra el bus de comunicaciones de RabbitMQ (host, usuario y contraseña). Además, los datos sensibles, son codificados a base 64.

auditoryapi-secret.yaml

```
apiVersion: v1
kind: Secret
metadata:
  name: auditoryapi-secret
  namespace: netcicdbook
type: Opaque
data:
  mongodb-host: bW9uZ29kYi1zZXJ2aWNl # Base64 de "mongodb-service"
  mongodb-port: MjcwMTc= # Base64 de "27017"
  mongodb-database: QXVkaXRvcnlEQg== # Base64 de "AuditoryDB"
  mongodb-collection: VXNlclJlY29yZA== # Base64 de "UserRecord"
  mongodb-user: YWRtaW4=  # Base64 de "admin"
  mongodb-password: YWRtaW4= # Base64 de "admin"
  rabbitmq-host: YW1xcDovL3JhYmJpdG1xLWJ1cy1zZXJ2aWNl # Base64 de "amqp://rabbitmq-bus-service"
  rabbitmq-user: YWRtaW4=  # Base64 de "admin"
  rabbitmq-password: cGFzc3dvcmQ= # Base64 encoded "password"
```

Estos datos permitirán que la API se pueda comunicar con MongoDB y RabbitMQ, por medio de su nombre interno del servicio desplegado:

- **mongodb-service**: Nombre del servicio desplegado de MongoDB.
- **rabbitmq-bus-service**: Nombre del servicio desplegado de RabbitMQ.

Con estos nombres, podemos comunicarnos con ambos servicios, alcanzables internamente dentro del clúster, al usar **ClusterIP**.

Estos datos podrán ser utilizados por los Deployments mediante variables de entorno o montándolos como volúmenes. Aplicamos el secreto en Kubernetes:

shell/cmd

```
kubectl apply -f auditoryapi-secret.yaml
```

Una vez creado el secreto con las variables protegidas, creemos el Deployment siguiente, que desplegará nuestra instancia de Auditory API dentro de Kubernetes, de igual forma que hicimos con Registry API, rellenando las mismas secciones.

auditoryapi-deployment.yaml

```
apiVersion: apps/v1
kind: Deployment
metadata:
  name: auditoryapi-deployment
  namespace: netcicdbook
  labels:
    app: ms-auditory-api          #Etiqueta de identificación
spec:
  replicas: 1                     #Solo se ejecuta 1 instancia de contenedor (1 POD)
  selector:
    matchLabels:
      app: ms-auditory-api        #Etiqueta para asociar el Deployment con los
Pods
  template:
    metadata:
      labels:
        app: ms-auditory-api      #Etiqueta que tendrán los Pods creados
    spec:
      containers:                 #Config del contenedor
      . name: ms-auditory-api-container    #Nombre del contenedor en el POD
```

```
image: netcicdbook/ms.auditory.api  #Imagen usada para el contenedor
resources:                          #Recursos asignados al contenedor:
  limits:                           #Límite máximo de memoria y CPU
    memory: "256Mi"
    cpu: "250m"
  requests:                         #Se solicita inicialmente una memoria y CPU
    memory: "128Mi"
    cpu: "100m"
ports:
. containerPort: 8080              #Puerto expuesto por la API
env:
. name: ASPNETCORE_HTTP_PORTS      #Variable de entorno para HTTP
  value: "8080"                    #Valor del puerto HTTP 8080
. name: ASPNETCORE_ENVIRONMENT     #Variable de entorno para entorno
  value: Development               #Development
. name: ConnectionStrings__UserRecord__HostName #Sobrescribimos del
appsettings el valor de Hostname
  valueFrom:                       #Valor asignado de
    secretKeyRef:                  #Se obtiene el valor de un Secret
      name: auditoryapi-secret     #El fichero auditoryapi-secret
      key: mongodb-host            #Valor de la variable mongodb-host
. name: ConnectionStrings__UserRecord__Port
  valueFrom:
    secretKeyRef:
      name: auditoryapi-secret
      key: mongodb-port
. name: ConnectionStrings__UserRecord__DataBase
  valueFrom:
    secretKeyRef:
      name: auditoryapi-secret
      key: mongodb-database
```

```yaml
. name: ConnectionStrings__UserRecord__Collection
  valueFrom:
    secretKeyRef:
      name: auditoryapi-secret
      key: mongodb-collection
. name: ConnectionStrings__UserRecord__Username
  valueFrom:
    secretKeyRef:
      name: auditoryapi-secret
      key: mongodb-user
. name: ConnectionStrings__UserRecord__Password
  valueFrom:
    secretKeyRef:
      name: auditoryapi-secret
      key: mongodb-password
. name: MessageBroker__Host
  valueFrom:
    secretKeyRef:
      name: auditoryapi-secret
      key: rabbitmq-host
. name: MessageBroker__UserName
  valueFrom:
    secretKeyRef:
      name: auditoryapi-secret
      key: rabbitmq-user
. name: MessageBroker__Password
  valueFrom:
    secretKeyRef:
      name: auditoryapi-secret
      key: rabbitmq-password
```

Para sobrescribir los valores del appsettings para mongoDB, inicialmente eran:

json

```json
"ConnectionStrings": {

  "UserRecord": {

    "HostName": "msmongoauditorydb",

    "Port": "27017",

    "DataBase": "AuditoryDB",

    "Collection": "UserRecord",

    "Username": "admin",

    "Password": "admin"

  }

}
```

Y son sobrescritos por variables de este tipo para el caso del HostName:

yaml

```yaml
- name: ConnectionStrings__UserRecord__HostName
  valueFrom:
    secretKeyRef:
      name: auditoryapi-secret
      key: mongodb-host
```

De igual manera, para el caso de sobrescribir los valores de RabbitMQ en el appsettings.json, que actualmente es:

json

```json
"MessageBroker": {

  "Host": "amqp://ms.rabbitmq.bus",

  "UserName": "admin",

  "Password": "password"

},
```

Se puede reemplazar cada una de las variables directamente, por ejemplo, reemplazando la variable host del MessageBroker de appsettings leyendo directamente del valor del Secret:

Yaml

```
- name: MessageBroker__Host
  valueFrom:
    secretKeyRef:
      name: registryapi-secret
      key: rabbitmq-host
```

Aplicamos el Deployment en el espacio de nombres:

shell/cmd

```
kubectl apply -f auditoryapi-deployment.yaml
```

El último de los YAML a crear sería el del servicio, que permite exponer esta API accesible por un navegador web externo al clúster, por medio de un **LoadBalancer** que enruta las solicitudes, hacia el puerto externo 5300.

auditoryapi-service.yaml

```
apiVersion: v1
kind: Service
metadata:
  name: auditoryapi-service
  namespace: netcicdbook
spec:
  selector:
    app: ms-auditory-api    #Busca los Pods con esta etiqueta para asociar el Service
  ports:
  . name: http
    port: 5300         #Puerto externo que expone el servicio
    targetPort: 8080     #Puerto interno del contenedor
    type: LoadBalancer    #Accesible desde fuera del clúster
```

De esta forma, conseguimos exponer por el puerto 5300 la comunicación con el Pod de Auditory API, alcanzable desde fuera del clúster por un navegador web externo. Aplicamos el Service en el namespace:

shell/cmd

```
kubectl apply -f auditoryapi-service.yaml
```

Si ahora vemos todos los Deployment, Services y Pods creados, podemos ver que el estado del Pod está en ejecución (Running) y sin errores, además, se ha expuesto el puerto 5300 en el servicio, por lo que podemos comunicarnos con el Pod desde un navegador web [**Ilustración 406**].

```
C:\DEV\Book\WorkTimeRecord_Kubernetes_Local\Kubernetes\ms.auditory.api>kubectl get all -n netcicdbook
NAME                                           READY   STATUS    RESTARTS      AGE
pod/auditoryapi-deployment-59dc799f57-fx46x    1/1     Running   0             3m29s
pod/mongodb-deployment-786d67c8-wnxx9          1/1     Running   1 (48m ago)   23h
pod/postgresql-deployment-8495d49976-z298m     1/1     Running   1 (48m ago)   24h
pod/rabbitmq-deployment-689bfc85c9-sqknp       1/1     Running   1 (48m ago)   23h
pod/registryapi-deployment-64969b7769-24d42    1/1     Running   1 (48m ago)   5h52m

NAME                           TYPE           CLUSTER-IP       EXTERNAL-IP   PORT(S)            AGE
service/auditoryapi-service    LoadBalancer   10.103.202.249   localhost     5300:30737/TCP     58s
service/mongodb-service        ClusterIP      10.104.235.156   <none>        27017/TCP          23h
service/postgresql-service     ClusterIP      10.107.200.222   <none>        5432/TCP           24h
service/rabbitmq-bus-service   ClusterIP      10.99.38.87      <none>        5672/TCP           23h
service/rabbitmq-ui-service    LoadBalancer   10.98.89.83      localhost     15672:31731/TCP    22h
service/registryapi-service    LoadBalancer   10.104.128.65    localhost     5200:30629/TCP     141m

NAME                                       READY   UP-TO-DATE   AVAILABLE   AGE
deployment.apps/auditoryapi-deployment     1/1     1            1           3m29s
deployment.apps/mongodb-deployment         1/1     1            1           23h
deployment.apps/postgresql-deployment      1/1     1            1           24h
deployment.apps/rabbitmq-deployment        1/1     1            1           23h
deployment.apps/registryapi-deployment     1/1     1            1           5h52m

NAME                                                  DESIRED   CURRENT   READY   AGE
replicaset.apps/auditoryapi-deployment-59dc799f57     1         1         1       3m29s
replicaset.apps/mongodb-deployment-786d67c8           1         1         1       23h
replicaset.apps/postgresql-deployment-8495d49976      1         1         1       24h
replicaset.apps/rabbitmq-deployment-689bfc85c9        1         1         1       23h
replicaset.apps/registryapi-deployment-64969b7769     1         1         1       5h52m
```

Ilustración 406. Auditory API Deployed.

Ahora veamos si el Pod creado es accesible desde fuera del clúster, abriendo el Swagger en dicho puerto, por medio del navegador de nuestro equipo [**Ilustración 407**]. Vemos que podemos acceder a Swagger de Auditory API.

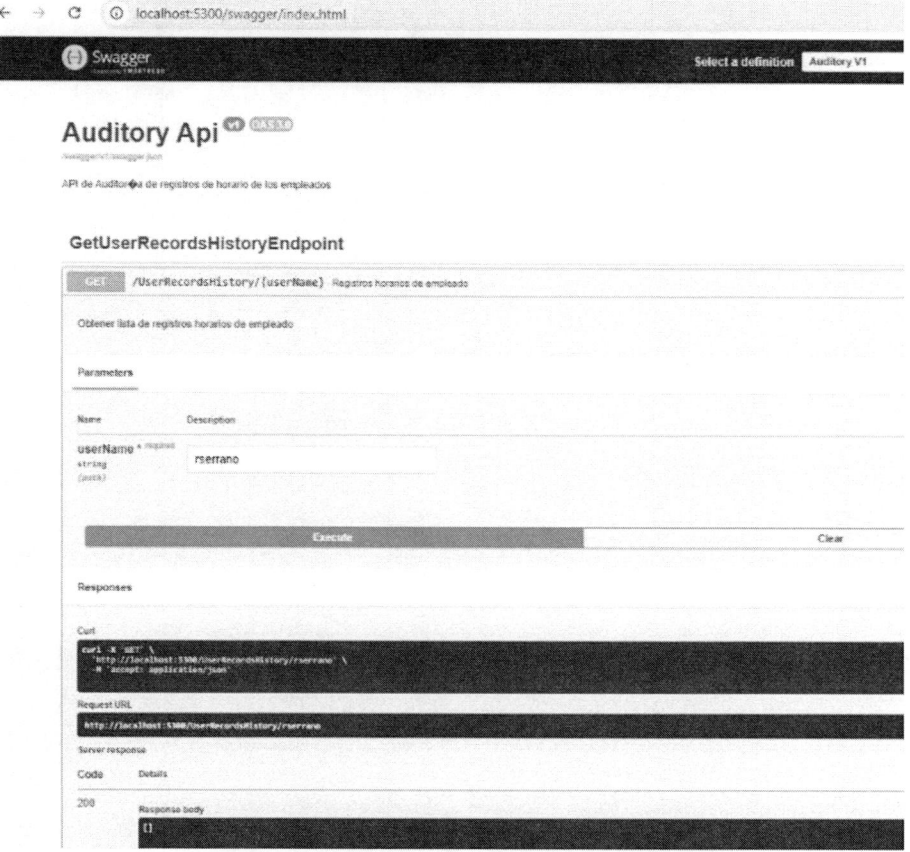

Ilustración 407. Swagger Auditory API comprobar.

En efecto, accedemos correctamente al Swagger de esta API, y al ejecutar la invocación de obtener registros almacenados en MongoDB, se verifica que se puede comunicar internamente con la base de datos de Mongo a través del servicio "mongodb-service", retornando la lista vacía de registros, dado que no hemos registrado ninguno aún.

Con esto acabamos de verificar que la API de Auditoría es accesible desde un navegador por el puerto 5300 y que internamente nuestra API es capaz de alcanzar la base de datos MongoDB para comunicarse.

Probemos ahora la integración entre la API de registro y la de auditoria para ver si pueden comunicarse correctamente entre sí por medio del bus de mensajería.

Abrimos la API de registro y creamos un nuevo registro de salida [***Ilustración 408***].

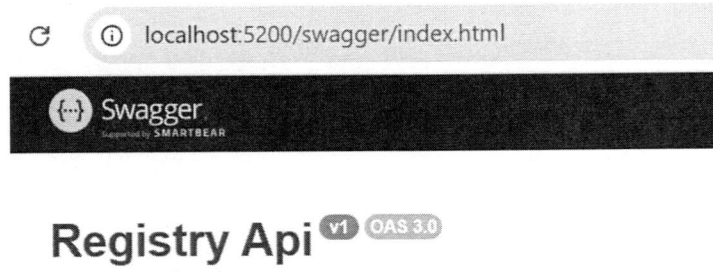

CreateUserWorkTimeRecordEndpoint

| POST | /UserWorkTimeRecord Crear nuevo registro horario de empleado |

Crear nuevo registro horario de empleado

Parameters

No parameters

Request body *required*

```
{
    "userName": "rserrano",
    "firstName": "Ramón",
    "lastName": "Serrano Valero",
    "lastRecord": "2024-05-01T18:00:00Z",
    "mode": "Salida"
}
```

Ilustración 408. Prueba integración 1.

Este registro es publicado en el bus de mensajería [***Ilustración 409***].

Ilustración 409. Prueba integración 2.

Lo que verifica que se ha publicado y consumido por un consumidor dicho mensaje. Finalmente abrimos la API de auditoría y listamos el histórico de registros [***Ilustración 410***].

Ilustración 410. Prueba integración 3.

Con esto queda demostrado que ambas API se comunican entre si a través del bus de mensajería y que la API de auditoría registra correctamente en Mongo.

5.8 Despliegue UI Vue a Kubernetes local

El siguiente componente por desplegar es la interfaz de usuario de Vue sobre Kubernetes local.

Necesitaremos crear un nuevo fichero de entorno en Vue para construir la nueva imagen de Vue con las nuevas variables del entorno a Kubernetes local.

Abrimos el proyecto front-end y creamos un nuevo fichero llamado ".env.k8local" [*Ilustración 411*], que contiene las mismas variables que hemos usado hasta ahora, pero apuntando a las API de registro y auditoria que se encuentran en los puertos 5200 y 5300, respectivamente.

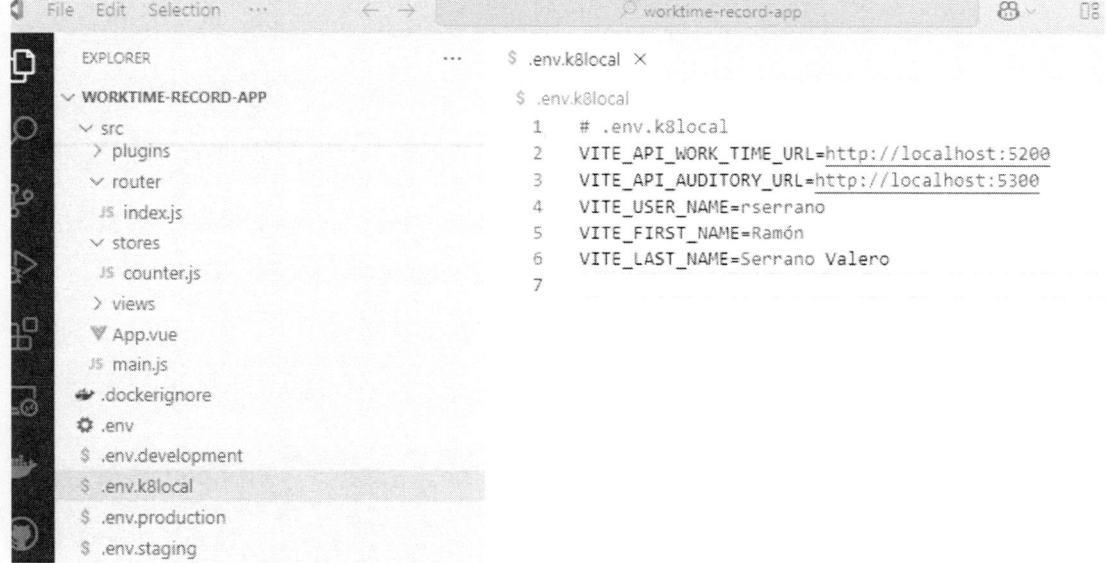

Ilustración 411. Creamos nuevo entorno en Vue.

Una vez creado el nuevo entorno, debemos crear el comando que compila la solución utilizando este entorno, para ello agregamos el script "**build:k8local**" en el fichero packages.json [*Ilustración 412*].

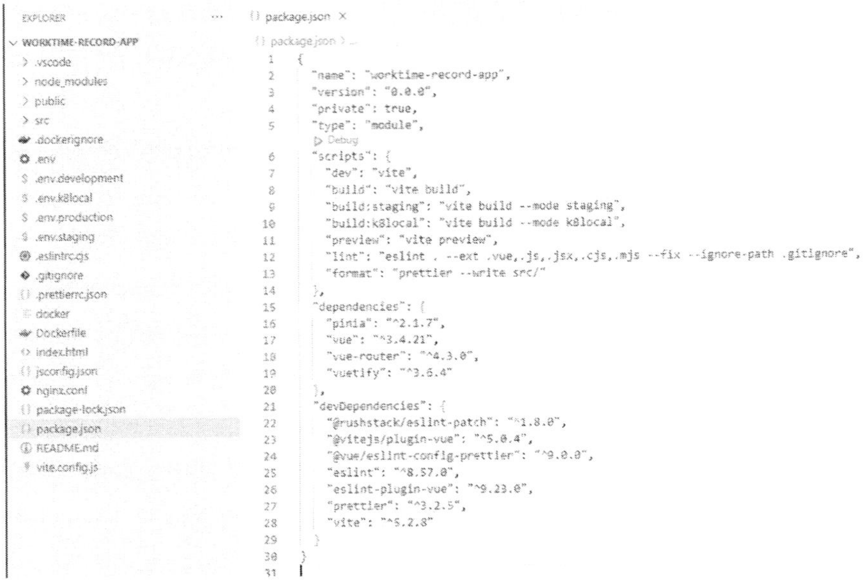

Ilustración 412. Modificar packages.json.

Ya podemos construir una nueva imagen para nuestra aplicación mediante los comandos Docker.

Nos ubicamos en el directorio de "WorkTimeRecord.UI" y ejecutamos el siguiente comando:

shell/cmd

```
docker build --build-arg MODE=":k8local" -t
netcicdbook/worktime-app .
```

```
C:\DEV\Book\WorkTimeRecord_Kubernetes_Local\WorkTimeRecord.UI\worktime-record-app>docker build --build-arg MODE=":k8local" -t netcicdbook/worktime-app .
[+] Building 0.7s (15/15) FINISHED
```

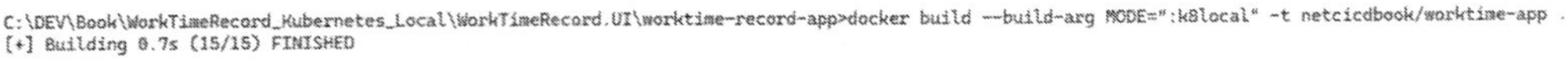

Ilustración 413. Imagen construida.

Verificamos desde Docker Desktop que la imagen ha sido creada con el tag netcicdbook/worktime-app [*Ilustración 413*].

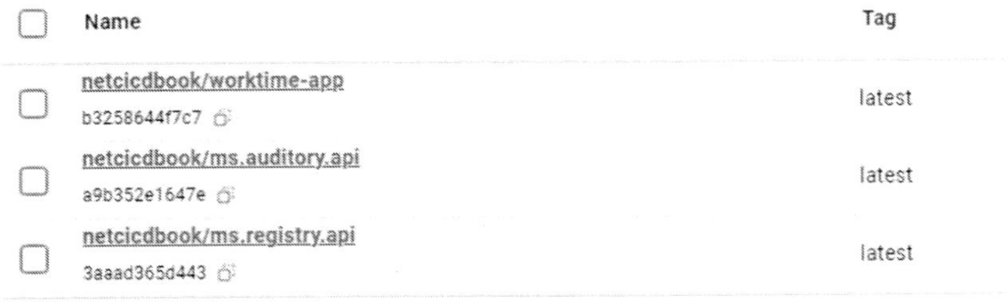

	Name	Tag
☐	**netcicdbook/worktime-app** b3258644f7c7	latest
☐	**netcicdbook/ms.auditory.api** a9b352e1647e	latest
☐	**netcicdbook/ms.registry.api** 3aaad365d443	latest

Ilustración 414. Imagen con tag creado.

Ya está creada la nueva imagen de nuestra aplicación, con los cambios aplicados y el tag correspondiente, listo para ser subido a Docker Container Registry.

Para publicar la imagen en Docker Hub, ejecutemos el siguiente comando [*Ilustración 415*]:

shell/cmd

```
docker push netcicdbook/worktime-app
```

```
C:\DEV\Book\WorkTimeRecord_Kubernetes_Local\WorkTimeRecord.UI\worktime-record-app>docker push netcicdbook/worktime-app
Using default tag: latest
```

Ilustración 415. PUSH Docker Hub.

Una vez subido, verificamos en Docker Hub que la imagen ha sido publicada [*Ilustración 416*].

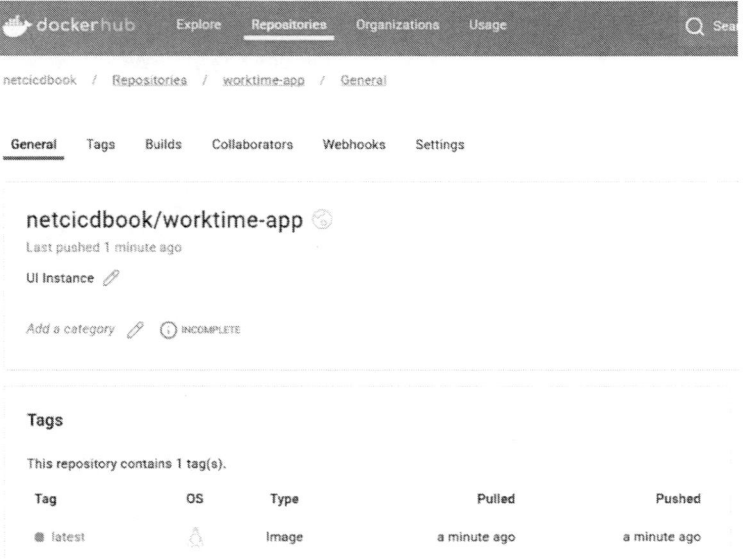

Ilustración 416. Docker Hub imagen publicada.

Con la nueva versión de la imagen en Docker Hub, ya tenemos preparada la imagen que nuestro YAML Deployment utilizará para construir el contenedor. Podemos comenzar a crear los YAML para esta aplicación Vue.

Crearemos dentro del directorio "Kubernetes" una carpeta llamada "worktime-app", que contendrá todos los YAML para desplegar esta aplicación Vue.

Este componente es una aplicación Vue y no requiere persistencia de datos, ni tampoco uso de secretos.

Empecemos por crear el Deployment, que desplegará nuestra instancia de Vue dentro de Kubernetes, de igual forma que hicimos con Auditory API.

worktime-app-deployment.yaml

```yaml
apiVersion: apps/v1
kind: Deployment
metadata:
  name: worktime-app-deployment
  namespace: netcicdbook
  labels:
    app: worktime-app          #Etiqueta de identificación
spec:
  replicas: 1                  #Solo se ejecuta 1 instancia de contenedor (1 POD)
  selector:
    matchLabels:
      app: worktime-app        #Etiqueta para asociar el Deployment con Pods
  template:
    metadata:
      labels:
        app: worktime-app      #Etiqueta que tendrán los Pods creados
    spec:
      containers:              #Config del contenedor
      . name: worktime-app-container    #Nombre del contenedor en el POD
        image: netcicdbook/worktime-app #Imagen usada para crear el contenedor
        resources:             #Recursos asignados al contenedor:
          limits:              #Límite máximo de memoria y CPU
            memory: "256Mi"
            cpu: "250m"
          requests:            #Se solicita inicialmente una memoria y CPU
            memory: "128Mi"
            cpu: "100m"
        ports:
```

. containerPort: 80   #Puerto expuesto por la aplicación Vue

Vemos que no hemos definido aquí variables de entorno, se debe a que están contenidas en el fichero de configuración de entornos ".env.k8local" del proyecto Vue.

Aplicamos el Deployment en el espacio de nombres:

shell/cmd

```
kubectl apply -f worktime-app-deployment.yaml
```

El último de los YAML a crear sería el del servicio, que permite exponer esta aplicación Vue accesible por un navegador web externo al clúster, por medio de un **LoadBalancer** que enruta las solicitudes, hacia el puerto externo 5100.

worktime-app-service.yaml

```
apiVersion: v1
kind: Service
metadata:
  name: worktime-app-service
  namespace: netcicdbook
spec:
  selector:
    app: worktime-app       #Busca los Pods con esta etiqueta para asociar el Service
  ports:
  . name: http
    port: 5100         #Puerto externo que expone el servicio
    targetPort: 80       #Puerto Interno del contenedor
  type: LoadBalancer       #Accesible desde fuera del clúster
```

De esta forma, conseguimos exponer por el puerto 5100, la comunicación con el Pod de Vue, alcanzable desde fuera del clúster por un navegador web externo. Aplicamos el Service en el namespace:

shell/cmd

```
kubectl apply -f worktime-app-service.yaml
```

Si ahora vemos todos los Deployment, Services y Pods creados, podemos ver que el estado del Pod está en ejecución (Running) y sin errores; además, se ha expuesto el puerto 5300 en el servicio, por lo que podemos comunicarnos con el Pod desde un navegador web [*Ilustración 417*].

```
C:\DEV\Book\WorkTimeRecord_Kubernetes_Local\Kubernetes\worktime-app>kubectl get all -n netcicdbook
NAME                                        READY   STATUS    RESTARTS      AGE
pod/auditoryapi-deployment-59dc799f57-fx46x  1/1    Running   0             17h
pod/mongodb-deployment-786d67c8-wnxx9        1/1    Running   1 (18h ago)   41h
pod/postgresql-deployment-8495d49976-z298m   1/1    Running   1 (18h ago)   42h
pod/rabbitmq-deployment-689bfc85c9-sqknp     1/1    Running   1 (18h ago)   40h
pod/registryapi-deployment-64969b7769-24d42  1/1    Running   1 (18h ago)   23h
pod/worktime-app-deployment-76777c4dfd-ntss2 1/1    Running   0             2m59s

NAME                          TYPE           CLUSTER-IP        EXTERNAL-IP   PORT(S)            AGE
service/auditoryapi-service   LoadBalancer   10.103.202.249    localhost     5300:30737/TCP     17h
service/mongodb-service       ClusterIP      10.104.235.156    <none>        27017/TCP          41h
service/postgresql-service    ClusterIP      10.107.200.222    <none>        5432/TCP           41h
service/rabbitmq-bus-service  ClusterIP      10.99.38.87       <none>        5672/TCP           40h
service/rabbitmq-ui-service   LoadBalancer   10.98.89.83       localhost     15672:31731/TCP    40h
service/registryapi-service   LoadBalancer   10.104.128.65     localhost     5200:30629/TCP     19h
service/worktime-app-service  LoadBalancer   10.106.232.189    localhost     5100:32106/TCP     11s

NAME                                    READY   UP-TO-DATE   AVAILABLE   AGE
deployment.apps/auditoryapi-deployment  1/1    1            1           17h
deployment.apps/mongodb-deployment      1/1    1            1           41h
deployment.apps/postgresql-deployment   1/1    1            1           42h
deployment.apps/rabbitmq-deployment     1/1    1            1           40h
deployment.apps/registryapi-deployment  1/1    1            1           23h
deployment.apps/worktime-app-deployment 1/1    1            1           2m59s

NAME                                              DESIRED   CURRENT   READY   AGE
replicaset.apps/auditoryapi-deployment-59dc799f57  1        1         1       17h
replicaset.apps/mongodb-deployment-786d67c8        1        1         1       41h
replicaset.apps/postgresql-deployment-8495d49976   1        1         1       42h
replicaset.apps/rabbitmq-deployment-689bfc85c9     1        1         1       40h
replicaset.apps/registryapi-deployment-64969b7769  1        1         1       23h
replicaset.apps/worktime-app-deployment-76777c4dfd 1        1         1       2m59s
```

Ilustración 417. Vue deployed.

Ahora veamos si el Pod creado es accesible desde fuera del clúster, abriendo el navegador en dicho puerto 5100 [*Ilustración 418*]. Vemos si podemos acceder a la interfaz de usuario y se muestra el último registro almacenado en la base de datos PostgreSQL y recogido por la API Registry.

Ilustración 418. Verificar Vue prueba 1.

En efecto, accedemos correctamente a la interfaz, ahora probemos que podemos crear un nuevo registro horario, pulsando el botón "Registrar Entrada" [*Ilustración 419*]. Esta acción debe llamar a Registry API y la API deberá almacenar en PostgreSQL el registro e invocar al bus de mensajería de RabbitMQ para publicar el evento de nuevo registro que debería consumir la API de auditoría y, tras interpretar el evento, registrar Auditory API en la base de datos de MongoDB.

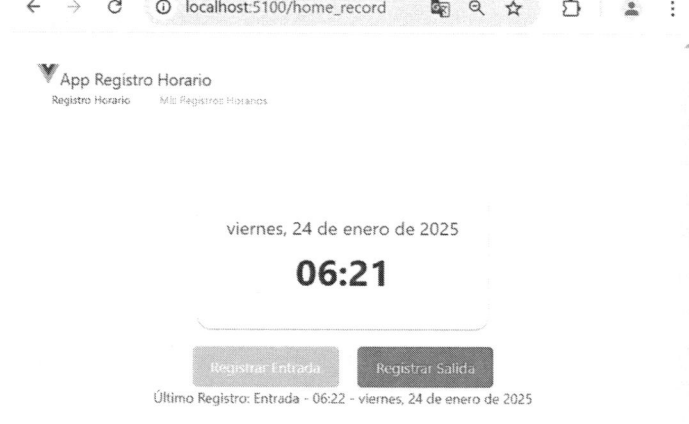

Ilustración 419. Verificar Vue prueba 2.

Tras esto vemos que el registro se ha producido y veamos ahora en la pestaña de "Mis registros horarios" si existen estos registros en el histórico [*Ilustración 420*].

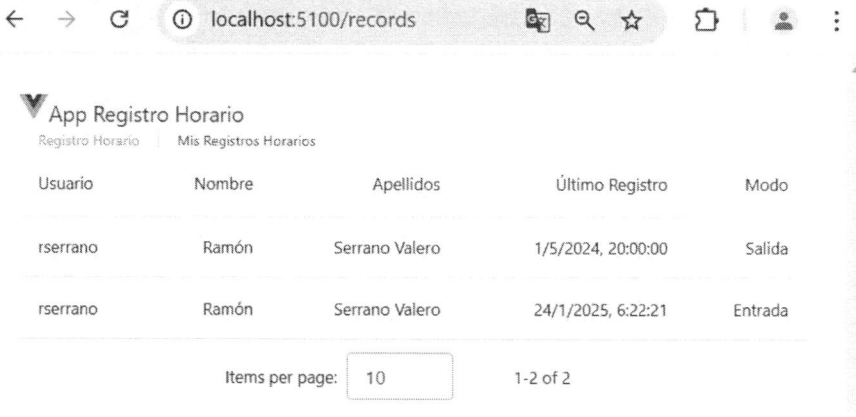

Ilustración 420. Verificar Vue Prueba 3.

Así es, al invocar esta pestaña, obtener el histórico de registros de la API de auditoría, se obtienen de MongoDB los registros del usuario **rserrano**.

Con esto cerramos el ciclo de comunicación entre todos los servicios desplegados.

5.9 Resumen del capítulo

En este capítulo se aborda cómo convertir nuestra arquitectura de tal forma que podamos realizar el despliegue de aplicaciones contenerizadas en un clúster de Kubernetes local, utilizando Docker Hub como registro de imágenes. El objetivo principal es mostrar el proceso completo de configuración, despliegue y administración en un entorno local.

Puntos clave:

- Introducción al despliegue local en Kubernetes:
  - Se presenta Kubernetes como una plataforma de orquestación para aplicaciones en contenedores.
  - El enfoque está en la instalación y configuración de un clúster local, lo que permite practicar y probar despliegues en un entorno controlado.

- Preparación del entorno local:
  - Herramientas necesarias:
    - Kubectl: CLI para interactuar con el clúster.
    - Docker Desktop: Para gestionar contenedores y conectarlo con Kubernetes.
  - Habilitar Kubernetes en Docker Desktop.

- Construcción y publicación de imágenes en Docker Hub:
  - Creación de la imagen del contenedor.
  - Publicación de la imagen en Docker Hub.

- Configuración de Kubernetes para el despliegue:
  - Creación de los manifiestos YAML para Kubernetes.
  - Uso de comandos kubectl para aplicar los manifiestos y desplegar los recursos en el clúster local.

- Pruebas y validación del despliegue:
  - Verificación de que los Pods están en ejecución.
  - Exposición de la aplicación localmente para pruebas.

¿Qué hemos aprendido?

- Configuración de un clúster local de Kubernetes:
  - Uso Docker Desktop para ejecutar un entorno local funcional.

- Creación y gestión de manifiestos YAML:
  - Describir aplicaciones mediante recursos de Kubernetes.

- Interacción con Kubernetes mediante Kubectl:
  - Comandos esenciales para desplegar, supervisar y administrar aplicaciones en el clúster.

- Integración con Docker Hub:
  - Uso de Docker Hub como repositorio para almacenar imágenes que luego son utilizadas por Kubernetes.

- Validación y pruebas locales:
  - Verificación del correcto funcionamiento de la aplicación y exposición para pruebas locales antes de pasar a un entorno más complejo.

- Base sólida para futuros despliegues:
  - Este capítulo sienta las bases para avanzar hacia entornos más avanzados, como Kubernetes en la nube, mejorando la comprensión de conceptos fundamentales.

6 Despliegue CI/CD AKS con Azure Container Registry

Una vez realizado el despliegue local sobre Kubernetes en nuestro equipo, y comprobado que funciona, es el momento de realizar el despliegue en el entorno remoto de Azure utilizando Azure Container Registry (ACR) como repositorio donde almacenar nuestras imágenes, que será utilizado por Azure Kubernetes Service (AKS) para desplegar nuestros servicios.

Como podemos observar en la siguiente imagen, se detallan los pasos para desplegar cada una de las imágenes en el clúster de Kubernetes de Azure [*Ilustración 421. Azure Kubernetes Service*].

1. Construir las imágenes de nuestro código con el tag que tenemos registrado en ACR.

2. Publicar estas imágenes en ACR.

3. Una vez las imágenes están publicadas, ya las tenemos disponibles para usar por quien las necesite para construir contenedores.

4. Ejecutamos el comando kubectl apply para aplicar cada uno de los YAML de despliegue de los servicios.

5. Todos los servicios son desplegados como Pods en nuestro Kubernetes remoto de Azure (AKS), utilizando las imágenes del repositorio de ACR.

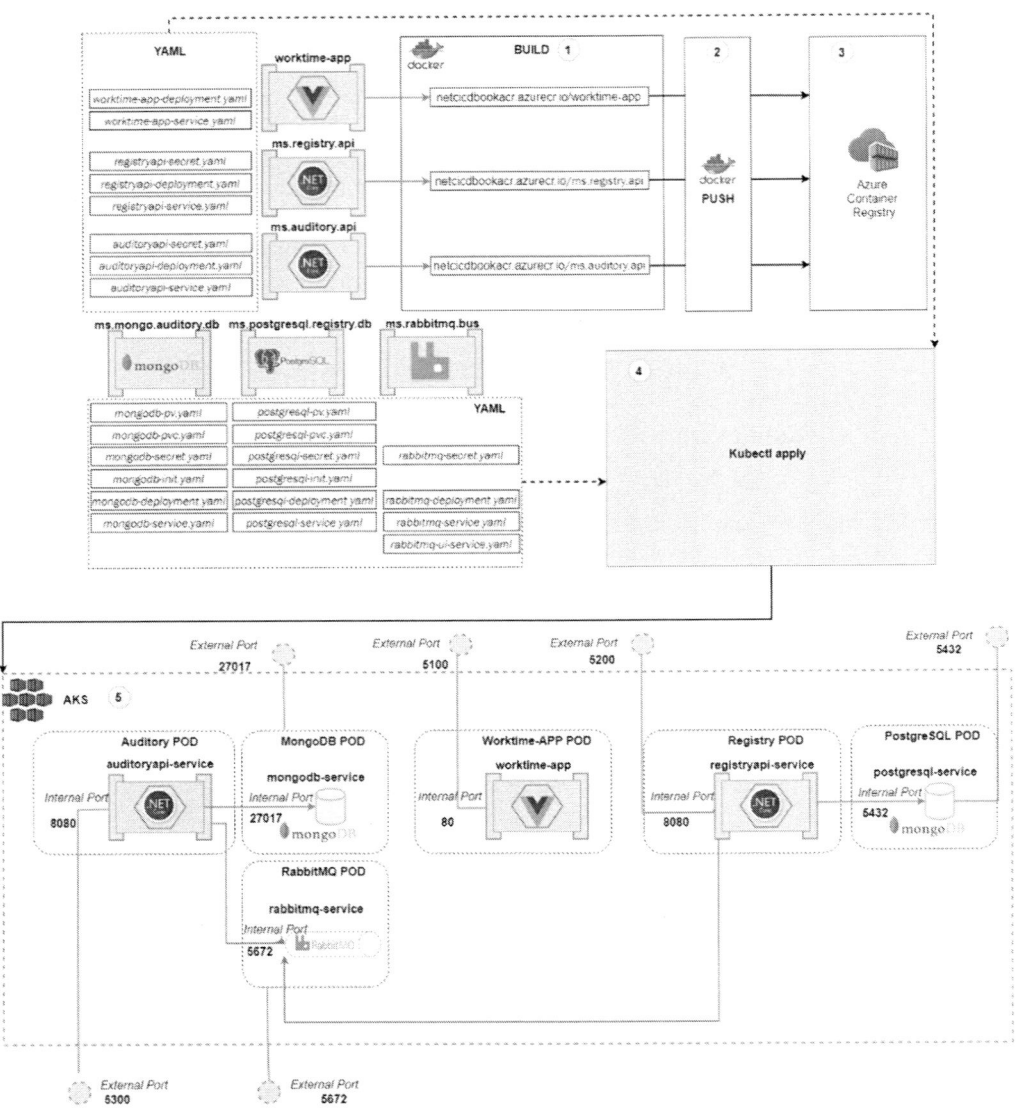

Ilustración 421. Azure Kubernetes Service.

6.1 Instalación CLI de Azure

Instalamos la herramienta de línea de comandos **Azure CLI**, para crear y administrar recursos de Azure en lugar de realizarlo manualmente por la interfaz de Azure. Nos instalamos esta herramienta desde la siguiente dirección:

https://learn.microsoft.com/es-es/dotnet/azure/install-azure-cli

Hacemos un Azure login mediante el comando:

shell/cmd

```
az login
```

O seleccionando el grupo de administración principal o tenant ID, que se encuentra en buscando en las propiedades de Azure [*Ilustración 422*].

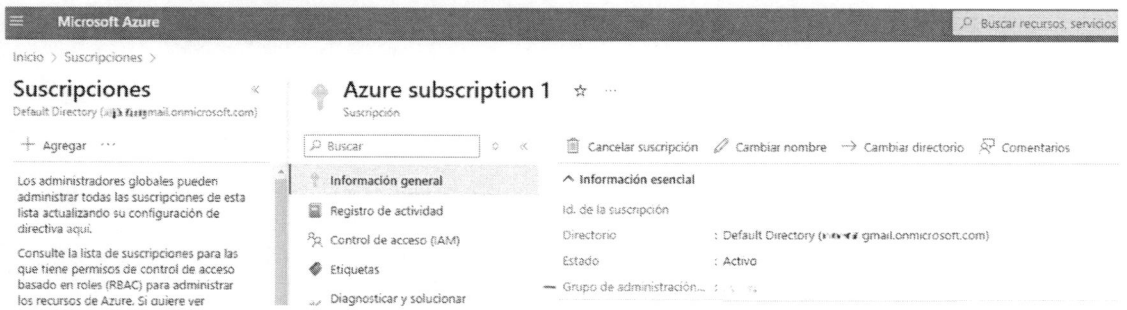

Ilustración 422. Tenant ID.

shell/cmd

```
az login -tenant TENANT_ID
```

Nos solicita seleccionar de qué modo queremos loguearnos en Azure desde el CLI; seleccionamos "Entrar con cuenta profesional o educativa" [*Ilustración 423*].

Ilustración 423. Seleccionar inicio sesión.

En nuestro caso, el inicio de sesión está vinculado a nuestra cuenta GitHub; después de seleccionar GitHub como método de inicio de sesión e introducir las credenciales, deberíamos recibir un mensaje similar a este [*Ilustración 424*].

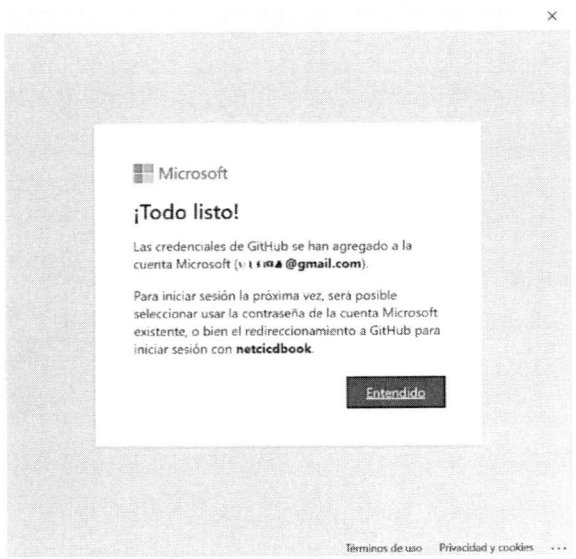

Ilustración 424. Logueado correctamente.

Tras un login satisfactorio, en nuestro Azure CLI, deberíamos poder visualizar nuestra subscripción de Azure [*Ilustración 425*].

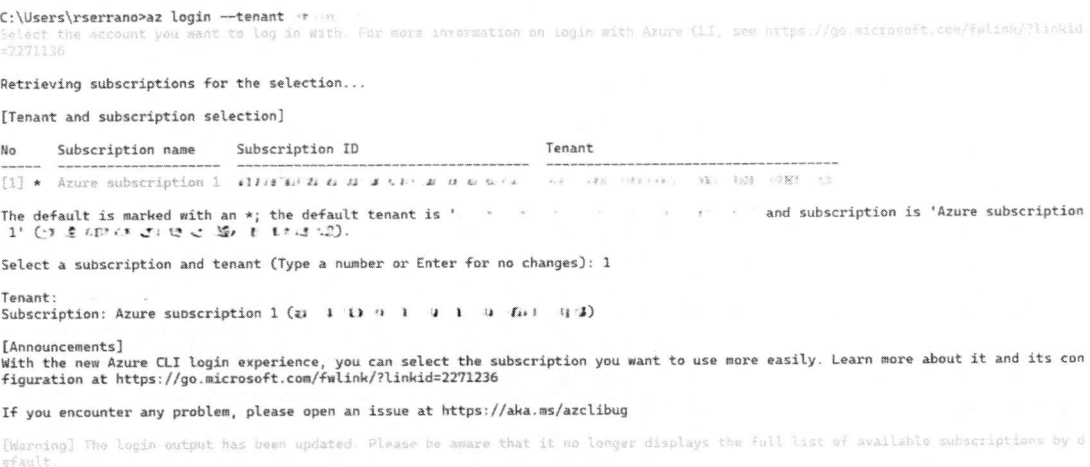

Ilustración 425. Login satisfactorio visualizar subscripción Azure.

Ya podemos interactuar con la consola a través de comandos de creación de recursos.

6.2 Creación grupo recursos

El primer paso es crear el grupo de recursos en nuestra subscripción de Azure. Para ello ejecutamos el siguiente comando [*Ilustración 426*]:

az group create --name GrupoRecursosAKS --location westeurope

Detalle del comando:

- az group create: Comando de Azure CLI para crear un grupo de recursos en la subscripción de Azure.
- --name GrupoRecursosAKS: Definimos el nombre del grupo de recursos.
- --location westeurope: Definimos la región donde ubicamos el grupo de recursos (Europa Occidental).

```
C:\Users\rserrano>az group create --name GrupoRecursosAKS --location westeurope
{
  "id": "/subscriptions/ааг fааf fаfЕ· ||fа·fзfzhafaf76e048113/resourceGroups/GrupoRecursosAKS",
  "location": "westeurope",
  "managedBy": null,
  "name": "GrupoRecursosAKS",
  "properties": {
    "provisioningState": "Succeeded"
  },
  "tags": null,
  "type": "Microsoft.Resources/resourceGroups"
}
```

Ilustración 426. Crear grupo recursos.

Podemos verificar que se ha creado el grupo de recursos desde el portal de Azure [*Ilustración 427*].

Ilustración 427. Recurso creado.

6.3 Creación ACR

Una vez disponemos de un grupo donde alojar nuestros recursos, creamos un Azure Container Registry (ACR), registro privado de Azure, que nos permite almacenar y gestionar las imágenes de contenedores [*Ilustración 428*].

shell/cmd

```
az acr create --resource-group GrupoRecursosAKS --name netcicdbookacr --sku Basic
```

Detalle del comando:

- az acr create: Comando para crear el ACR en Azure.
- --resource-group: Define el grupo de recursos utilizado para crear el ACR.
- --name: Define el nombre del recurso ACR.
- --sku: Define el nivel de precio del registro de contenedores para pruebas en el caso de seleccionar "Basic".

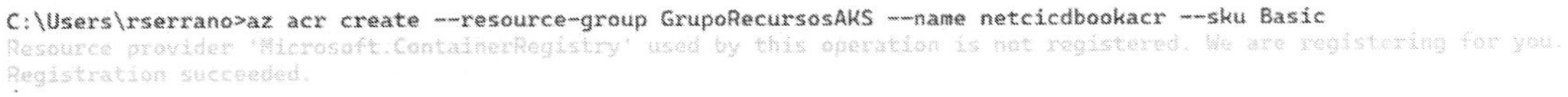

```
C:\Users\rserrano>az acr create --resource-group GrupoRecursosAKS --name netcicdbookacr --sku Basic
Resource provider 'Microsoft.ContainerRegistry' used by this operation is not registered. We are registering for you.
Registration succeeded.
```

Ilustración 428. ACR creado.

Podemos verificar que se ha creado el recurso ACR desde el portal de Azure [*Ilustración 429. ACR creado Azure portal*].

Ilustración 429. ACR creado Azure portal.

Para acceder al ACR, necesitamos unas credenciales de acceso y, por tanto, debemos habilitar el usuario administrador desde el portal de Azure.

Si está activado, puede usar el nombre del registro como nombre de usuario y la clave de acceso del usuario administrador como contraseña para iniciar sesión en su registro de contenedor.

Entramos en el recurso creado ACR y en la sección "Configuración", "Claves de acceso", habilitamos el usuario administrador [*Ilustración 430*]; nos guardamos estos datos para ser usado en próximos comandos.

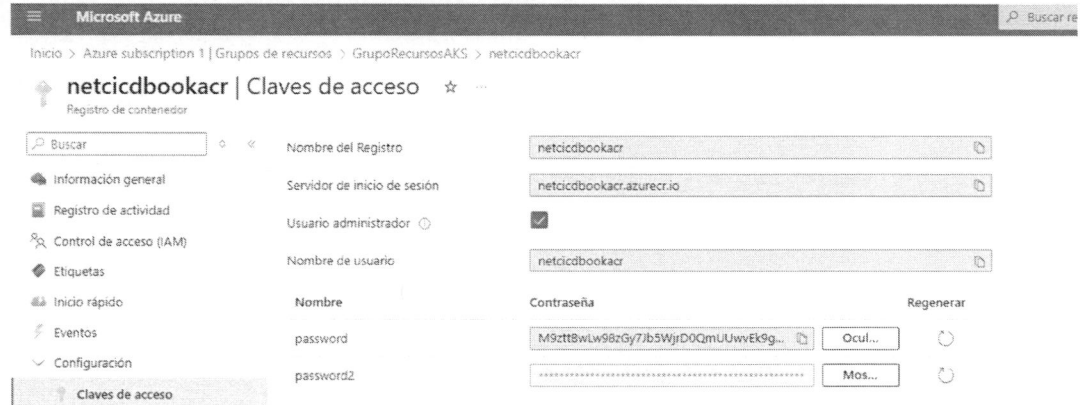

Ilustración 430. Habilitar usuario de acceso a ACR.

Los datos importantes a tener en cuenta son:

- Nombre del registro: Nombre de nuestro ACR.
- Servidor de inicio de sesión: URL a utilizar para validar nuestras credenciales.
- Nombre de usuario: Credencial a utilizar para usuario.
- Password: Credencial de contraseña para el acceso.

El URLs de admin tiene permisos completos para el registro; sin embargo, en algunos escenarios será solicitado la cuenta de usuario admin, como deploy de una imagen en el ACR, o deploy de imagen en AKS.

El siguiente paso es acceder a ACR mediante las credenciales generadas en el paso anterior, ejecutando el comando [*Ilustración 431*]:

shell/cmd

```
az acr login --name netcicdbookacr

C:\Users\rserrano>az acr login --name netcicdbookacr
Login Succeeded
```

Ilustración 431. Login ACR.

Una vez conectado al ACR, podemos listar todos los registros de contenedores existentes en el ACR que acabamos de crear, ejecutando el comando:

shell/cmd
```
az acr list --resource-group GrupoRecursosAKS --output table
```

Detalle del comando:

- az acr list: Comando para listar los registros de contenedores existentes en ACR.
- --resource-group: Filtra los registros registrados en un grupo de recursos.
- --output table: Muestra el resultado en form de tabla.

Esta tabla, contiene [*Ilustración 432*]:

- Name: Nombre del ACR.
- Resource_group: Nombre del grupo de recursos.
- Location: Región
- SKU: Nivel Basic.
- Login Server: URL de acceso al registro.

```
C:\Users\rserrano>az acr list --resource-group GrupoRecursosAKS --output table
NAME             RESOURCE GROUP     LOCATION     SKU     LOGIN SERVER               CREATION DATE           ADMIN ENABLED
---------------  -----------------  -----------  ------  -------------------------  ----------------------  ----------------
netcicdbookacr   GrupoRecursosAKS   westeurope   Basic   netcicdbookacr.azurecr.io  2025-01-27T08:41:18Z    True
```

Ilustración 432. Lista registros existentes en ACR.

Por tanto, sabemos que el URL de acceso a nuestro ACR es **netcicdbookacr.azurecr.io**, que deberá tener como prefijo todas las imágenes que vayamos a generar.

> **Consejos para arquitectos:**
>
> ✓ *Automatización del ACR en CI/CD: Usar Azure DevOps o GitHub Actions para ejecutar automáticamente docker build y docker push cada vez que haya cambios en el código fuente. Configurar triggers en Azure Container Registry para desplegar imágenes nuevas sin intervención manual.*
>
> ✓ *Manejo de credenciales seguro: No usar credenciales en texto plano en kubectl apply. En su lugar, configurar imagePullSecrets en Kubernetes para autenticar el ACR de forma segura.*

6.4 Preparación de imágenes y publicación en ACR

Una vez disponemos de un ACR, procedemos a generar las imágenes para crear nuestros contenedores cuando se realice el despliegue sobre AKS.

De modo que vamos a realizar una copia del proyecto anterior para hacer las modificaciones en el código sin afectar al resto de despliegues realizados en capítulos anteriores.

Copiamos en una nueva carpeta llamada por ejemplo "WorkTimeRecord_Kubernetes_AKS" [*Ilustración 433*] todo lo que hicimos en el capítulo anterior, únicamente nos traemos las carpetas, "WorkTimeRecord.Solution" y "WorkTimeRecord.UI".

Además, añadimos la carpeta llamada "Kubernetes", que va a contener todos nuestros ficheros YAML ya generados con anterioridad, para desplegar los servicios y que modificaremos.

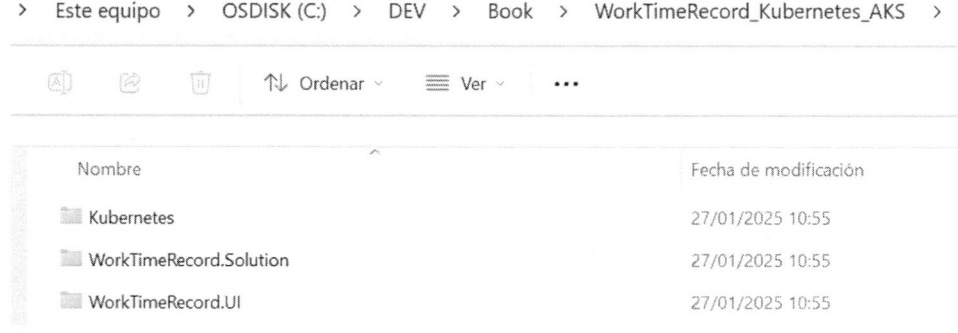

Ilustración 433. Nueva carpeta para el capítulo AKS.

Para crear las imágenes, nos ubicamos en el directorio WorkTimeRecord.Solution y ejecutamos el siguiente comando, para crear la imagen de Registry API, con el tag esperado de ACR [*Ilustración 434*].

shell/cmd

```
docker                    build                    -t
netcicdbookacr.azurecr.io/ms.registry.api          -f
Registry/Registry.API/Dockerfile .
```

```
C:\DEV\Book\WorkTimeRecord_Kubernetes_AKS\WorkTimeRecord.Solution>docker build -t netcicdbookacr.azurecr.io/ms.registry.api -f Registry/Registry.API/Dockerfile .
[+] Building 1.0s (18/18) FINISHED
```

Ilustración 434. BUILD Registry API.

De igual manera lo haremos para crear la imagen de Auditory API con el tag esperado de ACR, ejecutando el siguiente comando:

shell/cmd

```
docker                    build                    -t
netcicdbookacr.azurecr.io/ms.auditory.api          -f
Auditory/Auditory.API/Dockerfile .
```

Por último, publicamos ambas imágenes en el ACR, ejecutando los siguientes comandos:

shell/cmd

```
docker                                           push
netcicdbookacr.azurecr.io/ms.registry.api
```

shell/cmd

```
docker                                           push
netcicdbookacr.azurecr.io/ms.auditory.api
```

Y con esto ya tendríamos estas dos imágenes publicadas en el ACR, listas para ser utilizadas por los Deployment que más tarde configuraremos.

Listemos las imágenes que hay ahora mismo en el ACR y, como vemos, tenemos las dos que acabamos de publicar ejecutando el siguiente comando [*Ilustración 435*]:

shell/cmd

```
az acr repository list --name netcicdbookacr --
output table
```

```
C:\DEV\Book\WorkTimeRecord_Kubernetes_AKS\WorkTimeRecord.Solution>az acr repository l:
Result
----------------
ms.auditory.api
ms.registry.api
```

Ilustración 435. Comprobar imágenes publicadas en ACR.

Una vez publicadas las dos imágenes para nuestras API, debemos crear el Azure Kubernetes Service (AKS).

6.5 Crear clúster AKS

Antes de habilitar el clúster AKS, debemos verificar si nuestra subscripción de Azure está registrada para usar el proveedor de recursos "**Microsoft.ContainerService**", requerido para usar un clúster AKS.

Lo comprobamos desde el portal de Azure, accediendo a nuestra subscripción, panel de "Configuración", y en el "Proveedor de recursos" marcamos la opción "Registro" del proveedor de recursos con el nombre "Microsoft.ContainerService" [*Ilustración 436*].

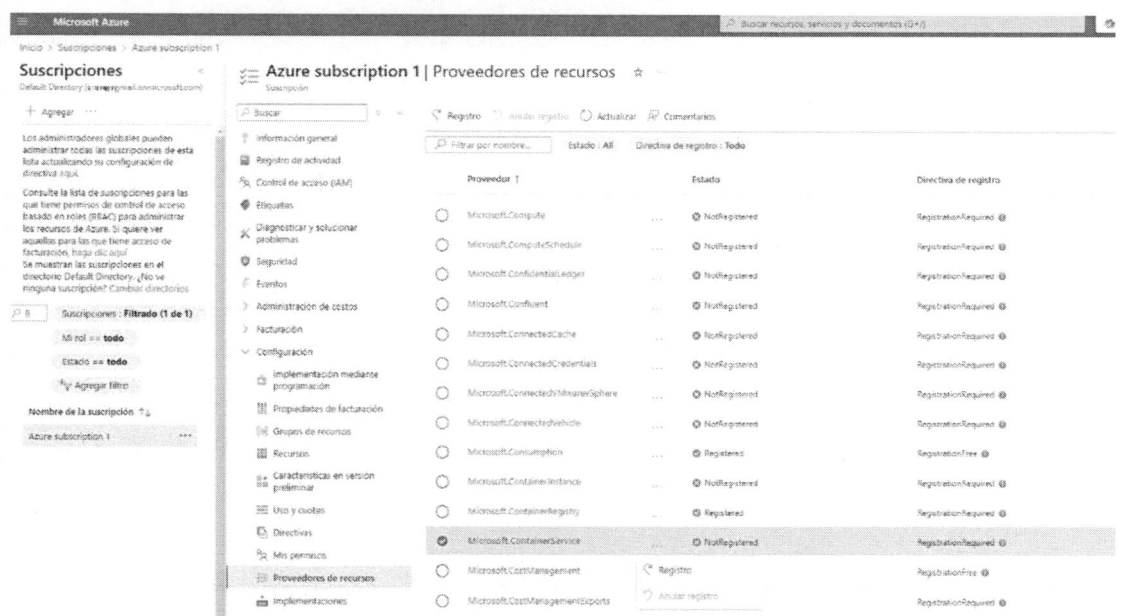

Ilustración 436. Habilitar Microsoft.ContainerService.

Haremos lo mismo para **Microsoft.Compute**, necesario para desplegar recursos relacionados con máquinas virtuales y servicios AKS [*Ilustración 437*].

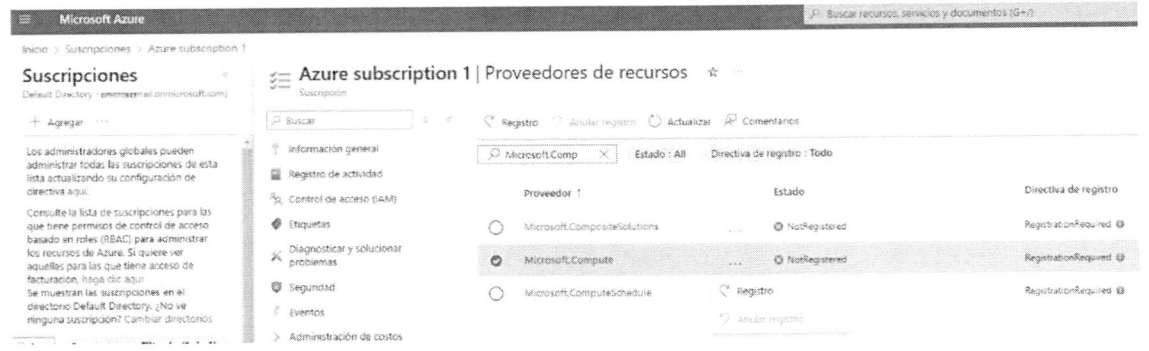

Ilustración 437. Habilitar Microsoft.Compute.

Haremos lo mismo para **Microsoft.Storage**, necesario para poder crear volúmenes persistentes en AKS [***Ilustración 438***].

Ilustración 438. Habilitar Microsoft.Storage.

Por último, habilitamos **Microsoft.NETwork**, responsable de servicios relacionados con la conectividad y redes de Azure; lo necesita AKS para la gestión de balanceadores de carga, asignación de IP, gestión de redes virtuales y configuración de reglas de seguridad NSG para proteger la comunicación entre nodos [***Ilustración 439***].

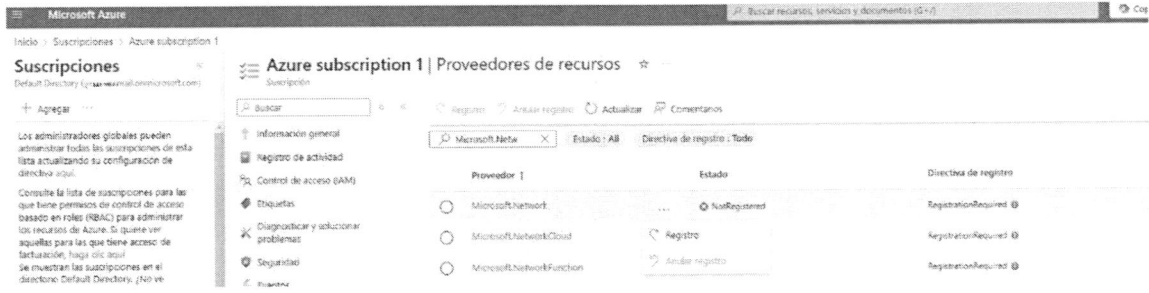

Ilustración 439. Habilitar Microsoft.NETwork.

Ya podemos crear el clúster AKS para desplegar nuestros servicios, haremos uso del siguiente comando [***Ilustración 440***]:

shell/cmd

```
az aks create --resource-group GrupoRecursosAKS -
-name AKSCluster --node-count 1 --generate-ssh-
keys --attach-acr netcicdbookacr
```

Detalle del comando:

- az aks create: Comando que crea un clúster de Kubernetes, gestionado por AKS.
- --resource-group: Define el grupo de recursos donde se ubicará el clúster.
- --name: Nombre del clúster AKS.
- --node-count: Define el número de nodos que se crearán en el cluster, en nuestro caso 1, para pruebas.
- --generate-ssh-keys: Para crear una clave SSH para acceso al nodo del clúster.
- --attach-acr: Establece el ACR que debe usar el clúster AKS.

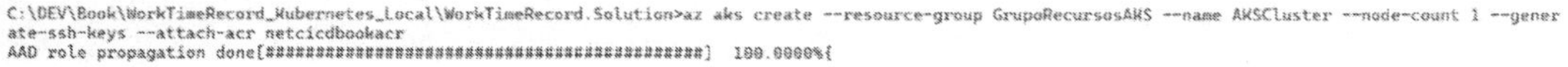

```
C:\DEV\Book\WorkTimeRecord_Kubernetes_Local\WorkTimeRecord.Solution>az aks create --resource-group GrupoRecursosAKS --name AKSCluster --node-count 1 --gener
ate-ssh-keys --attach-acr netcicdbookacr
AAD role propagation done[#################################################] 100.0000%{
```

Ilustración 440. Crear clúster AKS.

Ya disponemos del clúster AKS, como podemos ver desde el portal de Azure [***Ilustración 441***]:

Ilustración 441. AKS creado.

Una vez tenemos el clúster AKS operativo, debemos interactuar mediante la herramienta de línea de comandos de Kubernetes, el CLI de AKS de Azure. Este CLI nos permite interactuar con el clúster AKS a través de kubectl.

Para instalarlo, debemos ejecutar el siguiente comando [*Ilustración 442*]:

az aks install-cli

```
C:\DEV\Book\WorkTimeRecord_Kubernetes_Local\WorkTimeRecord.Solution>az aks install-cli
The detected architecture of current device is "amd64" and the binary for "amd64" will be downloaded. If the detection is wrong, please download arm install
l the binary corresponding to the appropriate architecture
No version specified, will get the latest version of kubectl from "https://dl.k8s.io/release/stable.txt"
Downloading client to "C:\Users\rserrano\.azure-kubectl\kubectl.exe" from "https://dl.k8s.io/release/v1.33.1/bin/windows/amd64/kubectl.exe"
The installation directory "C:\Users\rserrano\.azure-kubectl" has been successfully appended to the user path, the configuration will only take effect in th
e new command sessions. Please re-open the command window.
No version specified, will get the latest version of kubelogin from "https://api.github.com/repos/Azure/kubelogin/releases/latest"
Downloading client to "C:\Users\rserrano\AppData\Local\Temp\tmpfw_sbhz2\kubelogin.zip" from "https://github.com/Azure/kubelogin/releases/download/v0.1.6/kub
elogin.zip"
Moving binary to "C:\Users\rserrano\.azure-kubelogin\kubelogin.exe" from "C:\Users\rserrano\AppData\Local\Temp\tmpfw_sbhz2\bin\windows_amd64\kubelogin.exe"
The installation directory "C:\Users\rserrano\.azure-kubelogin" has been successfully appended to the user path, the configuration will only take effect in
the new command sessions. Please re-open the command window.
```

Ilustración 442. Instalar herramienta línea comandos kubernetes.

Una vez disponemos de la línea de comandos, procedemos a obtener las credenciales que utilizaremos para comunicarnos con AKS.

shell/cmd

```
az aks get-credentials --resource-group
GrupoRecursosAKS --name AKSCluster
```

Detalle del comando:

- az aks get-credentials: Descarga las credenciales para conectar e interactuar con el clúster de AKS desde el equipo.
- --resource-group: Define el grupo de recursos donde se ubica el AKS.
- --name: Nombre del cluster AKS.

Tras esto, se genera un fichero de configuración kubeconfig.

Obtengamos los contextos de conexión que tenemos creados en nuestro equipo, ejecutando el siguiente comando [*Ilustración 443*]:

shell/cmd

```
kubectl config get-contexts
```

```
C:\DEV\Book\WorkTimeRecord_Kubernetes_AKS\WorkTimeRecord.Solution>kubectl config get-contexts
CURRENT   NAME              CLUSTER           AUTHINFO                                  NAMESPACE
*         AKSCluster        AKSCluster        clusterUser_GrupoRecursosAKS_AKSCluster
          AzureAKSCluster   AzureAKSCluster   clusterUser_GrupoRecursosAKS_AzureAKSCluster
          docker-desktop    docker-desktop    docker-desktop
```

Ilustración 443. Contextos de conexión de clústeres.

Vemos que disponemos del clúster local de Kubernetes que pertenece a docker-desktop, así como el nuevo clúster de Azure creado, con el nombre AKSCluster, marcado como contexto usado por defecto.

Esto implica que, cuando creemos recursos, se crearán en el contexto que está marcado como current o actual, en nuestro caso **AKSCluster**.

Obtengamos ahora el listado de recursos que existen en el AKS remoto; no hay nada aun creado, únicamente el servicio de Kubernetes [*Ilustración 444*], para ello ejecutemos el siguiente comando:

kubectl get all

```
C:\DEV\Book\WorkTimeRecord_Kubernetes_Local\WorkTimeRecord.Solution>kubectl get all
NAME                  TYPE        CLUSTER-IP   EXTERNAL-IP   PORT(S)   AGE
service/kubernetes    ClusterIP   10.0.0.1     <none>        443/TCP   10m
```

Ilustración 444. Listar recursos AKS.

Y si queremos obtener los nodos existentes en nuestro AKS, aparece el nuestro [*Ilustración 445*]; ejecutemos el siguiente comando:

kubectl get nodes

```
C:\DEV\Book\WorkTimeRecord_Kubernetes_AKS\WorkTimeRecord.Solution>kubectl get nodes
NAME                             STATUS   ROLES    AGE   VERSION
aks-nodepool1-44488542-vmss000000  Ready    <none>   74m   v1.30.7
```

Ilustración 445. Obtener nodos.

Es el momento de crear un secreto de conexión que será utilizado por AKS para conectar contra ACR cada vez que necesite obtener una imagen registrada en ACR, para ello ejecutamos el siguiente comando [*Ilustración 446*]:

shell/cmd

```
kubectl      create      secret      docker-registry
secretazureacr                          --docker-
server=netcicdbookacr.azurecr.io        --docker-
username=netcicdbookacr                 --docker-
password=XXX98zGy7Jb5WjrD0QmUUwvEk9gUqOD3tnVH+AC
RDAXCEY --docker-email=xxx@gmail.com
```

```
C:\DEV\Book\WorkTimeRecord_Kubernetes_AKS\WorkTimeRecord.Solution>kubectl create secret docker-registry secretazureacr --doc
ker-server=netcicdbookacr.azurecr.io --docker-username=netcicdbookacr --docker-password=knfull nvl of latth Jb5WjrD0QmUUwvEk9gUqO
D3tnVH+ACRDAXCEY --docker-email=xxxxxx '@gmail.com
secret/secretazureacr created
```

Ilustración 446. Crear secreto conexión ACR.

Detalle del comando:

- kubectl create secret docker-registry: Comando para crear un secreto de tipo docker-registry, para acceso a un registro de contenedores, en nuestro caso el ACR.
- secretazureacr: Nombre del secreto a crear.
- --docker-server: URL del servidor de registro de contenedores ACR, **netcicdbookacr.azurecr.io**.
- --docker-username: Credencial usuario administrador del ACR.
- --docker-password: Credencial contraseña administrador del ACR.
- --docker-email: Parámetro opcional, email asociado al acceso.

Veamos que el secreto se ha creado correctamente ejecutando el siguiente comando [*Ilustración 447*]:

shell/cmd

```
kubectl get secrets
```

```
C:\DEV\Book\WorkTimeRecord_Kubernetes_AKS\WorkTimeRecord.Solution>kubectl get secrets
NAME                 TYPE                            DATA   AGE
secretazureacr       kubernetes.io/dockerconfigjson  1      6m8s
```

Ilustración 447. Secreto creado.

Consejos para arquitectos:

✓ *Alta disponibilidad desde el inicio: Usar al menos 3 nodos en producción para garantizar la resiliencia y habilitar el Autoscaler de Kubernetes (az aks update – enable-cluster-autoscaler).*

✓ *Integración con identidades de Azure: En lugar de credenciales fijas, usar Managed Identity en AKS para dar permisos a otros recursos de Azure sin exponer credenciales.*

6.6 Crear recursos en el clúster AKS

Todos los recursos que creemos los vamos a alojar dentro de un mismo espacio de nombres en el clúster; por este motivo, crearemos el espacio de nombres **netcicdbook**, mediante el siguiente comando:

shell/cmd

```
kubectl create namespace netcicdbook
```

Dado que la API de registro y la de auditoría va a ser consumida por la aplicación front-end de Vue, y debe ser alcanzable desde un navegador externo al clúster, el navegador de nuestro equipo, vamos a necesitar una IP estática para asignar a cada una de estas API.

Para crear la IP, necesitamos crearlo en el grupo de recursos gestionado por AKS; para obtener este grupo de recursos del clúster, debemos ejecutar el siguiente comando [*Ilustración 448*]:

shell/cmd

```
az aks show --resource-group GrupoRecursosAKS --
name AKSCluster --query nodeResourceGroup -o tsv
```

Detalle del comando:

- az aks show: Muestra detalles del clúster AKS.
- --resource-group: Se define el grupo de recursos donde esta AKS.
- --name: Nombre del clúster.
- --query nodeResourceGroup: Retorna el valor del grupo de recursos gestionado por el clúster AKS.
- -o tsv: El resultado devuelto como texto sin formato.

```
C:\DEV\Book\WorkTimeRecord_Kubernetes_AKS\WorkTimeRecord.Solution>az aks show --resource-group GrupoRecursosAKS --name AKSCl
uster --query nodeResourceGroup -o tsv
MC_GrupoRecursosAKS_AKSCluster_westeurope
```

Ilustración 448. Obtener grupo recursos del clúster AKS.

Obteniendo el nombre **MC_GrupoRecursosAKS_AKSCluster_westeurope** se puede crear las IP estáticas para las API.

Ejecutamos este comando para crear una IP estática para Registry API [*Ilustración 449*]:

shell/cmd

```
az network public-ip create --resource-group
mc_gruporecursosaks_akscluster_westeurope --name
AKSStaticIP_Registry_API --sku Standard --
allocation-method Static --query
publicIp.ipAddress -o tsv
```

Detalle del comando:

- az network public-ip create: Crea una IP pública estática en Azure.
- --resource-group: Grupo de recursos gestionado por AKS donde se creará la IP.
- --name: Nombre de la IP.
- --sku Standard: Tipo de IP, en caso de Standard, más seguro y mejor rendimiento que Basic.
- --query publicIp.ipAddress: Obtener la IP asignada como respuesta.

```
C:\DEV\Book\WorkTimeRecord_Kubernetes_AKS\WorkTimeRecord.Solution>az network public-ip create --resource-group mc_gruporecursosaks
_akscluster_westeurope --name AKSStaticIP_Registry_API --sku Standard --allocation-method Static --query publicIp.ipAddress -o tsv
[Coming breaking change] In the coming release, the default behavior will be changed as follows when sku is Standard and zone is n
ot provided: For zonal regions, you will get a zone-redundant IP indicated by zones:["1","2","3"]; For non-zonal regions, you will
 get a non zone-redundant IP indicated by zones:null.
4.180.203.149
```

Ilustración 449. IP pública creada para Registry API.

La IP pública generada es **4.180.203.149**.

Creamos también otra IP para la API de auditoría, ejecutamos este comando [*Ilustración 450*]:

shell/cmd

```
az network public-ip create --resource-group
mc_gruporecursosaks_akscluster_westeurope --name
AKSStaticIP_Auditory_API --sku Standard --
allocation-method Static --query
publicIp.ipAddress -o tsv
```

```
C:\DEV\Book\WorkTimeRecord_Kubernetes_AKS\WorkTimeRecord.Solution>az network public-ip create --resource-group mc_gruporecursosaks
_akscluster_westeurope --name AKSStaticIP_Auditory_API --sku Standard --allocation-method Static --query publicIp.ipAddress -o tsv

[Coming breaking change] In the coming release, the default behavior will be changed as follows when sku is Standard and zone is n
ot provided: For zonal regions, you will get a zone-redundant IP indicated by zones:["1","2","3"]; For non-zonal regions, you will
 get a non zone-redundant IP indicated by zones:null.
52.178.1.85
```

Ilustración 450. IP pública Auditory API.

La IP pública generada es **52.178.1.85**.

Una vez disponemos de ambas IP, procedemos a configurar un nuevo fichero de entorno llamado "**.env.aks**" en el proyecto de Vue. Abrimos por tanto el proyecto front-end, y creamos este nuevo fichero de entorno incluyendo las dos IP estáticas para poder comunicarnos con las API que desplegaremos en AKS [*Ilustración 451*].

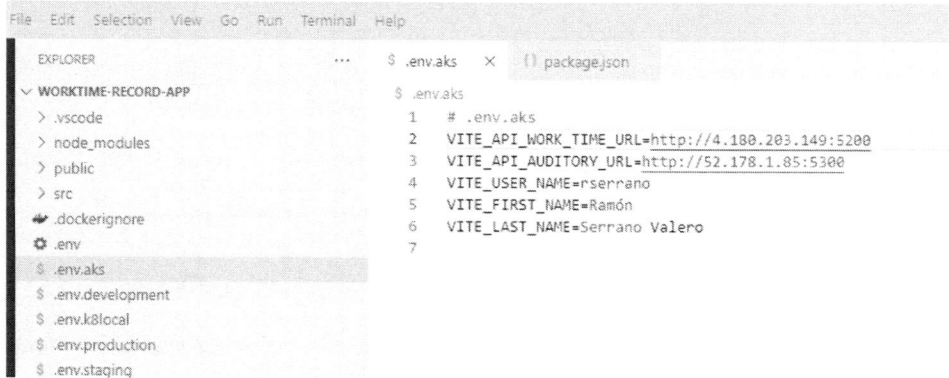

Ilustración 451. Entorno .env.aks Vue.

El siguiente paso es crear un nuevo comando en el fichero **package.json**; para compilar el proyecto con este entorno nuevo, en este caso, añadimos la compilación en este modo aks, para que utilice el nuevo fichero de entorno [*Ilustración 452*].

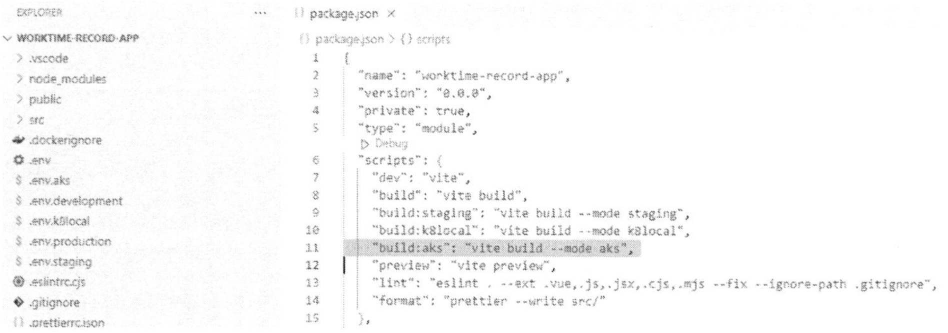

Ilustración 452. Comando en packages.json.

Procedemos a construir la imagen de este proyecto para este entorno, con el TAG esperado por AKS, ejecutando el siguiente comando, ubicándonos sobre el proyecto front [*Ilustración 453*].

shell/cmd

```
docker    build    --build-arg    MODE=":aks"    -t
netcicdbookacr.azurecr.io/worktime-app .
```

```
C:\DEV\Book\WorkTimeRecord_Kubernetes_AKS\WorkTimeRecord.UI\worktime-record-app>docker build --build-arg MODE=":aks"
 -t netcicdbookacr.azurecr.io/worktime-app .
[+] Building 8.1s (17/17) FINISHED                                          docker:desktop-linux
```

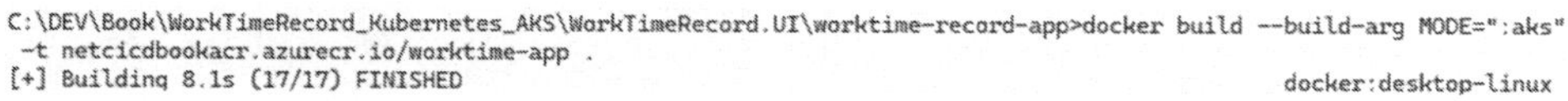

Ilustración 453. BUILD Frontend.

Una vez disponemos de la imagen con su tag, podemos realizar la publicación de la imagen en el ACR [*Ilustración 454*], ejecutando el siguiente comando:

shell/cmd

```
docker push netcicdbookacr.azurecr.io/worktime-
app
```

```
C:\DEV\Book\WorkTimeRecord_Kubernetes_AKS\Kubernetes>docker push netcicdbookacr.azurecr.io/worktime-app
Using default tag: latest
The push refers to repository [netcicdbookacr.azurecr.io/worktime-app]
```

Ilustración 454. PUSH UI.

Todas las imágenes que necesitamos ya están publicadas en ACR, como podemos observar [*Ilustración 455*].

```
C:\DEV\Book\WorkTimeRecord_Kubernetes_AKS\WorkTimeRecord.UI\worktime-record-app>az acr repository list
 --name netcicdbookacr --output table
Result
---------------
ms.auditory.api
ms.registry.api
worktime-app
```

Ilustración 455. Imágenes en ACR.

Es el momento de editar en la carpeta de Kubernetes, los ficheros YAML de tipo Deployment de cada uno de los servicios.

Debemos modificar dos configuraciones:

- **image**: Ahora la imagen ya no es de Docker Hub, sino que pertenece a ACR.
- **imagePullSecrets**: Para que AKS pueda acceder a la imagen del repositorio de ACR, debe utilizar el secreto que creamos al principio del capítulo, el secreto **secretazureacr**.

Abrimos el fichero "WorkTimeRecord_Kubernetes_AKS\Kubernetes\ms.registry.api**registryap i-deployment.yaml**" y realizamos los siguientes cambios:

- Añadimos imagePullSecrets con el secreto a usar para comunicarse con ACR.
- Cambiamos el nombre de la imagen que se encuentra en ACR.

registryapi-deployment.yaml

apiVersion: apps/v1

```
kind: Deployment
metadata:
 name: registryapi-deployment
 namespace: netcicdbook
 #....#
  spec:
   imagePullSecrets:
    . name: secretazureacr
   containers:              #Config del contenedor
    . name: ms-registry-api-container   #Nombre del contenedor en el POD
       image: netcicdbookacr.azurecr.io/ms.registry.api   #Imagen usada para
crear el contenedor
   #....#
```

Abrimos el fichero "WorkTimeRecord_Kubernetes_AKS\Kubernetes\ms.auditory.api**auditorya pi-deployment.yaml**" y realizamos los siguiente cambios:

- Añadimos imagePullSecrets con el secreto a usar para comunicarse con ACR.
- Cambiamos el nombre de la imagen que se encuentra en ACR.

auditoryapi-deployment.yaml

```
apiVersion: apps/v1
kind: Deployment
metadata:
 name: auditoryapi-deployment
 namespace: netcicdbook
 #....#
  spec:
   imagePullSecrets:
    . name: secretazureacr
   containers:              #Config del contenedor
```

 RAMÓN SERRANO VALERO Y MIGUEL ÁNGEL NÚÑEZ SABÍN

```
. name: ms-registry-api-container    #Nombre del contenedor en el POD

    image: netcicdbookacr.azurecr.io/ms.auditory.api   #Imagen usada para
crear el contenedor

    #....#
```

Abrimos el fichero "WorkTimeRecord_Kubernetes_AKS\Kubernetes\worktime-app**worktime-app-deployment.yaml**" y realizamos los siguientes cambios:

- Añadimos **imagePullSecrets** con el secreto a usar para comunicarse con ACR.
- Cambiamos el nombre de la imagen que se encuentra en ACR.

worktime-app-deployment.yaml

```
apiVersion: apps/v1

kind: Deployment

metadata:

 name: auditoryapi-deployment

 namespace: netcicdbook

 #....#

  spec:

   imagePullSecrets:

     . name: secretazureacr

    containers:              #Config del contenedor

    . name: ms-registry-api-container    #Nombre del contenedor en el POD

       image: netcicdbookacr.azurecr.io/worktime-app   #Imagen usada para
crear el contenedor

    #....#
```

Finalmente, modificamos el YAML "WorkTimeRecord_Kubernetes_AKS\Kubernetes\ms.registry.api**registryapi-service.yaml**", añadiendo la IP estática que creamos para que el balanceador de carga, en lugar de asignar una IP dinámica, asigne la que acabamos de crear:

```
loadBalancerIP: 4.180.203.149
```

registryapi-service.yaml

```
apiVersion: v1
kind: Service
metadata:
  name: registryapi-service
  namespace: netcicdbook
spec:
  selector:
    app: ms-registry-api  #Busca los Pods con esta etiqueta para asociar el Service
  ports:
  . name: http
    port: 5200        #Puerto externo que expone el servicio
    targetPort: 8080      #Puerto Interno del contenedor
  type: LoadBalancer      #Accesible desde fuera del clúster
  loadBalancerIP: 4.180.203.149
```

De igual manera lo haremos para el servicio de auditoría; modificamos el YAML "WorkTimeRecord_Kubernetes_AKS\Kubernetes\ms.auditory.api**auditoryapi-service.yaml**", añadiendo la IP estática que creamos para que el balanceador de carga, en lugar de asignar una IP dinámica, asigne la que acabamos de crear.

auditoryapi-service.yaml

```
apiVersion: v1
kind: Service
metadata:
  name: auditoryapi-service
  namespace: netcicdbook
spec:
  selector:
    app: ms-auditory-api     #Busca los Pods con esta etiqueta para asociar el Service
```

ports:

. name: http

  port: 5300   #Puerto externo que expone el servicio

  targetPort: 8080   #Puerto interno del contenedor

  type: LoadBalancer   #Accesible desde fuera del clúster

loadBalancerIP: 52.178.1.85

Ya están todos los cambios aplicados en los diferentes ficheros YAML; ahora vamos a desplegarlos. Ejecutando los siguientes comandos desde la ubicación de la carpeta de Kubernetes donde se encuentran todos los directorios de YAML [*Ilustración 456*].

shell/cmd

```
kubectl apply -f .\ms.mongo.auditory.db\

kubectl apply -f .\ms.postgresql.registry.db\

kubectl apply -f .\ms.rabbitmq.bus\

kubectl apply -f .\ms.auditory.api\

kubectl apply -f .\ms.registry.api\

kubectl apply -f .\worktime-app\
```

```
C:\DEV\Book\WorkTimeRecord_Kubernetes_AKS\Kubernetes>kubectl apply -f .\ms.mongo.auditory.db\
deployment.apps/mongodb-deployment created
configmap/mongodb-init created
persistentvolume/mongodb-pv created
persistentvolumeclaim/mongodb-pvc created
secret/mongodb-secret created
service/mongodb-service created

C:\DEV\Book\WorkTimeRecord_Kubernetes_AKS\Kubernetes>kubectl apply -f .\ms.postgresql.registry.db\
deployment.apps/postgresql-deployment created
configmap/postgresql-init created
persistentvolume/postgresql-pv created
persistentvolumeclaim/postgresql-pvc created
secret/postgresql-secret created
service/postgresql-service created

C:\DEV\Book\WorkTimeRecord_Kubernetes_AKS\Kubernetes>kubectl apply -f .\ms.rabbitmq.bus\
deployment.apps/rabbitmq-deployment created
secret/rabbitmq-secret created
service/rabbitmq-bus-service created
service/rabbitmq-ui-service created

C:\DEV\Book\WorkTimeRecord_Kubernetes_AKS\Kubernetes>kubectl apply -f .\ms.auditory.api\
deployment.apps/auditoryapi-deployment created
secret/auditoryapi-secret created
service/auditoryapi-service created

C:\DEV\Book\WorkTimeRecord_Kubernetes_AKS\Kubernetes>kubectl apply -f .\ms.registry.api\
deployment.apps/registryapi-deployment created
secret/registryapi-secret created
service/registryapi-service created

C:\DEV\Book\WorkTimeRecord_Kubernetes_AKS\Kubernetes>kubectl apply -f .\worktime-app\
deployment.apps/worktime-app-deployment created
service/worktime-app-service created
```

Ilustración 456. Desplegamos yaml.

Ahora comprobamos todos los recursos que se han desplegado en AKS, ejecutando el siguiente comando [*Ilustración 457*]:

shell/cmd

```
kubectl get all -n netcicdbook
```

```
C:\DEV\Book\WorkTimeRecord_Kubernetes_AKS\Kubernetes>kubectl get all -n netcicdbook
NAME                                          READY   STATUS    RESTARTS   AGE
pod/auditoryapi-deployment-78f68fbc87-mpc87   1/1     Running   0          3m2s
pod/mongodb-deployment-555d6f554f-rdxn7       1/1     Running   0          3m6s
pod/postgresql-deployment-7686bbb4f5-4tjgw    1/1     Running   0          3m5s
pod/rabbitmq-deployment-6594d5984d-qvgs9      1/1     Running   0          3m3s
pod/registryapi-deployment-5d8966d94c-78xk5   1/1     Running   0          3m1s
pod/worktime-app-deployment-75db9b644d-bdq84  1/1     Running   0          2m58s

NAME                         TYPE           CLUSTER-IP     EXTERNAL-IP     PORT(S)           AGE
service/auditoryapi-service  LoadBalancer   10.0.164.128   52.178.1.85     5300:31949/TCP    3m2s
service/mongodb-service      ClusterIP      10.0.218.211   <none>          27017/TCP         3m5s
service/postgresql-service   ClusterIP      10.0.66.119    <none>          5432/TCP          3m4s
service/rabbitmq-bus-service ClusterIP      10.0.68.230    <none>          5672/TCP          3m3s
service/rabbitmq-ui-service  LoadBalancer   10.0.166.227   4.175.70.25     15672:32191/TCP   3m3s
service/registryapi-service  LoadBalancer   10.0.211.229   4.180.203.149   5200:31580/TCP    3m1s
service/worktime-app-service LoadBalancer   10.0.123.113   4.175.67.27     5100:30898/TCP    2m58s

NAME                                    READY   UP-TO-DATE   AVAILABLE   AGE
deployment.apps/auditoryapi-deployment  1/1     1            1           3m2s
deployment.apps/mongodb-deployment      1/1     1            1           3m6s
deployment.apps/postgresql-deployment   1/1     1            1           3m5s
deployment.apps/rabbitmq-deployment     1/1     1            1           3m3s
deployment.apps/registryapi-deployment  1/1     1            1           3m1s
deployment.apps/worktime-app-deployment 1/1     1            1           2m58s

NAME                                               DESIRED   CURRENT   READY   AGE
replicaset.apps/auditoryapi-deployment-78f68fbc87  1         1         1       3m2s
replicaset.apps/mongodb-deployment-555d6f554f      1         1         1       3m6s
replicaset.apps/postgresql-deployment-7686bbb4f5   1         1         1       3m5s
replicaset.apps/rabbitmq-deployment-6594d5984d     1         1         1       3m3s
replicaset.apps/registryapi-deployment-5d8966d94c  1         1         1       3m1s
replicaset.apps/worktime-app-deployment-75db9b644d 1         1         1       2m58s
```

Ilustración 457. Verificar despliegue de recursos.

RAMÓN SERRANO VALERO Y MIGUEL ÁNGEL NÚÑEZ SABÍN

Podemos observar cómo se han desplegado la API de auditoría por la IP estática asignada, al igual que el Pod de la API de registro.

Consejos para arquitectos:

✓ *Despliegues declarativos: Usar Helm Charts o kustomize en lugar de aplicar archivos YAML manualmente. Esto mejora la mantenibilidad y versionado de los despliegues en Kubernetes.*

6.7 Verificar Pods

Si ahora abrimos la interfaz de usuario del proyecto de Vue, que está expuesto por la IP **4.175.67.27** por el puerto 5100, veremos que se ha comunicado con la API de registro http://4.180.203.149:5200 y obtenido el último registro del empleado [*Ilustración 458*] que coincide con el valor por defecto que cargamos en PostgreSQL al crear la base de datos.

La dirección del front es:

http://4.175.67.27:5100/home_record

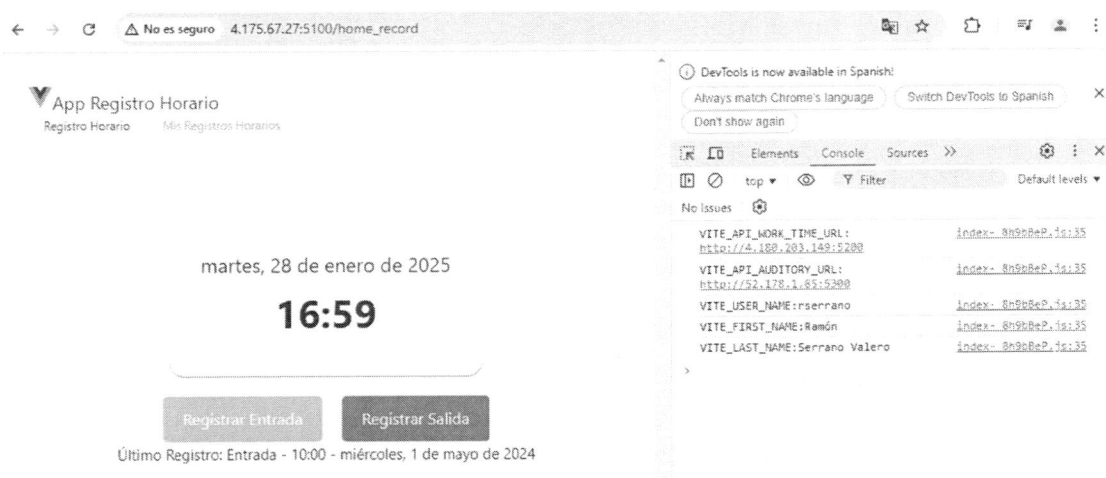

Ilustración 458. Comprobar UI prueba 1.

Si pulsamos ahora el botón "Registrar Salida", debería comunicarse con la API de registro e insertar un nuevo registro en la base de datos de PostgreSQL, así como enviar un evento por RabbitMQ para ser consumido por la API de auditoría y registrarse en el histórico de la base de datos de MongoDB [*Ilustración 459*].

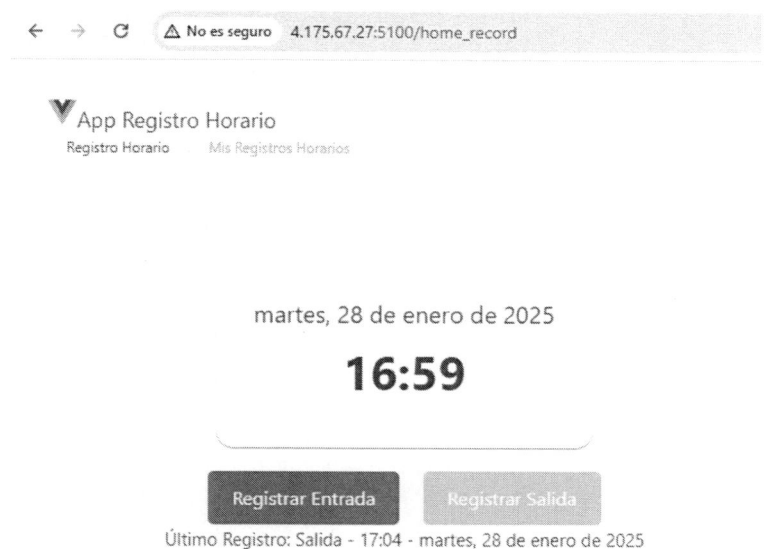

Ilustración 459. Comprobar UI prueba 2.

Por último, verificamos el histórico de registros, consumiendo la API de auditoría, para ver si este último registro de Salida se ha registrado en la base de datos de MongoDB, para ello abrimos la pestaña de "Mis Registros Horarios" y veremos este histórico [*Ilustración 460*].

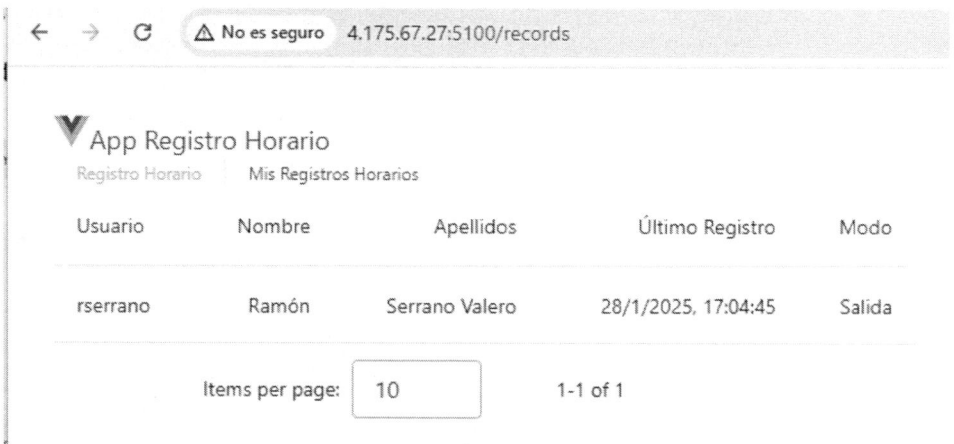

Ilustración 460. Comprobar UI prueba 3.

Una buena práctica ahora que hemos finalizado las pruebas es eliminar todos los recursos creados, incluyendo el AKS y las IP, para que no nos cobre Azure; con este comando eliminaremos todos los recursos creados bajo este grupo de recursos:

shell/cmd

```
az group delete --name GrupoRecursosAKS -yes
```

Acabamos de desplegar nuestro proyecto en Azure, haciendo uso de ACR para registrar las imágenes necesarias para crear los contenedores, desplegados sobre el clúster Azure Kubernetes Service AKS.

6.8 Resumen del capítulo

En este capítulo se presenta un flujo de despliegue manual sobre un clúster de Azure Kubernetes Service (AKS), utilizando Azure Container Registry (ACR) como repositorio de imágenes.

Puntos clave:

- Introducción al Despliegue en AKS:
  - Azure Kubernetes Service (AKS) es un servicio gestionado que simplifica la implementación y administración de clústeres Kubernetes en Azure.
  - Ventajas de usar ACR como registro de contenedores integrado con los servicios de Azure.
- Preparación del entorno en Azure:
  - Configuración de AKS:
    - Creación del clúster de Kubernetes mediante Azure Portal o CLI.
  - Configuración de ACR:
    - Creación de un registro privado para almacenar y administrar imágenes Docker.
    - Integración de ACR con AKS mediante permisos de autenticación (RBAC).
- Configuración de Kubernetes en AKS:
  - Creación de los manifiestos YAML para describir la aplicación y sus recursos asociados.
  - Implementación de los manifiestos mediante kubectl apply.

¿Qué hemos aprendido?

- Configuración de AKS y ACR:
  - Configuración de un clúster Kubernetes gestionado en Azure.

- o Integración segura entre el registro de contenedores (ACR) y el clúster (AKS).

- Ventajas de AKS y ACR:
  - o Simplificación de la gestión de Kubernetes en la nube y uso de un ecosistema integrado que facilita la implementación de aplicaciones escalables y seguras.

- Preparación para entornos de producción:
  - o El conocimiento adquirido permite desplegar y escalar aplicaciones robustas en entornos empresariales utilizando la nube de Azure.
  - o Se presenta Kubernetes como una plataforma de orquestación para aplicaciones en contenedores.

7 Azure DevOps

7.1 Qué es Azure DevOps

Del ecosistema de servicios en la nube proporcionado por Microsoft Azure, disponemos de una serie de servicios a nuestra disposición, llamado Azure DevOps, que nos permite integrarnos con la plataforma de Azure.

Gracias a Azure DevOps, podremos realizar despliegues en Azure por las **pipelines** que nos permiten automatizar el despliegue continuo de nuestro código de nuestras aplicaciones en servicios Azure como AKS, por ejemplo.

Aunque Azure DevOps nos proporciona un almacenamiento de repositorios basados en Git para nuestro código fuente, también nos permite utilizar nuestro propio repositorio remoto, como es el caso de GitHub, repositorio que emplearemos en las pipelines que crearemos en Azure DevOps.

Aunque nosotros en este libro no haremos uso de las funcionalidades de paneles de scrum para definir historias de usuario y hacer seguimiento de las tareas, debemos mencionar que, en este ecosistema, el desarrollador también posee esta utilidad.

Otra herramienta interesante es la creación de pruebas automatizadas dentro de este ecosistema, que nos permita garantizar la calidad del software a desplegar.

Nosotros únicamente haremos uso del potencial de Azure Pipelines para automatizar la compilación de nuestros servicios y desplegarlos automáticamente cada vez que se publique una nueva versión de código en GitHub, para desplegar sobre AKS.

7.2 Azure Pipelines

Este servicio es uno de los principales pilares de Azure DevOps; nos proporciona la funcionalidad de crear fases de integración continua de nuestro código para finalmente realizar el despliegue continuo de estos.

Una pipeline es definida por un fichero YAML que define el comportamiento de los pasos que deben realizarse cada vez que nuestro código alojado en un repositorio Git publica un cambio.

En caso de que tengamos definida en la pipeline el comportamiento de que observe publicaciones sobre una rama concreta, la pipeline será ejecutada y realizará cada paso que tengamos definido en el fichero YAML. En caso contrario, si el cambio ocurre en una rama que no es la que la pipeline escucha, no se ejecutará.

En nuestro caso, nuestro código alojado en GitHub será el que en la raíz del proyecto disponga de este fichero llamado "azure-pipeline.yaml" y cada vez que realicemos un cambio sobre la rama "master", realizaría los siguientes pasos:

1. Captura del evento push sobre la rama.
2. Ejecución de la rama usando un agente proporcionado por Azure o self-hosted (nuestro equipo local actúa como agente).
3. Fase de construcción de imágenes de los contenedores:
   a. Conexión con Azure.
   b. Conexión con ACR.
   c. Compilación del código fuente y generación de una imagen con un tag nuevo.
   d. Publicación de la imagen generada con un TAG nuevo en el ACR.
4. Al ser ejecutado en nuestro equipo, debemos asegurarnos de que nuestro código está presente en el equipo donde el agente se ejecuta.
5. Fase de despliegue a AKS.
   a. Creamos el espacio de nombres.
   b. Reemplazamos en los ficheros de tipo Deployment el tag de la imagen a la que hace referencia nuestro YAML, por la versión última generada.
   c. Aplicamos los YAML de cada uno de los servicios a desplegar.

Siguiendo todos estos pasos, deberíamos ser capaces de desplegar sobre AKS todos nuestros servicios de una forma automatizada.

Consejos para arquitectos:

✓ *Estrategia de ejecución: Usar multi-stage YAML pipelines en lugar de pipelines clásicas para mayor flexibilidad. Definir stages como build, test, deploy y usar condiciones para evitar ejecuciones innecesarias.*

✓ *Seguridad en ejecución: Ejecutar pipelines en agentes autohospedados (self-hosted) para mayor control de recursos o usar Microsoft-hosted agents con identidades administradas para evitar exposición de credenciales.*

7.3 Creación del repositorio en GitHub

Utilizaremos un nuevo repositorio GitHub con el nombre "azure_devops_aks" [*Ilustración 461*] para almacenar el nuevo proyecto que vamos a desplegar sobre Azure DevOps.

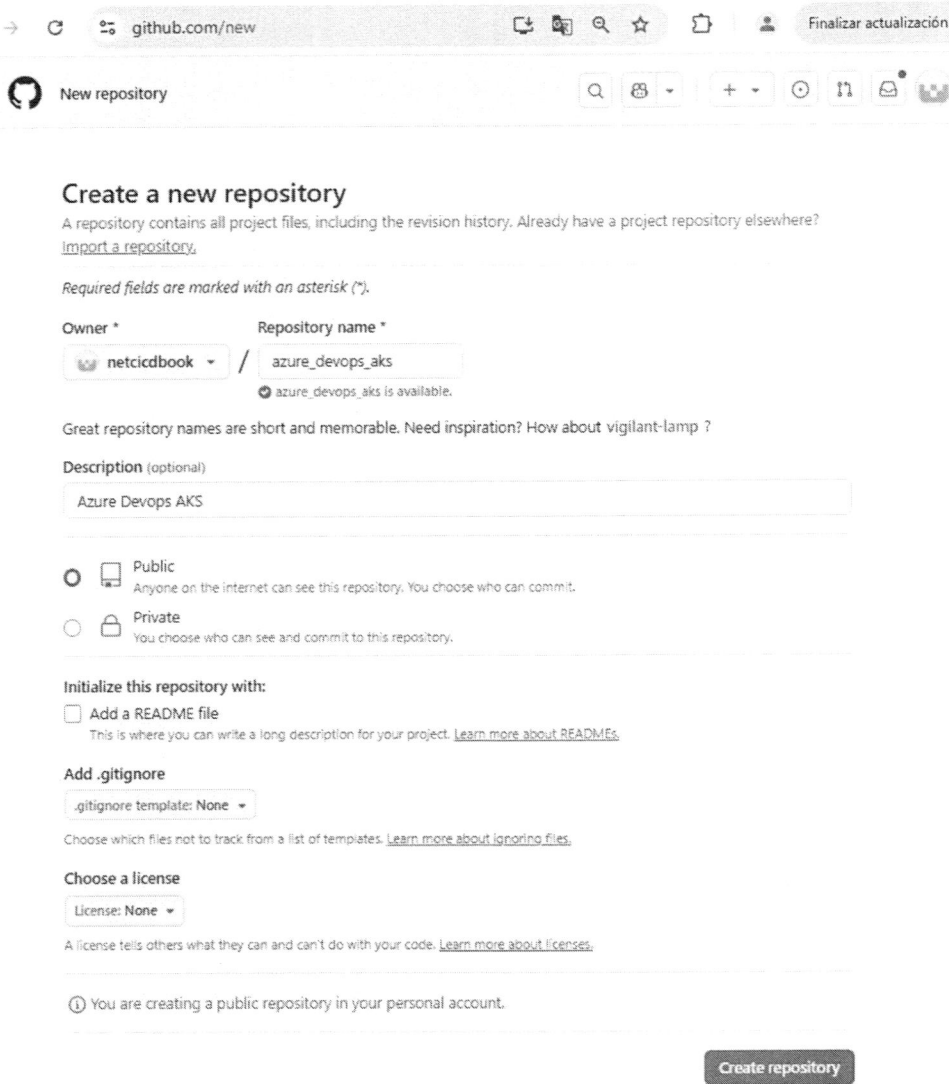

Ilustración 461. Nuevo repositorio GitHub.

Ya tenemos creado en repositorio [***Ilustración 462***].

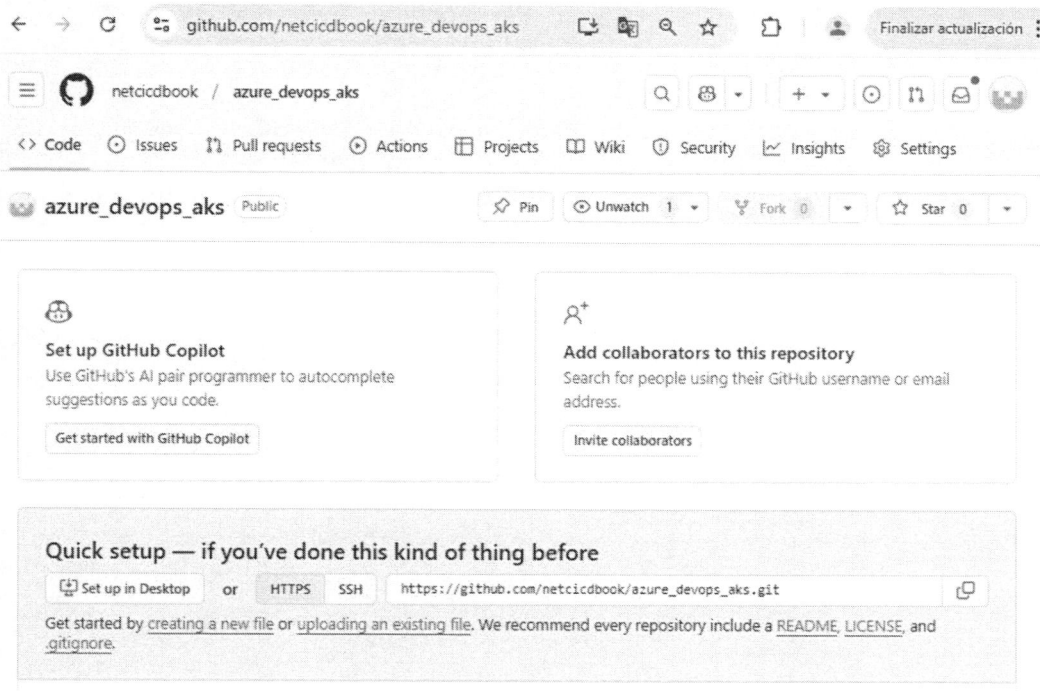

Ilustración 462. Repositorio creado.

Ahora clonamos en nuestro equipo este repositorio nuevo en una carpeta que llamaremos WorkTimeRecord_Kubernetes_AKS_DEVOPS [*Ilustración 463*].

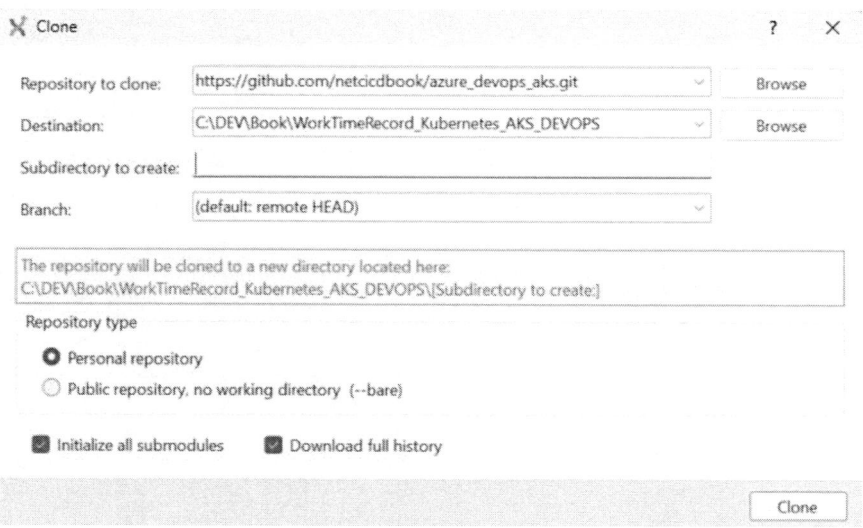

Ilustración 463. GitExtensions clone.

Realizamos una copia del proyecto del capítulo anterior, para hacer las modificaciones en el código, sin afectar al resto de despliegues ejecutados en capítulos anteriores.

Copiamos en esta nueva carpeta clonada llamada "WorkTimeRecord_Kubernetes_AKS_DEVOPS" [*Ilustración 464*] todo lo que hicimos en el capítulo anterior; nos copiamos las carpetas, "WorkTimeRecord.Solution", "WorkTimeRecord.UI" y "Kubernetes".

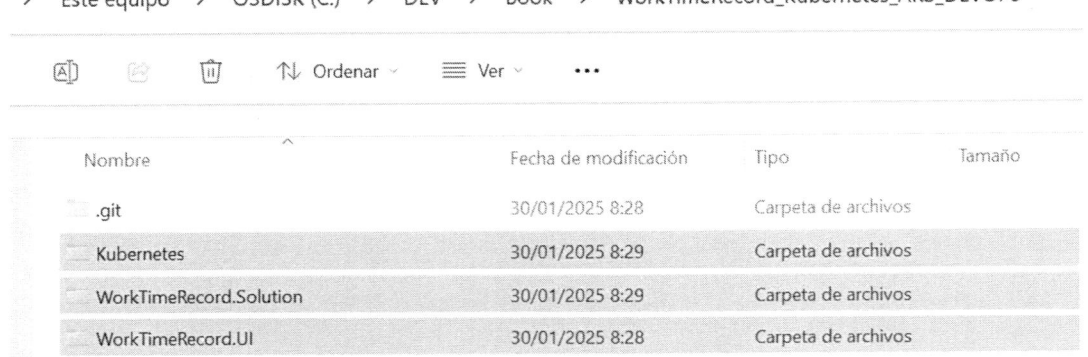

Ilustración 464. Nueva carpeta para el capítulo AKS DevOps.

Desde la aplicación de Git Extensions, ignoramos todos los ficheros bajo "obj" y "bin", para que no se suban al repositorio y realizamos la primera subida del código al repositorio GitHub [*Ilustración 465*].

Ilustración 465. Initial Commit.

Verificamos en GitHub que el código ha sido publicado [*Ilustración 466*].

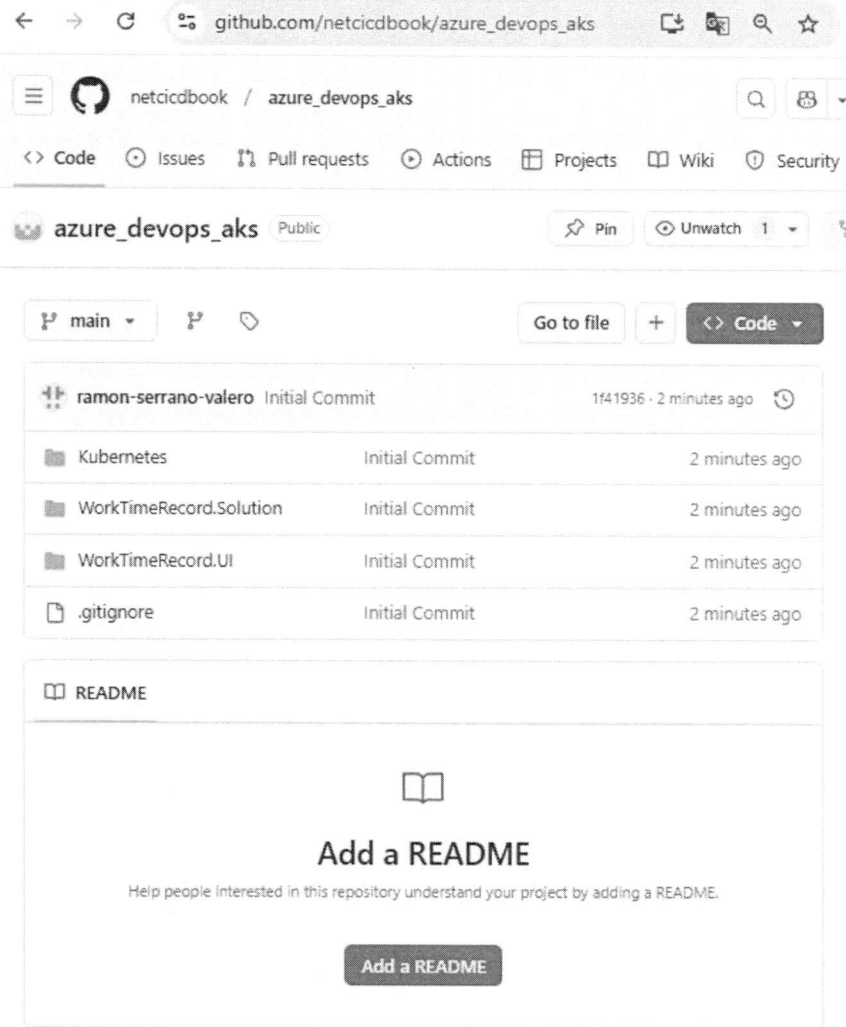

Ilustración 466. Código subido a GitHub.

Estamos listos para trabajar con Azure DevOps.

7.4 Registrar AzureDevops

El primer paso es abrir la página de https://dev.azure.com/ y registrarnos usando nuestra cuenta de Azure [*Ilustración 467*].

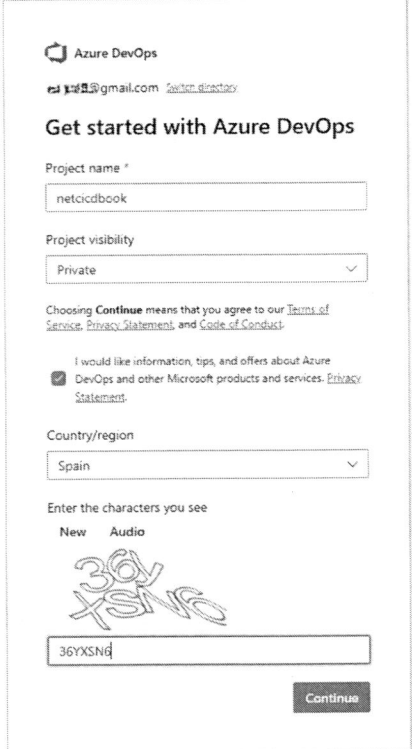

Ilustración 467. Registro Azure DevOps.

Una vez creada la cuenta, debería salir un portal como este [*Ilustración 468*].

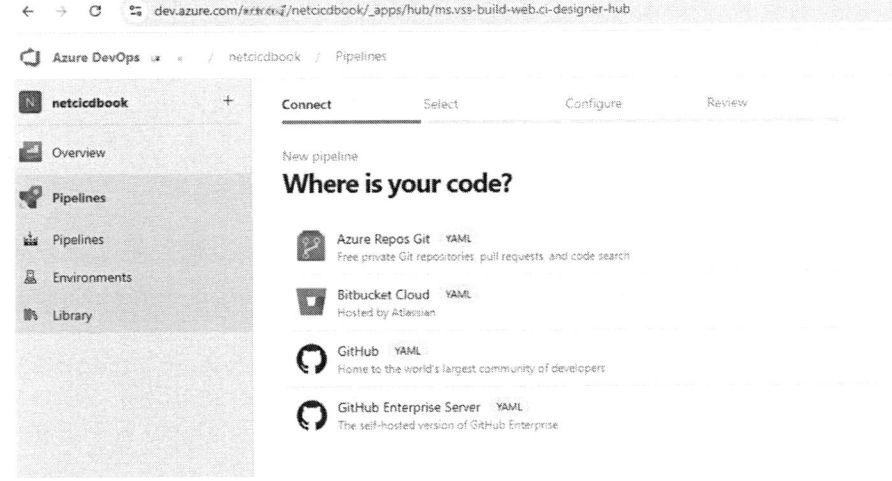

Ilustración 468. Portal Azure DevOps.

Es el momento de crear nuestra primera pipeline.

Consejos para arquitectos:

✓ *Integración con Azure: Usar Azure Service Connections para autenticar recursos sin almacenar credenciales en variables de entorno. Esto facilita el acceso a ACR, AKS y Key Vault desde las pipelines.*

7.5 Configurar conexión de servicios

Antes de crear una pipeline, debemos asegurarnos de que tenemos creadas las conexiones a servicios que necesitemos; en nuestro caso necesitamos tener acceso a los recursos de Azure, para poder crear imágenes en ACR y desplegar sobre AKS.

Por este motivo, desde el portal de Azure DevOps, pulsamos "Project Settings" [*Ilustración 469*].

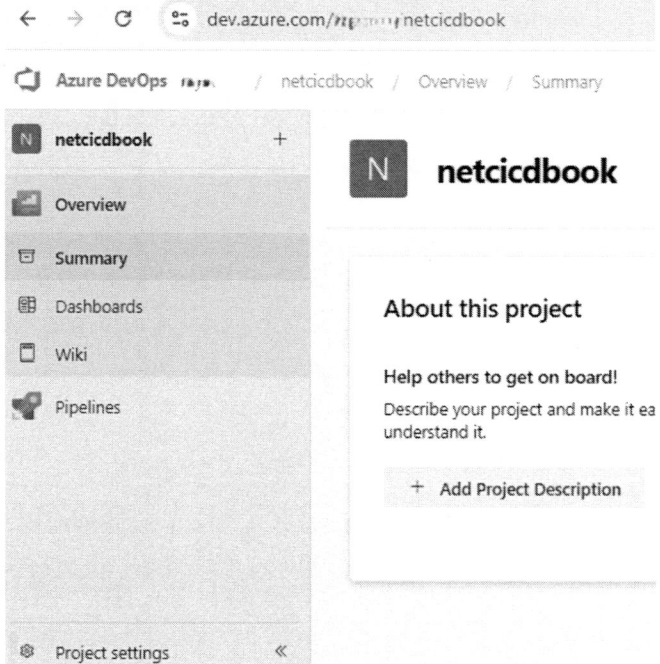

Ilustración 469. Project Settings.

Ahora seleccionamos la sección de "Service Connections" y pulsamos el botón "New Service Connection" [*Ilustración 470*].

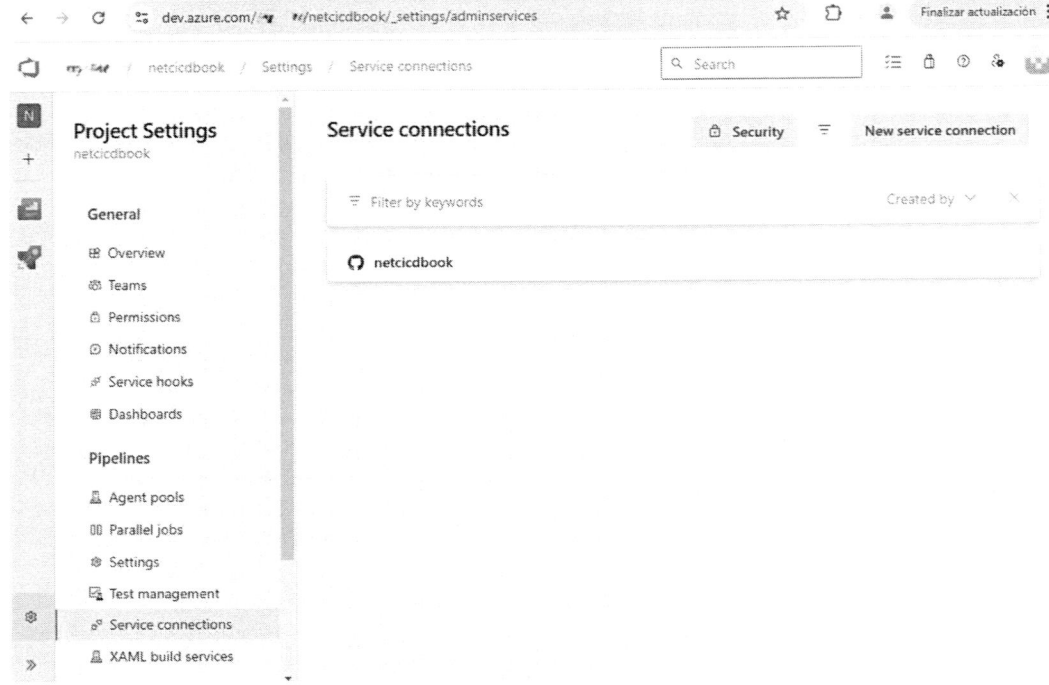

Ilustración 470. Seleccionar Service Connections.

Creamos una nueva conexión a los recursos de Azure, "Azure Resource Manager" [*Ilustración 471*].

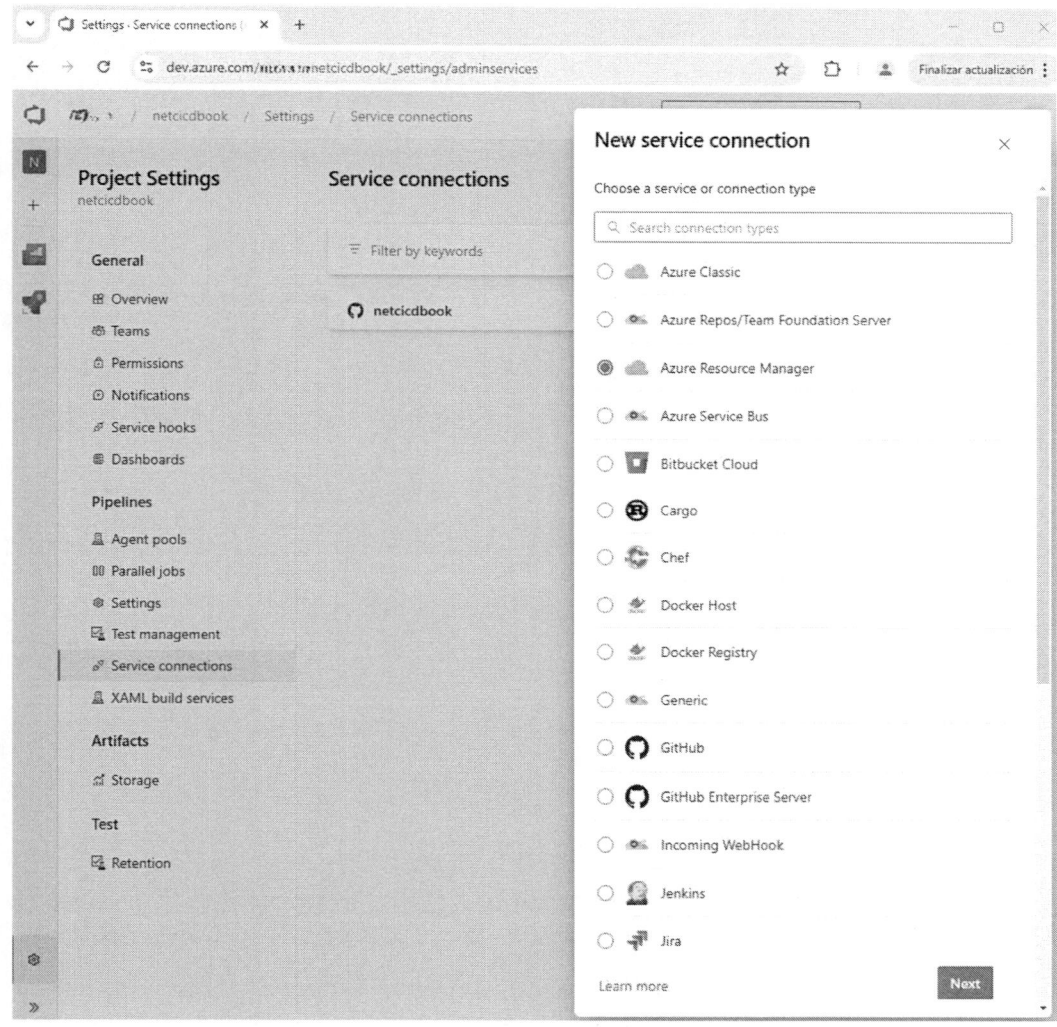

Ilustración 471. Azure Resource Manager.

Asignamos un nombre al servicio de la conexión con Azure "**ServiceConnectionAzureResources**" [*Ilustración 472*]. Y le damos acceso a todas las pipelines, para que nos sirva esta conexión para otras pipelines.

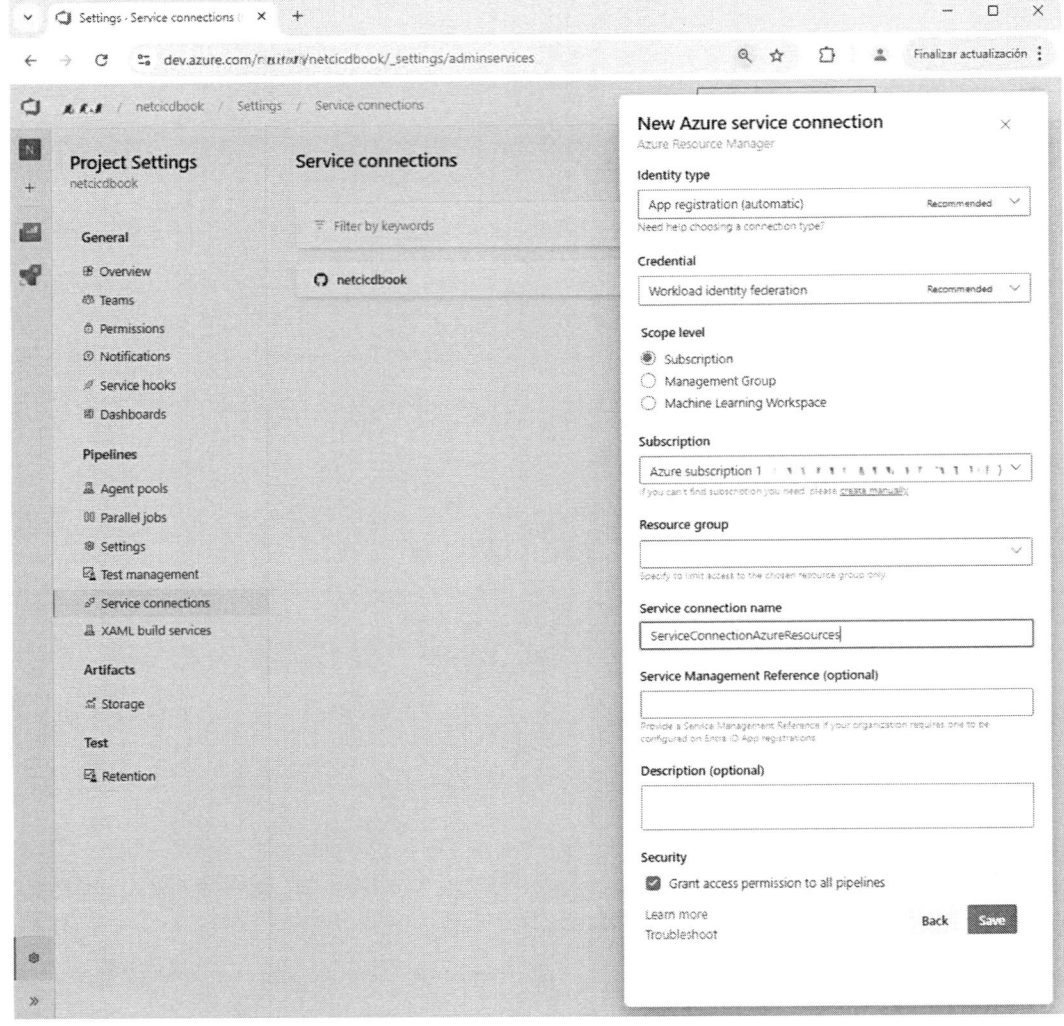

Ilustración 472. Configurar conexión.

Gracias a esto, nuestras pipelines podrán comunicarse con Azure para crear recursos. Ya tenemos creada la nueva conexión con los servicios [***Ilustración 473***].

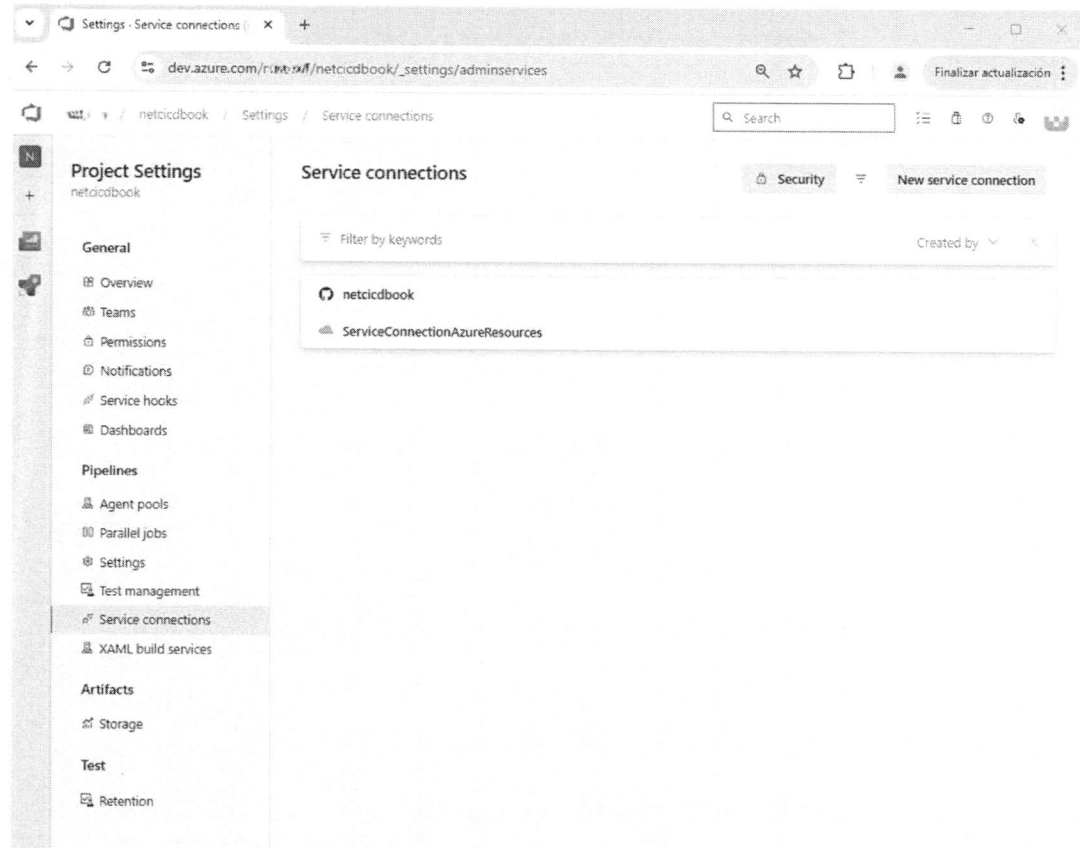

Ilustración 473. Verificar conexión creada.

7.6 Crear agente de ejecución pipeline

Antes de crear la pipeline debemos configurar el agente que ejecutará la pipeline; tenemos dos opciones, o solicitar un entorno de ejecución de pipelines a Azure que tarda unos días en concederse en caso de que lo concedan, o delegar la ejecución de las pipelines en un agente que se ejecuta en una máquina que tiene el agente en ejecución, a esto se le llama **Self-Hosted**.

Nosotros no vamos a solicitar a Azure un entorno para ejecutar un agente, crearemos un agente que se ejecutará localmente en nuestro equipo; para ello, entramos a la sección **Agent pools** de las Settings del portal de Azure DevOps [*Ilustración 474*] y seleccionamos el agente "**Default**".

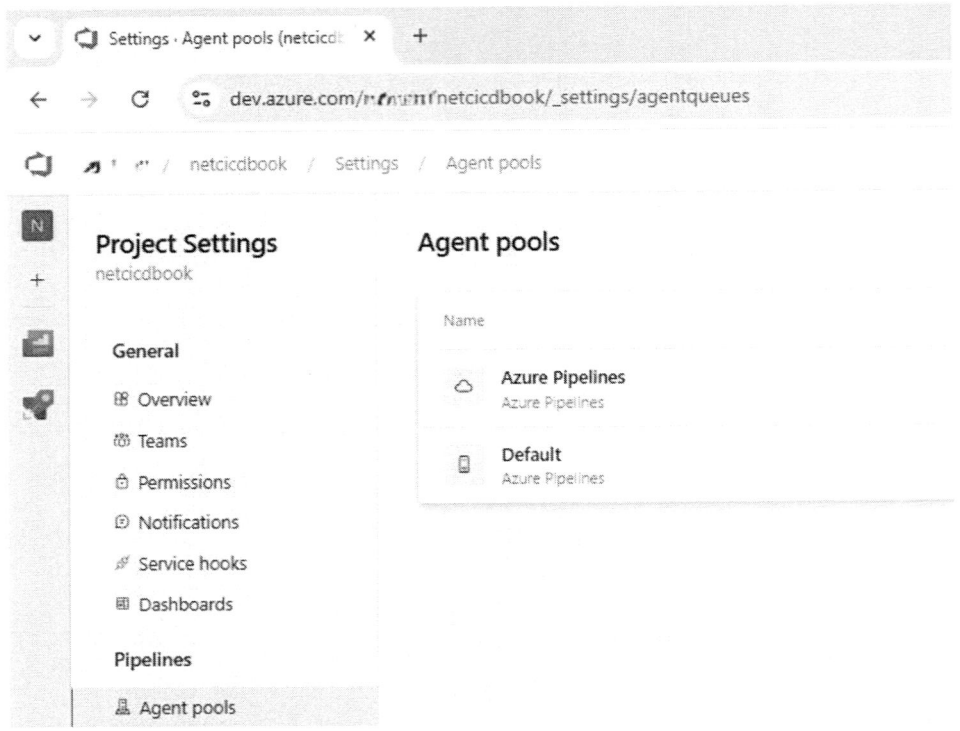

Ilustración 474. Agent pools.

Antes de crear el nuevo agente, vamos a crear un *personal access token* (PAT), para que nuestro agente pueda comunicarse con Azure DevOps, para ello seleccionamos "Personal access tokens" del menú desplegable del icono del usuario [*Ilustración 475*].

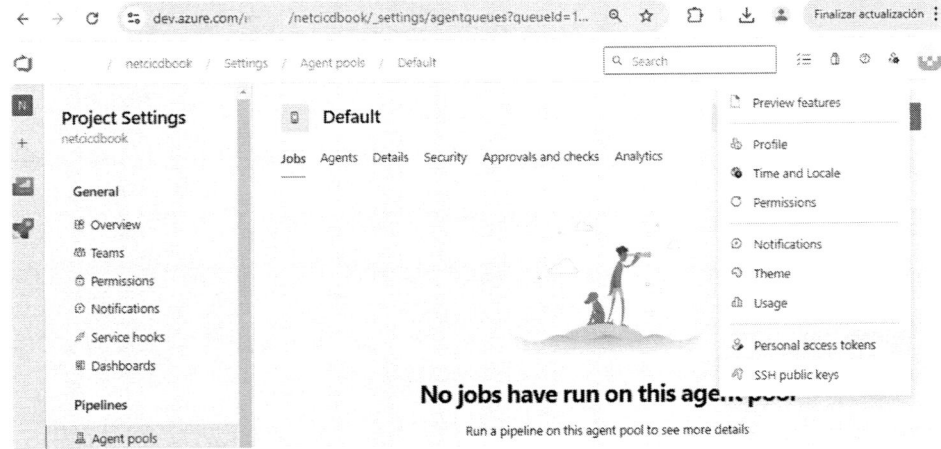

Ilustración 475. Personal access token.

Creamos un nuevo token para nuestra organización [*Ilustración 476*].

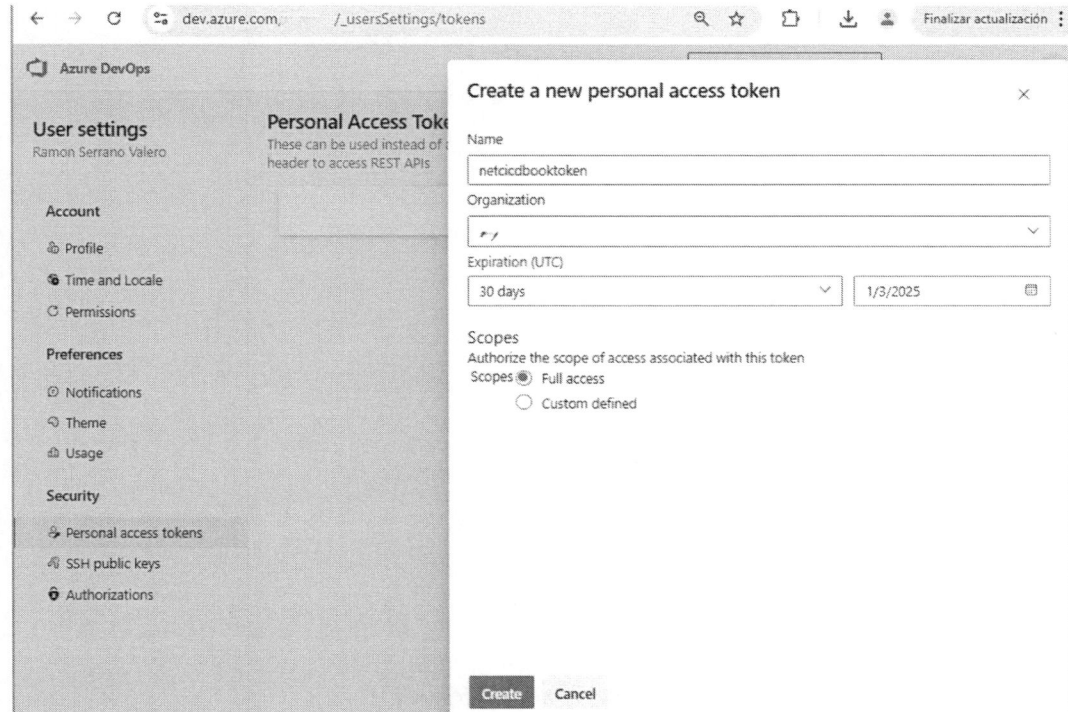

Ilustración 476. Crear token.

Copiamos el valor generado y lo almacenamos para cuando estemos configurando el agente, que nos seleccionará el PAT. Ya tenemos el token creado [*Ilustración 477*].

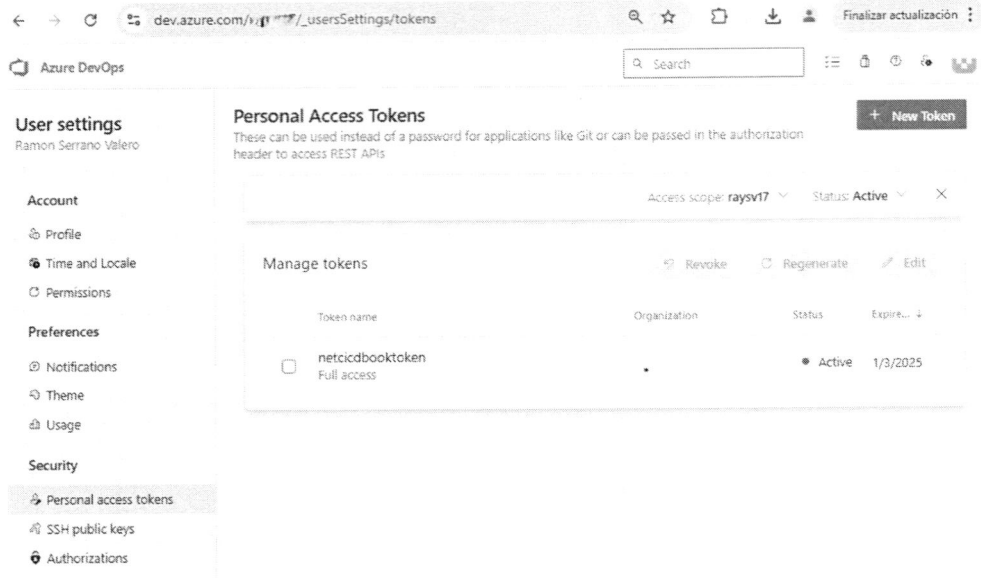

Ilustración 477. Token creado.

De vuelta a la sección de agentes, creamos un nuevo agente pulsando el botón de "New agent" y, según el sistema operativo donde se ejecute el agente, nos descargamos el agente [*Ilustración 478*].

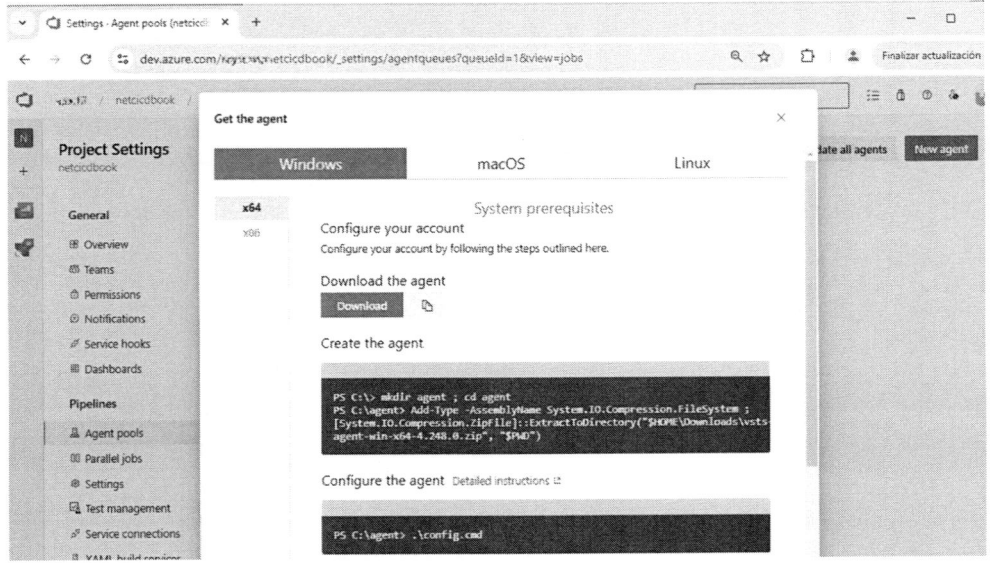

Ilustración 478. Descargar agente.

Abrimos el fichero descargado y lo extraemos en un directorio en nuestro equipo y ejecutamos el comando [*Ilustración 479*]:

shell/cmd

```
.\config.cmd
```

Nos solicitará, por un lado, el URL de Azure DevOps de nuestra organización, el token PAT que acabamos de crear y, finalmente, tras pulsar que por defecto lo agregue al grupo de agentes Default, también no sobrescimos el nombre del agente pulsando "Entrar" para reutilizar nuestro nuestro hostname de la máquina local y se crea la carpeta de trabajo _work para cada nueva ejecución del agente en nuestro equipo.

```
PS C:\DEV\Book\Agent> .\config.cmd

     ___                  ____  _            _ _
    / _ \                |  _ \(_)          | (_)
   / /_\ \_____   _ _ __ | |_) |_ _ __   ___| |_ _ __   ___  ___
   |  _  |_  / | | | '__|  _ <| | '_ \ / _ \ | | '_ \ / _ \/ __|
   | | | |/ /| |_| | |  | |_) | | |_) |  __/ | | | | |  __/\__ \
   \_| |_/___|\__,_|_|  |____/|_| .__/ \___|_|_|_| |_|\___||___/
                                | |
     agent v4.248.0             |_|          (commit 4dd8b81)


>> Conectar:

Escribir dirección URL del servidor > https://dev.azure.com/ [ORGANIZACIÓN]
Entrar tipo de autenticación (presione Entrar para PAT) >
Escribir token de acceso personal >                                        [TOKEN]
Escribir token de acceso personal > *****************************************************
*******************
Conectando con el servidor...

>> Registrar agente:

Entrar grupo de agentes (presione Entrar para default) >
Entrar nombre del agente (presione Entrar para [Nombre AGENTE] >
Examinando las capacidades de la herramienta.
Conectando al servidor.
El agente se agregó correctamente
Probando la conexión del agente.
Entrar carpeta de trabajo (presione Entrar para _work) >
2025-01-30 09:21:01Z: Configuración guardada.
```

Ilustración 479. Configuración agente.

Tras esto, ya podemos poner en ejecución el agente, ejecutando el siguiente comando [*Ilustración 480*]:

shell/cmd

```
.\run.cmd
```

```
PS C:\DEV\Book\Agent> .\run.cmd
Examinando las capacidades de la herramienta.
Conectando al servidor.
2025-01-30 10:16:39Z: Escuchando trabajos
```

Ilustración 480. Ejecutar agente.

Si ahora se desea saber el estado del agente, lo veremos online [*Ilustración 481*].

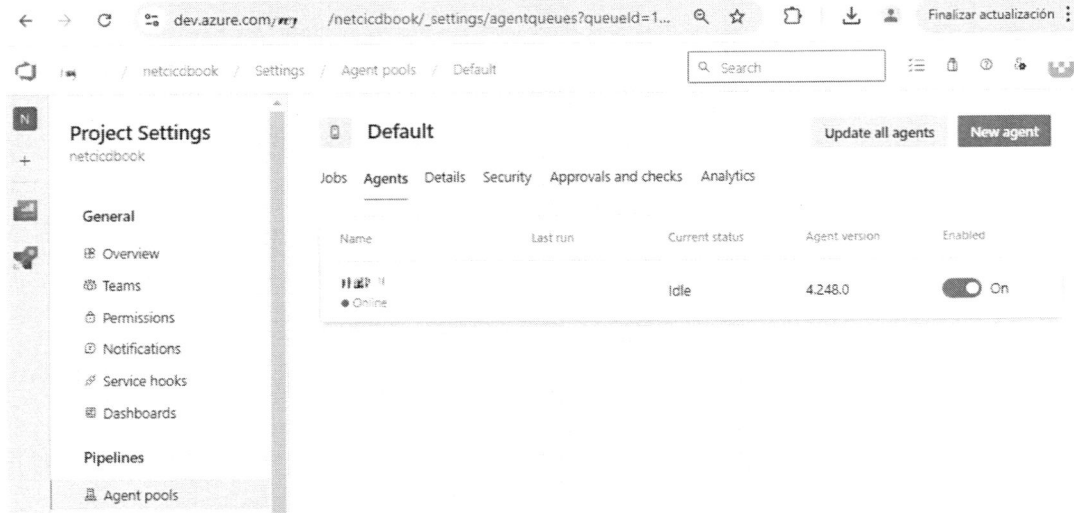

Ilustración 481. Agente online.

Ya tenemos el agente configurado y en ejecución.

Consejos para arquitectos:

✓ *Optimización de agentes: Si usa un agente self-hosted, configure pipelines caching (Cache@2) para reducir tiempos de compilación y reutilizar dependencias como node_modules o nuget packages.*

7.7 Creación de los recursos ACR, AKS e IP

Dado que en el capítulo anterior borramos todos los recursos que creamos, ACR, AKS e IP, debemos de crear ahora de nuevo estos recursos.

shell/cmd

```
az login
```

Ahora creamos el grupo de recursos:

shell/cmd

```
az group create --name GrupoRecursosAKS --location westeurope
```

Así como el Azure Container Registry (ACR), para publicar las imágenes de nuestros despliegues.

shell/cmd

```
az acr create --resource-group GrupoRecursosAKS --name netcicdbookacr --sku Basic
```

Realizamos un login sobre ACR:

shell/cmd

```
az acr login --name netcicdbookacr
```

Creamos un nuevo clúster AKS:

shell/cmd

```
az aks create --resource-group GrupoRecursosAKS --name AKSCluster --node-count 1 --generate-ssh-keys --attach-acr netcicdbookacr
```

Como ya nos hicimos en anteriores capítulos un AKS en nuestro equipo, debemos sobrescribir las credenciales de acceso al AKS; de no realizar este paso, nuestro equipo pensaría que está apuntando al AKS antiguo que tenía el mismo nombre, de modo que obtenemos las nuevas credenciales y sobrescribimos las existentes.

shell/cmd

```
az aks get-credentials --resource-group GrupoRecursosAKS --name AKSCluster --overwrite-existing
```

Una vez obtenidas las credenciales sobre AKS, vamos a crear una IP estática para la API de registro.

shell/cmd

```
az network public-ip create --resource-group mc_gruporecursosaks_akscluster_westeurope --name AKSStaticIP_Registry_API --sku Standard --allocation-method Static --query publicIp.ipAddress -o tsv
```

La IP obtenida para la API de registro es: 104.40.198.10

Hagamos lo mismo para la IP estática que para la API de auditoría.

shell/cmd

```
az network public-ip create --resource-group
mc_gruporecursosaks_akscluster_westeurope --name
AKSStaticIP_Auditory_API --sku Standard --
allocation-method Static --query
publicIp.ipAddress -o tsv
```

La IP obtenida para la API de auditoría es: 20.4.47.51

Una vez tenemos los recursos creados, es el momento de agregar en el proyecto de front de Vue, en el fichero de entorno ".env.aks", la referencia a las dos IP que acabamos de crear:

Ilustración 482. Modificar .env.aks.

Aplicamos los cambios en el repositorio GitHub [*Ilustración 483*].

Ilustración 483. Publicar cambios en GitHub.

Ahora debemos aplicar unos cambios a nivel de YAML, sobre todo en los ficheros de los Deployment de la API de registro, auditoría y el proyecto front.

Abrimos el fichero "WorkTimeRecord_Kubernetes_AKS_DEVOPS\Kubernetes\ms.registry.api\r **egistryapi-deployment.yaml"** y realizamos los siguientes cambios:

- Eliminamos imagePullSecrets, ya que se encarga la Service connection de gestionar la conexión con ACR.
- Cambiamos el nombre de la imagen que se encuentra en ACR.

registryapi-deployment.yaml

```
apiVersion: apps/v1
kind: Deployment
metadata:
 name: registryapi-deployment
 namespace: netcicdbook
 #....#
  spec:
   imagePullSecrets:
       . name: secretazureacr
     containers:                #Config del contenedor
     . name: ms-registry-api-container   #Nombre del contenedor en el POD
       image:         netcicdbookacr.azurecr.io/ms.registry.api:$(IMAGE_TAG)
#Imagen usada para crear el contenedor
   #....#
```

Abrimos el fichero "WorkTimeRecord_Kubernetes_AKS_DEVOPS\Kubernetes\ms.auditory.api\ **auditoryapi-deployment.yaml"** y realizamos los siguiente cambios:

- Eliminamos imagePullSecrets, ya que se encarga la Service connection de gestionar la conexión con ACR.
- Cambiamos el nombre de la imagen que se encuentra en ACR.

auditoryapi-deployment.yaml

```
apiVersion: apps/v1
```

```
kind: Deployment

metadata:

 name: auditoryapi-deployment

 namespace: netcicdbook

 #....#

  spec:

   imagePullSecrets:

       . name: secretazureacr

    containers:              #Config del contenedor

    . name: ms-registry-api-container   #Nombre del contenedor en el POD

     image:          netcicdbookacr.azurecr.io/ms.auditory.api:$(IMAGE_TAG)
 #Imagen usada para crear el contenedor

   #....#
```

Abrimos el fichero "WorkTimeRecord_Kubernetes_AKS\Kubernetes\worktime-app**worktime-app-deployment.yaml**" y realizamos los siguientes cambios:

- Eliminamos imagePullSecrets, ya que se encarga la Service connection de gestionar la conexión con ACR.
- Cambiamos el nombre de la imagen que se encuentra en ACR.

worktime-app-deployment.yaml

```
apiVersion: apps/v1

kind: Deployment

metadata:

 name: auditoryapi-deployment

 namespace: netcicdbook

 #....#

  spec:

   imagePullSecrets:

       . name: secretazureacr

    containers:              #Config del contenedor

    . name: ms-registry-api-container   #Nombre del contenedor en el POD
```

image: netcicdbookacr.azurecr.io/worktime-app:$(IMAGE_TAG) #Imagen usada para crear el contenedor

#....#

Finalmente, modificamos el YAML "WorkTimeRecord_Kubernetes_AKS_DEVOPS\Kubernetes\ms.registry.api**r egistryapi-service.yaml**", añadiendo la IP estática que creamos para que el balanceador de carga, en lugar de asignar una IP dinámica, asigne la que acabamos de crear:

```
loadBalancerIP: 104.40.198.10
```

registryapi-service.yaml

apiVersion: v1

kind: Service

metadata:

  name: registryapi-service

  namespace: netcicdbook

spec:

  selector:

    app: ms-registry-api #Busca los Pods con esta etiqueta para asociar el Service

  ports:

  . name: http

    port: 5200   #Puerto externo que expone el servicio

    targetPort: 8080   #Puerto interno del contenedor

  type: LoadBalancer   #Accesible desde fuera del clúster

  loadBalancerIP: 104.40.198.10

De igual manera lo haremos para el servicio de auditoría, modificamos el YAML "WorkTimeRecord_Kubernetes_AKS_DEVOPS\Kubernetes\ms.auditory.api\ **auditoryapi-service.yaml**", añadiendo la IP estática que creamos para que el balanceador de carga, en lugar de asignar una IP dinámica, asigne la que acabamos de crear.

auditoryapi-service.yaml

```
apiVersion: v1
kind: Service
metadata:
  name: auditoryapi-service
  namespace: netcicdbook
spec:
  selector:
    app: ms-auditory-api     #Busca los Pods con esta etiqueta para asociar el Service
  ports:
  . name: http
    port: 5300          #Puerto externo que expone el servicio
    targetPort: 8080      #Puerto interno del contenedor
  type: LoadBalancer      #Accesible desde fuera del clúster
  loadBalancerIP: 20.4.47.51
```

Subimos los cambios a GitHub y estaríamos listos para crear la pipeline.

7.8 Crear pipeline

Desde el portal de Azure DevOps, entramos a la sección de creación de Pipelines, y pulsamos el botón de "Create Pipeline" [*Ilustración 484*].

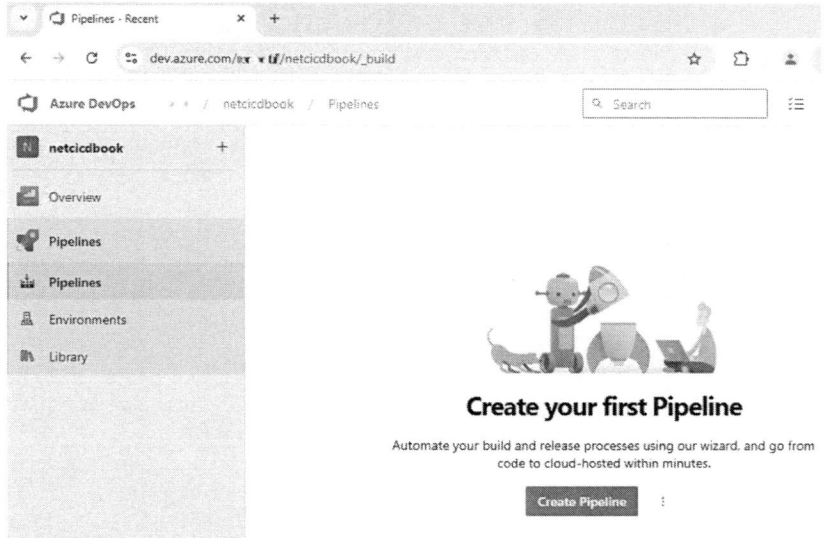

Ilustración 484. Crear pipeline.

Pregunta cuál es el origen de nuestro código, y seleccionamos el repositorio GitHub [*Ilustración 485*].

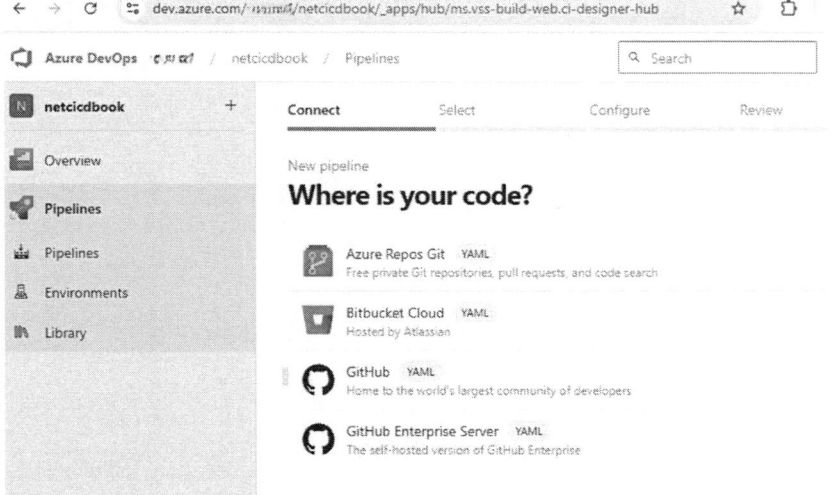

Ilustración 485. Seleccionar GitHub.

Tras esto solicita a GitHub que permita el acceso al repositorio por parte de Azure Pipelines [*Ilustración 486*]. Gracias a esta autorización, Azure Pipelines se comunica con el webhook de GitHub de tal forma que cada vez que ocurra una publicación sobre una rama de un repositorio que escucha Azure Pipelines, lo interceptará.

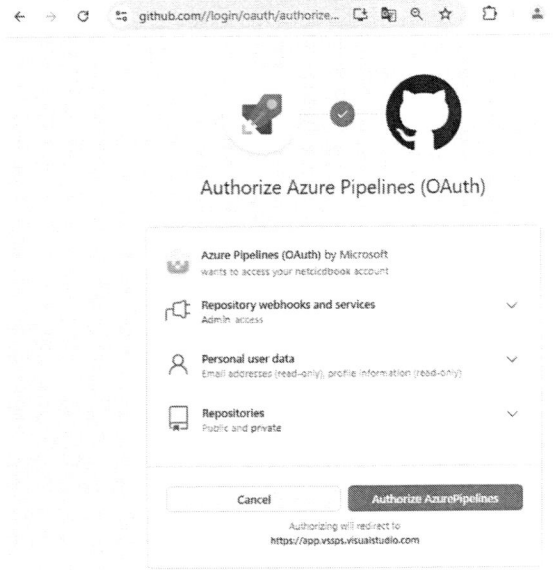

Ilustración 486. Autorizar a Azure Pipelines acceso a GitHub.

Una vez aprobado el acceso a GitHub, seleccionamos el repositorio que utilizaremos para la pipeline que estamos creando, en este caso **azure_devops_aks** [*Ilustración 487*].

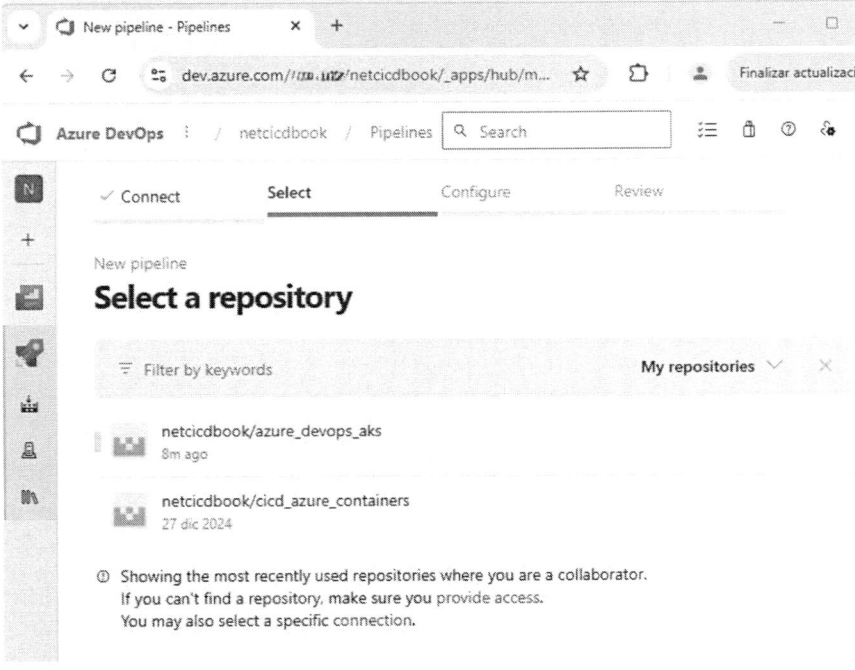

Ilustración 487. Selección del repositorio.

Aprobamos el acceso de Azure Pipelines sobre el repositorio seleccionado [*Ilustración 488*].

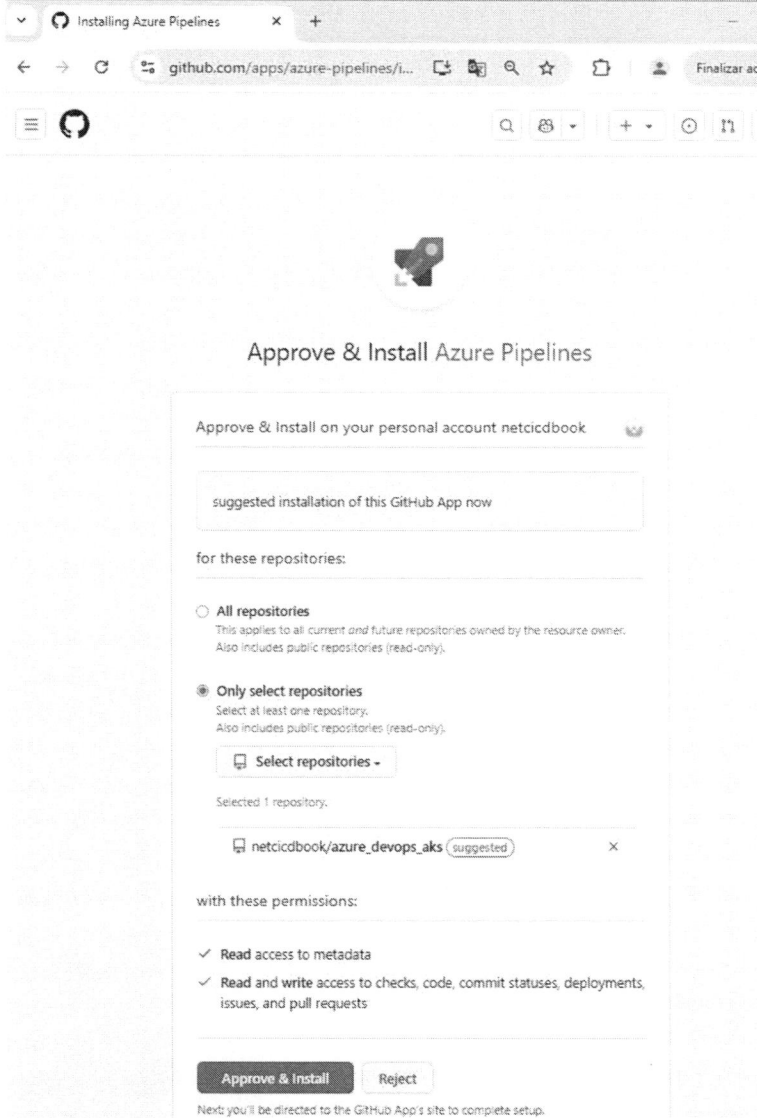

Ilustración 488. Aprobar acceso al repositorio.

Es el momento de establecer la plantilla de la pipeline a crear, en nuestro caso, crearemos una plantilla base y la modificaremos manualmente [*Ilustración 489*].

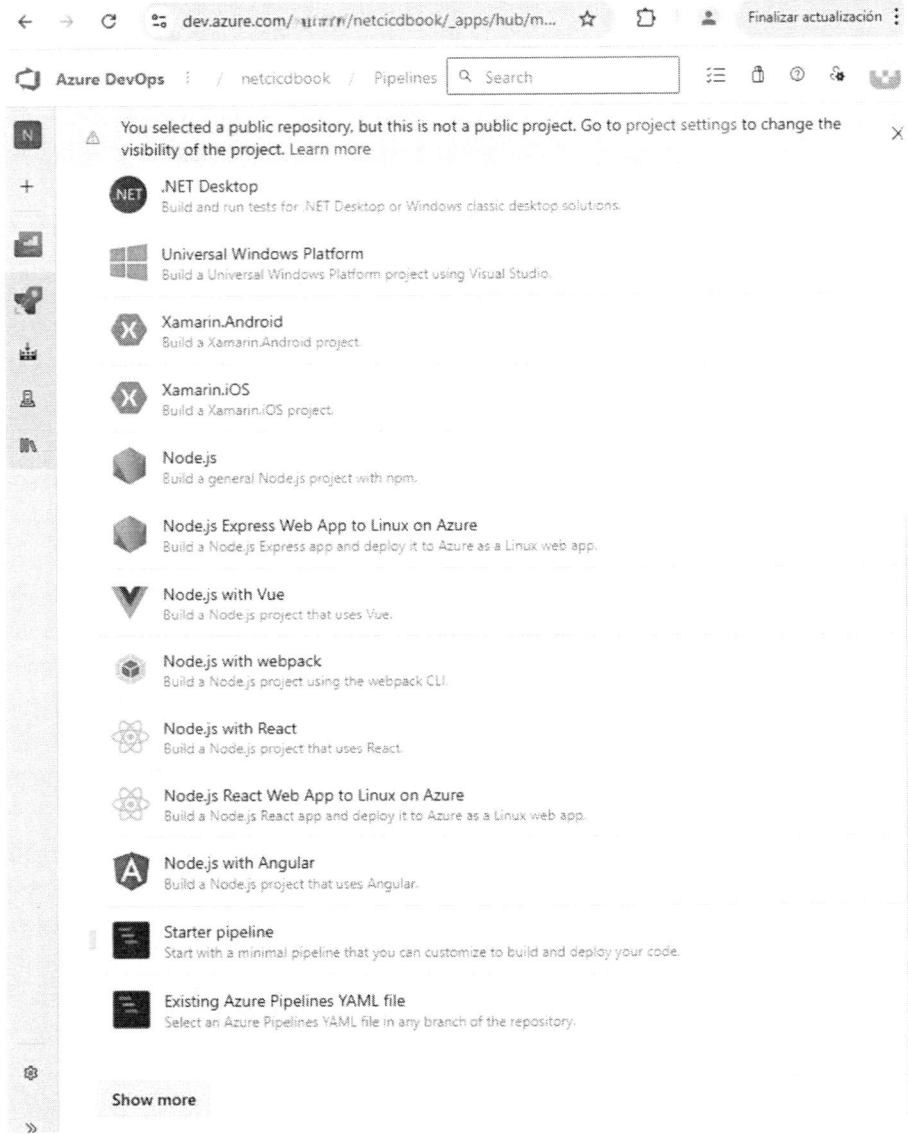

Ilustración 489. Seleccionar Starter Pipeline.

Tras seleccionar Starter pipeline, nos crea un YAML para la pipeline básica que modificaremos [**Ilustración 490**].

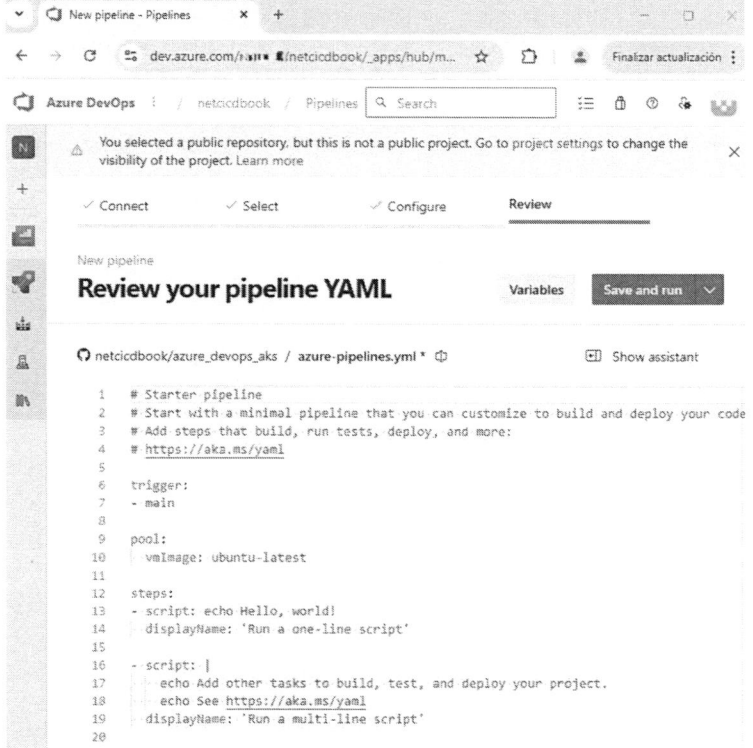

Ilustración 490. Azure Pipeline básica.

Editamos el fichero de la pipeline, *azure-pipelines.yml*, que por legibilidad se explicará bloque por bloque.

Empezamos por el disparador que hace que se ejecute la pipeline. Siempre que la rama main reciba un push del repositorio github asociado a la pipeline, se ejecutará.

azure-pipelines.yml

```
trigger:
- main
```

El Pool de agentes que se usará para ejecutar la pipeline será el que hemos definido como Self-Hosted, nuestro agente con nombre "Default".

azure-pipelines.yml

```
pool:
    name: Default #Pool del Agente  Self-Hosted
```

Definimos las variables que se usarán en el YAML, con los nombres del ACR, nombre del grupo de recursos, nombre del clúster AKS creado, nombre del espacio de nombres e incluimos un identificador del build, para generar un nuevo id de versión de la imagen **$(Build.BuildId)**. Este IMAGE_TAG es la que usaremos luego en los tag de las versiones empleadas en los Deployment.

azure-pipelines.yml

```
variables:
  ACR_NAME: "netcicdbookacr"
  AKS_RESOURCE_GROUP: "GrupoRecursosAKS"
  AKS_CLUSTER_NAME: "AKSCluster"
  KUBE_NAMESPACE: "netcicdbook"
  IMAGE_TAG: "$(Build.BuildId)"  # Usamos el ID de build para la versión de la imagen
```

La ejecución de la pipeline tendrá una serie de etapas. La etapa de construcción de imagen y publicación de la imagen en el ACR.

azure-pipelines.yml

```
stages:
- stage: Build_And_Push
  displayName: "Construcción de Imágenes y publicación a ACR"
```

Dentro de estas etapas, se encuentran tareas o Jobs, compuestos por una serie de pasos o steps.

azure-pipelines.yml

```
jobs:
. job: BuildAndPushImages
  displayName: "Construcción de Imágenes y publicación a ACR"
```

Estos pasos, definidos dentro de la sección steps, ejecutan tareas, donde la primera es una task de conexión a Azure utilizando el Service connection del Azure Resource Manager, creado al inicio del capítulo.

azure-pipelines.yml

```
steps:
. task: AzureCLI@2
  displayName: "Login Azure"
  inputs:
    azureSubscription: "ServiceConnectionAzureResources"
    scriptType: "ps"
    scriptLocation: 'inlineScript'
    inlineScript: |
      az acr login --name $(ACR_NAME)
```

Tras conectar con Azure, ejecutamos un script, que nos sonará; se trata de la construcción de las imágenes, de las API de registro, auditoría, así como del proyecto front.

Una vez logueado en Azure, nos aseguramos que el agente donde se ejecuta la pipeline tiene el código fuente descargado localmente, por medio de **chekout**.

azure-pipelines.yml

```
. checkout: self
```

Se realiza la construcción de cada imagen, usando el identificador nuevo creado por la ejecución de la pipeline, que se asocia al tag de la imagen y se publica en el ACR.

azure-pipelines.yml

```
. script: |
    echo "Construir imágenes y publicarlas en ACR..."
    docker build -t $(ACR_NAME).azurecr.io/ms.auditory.api:$(IMAGE_TAG) -f WorkTimeRecord.Solution/Auditory/Auditory.API/Dockerfile WorkTimeRecord.Solution/
    docker push $(ACR_NAME).azurecr.io/ms.auditory.api:$(IMAGE_TAG)


    docker build -t $(ACR_NAME).azurecr.io/ms.registry.api:$(IMAGE_TAG) -f WorkTimeRecord.Solution/Registry/Registry.API/Dockerfile WorkTimeRecord.Solution/
    docker push $(ACR_NAME).azurecr.io/ms.registry.api:$(IMAGE_TAG)
```

```
echo "Construir Vue con variables de entorno de .env.aks..."

docker    build    --build-arg    MODE=":aks"    -t    $(ACR_NAME).azurecr.io/worktime-
app:$(IMAGE_TAG)              -f              WorkTimeRecord.UI/worktime-record-app/Dockerfile
WorkTimeRecord.UI/worktime-record-app/

docker push $(ACR_NAME).azurecr.io/worktime-app:$(IMAGE_TAG)

displayName: "Build and Push Docker Images"
```

Una vez publicada la imagen en el ACR, la última tarea es la fase de despliegue en AKS, ejecutando un script, donde el primer paso es comprobar si existe el espacio de nombres de netcicdbook en AKS y si no existe, lo crea.

Finalmente, realiza un reemplazo en los ficheros Deployment de las API y del proyecto front-end, de modo que le reemplace el **$(IMAGE_TAG)** por el valor de la compilación de la pipeline.

Como vemos en:

```
(Get-Content
"$(Build.SourcesDirectory)/Kubernetes/ms.auditory.api/audit
oryapi-deployment.yaml")    -replace    "\$\(IMAGE_TAG\)",
"$(IMAGE_TAG)"              |              Set-Content
"$(Build.SourcesDirectory)/Kubernetes/ms.auditory.api/audit
oryapi-deployment.yaml"
```

Si nos fijamos en el código anterior, se usa Get-Content para obtener un fichero y, mediante el replace, se cambia un string por otro y se aplican los cambios con Set-Content.

Una vez reemplazadas las variables de los tags de los Deployments, se aplican los manifiestos de cada directorio mediante **kubectl apply**.

azure-pipelines.yml

```
. task: PowerShell@2

displayName: "Kubernetes"

inputs:

 targetType: 'inline'

 script: |

   Write-Output "Comprobar si existe el espacio de nombres $(KUBE_NAMESPACE)..."

   $namespaceExists = kubectl get namespace $(KUBE_NAMESPACE) --ignore-not-found


   if (-not $namespaceExists) {
```

```
Write-Output "Namespace $(KUBE_NAMESPACE) No encontrado. Crear..."

kubectl create namespace $(KUBE_NAMESPACE)

} else {

Write-Output "Namespace $(KUBE_NAMESPACE) Existe."

}


Write-Output "Actualizando versiones de imagen en los manifiestos de Kubernetes..."

(Get-Content            "$(Build.SourcesDirectory)/Kubernetes/ms.auditory.api/auditoryapi-
deployment.yaml")    -replace    "\$\(IMAGE_TAG\)",    "$(IMAGE_TAG)"    |    Set-Content
"$(Build.SourcesDirectory)/Kubernetes/ms.auditory.api/auditoryapi-deployment.yaml"

(Get-Content            "$(Build.SourcesDirectory)/Kubernetes/ms.registry.api/registryapi-
deployment.yaml")    -replace    "\$\(IMAGE_TAG\)",    "$(IMAGE_TAG)"    |    Set-Content
"$(Build.SourcesDirectory)/Kubernetes/ms.registry.api/registryapi-deployment.yaml"

(Get-Content            "$(Build.SourcesDirectory)/Kubernetes/worktime-app/worktime-app-
deployment.yaml")    -replace    "\$\(IMAGE_TAG\)",    "$(IMAGE_TAG)"    |    Set-Content
"$(Build.SourcesDirectory)/Kubernetes/worktime-app/worktime-app-deployment.yaml"


Write-Output "Aplicar Manifiestos de Kubernetes..."

kubectl    apply    -f    "$(Build.SourcesDirectory)/Kubernetes/ms.auditory.api"    -n
$(KUBE_NAMESPACE)

kubectl    apply    -f    "$(Build.SourcesDirectory)/Kubernetes/ms.registry.api"    -n
$(KUBE_NAMESPACE)

kubectl    apply    -f    "$(Build.SourcesDirectory)/Kubernetes/worktime-app"    -n
$(KUBE_NAMESPACE)

kubectl    apply    -f    "$(Build.SourcesDirectory)/Kubernetes/ms.mongo.auditory.db"    -n
$(KUBE_NAMESPACE)

kubectl    apply    -f    "$(Build.SourcesDirectory)/Kubernetes/ms.postgresql.registry.db"    -n
$(KUBE_NAMESPACE)

kubectl    apply    -f    "$(Build.SourcesDirectory)/Kubernetes/ms.rabbitmq.bus"    -n
$(KUBE_NAMESPACE)
```

Ahora guardamos la configuración de la pipeline y se ejecutará automáticamente [*Ilustración 491*].

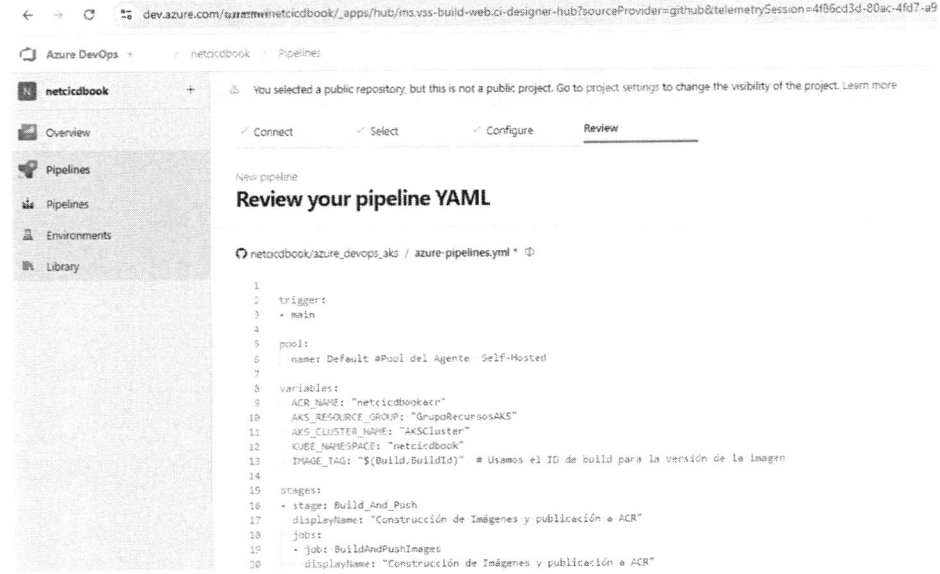

Ilustración 491. Guardar pipeline.

Nos solicita un mensaje commit y guardamos [***Ilustración 492***].

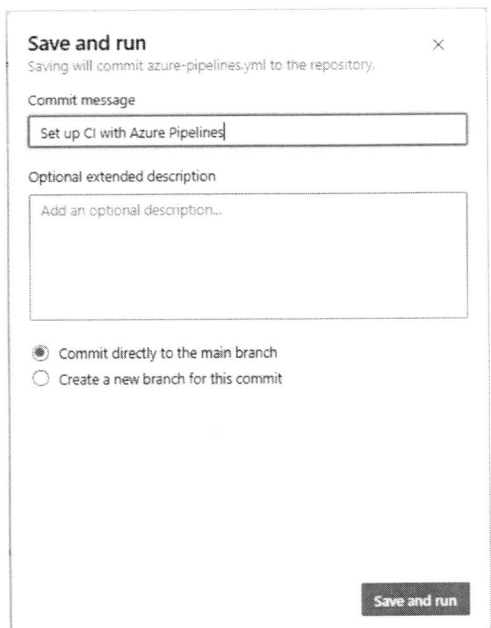

Ilustración 492. Guardar y ejecutar.

Al ejecutar por primera vez, nos solicita permiso para acceder a los recursos, de modo que se lo concedemos [***Ilustración 493***].

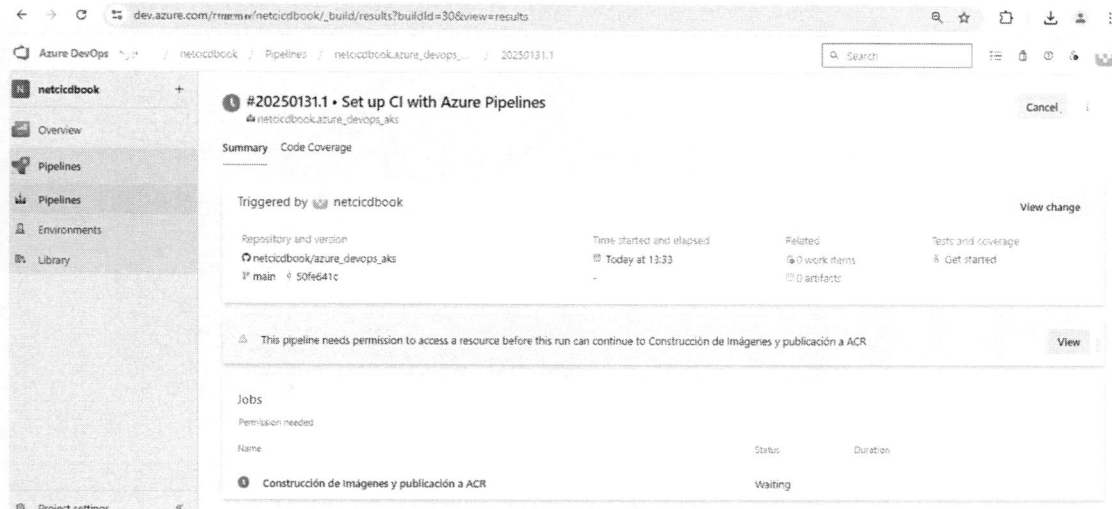

Ilustración 493. Conceder permisos acceso recursos.

Aceptamos aplicar los permisos para el agente local que está intentando acceder a los recursos y la pipeline continuará [***Ilustración 494***].

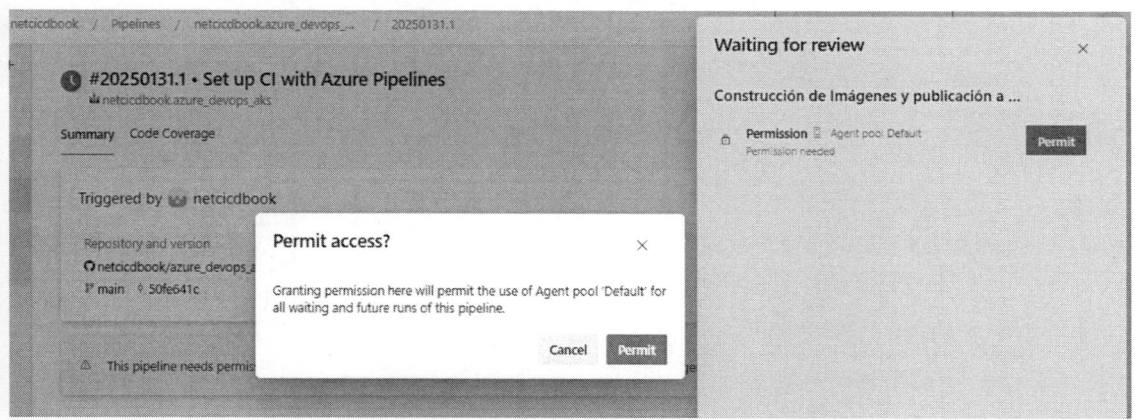

Ilustración 494. Aplicar permisos.

Tras esto, nuestro agente local que está en ejecución ya puede ejecutar la pipeline; todos los pasos se han ejecutado secuencial y correctamente [***Ilustración 495***].

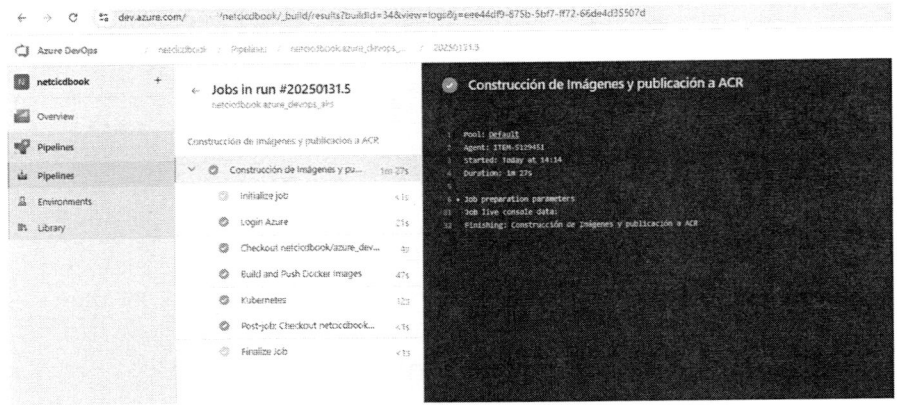

Ilustración 495. Pipeline ejecutada.

Si ahora ejecutamos el comando para visualizar los recursos desplegados en el espacio de nombres de AKS [*Ilustración 496*], podemos observar que disponemos de 6 Pods, uno por cada servicio y el servicio de la API utiliza la IP que le hemos proporcionado, así como la API de auditoría.

```
C:\Users\rserrano>kubectl get all -n netcicdbook
NAME                                               READY   STATUS    RESTARTS   AGE
pod/auditoryapi-deployment-5fdc9ff6b8-llj65        1/1     Running   0          22s
pod/mongodb-deployment-555d6f554f-jv8fs            1/1     Running   0          8m25s
pod/postgresql-deployment-7686bbb4f5-wmkps         1/1     Running   0          8m24s
pod/rabbitmq-deployment-6594d5984d-nh8qm           1/1     Running   0          8m22s
pod/registryapi-deployment-6bc59cb5b4-d5fw4        1/1     Running   0          21s
pod/worktime-app-deployment-696874b5cc-s5d6p       1/1     Running   0          21s

NAME                        TYPE           CLUSTER-IP     EXTERNAL-IP      PORT(S)           AGE
service/auditoryapi-service   LoadBalancer   10.0.229.219   20.4.47.51       5300:32023/TCP    8m28s
service/mongodb-service       ClusterIP      10.0.136.63    <none>           27017/TCP         8m24s
service/postgresql-service    ClusterIP      10.0.27.71     <none>           5432/TCP          8m23s
service/rabbitmq-bus-service  ClusterIP      10.0.101.181   <none>           5672/TCP          8m22s
service/rabbitmq-ui-service   LoadBalancer   10.0.173.61    4.175.136.251    15672:31649/TCP   8m22s
service/registryapi-service   LoadBalancer   10.0.49.156    104.40.198.10    5200:30406/TCP    8m27s
service/worktime-app-service  LoadBalancer   10.0.253.217   135.236.34.219   5100:31638/TCP    8m26s

NAME                                         READY   UP-TO-DATE   AVAILABLE   AGE
deployment.apps/auditoryapi-deployment       1/1     1            1           8m28s
deployment.apps/mongodb-deployment           1/1     1            1           8m25s
deployment.apps/postgresql-deployment        1/1     1            1           8m24s
deployment.apps/rabbitmq-deployment          1/1     1            1           8m22s
deployment.apps/registryapi-deployment       1/1     1            1           8m27s
deployment.apps/worktime-app-deployment      1/1     1            1           8m26s
```

Ilustración 496. Todos los recursos desplegados.

Consejos para arquitectos:

✓ *Validaciones previas al despliegue: Implementar gates en Azure DevOps para evitar que se despliegue código defectuoso en producción. Usar pruebas automatizadas, análisis de vulnerabilidades y aprobaciones manuales cuando sea necesario.*

✓ *Despliegues progresivos: Implemente blue-green Deployments o canary releases con Azure DevOps y AKS, asegurando que los cambios se validen con tráfico real antes de afectar a todos los usuarios.*

7.9 Verificar despliegue

Como podemos observar, todos los recursos están en ejecución, abramos la IP de la aplicación Vue por el puerto 5100 [*Ilustración 497*]. Como podemos observar, se ha cargado con los datos registrados por defecto en la base de datos PostgreSQL, lo que sugiere que está comunicándose correctamente con la base de datos PostgreSQL y obteniendo el último registro del usuario.

Ilustración 497. Prueba UI 1.

Si ahora pulsamos el botón de "Registrar Salida", podemos observar que se comunica con la API de registro y almacena en PostgreSQL este último registro [*Ilustración 498*].

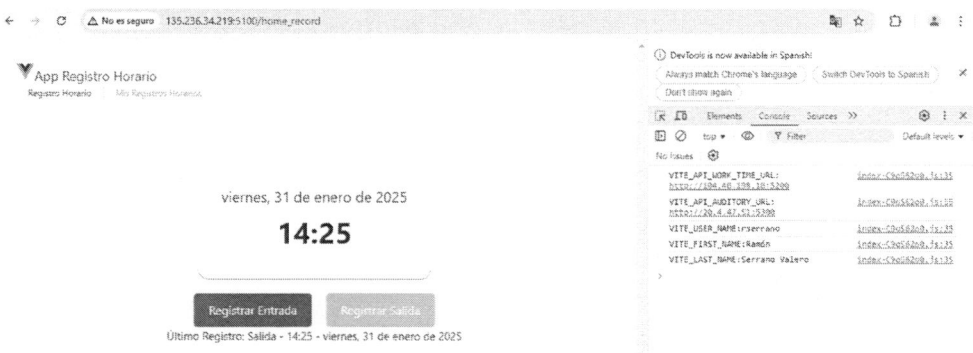

Ilustración 498. Prueba UI 2.

Ahora verifiquemos que este evento de registro de salida publicó un evento en la cola de mensajería, que la API de auditoría consumió y registró en el histórico de MongoDB. Para ello simplemente veamos en la pestaña de "Mis registros Horarios" si tenemos este registro de salida [*Ilustración 499*].

Ilustración 499. Prueba UI 3.

Con esto queda verificado que disponemos de una aplicación Vue dentro de un Pod, que está comunicándose con ambas API que se encuentran en otro Pod cada una de ellas y que son capaces de comunicarse con sus respectivas bases de datos alojadas en otros Pod, y que existe comunicación entre API por medio del uso del bus de mensajería, alojado en otro Pod.

Todo esto orquestado por un clúster de Kubernetes de Azure.

Consejos para arquitectos:

✓ *Monitorización post-despliegue: Usar Azure Monitor y Application Insights para detectar errores tras un despliegue. Configurar alertas automáticas para rollback en caso de problemas de rendimiento o fallos críticos.*

7.9.1   Bonus extra: Troubleshooting en CI/CD

Tabla de errores comunes en Azure DevOps con soluciones.

Error	Posible Causa	Solución
MSBuild not found	Falta el SDK de .NET en el agente	Agregar UseDotNet@2 en el pipeline
npm not found	Node.js no está instalado en el agente	Agregar NodeTool@0 en el pipeline
Tests failed	Pruebas unitarias con errores	Revisar logs y depurar código antes de continuar
OutOfMemoryException	Falta de memoria en compilaciones grandes	Aumentar recursos del agente o usar agentes autohospedados
Pipeline stuck in queue	Falta de agentes disponibles	Asegurar suficiente capacidad en los agentes o reducir concurrencia

7.10   Resumen del capítulo

En este capítulo, se explora a fondo la integración de Azure DevOps como herramienta principal para gestionar pipelines de CI/CD, facilitando la implementación de aplicaciones en entornos productivos basados en contenedores.

Puntos clave:

- Introducción a Azure DevOps:
    - Azure DevOps ofrece un conjunto de servicios que incluyen repositorios Git, pipelines de CI/CD, tableros ágiles y gestión de pruebas.

- Configuración del proyecto:
    - Creación de un proyecto en Azure DevOps.
    - Configuración de repositorios GitHub para almacenar el código fuente y los manifiestos Kubernetes.

- Pipeline de CI (integración continua):
    - Definición de un pipeline YAML para automatizar la construcción y prueba del código:
        - Construcción: Construcción de la aplicación .NET y Vue generando una imagen.
        - Publicación: Publicación de la imagen Docker en Azure Container Registry (ACR).
- Pipeline de CD (despliegue continuo):
    - Definición de un pipeline YAML para automatizar el despliegue de aplicaciones en Kubernetes:
        - Recuperación de la imagen desde ACR.
        - Implementación en Azure Kubernetes Service (AKS) mediante manifiestos YAML.

¿Qué hemos aprendido?

- Automatización completa del CI/CD:
    - Cómo crear pipelines YAML en Azure DevOps para construir, probar y desplegar aplicaciones.

- Despliegue en Kubernetes con Azure DevOps:
    - Implementación de manifiestos YAML en AKS mediante pipelines automatizados.

- Preparación para producción:
    - Diseño de un flujo CI/CD robusto y escalable para aplicaciones empresariales en AKS y Azure.

8 Reflexiones finales

Deseamos sintetizar los aprendizajes y reflexiones extraídos con la redacción de este libro, evaluando el aporte en la implementación de pipelines CI/CD, en el despliegue de aplicaciones en contenedores y Kubernetes, y en la integración de servicios de Azure en entornos modernos de desarrollo. La verdad es que nos hemos sentido cómodos aunque nunca se sabe cómo plasmar los conocimientos en negro sobre blanco, difícil tarea.

Queríamos aportar una estructura clara y progresiva, que el libro proporcionara una guía de paso a paso en la que implementar un ciclo completo de desarrollo y despliegue utilizando herramientas populares como Docker, Kubernetes y Azure DevOps.

En cada capítulo escrito, hemos pretendido abordar un aspecto crítico de la arquitectura CI/CD, desde los fundamentos hasta la ejecución en entornos productivos, todo desde una aplicación práctica incluyendo ejemplos reales que facilitaran la comprensión y aplicación de los conceptos, nada fácil. Detallamos configuraciones y manifiestos YAML que se pudieran adaptar fácilmente a proyectos reales.

Exploramos múltiples entornos de despliegue, desde locales hasta en la nube, lo que amplía la aplicabilidad en diversos escenarios.

Integramos herramientas esenciales como Azure Container Apps, AKS, Azure DevOps y Docker Hub, cubriendo un espectro amplio de tecnologías (o eso creemos).

Intentamos automatizar y aplicar escalabilidad enfatizando la importancia de la automatización en los flujos CI/CD, promoviendo prácticas modernas de DevOps.

Introducimos el uso de la nube para escalar aplicaciones de manera eficiente.

A toro pasado, podríamos mejorar el libro, profundizar en Kubernetes, aplicarlo a escenarios complejos de Integración, incluir casos de integración de sistemas legacy o microservicios con arquitecturas modernas, hacer enfoque en seguridad, ya que, aunque se menciona Azure Key Vault, no hay un enfoque extenso en la seguridad integral del pipeline y tampoco análisis de vulnerabilidades en imágenes Docker o el cifrado de datos en tránsito; hay tanto que contar que no acabaríamos nunca.

En nuestra valoración personal, escribir este libro era un reto que había que desarrollar este año 2025, no podía retrasarse más, y esperamos que sea del agrado del lector y sea a futuro, una "posible" referencia a consultar para desarrolladores y arquitectos que buscan implementar flujos de CI/CD modernos utilizando tecnologías líderes en la industria.

Gracias.